★江苏省教育科学"十二五"规划重点资助课题研究成果

国学教育家唐文治

徐忠宪　著

上海交通大学出版社
SHANGHAI JIAO TONG UNIVERSITY PRESS

内容提要

唐文治（1865—1954），我国近代著名爱国教育家、国学大师，曾主掌南洋大学（交通大学前身）14年、无锡中学10年、无锡国专30年，一生事迹丰富，所秉持的中华文化与教育思想博大精深。本书主要从"唐文治与国学"的角度展示其生平事迹、文化精神、教育思想，并且紧贴中国近代社会剧变背景做研究，以挖掘对唐文治国学教育实践和民族文化精神的深入认识，反映唐文治研究的新成果。

图书在版编目（CIP）数据

国学教育家唐文治/徐忠宪著.—上海：上海交通大学出版社，2022.8
ISBN 978-7-313-25757-4

Ⅰ.①国… Ⅱ.①徐… Ⅲ.①唐文治（1865—1954）—人物研究 Ⅳ.①K825.46

中国版本图书馆CIP数据核字（2021）第222194号

国学教育家唐文治
GUOXUE JIAOYUJIA TANG WENZHI

著　者：徐忠宪
出版发行：上海交通大学出版社　　　　　　　地　　址：上海市番禺路951号
邮政编码：200030　　　　　　　　　　　　　电　　话：021-64071208
印　制：上海盛通时代印刷有限公司　　　　　经　　销：全国新华书店
开　本：880mm×1230mm　1/32　　　　　　印　　张：11.5
字　数：306千字
版　次：2022年1月第1版　　　　　　　　　　印　　次：2022年8月第1次印刷
书　号：ISBN 978-7-313-25757-4
定　价：108.00元

敬撰此书

纪念著名爱国教育家、国学大师唐文治先生 150 周年诞辰

著名爱国教育家、国学大师唐文治

（摄于 70 岁，《无锡国学专修学校十五周纪念册》）

前　言

　　"为天地立心，为生民立命，为往圣继绝学，为万世开太平"是北宋学者张载（横渠先生）的名言，句中"立心"是指建立一套以儒家"仁义"道德伦理为核心的精神价值系统，"继绝学"是指继承儒家的学说。张载身后800年，中国遭遇"三千年未有之大变局"，先后经历鸦片战争、英法联军侵华、甲午战争、八国联军侵华、军阀混战、日寇侵华。在这场大变局中，中国遭受帝国主义列强侵略掠夺，割地赔款，国势日衰，沦为半殖民地，"一度到了濒临亡国灭种的危险境地"（习近平《在纪念孔子诞辰2565周年国际学术研讨会上的讲话》）；中国的传统文化也遭受西方文化的强烈冲击，日渐式微，尤其是自汉、宋以来长期居于精神价值观主导地位的儒家学说，遭到猛烈冲击。儒学先是被指责为中国落后挨打的思想文化根源，一些留学日本归国的激进人士更是喊出"打倒孔家店"的口号。然而，在这场"大变局"中，也有一些眼光深邃之士，他们既清醒地看到我中国新科学新技术不如西方，又冷静地认定中国三千年精神文化未必不如西方，于是甘愿"抱残守缺"，坚定高举"为天地立心，为生民立命，为往圣继绝学，为万世开太平"的中华民族传统文化旗帜，为中华国学的传承而守先待后，不懈奋斗。其中一位杰出者，就是著名国学教育家唐文治先生。

一

　　唐文治，字颖侯，号蔚芝，别号茹经，江苏太仓人。生于1865年12月3日（同治四年十月十六日），卒于1954年4月9日，享年90岁。他的一生，经历了晚清、北洋政府、国民政府、中华人民共和国等历史时期，在耄耋之年以拥护人民政府的进步态度融入中华人民共和国的教育事业。

　　唐文治先生一生大致可分为四个时期。早期（28岁前），读书应科举时期，他拜王祖畲、黄以周等多位硕儒为师，寒窗苦读，博学经典，18岁中举人，28岁中进士，才华卓越，受到左宗棠、翁同龢赏识。中前期（29岁至42岁），任职清政府部衙时期，他历任户部主事、北档房总办、总理各国事务衙门章京兼户部正主稿行走，商部右丞、左丞、左侍郎，署理农工商部尚书。为官忠公体国，清廉尚节，主张变法立宪，振兴民族商业，支持实业救国，维护国权。中后期（43岁至56岁），主掌高等工科学校时期，他担任"邮传部上海高等实业学堂—南洋大学—交通部上海工业专门学校"（交通大学前身）校长，锐意改革，中西学并重，首开中国高等学校设置铁路、铁路管理、电机、商船驾驶专科之先河，培养优良校风，乐育栋梁人才，为日后交通大学成为我国著名理工科大学奠定了厚实基础。后期（57岁至86岁），创办并主掌无锡国学专修学校时期，他克服双目失明之厄痛，以"正人心，救民命"为大任，坚守儒学治经传统，传承中华传统文化与道德，抵御西方列强及日寇的文化侵略，殚精竭虑三十年，为国家培养了上千名国学根基深厚、有爱国情操的文化教育专家。

　　唐文治在其一生的不同时期曾经就国势日衰的现实反复表达"为往圣继绝学"的崇儒救世观念。1894年甲午战争北洋舰队败沉之际，刚任户部候补主事不久的唐文治，不顾自己职低位卑而向光绪皇帝上万言奏疏《请挽大局以维国运折》，提出八项"时事"对策，第一条就是"正人心、别流品"。所谓"正人心"，就是要端正人们的思想意识和精神面貌。他在中国被迫签订《马关条约》后不久撰写的《上沈子培先生书》中说："今日之患，患在人心。人心之祸，苟非得圣贤之士，有以正其本原，窃恐天下之势，如江河之日下。"（唐文治《上沈子培先生书》，1896年）青年唐文治的这一观点中已蕴含"为往圣继绝学"以救世的理念。1920年，唐文治55岁，因"学风不靖"、眼病加重而坚决辞去担任了14年之久的高等工科学校校长之职，回家养病，却又带病欣然承应曾任陇海铁路局局长、交通银行董事长的施肇曾之托，创办无锡国学专修馆并亲任馆长。在开馆授课当月（1921年2月）开始刻印的《十三经读本》序文中，唐文治开宗明义地表述了"为往圣继绝学"以救世的指导思想："夫欲救世，先救人；欲救人，先救心；欲救心，先读经；欲读经，先知经之所以为经。"（唐文治《〈施刻十三经读本〉序》，1924年）儒家的经典为什么能成为中华民族的经典呢？唐文治指出，是因为这些经典中表述了仁义礼德、君轻民重等治国思想，确定了孝悌廉耻、忠信勤俭等人伦规范，这是中国社会要达到"治平"不可或缺的精神价值系统。这个精神价值系统已被数千年中国历史证明是高尚而恒久的，所以"吾国十三经，如日月之丽天，江河之行地，万古不磨，所谓国宝是也"（唐文治《无锡国学专修馆学规》，1920年）。在唐文治心中，国学及其核心"儒学"是流淌在中华民族肌体内的血脉，是永葆生命活力的本国文化。他坚信时人的"废经"行为如同"蚍蜉之撼大树"，此后中国社会必定会有人出来继承弘扬儒家学说，由乱返治，"名世挺生，以为往圣继绝学，为万世开太平"（唐文治《〈施刻十三经读本〉序》，1924年）。1937年，唐文治72岁，经历了军阀混战、东北沦陷，日寇侵华战争也已全面发动。军阀、外国侵略者泯灭人道而使中国社会陷于战乱的现实，更坚定了老年唐文治"为往圣继绝学"以救世的意志。他在给友人的书信中表达心迹："今之世，大战国之世也；火器日烈，千灌万辟，杀机数十倍于曩时。然而天理循环，无往不复，人道终无澌灭之日，四五十年后，涂尽车回，圣道大昌，后机宏畅。故弟窃不自揆，常以'正人心''救民命'六字为讲学宗旨。……举凡一切毁誉荣辱得失，皆不足介我之意……张子所谓'为天地立心，为生民立命'，其在斯乎！"（唐文治《答高君二适书》，1937年）。唐文治用深邃的历史眼光看待当时的中国战乱，认为眼下的战乱中国是一个放大了的战国时期，虽然现代化战争武器带来的杀戮数十倍于孟子所处的古战国时期，但是天理人道不会尽灭，数十年后人类历史的车轮终究会返回和平正途，孔孟之道终将会得到弘扬，所以他现在要尽一己之力，不顾世人的诋毁，把正人心、救民命作为当下传授儒学的宗旨，这就是国学教育家唐文治的"为往圣继绝学"。本着这样的宗旨，年逾七旬的唐文治率领无锡国学专修学校师生冒着日寇侵华战火，千里跋涉，"万里宵征"（引按：周谷城语，因其时唐文治已双目失明，处白昼如同宵夜），内迁广西桂林，为中华国学文化在"大战国之世"的传承维持一线生机。1945年，抗日战争胜利，唐文治80岁，无锡国专在经历千难万险后回到无锡继续办学，唐文治继续担任校长。他在赠友人的序文中坦然表述心志："宋张横渠先生有言：为天地立心，为生民立命，为往圣继绝学，为万世开太平。盖吾人讲学，固以后世为心，以百姓为命，非拘墟于一时也。"（唐文治《送周予同先生赴台湾序》，1945年）国学教育家唐文治身逢乱世，内心则明亮如镜，始终把传承以儒家精神文化为主导的中华国学文化作为自己救世救民的历史使命，他的眼光并未被一时的乱象所拘障，他的情怀是为中国"开太平"而谋深远。

二

　　唐文治身处"大战国之世"，却始终高举儒家精神文化的旗帜，坚守"为往圣继绝学"的情怀，其力量来源于他对以孔孟儒学为主导的中华民族文化的自觉和自信。以儒家思想文化"觉世而救民"，是他的行事宗旨。

　　首先，唐文治认为儒家精神价值系统中包含治国平天下的根本道理，这些道理对于人类社会有恒久的价值。唐文治一生中反复阐述的大致有如下一些要点：一曰"仁"，这是孔子政治学的核心。"仁者，爱人也"，这首先是对国家治理者而言的，治人者行仁政，才能使国家长治久安。儒家强调"仁"，"仁"包括人与人的互爱，从而把涉及每个社会成员的孝、悌、恭、恕等伦理价值观念包笼其内。1931年，唐文治在《克己为治平之本论》中指出："圣人知治平之本，端在仁恕，是以立毋我之训，严克己之欲……而天下于焉大治。"（唐文治《克己为治平之本论》，1931年）二曰"君轻民重"，这是孟子政治学的核心。唐文治在其一生中曾反复讲述儒家的这一政治思想。例如，他在《〈孟子大义〉序》中说："《孟子》一书，尊民之学也。其言曰：'民为贵，社稷次之，君为轻。'天下可爱者民，可畏者民，可亲可宝者民。养君惟民，保君亦惟民。是故民以君为天，而国以民为本。后世人主，不知此谊，于是乎虐民殄民，戕贼其民，吸民之脂膏，椎民之骨髓，以杀其民，此亡国破家所以相随属也。"（唐文治《〈孟子大义〉序》，1915年）三曰"明辨义利"，这也是儒家政治学的核心道理。唐文治在1920年订立的《无锡国学专修馆学规》中借曾子的话阐述这一道理："曾子言：'平天下不以利为利，以义为利。'……义利之辨，人心生死存亡之界也。末俗浇薄，好利无厌，专图一己之私利，不顾天下之公利，且借口于天下之公利，以肥一己之私利，驯至灾害并至，生灵荼毒，可痛哉！"（唐文治《无锡国学专修馆学规》，1920年）唐文治在明辨义利的同时特别注意区分了"私利"和"公利"，他特别指出："君子喻于义而不喻于利，此利字谓一己之利，非天下之公利。"（唐文治《论〈周易〉君子教育》，1939年）四曰"絜矩立表"，唐文治认为此是《尚书》政治学之精义。所谓"絜矩"，就是为君为上者要"立好恶之准"，拿定纲纪标准，并以此标准要求自己、管理臣下。所谓"立表"，就是为君为上者要做好表率，以身立范。夏禹有治水之功，自己生活上"菲饮食，恶衣服，卑宫室"，这就是古代圣人立表。唐文治特别指出为君为上者"失表"的几种情状："吾处于至安之境，而处人以至危，则失其表也。吾处于至佚至甘之境，而处人以至劳至苦，则失其表也。吾处于至泰至舒之境，而处人以至贫至困，则失其表也。吾所为者，不能孝、不能悌、不能仁、不能义，则失其表也。是皆致乱之道也。"（唐文治《表论》，1923年）五曰"礼义廉耻"，唐文治借管子的话说："礼义廉耻，国之四维，四维不张，国乃灭亡。"（唐文治《人格·学生格》，1912年）儒学中"礼"的内涵十分宽泛：待人接物、迎来送往属于礼，谓之礼仪；在人群中区别对待长幼尊卑、亲疏贵贱属于礼，谓之礼节；祭祖拜天、教化民众属于礼，谓之礼教；给官场生活和社会生活制定规章制度属于礼，谓之礼制。简言之："礼，经国家，定社稷，序人民，利后嗣者也。"（《左传·隐公十一年》）儒家不反对法制，但认为用"礼"从正面规范社会与人生更重要。1920年，唐文治针对"废孔废礼"的社会思潮指出："今人竞言法治，不知法施于已然之后，礼禁于未然之前，舍本务末，愈趋愈远。"（唐文治《无锡国学专修馆学规》，1920年）至于讲廉知耻，唐文治看作是官员的生命线："余论用人，必以清廉为第一义。……清廉而不能任事者有之矣，未有贪黩而能任事者也。故求才士于廉字之中，则天下治。"（唐文治《思辨录札记》，1897年）他于1932年撰《八德诠释》，将"廉、耻"与"孝、悌、忠、信、礼、义"并列为做人的基本道德准则，并针砭民国官场黑暗："近时操守不讲，贿赂公行，搜括民财，贪黩无厌，一家富而万家哭，民生困苦颠连，皆由于官吏之不廉也。……奔走干求，运动请托，壹皆出于无耻。"（唐文治《八德诠释》，1932年）可谓针针见血。儒家精神价值系统中的治国平天下道理还包括忠、信、诚、智、勤、俭、勇、毅、德、爱、敬、让、天下为公、实事求是、先忧后乐、民胞物与、四海一家，等等，各有其对应的社会生活层面，唐文治都作了丰富的论述。

其次，唐文治认为社会延续过程中的"治—乱—治"交替是正常规律，"自古以来，道与治合则天下治，道与治分则天下乱"（唐文治《〈中庸〉大义》，1931年）。这里的"道"是指儒家治理天下的精神价值系统，这里的"治"是指各朝各代统治者的治国理念和行为。他认为，从夏、商、周三代以来，尤其是从孔孟以来，以"仁"为核心的儒家精神价值系统已经建立，并且数千年来一直在延续，各朝各代统治者的治国理念和行为与儒道相合，就天下治，与儒道相分离，就天下乱。这对中国古代三千年"治乱"规律是一个角度独特而且比较客观并又简明深刻的表述。孔子创立的以"仁"为核心的精神价值系统，是民间思想家的思想成果；孔子依托夏、商、周三代《诗》《书》《礼》《易》《乐》经典，借鉴前代有价值的社会治理和精神文化遗产，创立了儒家学说。儒道在创立时并不是春秋诸侯国统治者的思想学说，也未被当时的诸侯国国君采纳作为治国之道，所以孔子才有"道不行，乘桴浮于海"（《论语·公冶长》）的感叹。后来一些朝代的统治者看清儒道对于维护国家长治久安有用，而且君王和民众都能接受，才把儒家学说奉为列朝的主流思想意识与精神价值，"在中国思想文化领域长期取得了主导地位"（习近平《在纪念孔子诞辰2565周年国际学术研讨会上的讲话》，2014年）。最早是汉武帝"罢黜百家，独尊儒术"，后来有元、明、清皇帝尊孔子为"大成至圣先师文宣王"。而历代统治者的"尊儒"在实际行动上真能重视一点"民本"，往往就有所谓"治平"之世。明、清两朝均尊孔敬儒，两朝统治中国的时间分别为277年和268年，不可谓短，其中儒家所说的"道与治合"起了重要作用。唐文治身逢中国历史上又一次乱世，而且是千年未有的"大战国之世"，但他心中有前史之鉴，认定世乱而儒道在，坚守儒道，天下终有由乱返治的时候。从唐文治"道与治合则天下治，道与治分则天下乱"的观点中，可以看到上一次天下大乱时期（17世纪中叶明清两朝换代时期）儒家学者王夫之的思想。王夫之《读通鉴论》云："儒者之统，与帝王之统并行于天下，而互为兴替。其合也，天下以道而治，道以天子而明；及其衰，而帝王之统绝，儒者犹保其道以孤行而无所待，以人存道，而道不可亡。"（王夫之《读通鉴论·宋文帝》）王夫之在乱世之中坚守儒家之道，其后中国的历史车轮驶入包含所谓"康乾盛世"的有清一代，"道与治合"。历史循环，往世可鉴，所以唐文治自信人道不灭则儒道不灭，中国眼下虽经历劫难，但在四五十年后将"圣道大昌，后机宏畅"，用当今语汇来说，就是"中华民族的伟大复兴"。

其三，唐文治亲眼看到了西方列强的文化侵略，亲身经历了中华传统文化的衰落并伴随着中国社会灾难祸患日甚，深感文化救世时不我待。1882年，唐文治18岁，受学业于家乡太仓王祖畬（号紫翔）先生之门，"夏四月，忽有耶稣牧师吴虹玉自上海来传教，购镇民桥宋姓房屋，行将迁入矣。王师闻之，谓是（此）不可以启外侮，偕邑绅并诸同学数十人往谒州县尊，阻止之。余亦随往。县尊任石芝先生坐大堂，判决资送吴虹玉出境，偿其费，拨公款购买宋姓屋，改为乡先贤四先生祠。"（唐文治《茹经先生自订年谱》，1934年）这是唐文治成人后亲身经历的第一件中西方文化冲突事件。1900年，先是由西方列强文化侵略引发的天津教案震动全国，继而义和团与列强战斗，八国联军攻入北京，京城生灵涂炭。此时的唐文治已移家京城，担任户部主稿，兼任总理各国事务衙门（相当于外交部）章京（官职名），亲身经历了西方列强的文化与军事侵略给中华民族带来的巨大灾难。自此以后，唐文治谈儒学传承、谈国学教育总是放在中华文化盛衰与国运盛衰紧密相连的大背景上考虑。他反复论述此中道理曰："生民之类，自弃其国学，未有不亡者也。子独不观夫欧洲诸国乎？其克进于文明者，则其国家、其人类强焉、存焉。反是则其国家、其人类弱焉、息焉、灭焉。"（唐文治《〈工业专门学校国文成绩录〉序》，1914年）又曰："汉唐以来，文化盛则国盛，文化微则国衰。故无论古今中外，罔不以保存文化为兢兢。"（唐文治《〈中学国文新读本〉序》，1918年）再曰："横览东西洋诸国，靡不自爱其文化，且力谋以己之文化，扩而充之，深入于他国之人心。而吾国人于本国之文化，孔孟之道德礼仪、修己治人之大原，转略而不讲，或且推去而任人挽之。悲乎哉！"（唐文治《〈国学专修学校十五周年纪念刊〉序》，1936 年）唐文治认为中国传统文化的主导是以孔孟为代表的儒学，"儒家学冠乎百家九流"（唐文治《苏州国学会演讲录》，1933 年），所以把传承与复兴儒学作为自己最重要的文化使命。他自述心迹："余尝谓居今之世，欲复吾国重心，欲阐吾国文化，欲振吾国固有道德，必自尊孔读经始。"（唐文治《朱子学术精神论》，1941 年）"废经者，世奉为大功，崇拜恐后，余向者腹非之而不敢言，迄乎今日，废经之效亦大可睹矣。新道德既茫无所知，而旧道德则扫地殆尽。世道至于此，人心至于此，风俗士品至于此，大可悯也！"（唐文治《〈中学国文新读本〉序》，1918 年）"吾辈务宜独立不挠，力挽颓习，秉壁立万仞之概，不为风气所转移，乃能转移世风，有以觉世而救民。"（唐文治《无锡国学专修馆学规》，1920 年）在这一系列"自任以天下之重"的悲慨之语中，唐文治的文化救世情怀可见一斑。无怪乎民国时期教育部派出的学校视察大员撰文报告："在今日一切学校师长中，深知中国文化之重要，且息息以救国救民为念者，殆无过于唐氏。"（柳诒徵《三年来之中国文化教育》）

三

唐文治坚持国学教育的一项重要内容是"极意注意中文，以保国粹"（唐文治《邮传部上海高等实业学堂章程》，1908 年），他"极意注意"的中文，就是用汉字表达的文言，清末民初教育界称之为"国文"。文言是一种能用于思维的书面语言系统，中国几千年来，文言与中国各地方言共同构成中国的语言系统。文言对中国的统一与发展起过极为重要的历史进步作用，中华民族应该将"文言"上升到"统一的民族语言"概念（马克思、恩格斯使用过的一个语言学概念）高度来认识。

文言有极强的自身特点。其表达符号汉字是表意文字，而西学东渐传来的西方文字多为表音文字。汉民族的语言系统中自古就有文言（统一的书面语）和方言（各地口语）之分，文言虽不同于口语，但作为书面语言，同样能够用于思维，马克思关于语言的著名定义"语言是思想的直接现实"，同样适用于文言。清末发现的商代甲骨文及历朝存世的钟鼎文和

《尚书》传本等显示，至少在三千年前，文言已经是记载、传布官方文书的基本成熟的书面语言系统。对于中国语言系统中的"文言"与"方言"之分，唐文治持本能的认识。在唐文治看来，民众口头的方言为"俚俗之言"，载于书面的文言为"雅言"，"我中国数千年之文化所以久盛而不衰者，文字为之，即雅言为之也"。（唐文治《十三经提纲·尔雅》，1920年）

　　民族的构成要素，最基本的有四项：语言、地域、经济生活、文化心理素质。（见《现代汉语词典》词条"民族"）其中，语言是民族构成要素中最重要的人为因素，它是本民族成员共同创造、共同使用的思想载体和交流编码，是本民族区别于其他民族的最基本的文化特质。人类文明发展史证明，语言是民族形成的基本条件，没有基本词汇、基本语法一致的语言，也就没有相应的民族。所以，语言的统一性是民族的最重要标志之一，它是民族生存的必要条件。有鉴于此，马克思、恩格斯很重视"统一的民族语言"这一概念。马克思、恩格斯在《德意志意识形态》（著于1845—1846年）中指出，发达的现代民族语言的产生可由三个方面而来：①"由于现成材料所构成的语言的历史发展，如拉丁语和日耳曼语"；②"由于民族的融合和混合，如英语"；③"由于方言经过经济集中和政治集中而集中为一个统一的民族语言"。唐文治对于文言作为中国统一书面语言有明确的认识，并且深刻阐述了文言作为"统一的民族语言"的特点。他指出："我国文化胚胎独早，溯自书契之造，以迄孔子缵修删定，微言大义，阐发靡遗，二千年来历代相承，皆得奉为依归者，悉赖此文字递嬗不息。"（唐文治《函交通部送高等国文讲义》，1913年）又指出："古者广谷大川异制，民生其间者异俗，圣人修其教、齐其政，遂使不一者而统于一，则文字之功也。……古人因言语之不能一，而以文字统一之。"（唐文治《十三经提纲·尔雅》，1920年）唐文治所说的"以文字统一之"，就是指中国统一的汉字文言。在上述论述中，唐文治阐明了二千年来文言作为中国统一书面语言递嬗文化所起的不容否定的重要作用。

　　中国与欧洲各国在"统一的民族语言"上相比较，可谓别具特色。欧洲的英吉利民族、法兰西民族、意大利民族等，都采用与口语相一致的表音文字，而汉族采用的文言属表意文字，内含各地方言的基本词汇和基本语法（此外还有文言特有的虚词和语法），又略去各地方言在词汇、语音、语法上的差异，强烈地显示出"方言经过经济集中和政治集中而集中为一个统一的民族语言"的特点。

表音文字必须跟随语音而生成，跟随语音而使用。欧洲历史上曾经有过上千个小邦国、上百个小民族，语音不同，表音的文字也不同。现代欧洲的地理面积和人口与中国差不多，却分为多个国家，有多种文字（都属表音文字）。长期使用表音文字的欧洲，民族文字的表音特质也是民族地域障壁不易去除的原因之一。中华民族的先祖以其特有的智慧采用了特有的语言系统，方言顾及国家广大地域中的语音差异，文言顾及中央及地方政权的统一施政，在殷商至清朝的三千多年古代社会中，文言作为"统一的民族语言"，对中华民族的凝聚、发展、壮大发挥了重大的作用。

由于使用统一的文言，散居于中华大地、方言各异的中国人有着强烈的国家认同感，各地各族不因为方言各异而分裂为不同的国家。即使历史上有过南北朝、五代十国等政治分裂时期，也终究能消除分裂，组成统一的中央集权的国家。由于使用统一的文言，古代历史上中原王朝凡遇到北方游牧民族的侵扰，文言便成为少数民族统治者难以消除的障碍。元朝统治者曾强力推行表音的"八思巴"文字，终以失败告终。清朝统治者入关后能残酷施行"扬州屠城"，但不得不屈服于汉族文言，从康熙往后的列代帝王贵族，都努力学习文言，否则，就无法维持统治。文言记载了从《尚书·尧典》到《清史稿》的中国历史，使中华民族的历史、文化传统在历尽种种灾难后没有中断。在这一点上，人类各大古文明中没有哪个民族可以与中华民族相比。中华民族能够以族群人口最多的伟大民族走入世界近代史，缺少了"文言"这一"统一的民族语言"是形不成这一历史局面的。文言记载了中华民族五千年的思想、文化精华，成为中华民族步入现代、走向未来时保持民族自信、文化自信的历史依托。中华民族的民族自信底蕴保藏在文言中。诚如唐文治所总结的："我国文字，自书契以造以迄孔子，数千年绵绵延延。人类（引按：指中国人）之所以常存者，胥由文焉作之纲维。"（唐文治《〈工业专门学校国文成绩录〉序》，1914年）

近代以来，西学东渐带来的西方文化中心主义，导致国人忽视"文言"维护中华民族统一的重大历史作用，"文言"受到不应有的攻击。就在唐文治"极意注意中文，以保国粹"的同时，典雅厚重的文言被指斥为"桐城谬种""选学妖孽"。"反对文言文"的思潮还连带着要废除汉字，例如傅斯年就宣称："中国文字的起源是极野蛮，形状是极奇异，认识是极不便，应用是极不经济，真是又笨又粗、牛鬼蛇神的文字，真是天下第一不方便的器具。"（1919年）一些曾有过国外生活经历的革命者也"恨屋及乌"，认为"现代普通话的新中国文化必须罗马化。罗马化或者拉丁化，就是改用罗马字母的意思。这是要根本废汉字"。持这类观点的人士表露出明显的西方文化中心主义倾向，因而不能正确看待语言文字上的"中国国情"和"中国特色"。而唐文治在对待汉字文言的态度上，始终坚定保持"中华文化本位"的定力。面对汹涌而来的黜文言、废汉字浪潮，唐文治力挽狂澜，毫不动摇地坚持在自己掌校的交通部上海工业专门学校、无锡中学校（私立无锡中学）、无锡国专加强国文读写教学，同时鲜明表态："近世昏顽之士乃欲废文以废字，举中国数千年之文化划而除之，卒至文化必不能除，而莘莘学子大半已受其害，痛哉！痛哉！"（唐文治《〈说文解字释要〉序》，1921年）

中华人民共和国成立以来，随着普通话的推广，白话文成为广大民众普遍掌握的书面语言工具，文言逐步淡出现实文化舞台，这是社会的进步。但中华民族的文化是需要传承的，由于中国大陆学校系统的文言写作教学已中断了六七十年，此期间出生的三代人绝大多数已不会用文言思维与写作，成为与"文言"隔膜的中国人，他们在传承中华优秀传统文化方面存在明显的障碍。中国有十四亿多人口，民族文化的需要是多方面的。为传承民族优秀文化、增强民族自信，中国需要培养一些从小得到文言"读写并重"训练、具有厚实文言功底的高级专门人才。如何实施这方面的人才培养工程，当今教育界可从国学教育家唐文治掌校无锡国专三十年的成功教育经验中获得借鉴。

四

唐文治后半生，以守先待后的坚毅精神捍卫和传承中华儒家思想文化。如果以尊重历史事实的态度对待中国近现代史，就应该承认，唐文治坚守的儒家思想文化对马克思主义中国化是有重要意义的。

公元1917年冬，正当唐文治倾心尽力办理中国新生的高等工科教育并力求保存国粹之时，俄国爆发了"十月革命"。在无产阶级革命导师列宁和俄共布尔什维克的领导下，人类第一个社会主义国家苏联诞生了。毛泽东曾明确指出："中国人找到马克思主义，是经过俄国人介绍的。……十月革命一声炮响，给我们送来了马克思列宁主义。"（毛泽东《论人民民主专政》）马克思主义是19世纪诞生于欧洲的先进思想，马克思主义不是凭空产生的，欧洲深厚的优秀传统文化是马克思主义得以产生的思想沃土。马克思主义有三个来源：以德国黑格尔哲学体系（它又催生了费尔巴哈的唯物主义）为代表的古典哲学，以英国亚当·斯密和大卫·李嘉图经济理论为代表的古典经济学，以法国圣西门、傅立叶和英国欧文为代表的空想社会主义。恩格斯曾自豪地说："我们德国社会主义者却以我们不仅继承了圣西门、傅立叶和欧文，而且继承了康德、费希特和黑格尔而感到骄傲。"（恩格斯《社会主义从空想到科学的发展·1882年德文第一版序言》）由此可见，马克思主义非但不拒绝人类优秀传统文化和思想，而且重视从中汲取丰富的营养以构建自身。

中国是历史悠久的文明古国，有着优秀的传统思想文化，而儒家思想文化又长期居于主导地位。作为西方思想文化成果的马克思主义，从传入中国之时起，就与儒家思想产生了交会与对话。由于马克思主义的共产主义理想与中国儒家的"天下为公"观念、人类"大同"理想有一些相通之处，中国早期的共产主义者曾经以儒学的某些观念和话语来介绍和评述马克思主义。1919年5月，李大钊发表著名长篇论文《我的马克思主义观》，他认可马克思所提出的无产阶级向资产阶级斗争的时代是人类向未来无阶级社会的过渡，但又指出："当这过渡的时代，伦理的感化，人道的运动，应该倍加努力，以图划除人类在前史（引按：指阶级社会历史）中所受的恶习染，所养的恶性质，不可单靠物质的变更。这是马氏学说应加以救正的地方。我们主张以人道主义改造人类精神，同时以社会主义改造经济组织。不改造经济组织，单求改造人类精神，必致没有效果。不改造人类精神，单求改造经济组织，也怕不能成功。我们主张物心两面的改造，灵肉一致的改造。"（李大钊《我的马克思主义观》，1919 年）李大钊的评述，强调在改造旧世界的过程中不可单靠物质的变更，还一定要改造人类的精神。李大钊研究问题的角度明显受到中国儒家注重人、注重人之精神境界的传统思想之影响，他的这一评述已包含未来社会改造过程中应该物质文明和精神文明并举的思想萌芽。其时有论者称马克思为"德儒"。《晨报》专栏作者渊泉（陈溥贤）1919 年发表文章《社会主义鼻祖马克思之奋斗生涯》，他甚至直接以儒家观点赞扬马克思："孟子曰：天之将降大任于斯人也，必先劳其筋骨，饿其体肤。而马氏大著作，实成就于此种境遇之中，此殆天所以造就马氏者欤！"可见，马克思主义引导人类向善、求幸福，中国儒家也引导人类向善、求幸福，这两种思想体系间具有一定的共同点。

　　1921 年中国共产党成立，把实现共产主义作为自己的最高纲领。中国共产党人开始思考如何用马克思主义解决中国通往共产主义之路上所遇到的各种问题，从而开始了马克思主义中国化的漫长探索过程。李大钊在为创建中国共产党做思想准备时就指出："一个社会主义者，为使他的主义在世界上发生一些影响，必须要研究怎么可以把他的理想尽量应用于环绕着他的实境。"（李大钊《再论问题与主义》，1919 年）李大钊的这一认识，可视为马克思主义中国化的思想发轫。儒学在中国已传播两千多年，诸多理念已深深植入中国人的思想文化，深受中华民族认同，其核心的内容已经成为中华民族最基本的文化基因，这也是中国的共产主义者身处的文化"实境"。如同马克思主义的创始人继承了黑格尔、亚当·斯密、圣西门一样，有远见的中国共产党人对本民族的优秀思想文化遗产也采取了古为今用的继承态度。作为中国共产党第一代领导核心的毛泽东深刻指出："我们这个民族有数千年的历史，有它的特点，有它的许多珍贵品。对于这些，我们还是小学生。今天的中国是历史的中国的一个发展；我们是马克思主义的历史主义者，我们不应当割断历史。从孔夫子到孙中山，我们应当给以总结，继承这一份珍贵的遗产。"（毛泽东《中国共产党在民族战争中的地位》）毛泽东的这一宣言，表明了中国共产党坚持把马克思主义基本原理同中国具体实际相结合的原则立场，代表了中国共产党人对待包括儒学在内的中华民族传统思想文化的正确态度。

马克思主义中国化的历程中，受中华优秀传统文化的影响是多方面的。这种影响表现于中国共产党人改造旧中国、建设新中国的伟大实践和理论建树中。唐文治所坚守的儒家思想中，有许多内容值得重视，现举三个方面简述如下：

"实事求是"理念

"实事求是"理念源自汉儒，是儒家的治经传统，在19世纪末成为青年唐文治求学的江阴南菁书院和青年毛泽东游学的长沙岳麓书院的院训。此期间主持过南菁书院的黄以周先生和相继主持过南菁书院、岳麓书院的王先谦先生都以此院训教诲学子。在青年毛泽东游学、居住岳麓书院的1917年至1919年，岳麓书院已将院训"实事求是"四字制成大匾高挂于讲堂之上，从而对修学者产生潜移默化的影响。1914年冬，唐文治撰《〈孟子〉大义》，在《滕文公篇大义》中指出："夫圣人之治天下，实事求是而已矣。"1920年12月，唐文治创办无锡国学专修馆，把"实事求是"列为学规院训，他在《无锡国学专修馆学规》中明文规定："先儒说经，首重实事求是四字。实事者，屏绝空虚之论也；求是者，破除门户之见也。经师家法，守兹兢兢。"唐文治在主持无锡国专的30年办学过程中，以此"实事求是"治经传统影响了为数众多的国专学子。儒家的"实事求是"思想方法也深刻影响了中国共产党。1938年10月，毛泽东在中共六届六中全会报告中向全党发出号召："共产党员应是实事求是的模范，又是具有远见卓识的模范。因为只有实事求是，才能完成确定的任务；只有远见卓识，才能不失前进的方向。"（毛泽东《中国共产党在民族战争中的地位》）这是毛泽东首次在党的政治报告中使用"实事求是"概念。后来，毛泽东又多次在重要的文章和讲话中强调"实事求是"，并写入延安整风文件，把"实事求是"上升为中国共产党的思想路线。毛泽东创造性地诠释了"实事求是"："'实事'就是客观存在着的一切事物，'是'就是客观事物的内部联系，即规律性，'求'就是我们去研究。"（毛泽东《改造我们的学习》）正是在"实事求是"

思想路线的引领下，中国共产党领导的革命事业才冲破了难以想象的重重艰难险阻，取得了一个又一个伟大的胜利。中国共产党领导的伟大社会主义国家，不是存在于大工业发达的西欧和美国，而是屹立于原先贫穷落后的半封建半殖民地中国大地上，这是马克思主义加上中国共产党人"实事求是"思想路线的胜利。邓小平总结道："毛泽东思想的基本点就是实事求是，就是把马列主义的普遍原理同中国革命的具体实践相结合。毛泽东同志在延安为中央党校题了'实事求是'四个大字，毛泽东思想的精髓就是这四个字。毛泽东同志所以伟大，能把中国革命引导到胜利，归根到底，就是靠这个。"（邓小平《高举毛泽东思想旗帜，坚持实事求是原则》）

"民为邦本"理念

唐文治在国学教育中多次引用《尚书》古训："民为邦本，本固邦宁"，"天视自我民视，天听自我民听"。"民本"思想是儒家重要的政治思想。"民本"，就是把"民"视作国家立基的根本，承认民众承担物质生产重任，也承认民心的背向对国家兴亡有决定性作用。中国古代的"民"，包括士、农、工、商，也就是占国家人口绝大多数的"人民"。孟子曰："诸侯之宝三，土地、人民、政事；宝珠玉者，殃必及身。"（《孟子·尽心下》）唐文治解说这段经文道："有土地而后有人民，有人民而后有政事，故诸侯有三宝，然土地所以养人民者也，政事所以治人民者也，然则诸侯之宝皆为人民也。"（唐文治《〈孟子〉大义·尽心下》，1915 年）唐文治解读儒家经典，立足"民本"思想，引导出土地、政事皆"为人民"的观点，这是对儒家思想的人民性做了深入开掘。毛泽东 8 岁入私塾读《四书》，后来入师范学校所受的"国文"课教育，同样充满儒家精神，儒家"民本"思想润物无声地影响了青年毛泽东。他在 1913 年的学习笔记《讲堂录》中记道："人心即天命，故曰'天视自我民视'。天命何？理也。能顺乎理，即不违乎人；得其人，斯得天矣。然而不成者，未之有也。"此时的青年毛泽东，已受儒家"民本"思想影响，开始萌生"为生民"的意识，他在《讲堂录》中记道："为生民之道，相生、相养、相维、相治之道也。"这些是毛泽东后来领导中国革命时能够提出党的"为人民服务"宗旨的思想基础之一。马克思、恩格斯在《共产党宣言》中指出："过去的一切运动是少数人的或者为少数人谋利益的运动。无产阶级的运动是绝大多数人的、为绝大多数人谋利益的独立的运动。"毛泽东接受了马克思主义后，站在"人民"的立场上，即绝大多数人的立场上，对儒家的"民本"思想做了创新改造，他在向中共"七大"所作的政治报告中提出："人民，只有人民，才是创造历史的动力。"他明确要求全党把"全心全意地为人民服务"作为中国共产党的"出发点"。在抗日战争胜利后勾画未来新中国蓝图时，以毛泽东为核心的中共中央宏纲设计的是"建立一个以全国绝大多数人民为基础"的国家制度。毛泽东明确指出："这是一个真正适合中国人口中最大多数的要求的国家制度，因为，第一，它取得了和可能取得数百万产业工人、数千万手工业工人和雇佣农民的同意；其次，也取得了和可能取得占中国人口百分之八十，即在四亿五千万人口中占了三亿六千万的农民阶级的同意；又其次，也取得了和可能取得广大的城市小资产阶级、民族资产阶级、开明士绅及其他爱国分子的同意。"（毛泽东《论联合政府》）毛泽东还创造性地提出了在此基础上建立的国家政权为"人民民主专政"，并明确界定"人民民主专政"与苏联建立的无产阶级专政"是有原则上的不同的"（毛泽东《论联合政府》）。中国共产党人的这些理论与实践中都隐含着古代儒家"民本"思想的影响。

"大同"与"小康"理念

孔子创立的儒学是有远大政治理想的学说。孔子憧憬的最高政治理想是人类实现"大同"社会，这在儒家经典《礼记·礼运》篇中有较集中的表述。儒家理想中"大同"社会的特点是：传承中华先圣尧、舜、禹合于"天道"的德治传统，天下为公，贤能治理，道德高尚，劳动贡献，财货充足适用，人民幸福和谐。唐文治曾称赞"天下一体"乃"盛世大同之精神"（唐文治《〈孟子〉大义·梁惠王下》，1914年）。两千多年来，儒家的"大同"思想深刻影响着一代又一代的中华仁人志士，"大同"世界成为中华民族心目中的"理想国"。马克思主义传入中国后，当时向西方寻求真理的中国人才知道无产阶级革命导师指出的人类理想是"共产主义社会"，

1921年中国共产党成立时把"实现共产主义"定为党的"最高纲领"。马克思定义的共产主义社会是消灭了生产资料私有制，从而消灭了阶级差别（包括工农差别）和阶级对立的社会，共产主义社会因生产力水平的发展程度还需要分为第一阶段（实行"各尽所能，按劳分配"）和高级阶段（实行"各尽所能，按需分配"），但这两个阶段都以消灭了生产资料私有制并且生产力高度发展为共同特征，所以称之为共产主义社会。《共产党宣言》这样描述共产主义社会中人与人之间的关系："代替那存在着阶级和阶级对立的资产阶级旧社会的，将是这样一个联合体，在那里，每个人的自由发展是一切人的自由发展的条件。"马克思1847年描绘这一共产主义社会蓝图时，资本主义大工业最为发达的英国总人口二千多万，正通过"鸦片战争"以坚船利炮轰开有四亿人口的古老农业国中国的国门，中国人民开始陷入半封建半殖民地社会的悲惨境地。那时的中国，还没有以蒸汽机动力为标志的现代工业，其社会生产力水平与马克思定义的共产主义社会必须具备的生产力水平相比，可谓有天壤差别，但是中国人自古以来对"大同"理想的向往与追求是不受资本主义大工业发展水平限制的，依照中华传统文化的思维方式，实现"大同"社会的关键因素在人，而不在物。中国共产党的领袖在向党内同志和党外广大人民群众宣传马克思的共产主义理想时，直接移用儒家的"大同"概念，以便更适合中国国情，更切合民族心理，更宜为广大人民群众所接受。毛泽东于1949年6月勾画即将诞生的中华人民共和国宏伟蓝图时说："这样就造成了一种可能性，经过人民共和国到达社会主义和共产主义，到达阶级的消灭和世界的大同。"（毛泽东《论人民民主专政》）从毛泽东这一表述中可以看到儒家"大同"思想对马克思主义中国化的积极影响。

但"大同"社会毕竟是遥远的美好理想，不是哪一代当政者想实现就能够实现的，因而儒家还提出了一个低于"大同"标准但具有现实社会治理操作意义的"小康"概念，这在儒家经典《礼记·礼运》篇里也有较为集中的表述。唐文治在他的《十三经提纲》中把表述"小康"理念的《礼记·礼运》篇推荐为选读篇目。世界共产主义运动的历史表明，从资本主义社会到共产主义社会有一个相当漫长的过渡期。既然是"过渡时期"，那就还没有实现"大同"，执政的共产党在社会治理上就必须采取一系列与尚存的私有经济、传统思想观念文化习俗相适应的方针政策，以保证和逐步实现向共产主义社会过渡。邓小平看清了这一"过渡时期"的漫长性，他在1992年赴广东深圳考察的"南方谈话"中明确指出："我们搞社会主义才几十年，还处在初级阶段。巩固和发展社会主义制度，还需要一个很长的历史阶段，需要我们几代人、十几代人，甚至几十代人坚持不懈地努力奋斗，决不能掉以轻心。"（邓小平《在武昌、深圳、珠海、上海等地的谈话要点》）这位中国特色社会主义蓝图的总设计师创造性运用儒家的"小康"理念来规划当代中国相应的发展阶段和发展特点，他在1979年12月会见日本首相时说："我们要实现四个现代化，是中国式的四个现代化。我们的四个现代化的概念，不是像你们那样的现代化的概念，而是'小康之家'。"（邓小平《中国本世纪的目标是实现小康》）这是中共领导人首次移用儒家的"小康"一词于党的方针、目标。2000年10月，中共十五届五中全会提出，从21世纪开始，我国进入全面建设小康社会，加快推进社会主义现代化的新的发展阶段。2014年9月，习近平总书记联系儒家经典谈到这个话题："中国人民正在为实现'两个一百年'奋斗目标而努力，其中全面建成小康社会中的'小康'这个概念，就出自《礼记·礼运》，是中华民族自古以来追求的理想社会状态。使用'小康'这个概念来确立中国的发展目标，既符合中国发展实际，也容易得到最广大人民理解和支持。"（习近平《在纪念孔子诞辰2565周年国际学术研讨会上的讲话》）2016年1月，中共中央和国务院发布《关于落实发展新理念加快农业现代化实现全面小康目标的若干意见》，更加扎实有力地推进中华小康社会的建设。中国的政治建设和发展现实证明，儒家的"小康"理念对马克思主义中国化进程、对中国共产党人在社会主义建设时期正确制定阶段性理想目标产生了积极的影响。

五

曾经有过治国理政实践经验的唐文治（官至清农工商部署理尚书）有一句名言："文化之于国大矣哉！"（唐文治《上海工业专门学校图书馆立

础记》，1918年）这里的文化指中华民族的传统文化。能够告慰于唐文治先生的是：他的文化远见得到了当代中国的印证。

进入新千年，积累了半个多世纪治国实践经验，执政的中国共产党人清晰地看到了中华优秀传统文化对于中华民族伟大复兴的重大意义。2011年10月十七届六中全会通过的《中共中央关于深化文化体制改革推动社会主义文化大发展大繁荣若干重大问题的决定》指出，"文化是民族的血脉"，"源远流长、博大精深的中华文化，为中华民族发展壮大提供了强大的精神力量，为人类文明进步作出了不可磨灭的重大贡献"。与此相应的是人民群众在物质生活相对丰富以后对中华传统美德的强烈呼唤和对儒家经典中文化道德价值的重新发现与认同。党和国家领导人也在许多重要讲话中反复强调传统文化尤其是儒家文化对于治国理政的意义。2003年12月和2007年4月，温家宝在美国哈佛大学和日本京都立命馆大学的演讲中两次引用张载的名言来表达自己的文化情怀，他说："中华民族的祖先曾追求这样一种境界：为天地立心，为生民立命，为往圣继绝学，为万世开太平。"温家宝总理把"仁爱""和而不同""天下为公""民为邦本""民贵君轻"等儒家核心理念确定为中华民族传统文化中的"珍贵品"，认为"所有这些，对家庭、国家和社会起到了巨大的维系和调节作用"（温家宝在美国哈佛大学的演讲《把目光投向中国》，2003年）。2013年8月，习近平总书记在全国宣传思想工作会议上发表讲话，要求全党在宣传解释"中国特色"时，"要讲清楚每个国家和民族的历史传统、文化积淀、基本国情不同，其发展道路必然有着自己的特色；讲清楚中华文化积淀着中华民族最深沉的精神追求，是中华民族生生不息、发展壮大的丰厚滋养；讲清楚中华优秀传统文化是中华民族的突出优势，是我们最深厚的文化软实力；讲清楚中国特色社会主义植根于中华文化沃土，反映中国人民意愿，适应中国和时代发展进步要求，有着深厚历史渊源和广泛现实基础"（习近平《在全国宣传思想工作会议上的讲话》）。2014年9月24日，习近平总书记在北京人民大会堂出席纪念孔子诞辰2565周年国际学术研讨会时发表讲话，指出："孔子创立的儒家学说以及在此基础上发展起来的儒家思想，对中华文明产生了深刻影响，是中国传统文化的重要组成部分。……从历史的角度看，包括儒家思想在内的中国传统思想文化中的优秀成分，对中华文明形成并延续发展几千年而从未中断，对形成和维护中国团结统一的政治局面，对形成和巩固中国多民族和合一体的大家庭，对形成和丰富中华民族精神，对激励中华儿女维护民族独立、反抗外来侵略，对推动中国社会发展进步、促进中国社会利益和社会关系平衡，都发挥了十分重要的作用。"（习近平《在纪念孔子诞辰2565周年国际学术研讨会上的讲话》）这是中国共产党最高领导人对中华优秀传统思想文化、对孔子和儒学最为全面而充分的一次肯定，也是中国社会对孔子和儒学的历史进步作用的再一次肯定，此时，距坚信中国未来将"圣道大昌，后机宏畅"的唐文治先生逝世已六十多年。

唐文治生前曾评论自己"力挽世风、尊孔读经"的历史功过，他说："文化复而后中国可底于治平。余主持此论二十年，知我罪我，在所不计，而吾言则虽圣人不能易。"（唐文治《〈中学国文新读本〉序》，1918年）正是抱着这样宽大深广的文化救世情怀，唐文治在双目失明后用后半生逾三十年艰苦卓绝的不懈努力创办并主持了无锡国专，这是中华大地上唯一一所经历北洋军阀政权、南京国民党政权、日伪政权严酷环境而不垮，中华人民共和国成立后融入新中国高等教育系统的国学专修学校，这所学校为处于劫难中的中华民族培养了逾千名传承优秀传统文化的"火种"。唐文治定这所学校的英文名称为"The College of Chinese Culture"（中国文化学院），以此表达自己办这所学校所持的复兴中华优秀文化的心愿。

2015年是唐文治先生150周年诞辰，笔者特撰写本书并借中华先贤范仲淹所写的四句铭文以纪念这位"为往圣继绝学"的著名国学教育家唐文治先生：

　　云山苍苍，江水泱泱，先生之风，山高水长。

徐忠宪

（成稿于2017年元月）

目　录

第一章 唐文治生平事略（上）

一、出生于清寒士大夫之家

公元1865年12月3日（农历十月十六日），在江苏省太仓直隶州镇洋县（今属江苏省太仓市）岳王市陆氏宅第静观堂，一个男婴呱呱坠地。其时正当中国清朝同治四年，太仓地界刚刚经历过清军与太平天国军队的战争，盼孙心切的祖父唐学韩喜出望外，亲自为男婴命名"文治"，取字"颖侯"，取号"蔚芝"。取名"文治"是依据男婴的父亲唐受祺定子孙名以"文庆孝德为世家祥"八字为序，八世后再定，该男婴为序首；"治"字寓含"通经治国"之义；取字"颖侯"，寓意"聪颖才茂"；取号"蔚芝"，寓意"德馨芝兰"。这个男婴就是本书传主，日后成为中国著名教育家、国学大师的唐文治。

太仓是人文荟萃之地，文化底蕴深厚。唐文治出生在一个诗书传家、授塾为业的清寒士大夫家庭。其高祖唐景星（字范九、号墨池），于清嘉庆元年（1796年）童试第二名的成绩进入官府办的太仓州学，成为由州政府提供学费食宿的廪膳生。曾祖唐森阶（字荫来，号尧冀），是清朝道光年间的太学生（国子监学生），由皇帝赏八品顶戴，候选按察司知事，诰赠爵号"光禄大夫"（无专职的散官），曾从事商业。祖父唐学韩（1812—1878，字辅周，号翼亭），由吏部议叙（核议定功赏）从九品（准九品）衔，诰赠爵号"荣禄大夫"（文职虚衔，相当于一个荣誉称号）。父亲唐受祺（1841—1925，字若钦），于清咸丰九年（1859年）以童试第四名的成绩进入太仓州学，成为廪膳生；同治四年（1864年）入选恩贡，获候选复设教谕（县学助教）资格，诰封爵号"荣禄大夫"。从

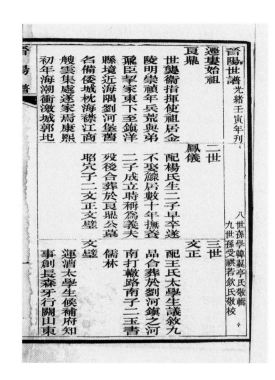

1902年唐文治父亲唐受祺在北京主持编校、刊刻的《晋阳世谱·金陵迁娄支唐氏族谱》

高祖到父亲四代人，虽然未担任有职有权的实质性官职，但都用功读书，考入官府办的州学或太学，成为古代社会阶层中有知识、有爵号的"荣誉"人士。这个家庭没有什么田产，很长时间连住房都是租借别人家的，靠持有秀才、贡士的低微功名（在古代社会，相当于"教师资格证书"）为官宦富裕人家当塾师授课而挣得劳动报酬养活家人、维持生活。这样的家族十分重视自家子弟的学业功名，促使唐文治在青少年时代接受了严格的读经教育。

唐文治的外祖家也是一个诗书传家、授塾为业的清寒知识分子家庭。外祖父胡汝直（字古愚）、外叔祖胡汝诚（字啸山）都是"邑诸生"，即正式就读于县学的学生，俗称"秀才"。唐文治的母亲胡氏从小跟着父亲识字断文，熟读《孝经》《四书》，能通经史大义。唐文治的两个姨夫姚菉翘（名葆光）、钱宫极（字会甫）也都是"邑诸生"，以塾师为职业，还分别当过少年唐文治的读经老师。还有一位姨夫黄浚之也是"邑诸生"，曾以"县试第一游于庠"（以全县考试第一名进入县学读书），后来介绍唐文治受业于名师之门。

二、少年茹经，十八岁中举

在这样的家族氛围中，唐文治6岁就启蒙识字，开始了28岁任官前长达22年的读书通经生涯。

为唐文治启蒙的是外叔祖胡汝诚。当时唐文治家已从借住的岳王市陆宅迁到镇洋县城中，借住于武陵桥南的胡宅。这时，外叔祖胡汝诚正在胡宅街对门的杨家当塾师，靠得很近，来往方便，唐受祺夫妻就让小唐文治前往受业。先是识字，然后读《孝经》。旧时童子教育中所谓"读某经"，除了认字、听老师稍做讲解外，还必须把"某经"的全部文字都背诵出来。第二年读《论语》，第三年读《孟子》。小唐文治在外叔祖胡汝诚处读书3年，8岁时已能把《孝经》《论语》《孟子》三部重要的儒家经典认读、背诵出来了。

其时唐文治家较贫困，父亲要外出谋生养家，督促儿子读书的责任主要由母亲承担。唐文治6岁到外叔祖处启蒙入学的第二天就逃学回家，母亲胡氏不让他进门，手执棍棒站在门口斥责他："你父亲在外辛苦谋食，你在家却逃学，有什么脸来面对你父亲！你敢逃学回家，我就打死你！"小唐文治害怕，又返回外叔祖处学识字。但第三天又逃学回家，又遭到母亲痛责。从此小唐文治认识了学业的重要，再不敢逃学。母亲胡氏除督责儿子专心学习外，还口授四书、唐诗，教儿子背记，小唐文治俨然又多了一位老师。

教小唐文治读经背书的还有他的祖父唐学韩。唐文治6岁启蒙，晚上就跟着祖父睡。祖孙俩就躺在床上口传心会白天塾中所教课文，两人对课的"咿唔之声"，有时能响到半夜。由于有祖父辅导，小唐文治白天在塾中看似嬉戏贪玩，功课却从不落下。别人以为他天性奇慧，实际上背后有祖父做着"家教"。

唐文治9岁时，其家由武陵桥南的胡宅搬迁到飞云桥东租秦氏房屋居住。唐文治被安排到姨夫姚菉翘门下受业。姚菉翘是唐文治启蒙老师外

唐文治出生地——太仓镇洋境内岳王市陆宅之静观堂（2013年拍摄）

叔祖胡汝诚的女婿，也以塾师为职业。在姚荣翘教授下，唐文治9岁读完《诗经》，10岁读完《尚书》。10岁那年，唐文治父亲唐受祺到苏州佃泾镇李霭堂提督家当塾师，教授李家的儿子读书。第二年唐文治就来到李家，在父亲亲自教授下读书，11岁时读完《周易》。这一年（1875年）光绪皇帝登位，改元光绪。唐文治在12岁那年夏天跟随父亲到上海去参观了李鸿章创办的江南机器制造总局。这时外祖父胡汝直正在上海为广东籍富商郑介臣家当塾师，唐文治就留在外祖父身边受学业。大约在半年时间中读完《礼记》，并开始学写八股文（时称"制义"）和试帖诗，这是科举考试要用的文体和诗体。13岁时，唐文治又回到太仓，在也是当塾师的姨夫钱宫极门下受学业，读完《左传》。14岁时又回到父亲身边受学业，这时唐受祺担任苏州方益斋家的塾师。唐文治从6岁至此时，已先后读完儒家最重要的经典《孝经》《论语》《孟子》《诗经》《尚书》《易经》《礼记》《春秋左氏传》，都能背诵，做好了应试科场的准备。

1879年（光绪五年），唐文治15岁，参加太仓州州学生员考试，榜发

唐文治父亲唐受祺（1841—
1925）

中第十一名，取得"秀才"身份。第二天春天，江苏学政官夏同善（号子松）到太仓组织岁试，唐文治以第六名的成绩被取入太仓州学（即具备"州庠生"身份，可以参加在省城举行的"举人"考试）。这次江苏学政官"岁试"，考两篇八股文章、一首试帖诗，第一篇文章题为《一人定国尧》，第二篇文章题为《文王之民无冻馁之老者》，试帖诗题为《赋得惠风和畅》，得"和"字（押韵"和"字）。

　　考取秀才后的唐文治，读书更加刻苦用功，学业更求精进。16岁这一年，春天参加"岁试"后，唐文治就来到上海唐受祺身边，继续受业读书。其时外祖父胡汝直已去世，由女婿唐受祺接替担任郑介臣家的塾师，唐文治跟着父亲在郑氏塾馆中读完了《春秋三传》中的《公羊传》《谷梁传》，还读完了《史记》，并开始学习写作古文。唐文治曾回忆在父亲身边的这段读书经历："光绪己卯、庚辰之间，文治年十五六，随侍先大夫（引按：父亲）读书于沪滨。先大夫昼则传经授课，夜则讲乡先贤遗事，俾知激励。"（唐文治《〈娄东孙氏家集〉序》，1929年）

　　1881年（光绪七年），唐文治17岁。按照父亲的意见，回到太仓，由姨夫黄浚之当介绍人，正式拜师受业于太仓名儒王祖畬门下。他每隔三四天到王祖畬老师处听讲一次，其余时间自己刻苦攻读。王祖畬（1841—1918），字漱山，号紫翔，江苏太仓人，江苏省癸酉科（1873年）乡试第二名举人，是唐文治学业旅程中所拜的第一位名师。王祖畬攻理学，尤其潜心于宋代的濂洛关闽之学，即以濂溪周敦颐、洛阳程颢程颐、关中张载、闽中朱熹为代表的儒家学派。王祖畬的道德学问对唐文治一生影响至深，成为日后唐文治教育思想的重要来源。王祖畬是唐受祺的挚友，三年前就读过少年唐文治的文章，十分欣赏，并指点唐文治要多读古代大名家的文章，以扩充才气。现在接受唐文治为门生，对青年唐文治教诲备至。

王祖畬给青年唐文治的教诲和影响主要有以下一些方面：第一，治学首先要明辨义和利，做人首先要确立好品德。唐文治拜师受业第一课，王祖畬先生就教诲他："'君子喻于义，小人喻于利。'此为心术生死之界，子他日若贪利，非吾徒也。"（唐文治《王文贞先生学案》，1927年）第二，文章与作者的人品学问有密切的关系。王祖畬教诲唐文治："文章一道，人品学问皆在其中。故凡文之博大昌明者，必其人之光明磊落者也；文之精深坚卓者，必其人之忠厚笃实者也。至尖新险巧，则人必刻薄；圆滑软美，则人必鄙陋。汝学作文，先从立品始，不患不为天下第一等人，亦不患不为天下第一等文。"（唐文之《茹经先生自订年谱》，1925年）第三，学习研究汉代经学与学习研究宋代理学是一致的，但宋代理学更应受到尊崇。王祖畬为唐文治指明研修儒学的大门径，要点有：孔子是万世师表，古代的重要经典经孔子删订编修，使后人读到明确的文本，孔子的思想教诲也包含在这些经典中；汉代的儒家学者考订经典中的制度名物，一代代师承相授，在解读经典上有后人不能企及的功劳和无法掩盖的成效；宋代的周敦颐、程颢、程颐、张载、朱熹五位学者在儒学的研究上能体验于自己的身心性命之间，认识精微透彻，是深入堂奥的研究者，应当成为更受到重视的学者，不能与汉儒同样看待。第四，读书人要"知行结合"。王祖畬为唐文治传授学风：读书是用来充实思想的，所以"作文贵乎明道，通经必期致用"，读书人不能流于空谈，而要躬身实践，在自己的平生中奉行圣贤的思想。王祖畬先生的思想学说，不仅使青年唐文治获益匪浅，学业精进，而且深刻地影响了他的一生。

在王祖畬先生门下受业学习的一年多时间中，唐文治认真阅读了先生推荐的书籍《〈孟子〉大全》《三鱼堂集》《唐宋文醇》《熊钟陵制义》，还自行制订读书计划，分日阅读了《朱子小学》《近思录》《性理精义》《学蔀通辨》《程氏读书分年日程》等理学著作，并抄录《王学质疑》《明辨录》两部书细读之。这时候的唐文治再读少年时已能熟背的《孟子》，觉得更有心得，于是摘录《〈孟子〉大全》中先儒的观点和王祖畬先生的笔记，融合自己的阅读心得，写作《读孟札记》，开始了研究理学的尝试。受业于王祖畬师门的当年秋天，唐文治顺利通过江苏省学政官黄体芳主持的太仓州学诸生"科试"，获得优秀成绩，列一等第十五名。这次"科试"考一篇"制义"八股文，题目是《其所厚者薄，而其所薄者厚，未之有也》；考一篇"策问"文，题目是关于"太仓形胜"；考一首试帖诗，题目是《赋得一帘秋雨梦吴淞》，得"吴"字（押韵"吴"字）。

1882年（光绪八年），唐文治18岁。正月结婚，新娘姓郁，岳父郁振镛（字铭轩）有秀才功名。这一年，是大清朝科举制度规定的三年一考的"乡试"之年。所谓"乡试"，就是全省各州县已有秀才资格的读书人自行到省会参加由官府组织的考试，考中者便获得"举人"资格，今后可以赴京城参加"进士"考试。唐文治在老师王祖畬的指导下做"乡试"准备。王祖畬开出一张省会南京（当时称金陵）金陵官书局的书单，有《二程遗书》《朱子全书》《拙修集》数种，唐文治设法一一购来阅读。

农历七月，有着两次"乡试"经验的唐受祺带着儿子唐文治一同赴金陵参加乡试。江苏是文化教育大省，光绪朝每次参加乡试的各州县考生有数千人。考生的文具及考前考后的食宿旅资都需自理。"乡试"考场规矩极严，不准夹带任何参考资料。唐受祺为儿子检查整理了笔墨纸砚等考试用具。唐文治因初到金陵，考前兴致极高地逛了省城的书肆。

金陵的乡试在专设的考院中进行。考院称"江南贡院"，院内场地很大，可容纳近万名考生同时参加科举考试，场内专门建有一排排考棚，一律青砖黛瓦，隔出的每间考棚面积约四平方米，供一位考生用。在三天考试中，考生答卷、吃饭、睡觉都在考棚中，除大小便可"出恭入敬"外，其余时间都是独自一人在考棚中度过。考官分两个等级，第一级考官叫"房师"，所做工作是初读考生试卷，择优加评语向上推荐。由于金陵乡试考生多，考院将数千名考生分成十八个大组，时称"十八房"，规定每房

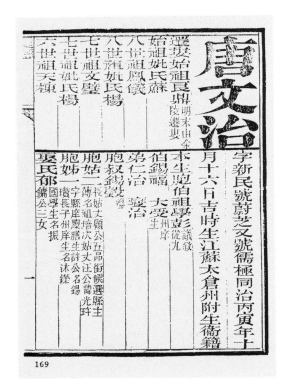

169

唐文治壬午年（1882年）参加
科举乡试填写的个人身世

由两位房师负责初读、选拔试卷，两位房师又称"同考官"。为防止考官认识考生字迹徇私舞弊，考院对考生交出的墨写答卷（俗称"墨卷"）要先派誊抄员用红色朱笔誊抄一遍（俗称"朱卷"），不书姓名，只写编号，然后再分发给房师评阅选拔。第二级考官叫"座师"，这是考生对主考官的尊称。主考官要阅读"十八房"选拔推荐上来的优秀考卷，评定名次。第三级考官也是乡试的最高一级考官，称为"监临"，一般由朝廷指定的省、部级行政长官担任，全面掌控当年的乡试。

唐文治参加壬午年（1882年）金陵乡试按规定写三篇"制义"文、一首试帖诗。第一篇文章考题是《子曰"小子何莫夫学诗"两章》，第二篇文章考题是《尊贤之等，礼所生也》，第三篇文章考题是《命也，有性焉，君子不谓命也》，试帖诗考题是《赋得袖中吴郡新诗本》，得"新"字。唐文治这一房的第一级读卷、荐卷考官（房师）是安徽省的一位知县，叫林调阳（字燮轩）；第二级评卷、定名次的主考官（座师）是侍郎许庚身（字星叔）和翰林院编修谭宗浚（字叔裕），属于州一级的官员。最高一级考官"监临"，先是由朝廷派安徽巡抚裕禄（约1844—1900，字寿山）担任，因中途有事先回安徽，改由身在金陵的两江总督左宗棠代任。

考完"乡试"，唐文治和父亲就回太仓了。不久，江苏壬午科乡试发榜，唐文治取中第二十名举人。在金陵考院把中举喜报送到太仓唐家的这一天，唐受祺和王祖畲先生都非常高兴。这是唐家本支五代人中第一位乡试"高中"的举人，唐受祺特意作诗《喜治儿文战告捷，诗以勖之》，诗曰："凤幸承先泽，冀攀桂一枝。怜余久蹭蹬，喜汝振门楣。瞻瞩抟鹏路，披吟鸣鹿诗。学修且励志，休负少年时。"

唐文治当时不知道，这次他参加金陵壬午科乡试，文章备受主考官赏识。七年后（1889年）唐文治在北京拜谒壬午科乡试座师许庚身，许师告诉他："汝壬午试卷，左文襄公季高（引按：左宗棠，1812—1885，字季高）大为叹赏。揭晓后，将朱墨卷一并索去细阅，并云：'此人三场字迹，一笔不苟，必有后福。'"（唐文治《茹经先生自订年谱》，1925年）

三、在南菁书院的学习生活

1883年，唐文治19岁。春节后，携乡试高中举人的锐气，唐文治跟随王祖畲先生一同前往北京，参加定于当年（癸未年）春季举行的会试。他们住在北京城宣武门外球芝巷的太仓会馆。会试由礼部主持，三年一次，又称"礼部试"，是全国举人的会考，取中者获进士身份，由朝廷授官职，正式踏入仕途。这次参加会试，42岁的王祖畲先生顺利考中，进入翰林院，授予庶吉士官职；唐文治则落第，独自回到太仓。唐文治首次进京考进士，以失败告终，也看到了自己学力之不足，于是回太仓后继续研修理学，认真阅读先前购买的金陵官书局版《二程遗书》和《朱子文集》等，进而阅读《周礼》《仪礼》《尔雅》等古籍，开始经学研究。

第二年，即1884年，江苏学政官黄体芳得到两江总督左宗棠支持，报请朝廷批准，在江阴原长江水师京口营游击衙署旧址建立南菁书院，招收学生入院读书。会试落第后的唐文治正渴求进学修业，得到这一消息，便托好友毕枕梅代为报名，并寄上按题写作的文章应试。

当时担任江苏学政官的黄体芳（1832—1899），字漱兰，是浙江瑞安人，他认为，在"士、农、工、商"四民中，有文化知识的"士"列于首位，地方父母官教诲民众应该从教诲士子开始，而教诲士子应该从读书开始。于是他依照浙江杭州"诂经精舍"书院的规范，在江阴创立南菁书院，以中国古代经典十三经、文字训诂学、天文地理算法为主要学习内容，培养通经致用之士。书院的名称，取朱熹"南方之学得其菁华"之义。南菁书院由政府拨款建造，从1882年起用两年时间造成，共有房屋七进八十余间，设有讲堂、藏书楼、学生斋舍、教师斋舍等。藏书楼除自购图书外，还调取浙江、湖南、湖北、山东诸省书局所刻印的图书入藏。左宗棠奏拨盐税二万两（白银）作为书院教师薪俸和学生修习生活费用开支。书院还广泛接受各省士绅、官员的捐助，左宗棠自捐白银一千二百两，黄体芳自捐白银三千两。初定入院修习学生每人每月五千文（相当于五块银元）"膏火费"（修习生活费），以保障学生的基本物质生活。

1885年正月，21岁的唐文治从太仓赴江阴南菁书院应试。这是南菁书院建立后首次面向江苏全省的招生考试，分"经学""古学"两场，对先秦两汉儒家经典和宋明理学的研读归属"经学"场，文学、史学、天文、地理乃至算学归属"古学"场。这次考试，"经学"场共8道题，有《释〈周易〉"大象"以例》《乡兴贤能论》《论秦文恭〈五礼通考〉各门优劣》等；"古学"场共9道题，有《江南春赋》、《周孝侯论》、《闻台海捷报》（七言古诗）、《登君山瞰大江》（七言古诗）等。这次应试，唐文治获得了"经学"特等第四名和"古学"超等（特优）第十一名的好成绩，被录取为南菁书院住院读书研修学生。录取后，唐文治拜见了主持考试的江苏学政官黄体芳。

唐文治从1885年农历正月至1888年底在南菁书院研修学习共四年，主要受业于两位名师黄以周和王先谦，从两位名师身上学得了治学的精神和方法。黄以周（1828—1899），字元同，浙江定海人，家学渊源，其父黄式三（字薇香）是有名的经史学家，著有《〈论语〉后案》。黄以周于清同治九年（1870年）中举人，担任过一段时间浙江县学的训导。1884年受聘任职南菁书院，主持院政。这期间他已开始一百卷《礼书通故》的撰写。该书考证解释了中国古代的礼制、学制、职官、田赋、刑法等，是清代研究"三礼"的重要著作之一。王先谦（1842—1917），字益吾，湖南长沙人，清同治三年（1864年）中举人，第二年中进士，在京担任翰林院庶吉士、编修、侍讲，清光绪六年（1880年）担任国子监祭酒（京城太学国子监的校长），1885年接替黄体芳担任江苏学政官并掌管南菁书院，是享有盛誉的一代经学大师。他在掌管书院期间奏准设立南菁书局，汇刊由他主编的1 430卷大型经学丛书《皇清经解续编》以及《南菁丛书》多种。王先谦为官正直，1888年向朝廷上奏章参劾慈禧太后信任的大太监李莲英，严正指出李莲英"秉性奸回，肆无忌惮，其平日秽声劣迹，不敢形诸奏牍"，然后称病辞官回家乡湖南，主讲长沙岳麓书院。就参劾李莲英这件事，青年唐文治对王先谦先生充满敬意。

　　唐文治在南菁书院研修学习的四年，生活充实、丰富而有规律。每天的学习生活分为三个时间段：晨起（上午）、午后（下午）、灯下（晚上）。每天早晨起床后或临帖练毛笔字，或读书，唐文治临写过《九成宫》《玄祕塔》楷书帖。逢初一、十五日的上午，全体学生先要到藏书楼向东汉经学家郑玄、南宋理学家朱熹的"栗主"（牌位）行礼，然后到讲堂向老师行礼，表达对学术、对老师的礼敬。书院的正规活动一般安排在上午进行。午膳后是一天中主要的自修研习时间，唐文治或有计划地读书，或根据老师出的课题查阅图书资料，或撰写文章，或做读书笔记。"灯下"是晚膳后至睡前的时间，他有时自修读书，有时与同学讨论学术问题，有时给家人和朋友写信，也有时因天热而与同学一起外出散步。

　　唐文治住院研修学习的重要内容之一，是每月完成老师布置的经学研究课题，这是书院中每个学生都要做的功课。课题一般由老师在月初布置给学生，由学生从容查阅资料，考证辨析，深入思考，写成文章，然后交给老师阅评。月课题不是一个，而是一组。例如，唐文治进院后某月初一日，上午到讲堂行过师生礼后，就听点名接题卷。唐文治接到

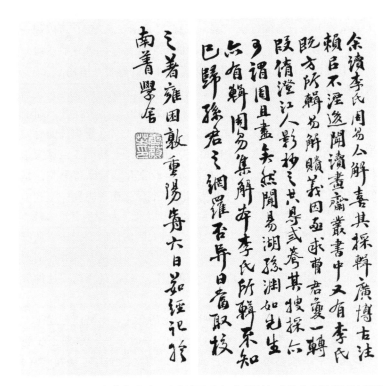

唐文治就读于江阴南菁书院时，请人抄录《李氏〈易〉》书稿中亲笔书写的题跋

的题目共四个：①《"拔茅茹，以其汇"解》，这是一道解经题，要求学生解释《易经》中"拔茅茹，以其汇"一句的意思；②《"干禄"说》，这是一道训诂题，要求根据古书说清楚"干禄"的语义；③《"礼以节性"说》，这是一道义理题，要求根据宋明理学作文论说"礼"对于人性的节制作用；④《"孟子游齐梁先后"考》，这是一道考证题，要求根据古籍史料考证孟子是先游齐国，还是先游梁国。唐文治用三天时间完成了这四道月课题。为解第一题，他查阅了《虞氏消息》《〈易〉通释》《〈周易〉集解》《释文》《仲氏〈易〉》等书；为答第二题，他查阅了《〈论语〉后案》《学海堂经解》《毛诗稽古编》《毛诗绅义》《尔雅》；为答第三题，他

查阅了《〈诗经〉注疏》；为答第四题，他查阅了《古微堂集》《蛾术编》《养新录》《群经识小》《龙城札记》等书籍。用做月课题的方法来促进学生读书、研究、作文，是南菁书院施教的有效方式。学生的月课答卷交给老师批阅后即评出等第，予以公布，优秀者有"膏火费"奖励。黄以周先生教诲青年唐文治："尔等有志为学，须求在我者，凡毁誉诸事皆不必管，即如考书院课期，但尽我所长耳，不必计其或前或后也。"（唐文治《南菁书院日记》，1885—1888年）

　　唐文治在修业南菁书院的第二年（1886年）开始下功夫学习《周易》。《周易》又称《易经》，分为《经》《传》两部分，相传"文王演易"，是儒家的重要经典。《周易》通过八卦形式推测自然和人事的变化，以阴阳二气的交感作用作为产生万物的本源，带有东方哲学思想。青年唐文治先从阅读本朝（清朝）学者的"易学"著作入手，认真阅读了吴县"易学"世家惠士奇（1671—1741）、惠栋（1697—1758）父子的著作《〈易〉说》《〈易〉汉学》，阅读了武进人张惠言（1761—1802）的《〈周易〉虞氏义》和焦循（1763—1820）的《〈易〉通释》等，然后就《周易》的学习向黄以周先生请教。黄以周先生指点他说："本朝'易学'，虽称极盛，然未有能贯通汉宋，自成一家者。子读《易》当于《通志堂经解》中求之。其中如朱氏《汉上〈易〉传》、项氏《〈周易〉玩辞》、吴氏《〈易〉纂言》，皆极精当。"（唐文治《茹经先生自订年谱》，1925年）黄以周先生指点的《通志堂经解》是清朝康熙年间出版的一部阐释儒家经义的大型丛书，收录先秦、唐、宋、元、明学者研究古代经典的著作138种，共计1800卷，曾被乾隆皇帝誉为"荟萃诸家，典赡赅博，实足以表彰六经"。唐文治按照黄以周先生的指点，一一细读其所荐的《易》学著作，感觉项安世的《〈周易〉玩辞》尤其精辟。黄以周先生又把自己的"易学"研究著作《十翼后录》借给唐文治阅读，青年唐文治大有收获，一边研读，一边汇集自己的研读心得写作《周易》研究论文，"易学"功力逐步增厚。后来，黄以周先生又把自己尚未成书的著作《〈周易〉故训订》手稿借给唐文治阅读，唐文治大喜过望，连忙抄录下来宝藏之（三十多年后的1922年，唐文治将珍藏的该抄本刊入《十三经读本》，并为之作《跋》）。

在研修学习中，唐文治对当时青年学者的治学风气有所关注，深入思考，逐步明确自己应该践行的正确学风。他在日记中坦露心迹：做学问原本在于躬行，如果学者勇于以儒家之道自任，就不必论及他是否在有意标榜自己。他分析当时的儒学流派与学风，指出："近世有训诂之学，有义理之学，其外又有顿悟之学。言训诂者病义理为空疏，言义理者病训诂为泛骛，而言顿悟者，更病义理为支离。甚有主训诂之学，目未见程朱之书，而亦痛斥宋儒者；主义理之学，目未见许郑之书，而亦痛斥汉儒者。痛斥宋儒而躬行视为迂腐，痛斥汉儒而经书束之高阁；言顿悟者，并且绝圣弃智专认本来面目矣。此岂复成儒者气象哉？"（唐文治《南菁书院日记》，1885—1888年）青年唐文治继而自勉道："文治天资既钝之极，于经学尤生望洋之叹，然窃愿于训诂义理二者，皆稍稍涉其流。俾言训诂者不至斥义理为空疏，言义理者不至斥训诂为泛骛，而顿悟之学，尤思辨其似是之非……敢布其私愿，谅有志竟成。"（唐文治《南菁书院日记》，1885—1888年）南菁书院时期的唐文治，已开始铸就自己在儒学研究上博大精深的胸怀。他在阅读前人著作时做笔记云："'颜子以舜自期，孟子亦以舜自期，皆是能立志。'……吾辈欲希孔孟，则程朱（引按：指程颐、程颢、朱熹）地位不可不以自期。静中细味《尚志》一章，觉孟子之言，自有壁立万仞气象。"（唐文治《南菁书院日记》，1885—1888年）

在学习中，唐文治也有感到十分困惑的学术门类，那就是古音韵学。有一次，他读清代文字学家段玉裁《〈说文解字〉注》。汉代文字学家许慎解释"元"字"从一，兀声"，即"一"是"元"字的义符，"兀"是"元"字的声符，"元"为形声字。而南唐文字学家徐锴认为"元"字"从一兀"，是会意字，而不应该是"从一，兀声"。段玉裁认为徐锴观点错误，指出按照古音，"元、兀相为平入也"。唐文治思考："元"字和"兀"字声音不在同一类，为什么说两字"相为平入"？唐文治百思不得其解，感叹自己"质性钝，真读书苦况也"。又有一次，黄以周先生召见唐文治，要求他必须学习古音韵学中标志"声"和"韵"的字母，要把喉音、唇音、牙音、齿音、舌腹音、舌头音分清楚。他回斋舍后取了《李氏音鉴》《音韵阐微》《说文双声叠韵》《切音便览》等音韵学书阅读。有的书中列出"春、满、尧、天、溪、水、清、涟"等字母，但不谈舌音、齿音；有的书中列出"开口正音，开口副音，合口正音，合口副音"等条目，还有字母清浊图；有的书中列出"十二摄韵首法""切字样法"，还有广门、狭门之分。唐文治感觉"头绪愈纷，心思愈杂"，感叹"翻阅竟日，憒然不得一义，奈何！奈何！"好在音韵学对于书院大部分学生而言都不是重点研究的学问，科举考试也不考音韵学知识，只要求在写试帖诗时押对韵脚、把握平仄就行了。给唐文治学习造成困难的，还有他的眼病。晚上灯下自修时间，经常因为眼睛红涩，不敢看书，"遂旷功"（于是荒废了学习时间）。

黄以周先生主持南菁书院的同时兼任着浙江宁波"辨志精舍"（即"辨志书院"）的主讲，唐文治征得黄先生同意，在南菁书院学生中发起"宁波辨志文会"，宗旨是深入研习宋儒义理学。黄以周还请来浙江学者刘艺兰（名树人）先生主讲。刘先生十分欣赏唐文治，屡次把唐文治写的阐发义理学的"课艺"文章评为第一名，并托黄以周先生向唐文治转达自己的殷切期许。青年唐文治很受感动，也很受鼓舞。在如何正确认识明代散文家归有光的朴实文风这一问题上，唐文治得到了黄以周先生的切实指点。初入南菁书院时的唐文治作文喜欢仿效明代乡贤王世贞（1526—1590，字元美，号凤洲，又号弇州山人）的文采，而看不起明代另一位乡贤归有光（1507—1571，字熙甫，又字开甫，别号震川），黄以周先生觉察后特意把自己的一部《评点〈震川集〉》借给唐文治阅读。读了这部书中黄以周对归有光散文的评点后，唐文治才知道归有光散文的白描之处极为传神，是对宋代欧阳修、曾巩散文风格的继承和发扬，不可轻易否定。不仅如此，唐文治以后写作人物传记类散文时，也学起了归有光传神的白描文笔。住院读书的唐文治不但坚持记日记，而且开始撰写有自己主见的经学研究文章，并开始编录自己的文集《茹经堂文集》。唐文治在南菁书院期间写成的经学研究文章有《读焦理堂〈孟子正义〉》（1886）、《读〈汤誓〉》（1887）、《恶圆篇》（1887）、《陈同甫与朱子辨论汉唐治法论》（1887）、《〈鲁诗〉有传无传考》（1888）、《〈汉书·艺文志〉"〈尔雅〉属〈孝经〉"说》（1888）、《汲黯论》（1888）、《郑君述汉律考》（1888）等28篇，后来刊于1921年编定的《茹经堂文集》第一编、第二编中，其中包括《〈易〉观六四爻辞义》（1888）、《〈易〉师履临大君义》（1888）等11篇研究《周易》的文章。

青年唐文治在南菁书院读书修学的四年中结交了一批同窗好友，其中有吴县的曹元弼（1867—1953，号叔彦，光绪二十年进士，曾任翰林院编修）、江阴的章际治（1855—1922，字琴若，光绪二十四年进士，曾任翰林院编修）、阳湖的赵椿年（1869—1942，字剑秋，光绪二十四年进士，曾任商部郎中、财政部次长）、太仓的毕枕梅（1864—1931，名光祖，光绪十四年举人，入张之洞幕僚，荐保知县）、丹徒的陈庆年（1862—1929，字善余，光绪十四年优贡生，曾任内阁中书、湖南高等学堂监督）、常熟的孙师郑（1866—1935，名同康，光绪二十年进士，曾任学部主事）、元和的曹元忠（1865—1923，字夒一，光绪二十年举人，曾任学部图书馆编修）、宝山的邵心炯（1864—1895，名曾鉴，文章有异才，早逝）、阳湖的庄思缄（1866—1932，名蕴宽，曾任代理江苏都督、民国审计院院长）等，当时都是有志为学的青年才俊，这些人荟萃于南菁书院，朝诵夜读，通经博古，期盼于不久的将来实现读书人"修齐治平"的宏大抱负。他们有时在宿舍研讨经典，有时在讲堂辩论经义，争相先后，以为笑乐。在休息日空暇时，他们一起投入大自然的怀抱，攀登江阴的君山，观览山下浩浩荡荡一望无际的长江，迎着天风，遥吟高唱，一抒胸怀，全然不顾近旁农人市民诧异的目光。

南菁书院学生宿舍称为"斋舍"，住院学生读书研修多数时间是在斋舍中。初建院时，学生斋舍按"训诂词章"分为四斋，唐文治居"章"字斋，还担任过斋长。到1888年（光绪十四年），书院增加住院学额，又扩建了"礼乐诗书"四斋。唐文治与好友张树鼐常住同一斋舍，章际治、毕枕梅、邵心炯等同学常来"章"字斋，与唐文治一起饮酒论世，谈经议史，上下古今，旁若无人。每当春夏读书时日，同学们露天围坐，讨论经史疑义，滔滔辩论，每有一项新知灼见，大家一同欢笑，以为乐事，有实事求是之意，无炫异矜奇之心。或互相背诵班固、司马迁、韩愈、杜甫等人的文集诗集，看谁出现差误，以此角逐胜负，呈现出这些研习经学、古学的青年士子特有的学风。

青年唐文治在南菁书院生活的又一项重要内容是为老师刊刻的书籍作校订工作。1886年夏，南菁书院主讲黄以周将自己历19年撰成的《礼书通故》50卷书稿交付南菁书局刊印，请唐文治等优秀住院学生担任校订工作，唐文治负责校订第一卷，名字列入卷后。同年，江苏学政官王先谦将自己主编的大型丛书《皇清经解续编》交给南菁书局刊印，唐文治也担任了校订工作。当时南菁书局仍采用中国传统的木刻雕版印书，《皇清经解续编》共290部书，加起来有一千四百多卷，南菁书局用三年时间才完成这一浩大的刻版印书工程。1888年农历七月，当《皇清经解续编》丛书终于印成时，唐文治因校订功劳而得到了王先谦先生的奖励：半价获全书（即交一半书钱而获得整部《皇清经解续编》）。这次奖励极大地丰富了青年学者唐文治的藏书。书院学生在住院读书研修之时担任新刻学术书籍的校订工作，不仅学以致用，得到学术方面的锻炼，而且还能获得奖励性报酬，促进学业的完成。这种方法，后来唐文治在办国学教育时大力提倡。

唐文治在南菁书院研修学习的第四年（1888年），正逢大清朝三年一次的"乡试"。这年秋天，南菁书院中未获举人功名的学生结伴赴金陵（南京）参加江南乡试，竟然有二十多人考中举人，一时传为佳话。新科举人中有唐文治的好友赵椿年、毕枕梅等，甚至还有一位向唐文治"问业"（拜师学习）的南菁书院同窗学子雷瑨（字君曜）。唐文治高兴地称之

南菁书院旧址头门

南菁书院旧址头门唐文治题词：三吴才薮

为"拔茅连茹之庆"（庆贺同道者相互上进）。

四年南菁书院的学习生活，唐文治深受书院主讲黄以周先生学术思想和治学风格的影响。汇结其要者有三点。其一，对经学的总体认识：夏商周三代以下的经学，以汉朝的郑玄、宋朝的朱熹为两座高峰，经学和理学宜合于一，不宜分为二。其二，对治经者学风的认识：研修经学一定要有品德高尚、勤奋学习、实事求是、躬行实践的学风。其三，对治经学习方法的认识：关键在"静"（静心）、"专"（专一）二字上下功夫，学问的积累全在"静""专"，静则记性强，专则学术成。青年唐文治记住了黄以周先生比较古今学者治经方法的教诲：昔之儒者崇尚专攻一经，所以能由学专一经而尽通诸经；今之学者想要无经不通，反而导致一经不通。在南菁书院所受的这些影响对唐文治而言是终身的。

四、坎坷"进士"路

1889年（光绪十五年）春，唐文治告别住读四年的江阴南菁书院，打点行装，赴北京第三次参加礼部举行的"进士"考试。按照大清朝的科举制度，每三年举行一次的各省"乡试"都是在秋天举行，又称"秋闱"。乡试次年，各省举人集中到北京，参加由礼部举行的考试，称"会试"，取中者为"进士"，获得担任知县、主事一级朝廷命官的资格。礼部考试都在春天举行，故又称"春闱"。此前，唐文治已赴京参加过两次"春闱"考试，第一次在1883年春，他19岁，第二次在1886年春，22岁，都未考中。用当年科场语言讲，叫"不售，下第归"。

此次赴京参加礼部试，唐文治已25岁，在学业上又有所长进，为人处世也渐趋成熟。赴京之前，父亲唐受祺叮嘱他："汝此次会试倘再不售，明年尚有恩科会试，可暂留京处馆（引按：当家塾教师），以免跋涉。"（唐文治《茹经先生自订年谱》，1925年）所谓"恩科"，就是朝廷有重大庆典喜事，增加一次礼部会试，使各省举人多一次考中进士的机会。1889年光绪皇帝19岁，宣告亲政，慈禧皇太后归政，这是朝廷重大庆典之事，所以诏告天下：翌年（1890年）增开"恩科"会试。

唐文治第三次参加礼部会试，制义文章写作发挥正常。他所在之

"房"，负责初读、选拔试卷的房师是浙江钱塘人张预（1840—1911，字子虞）。这位房师还是欣赏唐文治才华的，对唐文治三场试卷的评语是："淹贯诸子百家，皆腾跃出其腕下，可称雄博。"张预认为唐文治精通诸子百家，知识深广，文章引经据典，生动有力，能视作好文章，于是在"补荐"之时把唐文治的试卷文章推荐给主考官（座师）。可惜因为属于补荐，迟了一步，进士录取名额已满，结果正榜名单中没有唐文治，只是在落榜的较优举人中被挑选为"誊录"。"誊录"属文史，有薪俸，但不是朝廷命官。无奈之下，唐文治依从父亲的指点，经同乡友人顾思义介绍，到时任直隶候补道、会办大沽船坞的太仓籍官员顾元爵家担任塾师，教他的第四个儿子顾思永、第五个儿子顾思远读书。这是唐文治国学教育生涯中首次担任教职。大沽船坞靠海较近，在天津城外向东一百多里处，地处幽静。唐文治一边授课顾家儿子，一边准备明年再试。

　　然而唐文治在第二年（1890年）的"恩科"礼部会试中仍然考运不佳。唐文治的卷子出色，被房师朱琛（1842—1897，字小唐）选出推荐给主考官，但是因不合主考官眼光而未被取中，又是"不售，下第归"。下一次礼部会试要到两年后的1892年春，唐文治无法长留北京，恰好顾家的两个儿子要回家乡太仓，于是便同行，于当年五月从天津乘船航海回到太仓，仍然在顾家当塾师授课。这一年正值太仓县准备重修《太仓县志》，主修官征求唐文治的意见。唐文治写了《书嘉庆〈太仓志〉后》一文，对嘉庆年所修县志只把功名显著者编入列传，而不把"孝、忠、节"德行彰显者编入人物传的做法提出批评，建议按照乾隆朝学者章学诚（1738—1801，字实斋）《文史通义》的体例，将"事者其骨、文者其肤、义者其精神"三者结合，重修《太仓县志》。唐文治回故乡两年，一直在顾家当塾师；其父唐受祺则受聘到太仓县知县吴镜沅（字粤生）宅当塾师，教授其儿子吴敬修。

　　1892年（光绪十八年），唐文治28岁，又逢礼部会试。入春，他跟随回京"散馆分发"的王祖畬老师一同赴北京，第五次参加进士考试。当时，唐文治母亲肝病加重，家境困难，连进京赶考的盘缠都凑不齐。赏识唐文治才华的家乡父母官程序东老先生赠送了五十两白银作盘缠，唐文治才得以成行。一路上，王祖畬先生也给了唐文治许多鼓励。

礼部会试按科举程序要连考三场，每场考三天。中榜者为贡士，再加考一场复试、一场殿试，各考一天。然后由皇帝发布诏旨，宣布新登进士名次（旧称"传胪"）。整个过程中投考者要进场考11天，写作十多篇命题文章，再加试帖诗。

4月4日至6日（三月初八至初十日），唐文治参加会试首场。第一道题是《"君子矜而不争"两章》，第二道题是《斯礼也，达乎诸侯大夫及士庶人》，第三道题是《井九百亩，其中为公田，八家皆私百亩，同养公田》，诗题是《赋得柳拂旌旗露未干》得"春"字。

7日至9日（三月十一日至十三日），唐文治参加会试第二场。试题依次是《为大涂》《厥亦维我周至康公田功》《嗟嗟保介，维莫之春》《公令诸侯盟于薄，释定公》《兵车不中度》（五句）。

10日至12日（三月十四日至十六日），唐文治参加会试第三场。试题是《〈论语〉古注》《新旧唐书》《荀子》《东三省形势》《农政》。

首场考试结束后，王祖畬先生到会馆看望唐文治，阅读答卷草稿，开玩笑说："你揣摩题意到位，此文一定能被选中。我读它就像看到你的命运了！"果然，四月十一日礼部发榜，唐文治考中了，被定为第三十一名贡士。光绪十八年壬辰科会试共取中贡士317名。唐文治的房师是浙江嘉兴人沈曾桐（1850—1921，字子封），座师是翁同龢（1830—1904，字叔平）、祁世长（1825—1892，字子禾）、李端棻（1833—1907，字芯园）、霍穆欢（1829—1892，字慎斋）。贡士榜发后，唐文治以门生身份拜见了房师沈曾桐。沈曾桐以翰林院编修身份担任壬辰科会试的初读荐卷"同考官"，他告诉唐文治："第一场未推荐你的卷子，阅读你第二、第三场的试卷后，晓得这是读书有得之士的文章，于是补荐，被主考官选中了。"唐文治又知道座师翁同龢对自己试卷文章的评语："经生之文，必有静穆之气，此作是也。经艺渊雅，不使才锋，策赅博。"（唐文治《茹经先生自订年谱》，1925年）翁座师对这位门生的试卷评价甚高，认为是典范的书院治经学生的文章，具有雅静庄重的气质；又认为唐文治的经学制义文章学识渊雅，文笔稳重含蓄，而策论文章显示的学识也称得上渊博。翁同龢是同治、光绪两位皇帝的老师，江苏常熟人，家乡紧邻太仓，对这位家乡出来的新科贡士的文章有良好的印象。

农历四月十四日，唐文治与三百多名贡士一起进宫，在保和殿参加复试。试题是《大匠诲人，必以规矩》；诗题是《赋得学如鸟数飞》，得"如"字。四月二十日，唐文治又和新科贡士们一起到保和殿参加殿试。殿试由光绪皇帝亲自出卷并监考，气氛极为庄肃。殿试题策论之一是《西藏地理问题》。

五月初一日，光绪皇帝发布诏旨（传胪），宣布壬辰科进士名次。按清朝科举惯例，录取进士分为三甲。一甲只有三名，依次称为状元、榜眼、探花；二甲、三甲则各有一百余名。光绪壬辰科进士共录取一甲"赐进士及第"3名，二甲"赐进士出身"132名，三甲"赐同进士出身"182名，合计317名；其中江苏省籍人士占26名，太仓直隶州占3名，唐文治所得名次是二甲第一百零五名。

五月初四日，新科进士再次进宫，至保和殿参加朝考，考题是一篇策论《廷尉天下之平论》、一篇奏疏《审乐知政疏》，试帖诗题是《赋得江心舟上波中铸》，得中字。唐文治在诗中点题云："万派江心景，都归铸造中；舟浮天上碧，波映日边江。"唐文治朝考成绩获一等第六十五名。依科举制度，朝考后将由朝廷按照成绩分别授予官职。唐文治被引领叩见过光绪皇帝，在庶吉士、主事、中书、知县四种官职中任职为主事，分配到户部江西司。唐文治的内心理想是进翰林院任庶吉士，再研修三年，待散馆分发时再任实职；而按照惯例，新科进士中二甲一等者均应任庶吉士，所以唐文治对担任户部主事感到意外。王祖畲先生安慰他说："你为何如此失意？你家境清寒，到户部任主事有印结款津贴，多一份合法收入，可不用去谋求有违廉洁的分外之钱。这是上天要成全你做个清白好官啊！"听了老师这番中肯的劝慰，唐文治消除了内心的不如意之感。

新科进士授官后一般都给一段时间假期（可半年左右），让其回乡安排好家眷家务，然后到职任官。唐文治在这段时间里做了几件事：一是接受座师翁同龢的延请，到翁宅担任塾师，教授翁同龢的侄曾孙翁之润（1879—1905，字泽芝）和嗣曾孙翁之廉（1882—1919，字敬之）。翁同龢日记中曾数次记到此事。二是拜于房师沈曾桐之兄——名儒沈曾植（1850—1922，字子培）门下，为受业门生，进一步提升自己的学业水平。三是回太仓接父母、妻子，于次年（1893年）三月到达北京，租住北京东城新开路西头路北那氏宅。安顿好家事后，唐文治到户部报到上班办公，开始了他长达15年的京城为官生涯。

五、任官京城，参与清末新政

1892年6月8日（光绪十八年五月十四日），唐文治与其他通过殿试、朝考的新科进士一起被引见于光绪皇帝。按大清朝官场规则，这是官员任职、升职前必须要行的大礼。唐文治按规定在皇帝面前大声报上自己的姓名、年龄、籍贯，让皇帝和主政大臣观其容、听其声，然后朝廷宣布任用唐文治为"主事"官职，工作部门分配在户部的江西司。

清朝政府设六部，户部掌管全国疆土、田地、户籍、赋税、俸饷及一切财政事宜，其内部办理政务又按地区分工而设司，并设有现审处、捐纳处、内仓等机构，其内部行政事务则由南北档房、司务厅等分管。各部正职长官称尚书，副职长官称侍郎，下设司级正职长官称郎中，副职长官称员外郎，司下设主事。主事的官衔为正六品，略高于从六品（准六品）的知县。但是京官"清苦"，虽说正俸略高于同级地方官，不过由火耗（以铸钱币时金属的损耗为名加征的地方税）归公改成的养廉银大大低于地方官。清后期地方知县每年的养廉银，小县400两，大县可达2 000两，属于给官员个人的公务补贴。唐文治以前过惯清苦读书人的生活，现在以官俸养家，生活变得安定了。

唐文治作为新科进士分入部衙当主事，前三年属于学习期。开始时工作也没有固定职位，根据衙司工作需要随机安排，工作任务也不重，隔一两天到部里上班一次。唐文治利用空余时间，与同科进士、同任户部主事的同乡王清穆（1860—1941，号丹揆）一同研读编为六套的《户部则例》，了解并熟悉户部的规章条例和办事通则，认为其中《通例》一门最为切用。唐文治感觉自己在公牍文书的写作上尚未摸到门径，只能向经验丰富的文吏学习，遇事多请教，多咨询。看到王清穆写作工作笔记性质的《职思随笔》，凡经手办理的事务、文稿必摘要抄录，自己也就模仿着做。在学习期的第三年（1895年）二月，王清穆奉派为云南司"帮主稿上行走"（官职名）。不久，经王清穆推荐，征得翁同龢同意，唐文治兼任"云南司行走"职务。1896年1月（光绪二十二年十二月），学习期满，户部长官认为唐文治优秀，依循惯例安排唐文治进宫见皇帝，户部上奏留用，候补实职。翁同龢对唐文治的考察评语是："人品端方，趋公勤慎。"

此时，翁同龢以军机大臣身份掌管大清朝处理外交事务的总理各国事务衙门，简称"总署"；因内设翻译机构"同文馆"，又称为"译署"。唐文治对外交事务感兴趣，工作之余阅读有关朝廷与各国订立条约事务的书籍，阅读本朝外交官曾纪泽（1839—1890）、黎庶昌（1837—1898）等人的文集，并对《万国公法》作评点，渐渐粗知外交门径。1896年8月，总理各国事务衙门招聘章京（官职名），唐文治参加了考试，以第二名的成绩被录取。总署衙门在官员编制上主要分为大臣和章京两级，章京是专门办理文书事务的官员；总署的大臣和章京多为兼差，同时在其他部衙还担任官职。依循惯例，唐文治在任新官职前被引见于皇帝，然后由总署记名传补。两年后的1898年7月，唐文治传补总理各国事务衙门章京，正式到总署兼任章京职务，做译电报、收发文件信函的工作，同时仍担任户部主事官职，间日轮流在总署、户部上班。与唐文治同时考取总署章京的还有张元济、汪大燮、王清穆等，这些人均在清末、民国的文化、外交、政务方面产生过影响。

1898年6月，光绪帝发动"百日维新"，因该年是戊戌年，史称"戊戌变法"。虽然唐文治的恩师翁同龢因与慈禧太后政见不合而在6月15日（四月二十七日）就被免去协办大学士、户部尚书官职，遣返回家乡常熟，但此事未对唐文治产生直接的政治影响。唐文治在治国方略上赞同光绪皇帝《明定国是诏》中所提出的各项政治、经济、文化主张，但他毕竟还只是一个忙于在户部、总署两头上班办理文牍事务的六品小京官，且处事稳重，所以没有卷入这场变法政治斗争的漩涡。

在1900年（庚子年）发生的义和团运动及八国联军侵华战争中，唐文治经历了战乱对人生的考验。6月，在慈禧太后的默许下，山东、山西的义和团进入北京，围攻外国使馆和西城的西什库教堂，该教堂是当时的中国天主教总堂。京城火光烛天，枪弹纷飞，唐文治被迫将家眷迁避到城外60里处的北山平义分村，自己则留在户部和总署当班。一日，义和团数百人头裹红巾、手举旗帜蜂拥进入总理各国事务衙门，要求烧毁署中洋文书籍、杀死署内通洋文的人，被适逢当班的唐文治巧妙应对，据理阻止。义和团的大刀长矛攻不下以新式步枪守卫的外国使馆和西什库教堂，8月16日，八国联军攻入北京，慈禧太后、光绪皇帝由部分王公大臣簇拥着仓皇"西狩"，狼狈逃离京城，大清政权在北京的统治一时瘫痪。9月，庆亲王奕劻和北洋大臣李鸿章出面与各国议和，唐文治闻讯从北山平义分村冒着危险赶回京城，先赴总署临时公所，谒见庆亲王奕劻，随同办理议和条约文件；再到户部临时公所拜见尚书，被派为留京办事随员，办理户部各种事务。正是在这几个月的战乱时局中，唐文治忠公体国、不避艰险、敏慎处事的才能得到展现，深受户部和总署大臣的赏识和重用。当年七月，正当天津被八国联军攻陷、战局吃紧时，唐文治在户部被派任为云南司正主稿，提升了职务，并在总署被派往内廷担任密电翻译，间日进内廷通宵值班，担当了更重要的工作。京城危局缓解后，户部长官那桐调派唐文治任北档房总办，这是管理全国财赋总汇的重要职务。第二年（1901年）8月，唐文治又作为朝廷专使那桐的随员前往日本国为外交人员被杀事件致歉。回国后，户部因唐文治劳绩卓著而奏保他为候补员外郎，朝廷赏加四品衔。这是一次重要的官衔提升，六品主事属办事官员身份，四品员外郎属大臣身份。就在此时（1901年冬），朝廷将总理各国事务衙门改为外务部，由庆亲王奕劻为管部王大臣，任命唐文治担任外务部榷算司主事，得帮掌印差。唐文治心仪外交，在户部和外务部之间选择了外务部，从1902年起，他就开始专任外务部的官职，不需要在户部兼差。

1902年，外务部奉旨派庆亲王长子——固山贝子衔镇国将军载振组团赴英国伦敦参加英王爱德华七世的加冕之礼，并出访法国、比利时、美国、日本，唐文治以三等参赞身份随行。这次出访五国，越洋坐轮船，陆路坐火车，经历时间长达半年。在英国，唐文治参观了大英博物馆藏书楼、牛津大学、伦敦近代制造业工厂；在比利时，唐文治谒见国王，探讨中国学术；在法国，唐文治观看阅兵式，参观武备学堂和拿破仑纪念馆，考察议会制度与学校教育，登上了埃菲尔铁塔；在美国，参观了纽约救火会、邮信局、大铁桥和矗立高楼大厦的纽约市容，了解了美国的农业生产；在日本，觐见了明治天皇，参观了炮兵工厂、军官学校、红十字会、银行、印刷局、住友铜厂、造币局、军营，还观看了第五师团兵士操练。此次随载振贝子出访，行程绕地球一圈，唐文治全面了解了西方发达资本主义国家的社会情况，可谓大开眼界。参观所得，唐文治多有记录。回国后，受载振贝子委托，唐文治整理此6个月的行程内容写成《英轺日记》12卷，以载振名义呈送慈禧太后和光绪皇帝御览。

此次随载振贝子出访，也让庆王府更加了解和赏识唐文治的才能和勤勉，随后对唐文治加以重用。农历九月回京，载振即奏保唐文治"以知府记名简放"。年底"京察"，考核官员，唐文治被评为"上二等"。次

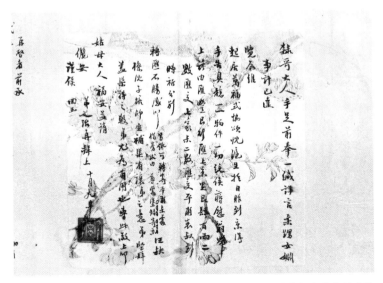

1902年11月18日（光绪二十八年十月十九日）唐文治致表姐夫俞隶云亲笔信（原件藏太仓档案馆）

年（1903年）5月，唐文治被提拔担任外务部和会司员外郎，被引见于皇帝后即到职。这次升职，使唐文治正式由办事官员跻身于大臣之列。7月，唐文治又被提拔为外务部庶务司郎中，叩见过皇帝后立即到职。9月7日，朝廷依从庆亲王奕劻等的建议下谕设立商部，班列外务部之后，固山贝子载振任尚书，奏保唐文治升任商部右丞。商部右丞已是准部级官员，唐文治自己认为"骤跻显位，大非所宜"，且自己对商务不熟悉，故而极力推辞，但在庆亲王和载振贝子的坚持下，只能领旨谢恩，入宫召对，走马上任。

唐文治从1903年9月起在商部任官四年，有参与制订商务政策的权力，也是他参与清末新政、做出政绩的重要时期。他做的第一件重要工作是拟定《商部章程折》，将商部的办事机构建立起来，分设保惠司、平均司、通艺司、会计司及司务厅，从报名商部的办事官员中考取司员48

唐文治参与制订的《钦定大清商律·商人通例》书影

名。其后是在全国设立商会，唐文治拟写了《请设立商会折》及简章26条，上奏朝廷，获准通行。1903年冬，中国第一个地区商会在北京设立，唐文治代表商部莅会演说，阐明商务为国家经济命脉、商人应互相团结的道理。此后，商会作为一种官商联络、振兴商务的组织在全国各地成立起来。1904年2、3月间，唐文治拟定实行商业奖励政策的《订立商勋折》和鼓励开发实业的《请设农工路矿各项公司片》，获准颁行。根据此"商勋"政策，国家给予各类做出突出业绩的商人、工匠、技师以"一等商勋加二品顶戴"至"五等商勋加六品顶戴"五个不同等级的褒奖，鼓励商界发展实业。唐文治还和商部其他大臣一起访问天津，与各行业数十名商董座谈问答，了解商情，宣传《商律》。他提议在北京设立高等商业学堂，获得朝廷批准。不久，唐文治又批准了上海商人要求设立商务印书馆和上海科学仪器馆的呈文，以商部的力量推动我国文化和科教事业的发展。

　　唐文治办理商务政策有一套明确的指导思想，他认为："近世之言理财者，莫不以振兴商务为急，而不知商之本在工，工之本又在于农。何

1905年唐文治任商部代理左侍郎时设立农事试验场，推广国外农作物良种

者？盖商必有其为商之品物，无工则无以为商也；工必有其为工之质料，无农则无以为工也。故欲求商务之兴盛，在先求工业之精进；欲求工业之精进，在先求农事之振新。"（唐文治《议复张振勋条陈商务折》，1903年）作为参与国家商务政策制订工作的大臣，唐文治已从经济全局着眼，认清宜采取农工商三者并重的大方略，握枢纽于商部，来改变国家经济落后的局面。唐文治采取了各项推动农工商实业发展的举措，如1905年将北京西直门外三贝子废园改设为农事试验场，种植推广国外农作物良种；又在正阳门外设立劝工陈列所，展销国产工业和手工业产品，鼓励国货制造。又如1905年11月派员赴东三省考察商务实业后，唐文治写成《请饬东三省速举要政折》上奏朝廷，列出东三省亟须实施的十项要政："一、经营营口；二、疏治辽河；三、采掘抚顺炭矿（引按：煤矿）；四、监理东清铁道；五、赎还安奉铁道及新奉铁道；六、设置大连海关；七、预备十八处通商口岸；八、勘视间岛（引按：今吉林省延边朝鲜族自治州所在地域）；九、平靖胡匪；十、收回辽东法权。"这些要政如果获得实施，能对日俄侵略东三省有所遏制，能使"东三省不致为朝鲜、埃及之续"。唐文治还看到国家掌控商业金融之重要，于1906年向清廷上奏《请办商业模范银行折》，奉旨交给掌管全国钱粮的户部核议，领近代商业金融风气之先。

唐文治任官商部开拓创新的工作实绩得到朝廷主政者的认可，官职继续提升，1905年9月代理商部左侍郎，1906年2月奉旨实任商部左侍郎（相当于第一副部长）。1906年11月，商部尚书载振奉旨赴东北进行吏治、财政、民情、军务、交通、实业方面的全面考察，以便朝廷决策对东三省的大政方略，需两三个月，便由唐文治署理商部尚书（代理部长职务）。1906年9月1日，清廷发布上谕宣布改革官制，户部改为"度支部"，专管全国财政；新设"民政部"；轮船、铁路、电线、邮政的管理专设一部，定名为"邮传部"；原工部并入商部，改名为"农工商部"，总管全国农业、工业、商业。朝廷颁旨，任命唐文治为农工商部署理尚书。这是唐文治在京城十五年为官生涯所任官职的顶峰。1907年2月，载振完成东北考察任务返京，适逢唐文治母亲病逝，需奉行孝道辞官"丁忧"，守丧三年，唐文治便不再到部里办公，依例卸下了农工商部署理尚书的官职，于4月扶母亲灵柩回家乡太仓。

回顾光绪二十四年四月二十三日（1898年6月11日）光绪皇帝宣布变法的《明定国是诏》，主要内容有：经济上，设立农工商局、路矿总局，提倡开办实业；修筑铁路，开发矿藏；组织商会；改革财政。政治上，广开言路，允许士民上书言事；裁汰绿营，编练新军。文化上，废八股，兴西学；创办京师大学堂；设译书局，派留学生；奖励科学著作和发明。戊戌变法虽然失败了，《明定国是诏》中的改革内容却在清末新政中得到了实施。唐文治在商部及农工商部任高官四年，深度参与了清末新政中的各项经济改革和部分文化革新，留下了对促进中国社会进步起积极作用的政绩。

唐文治的京城为官生涯中有几项鲜明的特色。一是怀有理智的爱国感情。1894年，中日发生"甲午战争"，唐文治虽然正遭遇妻亡母病的家庭不幸，但还是冒着低职小官妄言国家大事可能触忤权贵的风险，写了《请

1894年甲午战争时唐文治上光绪帝万言奏疏手迹

挽大局以维国运折》上奏朝廷。这是一件万言奏章，唐文治披肝沥胆向朝廷条陈八件当下应实行的紧要政事，用以遏止国势的颓败下滑。其中有整饬吏治、严明赏罚、提拔贤才、改革科考、军队装备新式火器、加强外交捍卫主权、堵塞财政漏洞、节约费用等重要主张。次年，李鸿章代表朝廷赴日本议和签订《马关条约》之时，唐文治代江苏举人汪仲虎等人写了《上察院呈》，力谏朝廷拒签割让台湾、赔款二亿两白银的所谓"和约"。1898年"戊戌变法"时，在康有为上清帝《应诏统筹全局折》的次月，唐文治向朝廷上奏《谨殚血诚以维国脉折》并附奏《请停止搜括之政片》。他在奏折中针对国防不强、军队积弱的现状，主张办练民团，使全国人民都成为"劲旅"，以"兵战"卫国。1905年日本和俄国在中国东北土地上打仗，9月，唐文治有感于世界"风气日开"而吾国"外侮日亟"的现实，认为中国要挽回危局，必须改进政体。他代载振写了《请立宪折》上奏朝廷，请求清廷仿照日本政体进行立宪。这几次政局重要关头的上奏进谏，都彰显了唐文治爱国、护国的情感。

唐文治为官生涯的另一鲜明特色是兼顾文化教育，保持儒家学者的情怀。唐文治带着父母妻子在北京生活，经济并不富裕，但还是挤出资金做了几项保护、传播故乡文化名人著作的工作。其一是父亲唐受祺经多年搜罗编辑成太仓理学名家陆世仪（1611—1672，号桴亭）的著作集《陆桴亭先生遗书》，唐文治自己出一部分资金，再设法筹一部分资金，付梓刻印，于1901年印成数十部，分送同乡友人。其二是自己在京城书肆购得苏州著名东林党人周顺昌的《烬余集》三册，属难得珍本，唐文治设法集资付梓刊印，并为之作序。其三是从沈曾植先生那里借到无锡著名东林党人高攀龙的未刻稿八册，极为高兴，便组织人力下功夫誊抄一份，装订成册，并为之作序，作为珍藏。唐文治在任官的前几年公务不是太忙，就兼带着做一些教授青年学子读经进学的塾师工作。第一批学生是翁同龢的侄曾孙、嗣曾孙，唐文治从1892年7月至1898年7月在翁宅兼任塾师达6年之久。此外还有1894年春宝应刘启瑞来拜师受业、1897年夏崇明朱诵韩和孙昌煊来拜师受业。唐文治为师生涯中的第一位学生是1888年在南菁书院时向自己问业的同学于璠。于璠系泰兴人，当时才17岁，小唐文治7

岁，拜访唐文治，谈论经学大旨，佩服这位学长的见识，便对唐文治执弟子礼，接受唐文治的教诲，未料第二年于璠就不幸病殁。唐文治带着于璠的遗稿到京城任官，于1903年出资将《玉峰遗稿》刊印成书，并为之作序，表达对这位同学兼弟子的怀念之情。此事足以证明同窗弟子情谊在为师者唐文治心中之重。

第三项鲜明特色就是清廉为官。唐文治任商部高官时有用人和批准大型经济项目的权力，送礼行贿之人也就随之而来。唐文治内心明于"义利之辨"，对不义之财一概拒绝。1903年农历九月，商部组建伊始，唐文治便告诫堂司各官，"均宜束身自爱，不得自营商业，借图私利"。当时商部招考各司办事官员，有外部某高官的儿子向唐文治送礼二百两银子，并递交某尚书给唐文治的信函，请唐文治为其安排一个"帮主稿"的职位。唐文治当即怒形于色，掷还银子，并公开声明：如果有人纳贿求职，一定严肃参奏，请朝廷查办，决不姑息。1905年2月，广东富商张弼士（1840—1916，别名张裕）进京，请求商部允许他开办三水佛山铁路，并在山东开办张裕葡萄酿酒公司。唐文治为他办理了这两项工程的上奏和批准手续，张弼士十分感激，临别时赠送唐文治酬金两千两白银，被唐文治严词拒绝。其后又有广东富商张煜南（1851—1911，号榕轩）请求开办潮汕铁路、福建富商林尔嘉（1874—1951，字菽庄、叔臧）请求开办福州银行，均向唐文治馈赠巨额银钱，都被唐文治严肃拒绝。唐文治以身任高官、清廉为政的行动，实践了他内心信奉的儒家的"义利观"。

第二章　唐文治生平事略（下）

一、任高等实业学堂监督，创办著名工科大学

1907年10月14日（光绪三十三年九月初八日），时任大清朝邮传部尚书陈璧奏请"丁忧"期中的唐文治担任邮传部上海高等实业学堂监督（校长），"奉旨依议"。唐文治考虑到已在北京生活了十多年的父亲唐受祺年高，思乡心切，便应允接受了这一职务。

这所学堂就是洋务派大臣盛宣怀（1844—1916，字杏荪）于1896年以"经费半由商民所捐，半由官助"开办的南洋公学。学校位于上海徐家汇地区，校园占地八十余亩，已建造西洋式教学大楼，其创校时间比

邮传部上海高等实业学堂校门

京师大学堂（北京大学前身）还早两年。1903年，学校改为高等商务学堂，并归商部管理，不久改名为"商部上海高等实业学堂"。1906年，清廷改革中央行政体制，增设邮传部，主管全国交通邮电事业，由于学校经费主要来源于邮传部下辖的轮船招商局和电报局，学校便改为隶属于邮传部，于1907年春改校名为"邮传部上海高等实业学堂"。学校前两任监督都是兼职，并不到校视事办公，导致学校管理松懈、秩序混乱，加上办学经费屡催不到，学校正面临严重的困境。唐文治到任时，在校教职员48人，在校学生463人（内含小学部学生约百人）。此前学校办过师范班、政治班、特班、商务班、中院（中学部）、外院（小学部），办学方向游移不定，尚未形成稳定、适当的高等学府办学特色。

1907年10月20日（九月十四日），唐文治带着家眷从北京回到上海，迁入徐家汇，就任邮传部高等实业学堂监督（校长）职务。唐文治脱离北京官场回江苏（其时上海隶属于江苏省）当学堂监督，是有思想动因的。当时，有识之士多年呼吁的立宪仍未实行，官场腐败，大清国势岌岌可危。唐文治于五月向庆亲王奕劻呈上新写成的政论《蓄艾篇》，就整顿朝廷政务提出自己的见解，但并不为庆王接受，唐文治慨叹"国力尽矣"！出于深层的忧国情怀，他把目光转向教育。他在《蓄艾篇·自叙》中认定："人才者，国家之命根也；学堂者，又人才之命根也。"为保国家命根，唐文治毅然接受了办学堂、育人才的使命。

唐文治总理邮传部上海高等实业学堂校务，在办学方略上最重要的措施是设立我国发展交通邮电事业急需的铁路专科和电机专科。到任当月，唐文治就文邮传部，提出将校内原铁道工程班"大加扩充"，提升为铁路专科，并函请京张铁路总工程师詹天佑推荐铁路工程师来校任教。当月底，邮传部上海高等实业学堂铁路专科就宣告成立，定学制为三年，校内原铁道工程班学员和新招入的学生归并一处学习。经詹天佑推荐，唐文治聘美籍工程师查理士·璞德（Chalis Porter）为铁路科教员，讲授铁路机器工程。这是学校历史上设立的第一个工程专科，也是我国近代高等学校工程专科教育的发端。从此，邮传部上海高等实业学堂铁路专科每年招收新生，坚持正常办学；从1909年夏第一届学生毕业，至1920年夏第十一届

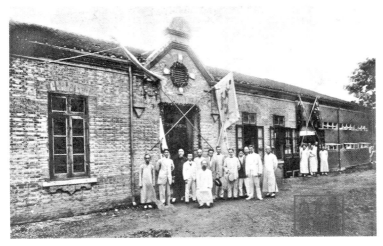

唐文治（中坐者）任邮传部上海高等实业学堂监督时与部分教师摄于校园

学生毕业，唐文治任内铁路专科共毕业学生162人，为我国近现代铁路事业的开拓和发展提供了重要的工程技术人才支撑。1913年4月遵民国教育部令，"铁路科"名称改为"土木科"，但其铁路工程专科教育的实质没有改变。

1908年5月初，唐文治呈文邮传部，报告增设电机、邮电专科办法，不久获邮传部允准。电机专科学制定为三年，学生基本来自学校当年夏季毕业的高等预科生，课程有高等数学、物理、化学、电学、电机学、热力学等十多门。唐文治聘请英籍工科学士麦斗门（Mathewman）、美籍工程师海腾和留学英、德获物理学博士的李复几（1881—1947，字泽民）担任主讲。两年后又应海腾之荐，聘请美国威斯康星大学电机科科长谢尔顿（S.R.sheldon）担任电机科长。我国高等学校中有电机教育由此发端。电机科每年正常招生、办学，于1911年夏毕业首届学生10人，至1920夏共毕业十届学生合计94人，他们是我国高等教育最早培养的现代电机科技人才。

为了使所聘外国科学技术专家更好地服务于教育，唐文治十分重视对外籍教员的管理工作，他掌校第二年就制订了《聘定洋教员合同条文》，规

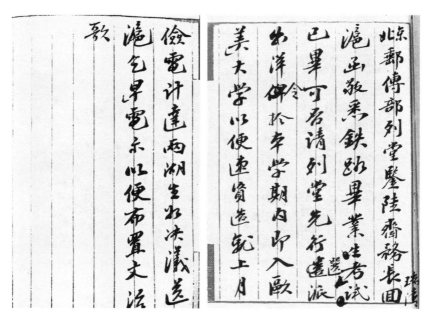

唐文治为选送上海高等实业学堂铁路科毕业生出洋深造事致邮传部函件

定"教授学生须尽心指教，不厌烦琐，务期学者明白晓畅而后止"。洋教授在带来西方现代工业先进科学技术的同时也尽心尽力履行教职，为中国培养出当时国内一流的铁路、电机工程师。电机科科长谢尔顿在校服务九年，土木科科长（即铁路科科长）万特克在校服务七年，均殚心教学，在他们服务期届满时，唐文治先后向交通部呈文，请大总统颁给他们四等勋章。

1918年2月，唐文治根据国内铁路发展迅速却缺乏管理人才的现状，呈文交通部要求在校内增设"铁路管理科"，获得批准。设立工科管理专业，这是我国近代高等教育史上的创举。首届招生38人，多数选自土木科、电机科二年级学生中愿习铁路管理者。1920年夏，首届铁路管理科30名学生毕业，为我国方兴未艾的铁路事业输送了首批科学管理人才。

唐文治担任校长有一个明确的办学目标，就是要把这座高等学堂办成工科大学。1909年1月，在成功设立铁路、电机两专科后，唐文治向邮传部呈送《条陈本学堂办法》，呈文中首次提出建设工科大学的想法："至高等专科，如果日后教授精良，人数发达，届时应否改作工科大学，当由大部体察情形，会商学部办理。"辛亥革命后，唐文治宣布改上海高等实业学堂校名为"南洋大学"，他向民国交通部总长发函解释变更校名的理由："盖以本校学科程度本与北洋大学相亚，拟为日后大部改作工科大学张本。"几乎同时，他又致函民国教育部总长，请求将学校改定为工科大学，函中称："本校改定大学后，设备等一切均较易着手，务请照准，学务幸甚。"然而新成立的民国政府未接受唐文治的意见，颁给的校名是"交通部上海工业专门学校"。1918年3月铁路管理科设立，不但标志着学校的专业设置由单纯的工科扩大为工科和管理相结合，而且使学校的专科设置达到三个，具备了升格为工科大学的基本条件。1920年12月，就在唐文治担任学校校长的最后一个月，时任民国交通部总长呈文大总统，将交通部辖下的上海工业专门学校、唐山工业专门学校、北京邮电学校、北京铁路管理学校等四校组并为"交通大学"，获得大总统的批准。唐文治将学校办成我国首座工科大学的目标终于得到实现。此时这所学校在校学生人数813人，比唐文治初接校长任时已有大幅度增加。

　　唐文治办理上海高等实业学堂的这些成就，是在办学经费相对缺乏的困难条件下取得的。1907年唐文治刚到任，就呈文邮传部，提出"办理学务以筹款为第一要义"，向邮传部陈述了学堂经费之困。唐文治算了一笔账：维持本学堂全年额支、活支、特支三项开支共需白银十万七千余两，但至当年11月，承担向学堂解拨办学经费的轮船招商局、电报局仅拨到经费六万两，差额甚大。不久，他又致函盛宣怀，报告"堂中经费支绌，本年额支各款不敷甚巨"。为缓解办学经费困难，唐文治于到任次年（1908年）7月呈文邮传部，要求削减本人薪水作为办学之用（该校监督全额月薪为白银五百两）。邮传部复文不同意，复文中道："贵侍郎自到校以来，苦心经营，力图整顿，革除积弊，敷畅新机，时誉炳然，实深感诵。万不可因公款支绌，议及减薪，应请照旧支领。至于款项奇绌，自应由部立筹的款以助。"为克服学堂经费短缺困境，唐文治想了许多办法，包括改革学堂的招生办法。他于1909年1月向邮传部呈送《条陈本学堂办法》，请邮传部奏明朝廷"通饬两江、闽、浙、两广各督抚，自明年下学期始，每岁挑选中学毕业生每省各四十名，咨送本学堂考试录取"，作为官费生。此办法得到邮传部和朝廷同意，并规定"本省按名岁筹学费银二百两，汇解学堂以资协助"。1911年10月辛亥革命爆发，11月5日江苏（包括上海）宣布独立，随后，上海高等实业学堂师生也在唐文治带领下集体剪辫、脱离清廷，改校名为"南洋大学"，但随之而来的状况是学校经费全无着落。辛亥革命前的1910年，上海高等实业学堂的全年经费支出已达十五万四千余两白银；辛亥革命发生，全国政局动荡，招商局、广九铁路局、清廷邮传部给学堂的拨款全部中止，只剩下江苏省内沪宁铁路局每月四千两的经费拨款未断，学校面临散学的危险。为挽救学校，唐文治采取了减薪节膳和求援动本多方面措施。从1911年11月起，学校教职员的薪水视其多寡而分成递减，唐文治带头减去自己薪水的一半，并适量减省学生膳费开支；同时，唐文治多处奔走，向社会求援，从新成立的沪军都督府争取到"协助银一万两"，并提用学校的部分基本金存款，以济艰难。其时，上海不少公立学校因办学经费困难而停课、散学，而南洋大学"并未一日辍课"。至1912年春，南北方虽已议和，但学校经费仍无转机，唐文治呈文《致教育部总次长函缕陈经费艰窘》："近自各省光复，改为南洋大学，所有经费仅有沪宁铁路所拨之款，实有不支之势。欲待解散，不特千百学子失学堪虞，且方今民国初建，正需才孔亟之秋，造就人才实为急务；况东南各省素鲜专科完全学校，而敝校开办既着先鞭于吾国各学堂，已著成效，废置尤为可惜，用是矢愿尽力维持，唯经费艰窘，筹措为难。"为筹措办学经费，唐文治特于1912年5月由海道赴北京，向时任交通部总长当面求援，交通部还是无款可拨，唐文治只能继续动用学校基本金存款，并继续减薪节支，艰难维持。如此严重困难局面，后来又发生过几次，全靠唐文治的奔走求援，才得以勉强维持。1916年夏，交通部上海工业专门学校纪念创校二十周年，唐文治在为《纪念刊》写的《弁言》中说："吾校在中国倡设最早，迄今垂二十年。……回溯二十年间，飘摇风雨，屡濒于危。而本校地居沪渎，离京师较远，当事者（引按：指京城主政者）或不审其事实，或未烛其苦心，虽维持而调护之，终不免于隔阂，又况癸丑（1913

1910年夏，唐文治（前排左3）与上海高等实业学堂铁路专科首届毕业生合影

年）海疆之战役，丙辰（1916年）银市之恐慌，皆不减于辛亥之役。……
校内诸生既惴惴栗栗，余则朝谋餐、夕谋食。虽以基本金济之，而恒虑其
不继。……追思历年困难，不觉涕泪之交流也。"

　　一次次困难和危局，经唐文治的悉心维持而得以克服，办学事业在艰
难曲折中获得发展。1908年秋，唐文治洽谈购进学堂北侧居民地三四亩，建
造金工厂，供铁路科学生实习金属加工之用，这是学校最早建立的实习工
厂。1910年2月，唐文治又安排在学堂上院后面建电机厂（电机实验室），
供电机专科实验用。1910年夏，唐文治经与盛宣怀及邮传部多次协商，以
部拨专款三万两、学堂借款二万两、盛宣怀适当让价的方式购进学堂对门
盛氏家族丝厂土地13亩连同房屋，用于扩大学堂规模。1917年3月，唐文
治又设法购进学校东面坟地三四亩，抓住庆祝创校二十周年的契机发动各
界捐款，建造了宏伟典丽的校图书馆。该馆为三层罗马式建筑，内设240
个阅读座位，建筑费银四万三千余两。至1920年底，唐文治校长任期内设
法为学校添造的建筑有新中院教学楼、女生宿舍、图书馆楼、体育馆及附

1912年，唐文治（前排左4）与南洋大学电机科毕业生合影

设游泳池和风雨操场、病员调养室、金工厂、电机厂、翻砂厂、木工厂、锻铁厂、机械实验室、材料室、无线电试验室、锅炉室等。各工厂和实验室均配备了先进而充足的机器和仪器，供学生学习研究使用。校图书馆有中文书籍31 300余册、西文书籍8 600册，各种杂志130余种、日报40余种，用以满足师生教学研究和求知的需要。所有这些建筑和设备的设置，都为上海工业专门学校升级为我国著名工科大学作了硬件上的准备。为表彰唐文治的办学功绩，民国大总统于1917年、1918年、1919年三次颁给唐文治二等嘉禾奖章。

唐文治在办理邮传部上海高等实业学堂过程中，还结合学堂所设的"航海科"，创办了位于上海吴淞的高等商船学堂。唐文治于1911年颁布修订后的《邮传部上海高等实业学堂章程》，载明学堂所设的第三个"实业之科"是航海专科。该专科创设于1909年，开设航海天文学、航海术、海事法规、海上气象学、商船运用术、各国通语旗法等36门课程，分三年学习，第四年赴招商局实习。唐文治向邮传部呈明：目前航海专科办在高等实业学堂内，日后移出去办成独立的商船学堂，"惟商船校总以吴淞为宜，祈早日奏定"。邮传部同意唐文治的提议，于1911年4月26日向朝廷奏呈《筹办商船学校大概情形折》，"奉旨依议"。《茹经先生自订年谱》1911年（辛亥年）内记："正月，接邮传部电，嘱在吴淞炮台湾建商船学校。余亲往相度地势，命工师绘图。克日兴工，请陆君勤之监造。八月，竣工。"当年夏，唐文治主持高等商船学堂的首次招生工作，各地来沪报考者多达3 000人，实际录取商船学堂专科生与商船中学学生共180名。9月，新成立的"邮传部高等商船学堂"在邮传部上海高等实业学堂船政科旧地开学上课，除了新招收的专科一年级93名学生外，高等实业学堂原有航海科两个班学生转为商船学堂二年级、三年级学生继续学业。此学堂的成立，标志着我国第一所高等航海学府诞生了。唐文治校长在商船学堂开学之日向全体学生致训辞："诸生今日来校学习航海，日后，个个要到海上做事，看大浪，吹巨风，航海生活是枯燥的、辛苦的。一船生命财产之安危，均操在船长手中，试想所负这个责任，又何等重大。同时诸生亦应记得，商船驶到国外，实即是国家的势力所到达之处。……还有国家一旦有事，诸生即是海军……愿诸生学成致用，不负朝廷厚望。勉之，勉之！"唐文治为新成立的商船学堂聘请了留学英国学习海军刚回国的南洋公学毕业生夏孙鹏为主任，聘请在苏省政界、军界有一定影响的昔日南菁书院同窗好友庄蕴宽为庶务长，商船学堂的管理仍由上海高等实业学堂负责。不久，辛亥革命爆发，孙中山领导的民国政府成立。交通部根据商船学堂师生的建议，任命萨镇冰（1859—1952，字鼎铭）为高等商船学堂校长。唐文治在《茹经先生自订年谱》民国元年（1912年）正月事内记："商船学校学生公奉萨君鼎铭名镇冰为校长。萨本海军提督，长于驾驶。余即往迎，以学款、房产等悉交与之。"至此，唐文治完成了创办邮传部高等商船学堂的使命。此学堂即今日上海海事大学之前身，2009年上海海事大学举行百年校庆系列活动，追溯学校历史以1909年唐文治创办邮传部上海高等实业学堂船政科（航海专科）为起始，认定唐文治为第一任校长。2012年10月3日，上海海事大学在临港校区隆重举行中国高等航海教育创始人唐文治先生铜像（3.2米高全身坐像）揭幕仪式，并将唐文治所说"商船所至，海权所至"作为大学网站首页铭言，此乃后话。

唐文治担任"邮传部上海高等实业学堂—南洋大学—交通部上海工业专门学校"校长14年，在把这所学校办成我国著名工科大学的过程中，呈现了许多卓有特色的育才理念和办学方略，让国人感到他是一位具有民族和国家战略眼光的杰出教育家。

唐文治掌校办学特色之一是高度重视中文（时称"国文"）。

唐文治在接任学堂监督（校长）不久上呈给邮传部的《重订邮传部上海高等实业学堂章程总目》中论及自己的办学宗旨："其大要在造就专门人才，尤以学成致用、振兴全国实业为主，并极意注意中文，以保国粹。"这一宗旨在他任内得到了始终不渝的贯彻。

1908年5月初，唐文治向邮传部呈文增设电机邮电专科的同时，在校内增设国文科，聘请李联琇（1871—1927，字颂韩）为科长。国文科是校内学生的公共学科，有点像后来的大学语文。该科的设立就是为了加强国文教学，它与铁路科、电机科并列，但是不招收本专业学生。唐文治设想通过国文公共课的教学，有效提高全校学生的国文水平。他后续聘请的国文科教员还有汪家栋、朱文熊、陈柱等。从国文科设立起，唐文治就决定在星期日为学生添设国文补习课，在不影响其他专业课的情况下增加学生学习国文的时间，这一措施一直保持了13年。刚开始时专科学生不多，星期日补习国文分为两个班，特班由唐文治亲自讲授，正班由李颂韩讲授，邮传部高等实业学堂监督（校长）担任具体教学工作由此开始。此后唐文治在自己编订的年谱中几次记到为学生上国文课，如1909年记"冬，编《国文大义》成。先是余上课，苦无国文教授善本，爰随讲随编"，1914年记"春，为诸生讲《易》"，1915年记"春，仍为诸生讲《易》，上经毕"。

为开拓1904年颁布"癸卯学制"废除科举后国文教学的新路，唐文治为上海高等实业学堂编写了一批新的国文教科书。最早出版的是唐文治根据自己授课讲义整理而成的《高等国文读本》。这套教科书共8册，由上海文明书局于1909年底出版发行，是我国"大学语文"教材之肇始。唐文治称该教材"论文大义，以古人之文章，为我之讲义"，"所选诸作，系略举一端"，"全在读者触类旁通"。该教材自成体系，鲜明呈现了唐文治学养风格的特征，所选古文注重道德教化和思想熏陶，对古文的艺术性则尊奉桐城派古文大家姚鼐所创立的阴阳刚柔之说，对选文作分别讲解，并指导吟诵。该读本各卷的每个单元中都有唐文治的授课讲稿，如"论文之根源""论文之气""论文之情""论文之才""论文之意与理""论文之繁简""论文之奇正变化"等，每篇讲稿后选有相关作品若干篇，规定由教员详加讲解，又选另一些篇目规定学生举一反三自行研读。1910年底，唐文治将自己讲授国文课的自编讲义4卷排印后送邮传部并转学部审定，邮传部复函称："所编国文讲义撷经籍精华，探文家奥窔，洵属取先民之程式，为后人之津梁，善诱循循，莫名钦佩。"1912年冬，唐文治编著面向学生的国文教材《国文阴阳刚柔大义》8卷成书。该书编入从《周易》到北宋欧阳修历代诗文108篇，他在绪言中说："后之君子得吾言深思之，由下编以溯中编而至上编，则自有津梁之可逮。"在掌校14年中，唐文治编撰出版的国文课本还有《〈孝经〉新读本》《〈大学〉新读本》《〈论语〉新读本》《〈孟子〉新读本》等。

唐文治重视国文教学的另一重要措施是每年举行全校学生参加的作文比赛，当时称为"国文大会"。1908年秋季学期初，唐文治主持的首次全校"国文大会"举行，时间定在孔子诞辰日前一个星期日的上午，学校专科、预科、中学、小学的学生都参加，中学以上作文题相同，小学则另出题。唐文治亲自参与命题、阅卷。作文比赛结果在孔子诞辰日发榜，名列前十名者分别奖给金牌、银牌、铜牌以及书籍。这样的作文比赛每年一次，从不间断。

由于校长唐文治重视国文教学并采取了得力的措施，这所学校虽然是工科学校，但学生的国文读写水平与中国传统文化教养相当好，得到社会人士的一致称赞。1914年7月，唐文治从1908年以来全校作文比赛的优秀佳作中选出240篇汇编成书，共8卷4册，取名为《南洋公学新国文》，亲笔题签封面，由苏州振华书社出版，商务印书馆代售，成为当时颇受学生欢迎的范文读本。盛宣怀称赞《南洋公学新国文》："门分类别，浓淡清奇……洋洋大文，叹观止矣！"1914年之后几年的国文大会菁华佳作，则由国文科科长李颂韩编辑成《交通部上海工业专门学校新国文》（二集）出版发行。唐文治曾为学校学生的《国文成绩录》作序道："岁在强圉协洽（引按：光绪三十三年，1907年）季秋之月，文治来主邮传部高等实业学堂，即今交通部工业专门学校是也。既莅事，进诸生告之曰：汝侪宜崇国学。……其明年，爰有国文补习科之议；又逾年，爰有国文大会之设；又逾年，爰有国文研究会之设；又逾年，爰有讲秦汉诸子之设；又逾年，爰有讲《周易》《孟子》诸经之议。……则吾向所谓国文当兴而不当废，历千万年而不可磨灭者，意在斯乎。"唐文治还先后为国文科教员李联琂、黄世祚等编撰的教材《中学国文读本》和《中学国文新读本》作序，宣言曰："夫国货者，国民之命脉也；国文者，国民之精神也；国货滞则命脉塞，国文敝则精神亡，爱国者既爱国货，先当维持国文。"所有这些，都彰显了唐文治高度重视国文的办学特色。

唐文治掌校办学特色之二是十分重视体育。

他曾在校务会议上表明自己重视体育的理由："凡运动会及各种比赛游戏，不仅足以发展学生的体力，并足以引起热心，增进智能，比诸柔软操、兵式操等为益更多，故当竭力鼓励之。"当时把中国传统体育——武术称为"技击"，把从西方引进的网球、篮球、足球称为"比赛游戏"，都属于运动。唐文治认为"各种有益之运动，均须鼓励"，"无论何项运动队，须时加鼓励，并须聘请良师以教练之"。（唐文治《中学校会议答问》，1918年）学校培养的人才必须体魄强健，日后服务国家社会，才能达到"保身、保家、保国、保民族之目的"。

唐文治就任上海高等实业学堂监督后，首先开展的体育项目是中国传统的武术运动。1908年春，他聘请浙江温州某寺院僧人仓演、肃谦两人来校教授蛤蟆功。1910年冬，先是聘请本院有武术特长的学生向绍洪教练南拳，有数十人跟着学习；后又专门聘请精武会拳师刘振声、张富有、赵连和教授技击，有拳术、棍术、枪术、刀术等，学习者更多。到1912年秋，学校专门成立了"技击部"，推选会长，订立规则，购备器械，制作运动服装，当年会员就达到百人。那时就读于学校的陆定一（后曾任中共中央宣传部部长）就是技击部会员，喜爱刀术，并留下了手持春秋大刀的

任交通部上海工业专门学校校长时期的唐文治

照片。为使更多学生参加体育运动，唐文治于1915年2月在全校实行"强迫运动"，即普及性体育运动，学生必须从技击、童子军、乐队三项活动中选择一项参加。学校将技击列为学生正课，并列入运动会项目。技击运动经唐文治大力提倡后，成为校内影响最大的体育项目之一。唐文治曾描绘校内学生开展技击运动生龙活虎的场面："夕阳在山，人影匝地，分组锻炼，达二百人。当其精神焕发，则熊经鸱顾，虎视鹰瞵，时而跟跄腾越，辟易千夫，尘埃四起，吼声若雷，草木为之震动。用是造就者实繁有徒。"（唐文治《〈国术进化概论〉序》，1930年）后来，技击运动在交通大学校园内一直延续到抗日战争期间，长达三十余年。

唐文治对由西洋传入中国、适合在学校开展的各项体育运动项目也是积极提倡，切实支持，如足球、篮球、网球、田径、体操等。他认为："网球游戏乃中国学生最宜习练之一种，盖此项游戏于天气晴明之日，虽在寒冬炎夏皆可行之，固不限于比赛网球时期内习练之。"唐文治校长还坚持奖励各项体育比赛的优胜者，对在比赛中"夺获锦标之一班，宜奖以绣旗褒章之属，以表荣誉而示鼓励"。

在唐文治的大力提倡和支持下，学校的西式体育运动蓬勃兴起，成绩骄人。1914年秋，上海工业专门学校与江浙两省的圣约翰大学、沪江大学、东吴大学、金陵大学、之江大学举行足球联赛，学校足球队夺得锦标。在其后六年的足球联赛中，上海工业专门学校又四次夺标。学校在校内也开始组织现代形式的体育运动会。如1916年春举行全校春季运动会，唐文治担任"掌会"（组织委员会主任），聘请各科教员担任发令员、评判员、干事长、总纠察、总招待、救伤队长等。这次运动会后，校篮球队、网球部宣告成立。第二年，篮球队在江浙六大学篮球锦标赛中夺冠。网球部经两年网球运动练习，1918年称雄于江浙六大学网球比赛。为发展西式体育运动，唐文治于1915年10月添聘美国哥伦比亚大学体育教授莫礼逊（V.R. Morrison）来校担任体育教授，莫礼逊到校不久就组织了棒球队，学校的西式体育运动又增加了一个全新的项目。

唐文治掌校办学特色之三是极为重视传统道德和儒家文化。

唐文治对学校教育"首在道德"有明确的认识。他在接任上海高等实业学堂监督（校长）不久写了一篇《学校培养人才论》，明确指出："培养之道，宜加意者，在讲明道德……道德，基础也；科学，屋宇垣墉也。彼

交通部上海工业专门学校校旗

淹贯科学，当世宁无其人？然或忘身循利，一旦名誉扫地，譬诸基础未筑，则屋宇垣墉势必为风雨所飘摇而不能久固。"在这里，他打了一个很通俗的比方，把人的道德比作屋基，把人的知识比作屋宇墙壁，如果道德的"屋基"未筑，那么即便搭起知识的"屋宇墙壁"，也是不坚固的，必然会被社会的风雨所飘摇。他在辛亥革命后拟定的《交通部上海工业专门学校章程》中确定学校办学宗旨为："养成工业人才，并极意注意道德，保存国粹，启发民智，振作民气，以全校蔚成高尚人格为宗旨。"

他善于结合学校教育的特点来宣传、弘扬中华传统道德。上海高等实业学堂原来没有校歌，他接任后于1909年制定了校歌，亲自撰写校歌歌词："珠光灿，青龙飞，美哉吾国徽。醒狮起，搏大地，壮哉吾校旗。愿吾师生全体明白旗中意。既醒勿睡，既明勿昧，精神常提起。实心实力求实学，实心实力务实业。光辉吾国徽，便是光辉吾校旗。"当时的国旗上是飞龙，校旗上是醒狮，校歌的核心精神是爱国、醒悟、敬业、奋起。辛亥革命后国旗改为五色旗，唐文治亦顺应时代潮流，改校歌首句为"五色备，如虹霓，美哉吾国徽"，并重新发表，保持着传统的"爱国"精神。

学校教育中更能切实指导学生精神的是校训。唐文治于1910年亲自制定邮传部上海高等实业学堂的校训为"勤、俭、敬、信"，并逐一解释此四字校训的要意。他释"勤"字道："吾辈生于今世，聪明不如人，智慧不如人，武力不如人，以致国势更不如人。……诸生今日宜昼夜为之，若不能勤，将无以生存于世界之间。"此话中之"人"指东西方列强，"勤"字是从避免亡国的高度上立训。他释"俭"字道："伊尹之能任天下，在一介不取，所以能一介不取者，由其自奉俭也。凡人之丧其操守，失其气节，大半由于妄取膏粱文绣……自是而名誉扫地，气骨无存，岂不哀哉？"由此要求学生们记住："俭以养廉，立品之始基也。"此话中以商汤大臣伊尹为例，讲明"俭"对于官员廉洁操守的重要性，是从生活作风关乎政治品德的高度立训。他释"敬"字道："敬者，历圣相传之心法也。……而日用行习尤莫要于敬事。处事而不敬，不能成事，即不能成人。"此话中的"日用行习"就是"日常的学习与行事"，"敬"字要求敬业、敬事，是从青年在学习与做事应取的态度上立训。他释"信"字道："吾人置身于社会，无时无地而非交际。交际之道，信用为第一义，信用一失，此身不可立于社会，即不可立于天地之间。……吾国而求自强，吾辈而求自主，要以信用为主，慎尔出话，谨尔然诺。"此话从立国、立身的高度讲明了"诚信"的重要。唐文治所立四字"校训"，是用中华传统道德精华来涵养青年学子的价值观。

唐文治十分重视师德，认为停科举、兴学堂后，"天下之人才，将尽出于学校"，所以凡学校中之为师者，一定要以德育人，按"培养之道"来作育英才。唐文治立足于传统道德和儒家文化，提出为师者应多加注意的四个要点。其一，教师对学生要"相见以诚"。他认为"天下至诚而不动者，未之有也"，所以教师不能"以权术御人"，而应以至柔至善之心对待学生。其二，教师对学生要"如保赤子"。赤子，即初生的婴儿。唐文治借用《尚书·康诰》中的"如保赤子"一语，讲教师爱护学生要像父母爱护亲生的婴儿一样。他明确指出："天下人之子弟，犹吾之子弟也。……他人之父兄以赤子属我，即国家以无数之赤子委托于我。赤子乳之而不以其时，不得其饱，则啼哭随之。今我之爱护而不用其诚，约束而不得其术，教诲而不能满其愿、给其求，是犹乳之而不使饱也。赤子之啼哭呼号，又焉怪乎？"唐文治认为，为教者明白这一点就是知道了教育的根本。其三，教师对学生要"如植佳木"，修枝成材。他认为，学生如正在生长的树木，"纵其自生自长，而不加剪被，则其枝叶扶疏四出，有拳曲而不中绳墨者矣，故慎勿纵之。渥加灌溉，有旁出者，稍稍剪被，而大木乃奋迅凌霄而不可遏。"所以他要求教师要关心学生的起居、寒暖，庶务部门要注意减轻学生负担、搞好学生伙食，对混入学生中的害群之马、稂莠之草，则要除去，否则"骐骥短气，嘉禾减色"。其四，教师对学生要"讲明道德，本身以作则"。唐文治要讲明的道德，首先是儒家的道德，他举《论语》《孟子》开篇首言孝悌、首辨义利为例，说明"圣贤明训，昭然若日月"。他针对时人视中华传统美德为"迂腐而不足复存"的社会风气，向学校教育者大声疾呼："今宜以至新之心理，发明至古之道德，且俾天下学者知圣贤之道，实在于行而不在于言。""在于行"，即为教者在道德行为方面要以身作则。（引文均见于唐文治《学校培养人才论》，1909 年）他在1912年所著的《人格·师友格》中强调："为师者，当知所以自尊之道。自尊之道奈何？本身作则而已矣。作则之道奈何？道德有于身而已矣！此乃所谓师范，即为师之格也。"唐文治这么说，也是这么做的。1916年7月，他的第三个儿子唐庆增在学校附属小学（下院）毕业，本可顺利升入学校中学部（中院），但毕业考试结束时发生的一件事，改变了唐文治的决定。当时唐庆增的同班同学王蔚华因不满意于体育教员沈维桢，"在毕业考试结束时，故意和沈捣蛋。告到唐（文治）先生那里，他主张严惩。王蔚华等故意把他的第三个儿子唐庆增说成首人之一，唐先生主张为首的几个，包括庆增在内，一律不得进入中院。经过沈叔逵（引按：时任下院院长）调查，认为是王蔚华诬板，对于庆增不必苛责，但唐校长力主同样处理。"（黄汉文《记唐文治先生》）其后唐庆增只得离开上海的这所母校，远赴北京求学。唐文治在处理此事时以身作则，严格责子，罚不避亲，显示出高尚的师德风范。针对清末民初社会风俗浇薄、学校师德晦暗的现实，唐文治尖锐批评某些"为人师者，绝不知'道德'为何事，其躬蹈匪僻者，固无论矣；即有号为博学之士，对于学生，淡焉漠焉，动多隔阂，既不知其（引按：学生的）性情，又不知其气质，更不知其品行；对于学校，更无异于营业，但计薪资之多寡而已。"（唐文治《人格·师友格》，1912年）此论述对于近现代中国学校的师德建设具有警示意义。

唐文治校长对校内学生给予一视同仁的关爱，他在自己的校长办公室内挂了一副对联，上书"惟天生才皆有用，他人爱子亦如予"，用以表明自己育才爱生的心志。他和全校学子建立了至诚而亲密的师生关系，要求学生在校穿校服，他自己就也穿校服；他想方设法满足学生求学的愿望和要求，奖励学业成绩和体育竞赛成绩优秀的学生；经常巡视食堂宿舍，与学生同桌就餐；每逢重要体育比赛必亲临赛场观看，为赛手加油鼓劲；长年累月地放弃自己星期日休息时间亲自为工科高年级学生上国文课；在学校办学经费困难时带头减薪；参加学生的婚礼，像父母祝福子女一般祝福学生家庭生活幸福，并引用韩愈的话表示："师弟之情，由父子而推衍者也。"（唐文治《张毅庵遗文序》，1927年）唐文治甚至满怀悲情地为不幸早逝的学生写"哀文"，寄托自己的悲思。唐文治于1915年撰写的《哀二薛文》

就是感人的例子。此文不长，至情爱生，师德示范，全文采录如下：

哀二薛文

薛生奎轮，无锡人，吾校最优行生桂轮之胞弟，青年劼学，英英露爽，初毕业于吾校之高等小学，旋入商船学校，继又入吾校之中学，今春改入吴淞海军学校，来辞别，意甚恋恋，若有言语不能达者。余怜之，为勉数语而去。乃月前，得同学报告，奎轮于九月死矣。余痛惜之，挽以联语云：二难竞爽弱一个，四海雄志可千秋。盖奎轮虽死，而其志气固不能泯也。哀哉！越昨又闻薛生代毅之耗。代毅，崇明人，甫十一岁。九岁时考入吾校高等小学之补习科，一日，偕其兄代蕃至中院，代蕃登楼与同舍生久谈，代毅以其兄不知所往也，哭于中院之门外。余询知之，欲与登楼共觅代蕃。代毅不识余，固不肯。余慰之曰："吾非诳小儿者，汝何惧乎？"适王君炽甫至，亟引之入庶务室，复多方慰藉之，代毅哭乃止。旋代蕃来，与偕去，余因记其名。是年三儿庆增亦入小学肄业，余时询代毅学行。庆增对曰："闻诸先生咸嘉许之。"每当校中庆贺之节或为蹴鞠之戏，闻小学生讙（通"欢"）呼声，辄为忻然；其中最幼稚之音，余必遥度之，以为薛代毅也。今岁九月开校后，校医俞君凤宾来言："代毅病痢甚剧。"余甚忧之。既而闻代毅归，念之尤切。隔昨庆增自小学归，余询之曰："薛代毅来乎？"庆增凄然曰："代毅死矣！其家将其行李归矣。"余大骇，亟询代蕃，则代毅果死矣。哀哉！凡人子弟入学校，为学业也；而其父兄乃并其性命而付托之。人生自呱呱堕地，经父母之保抱携持，几历辛苦而至十年，又几历辛苦而至二十年。譬诸种树然，无时不在吹煦培养、风雨飘摇之中。故其顾复之也，无时不在梦魂牵系之间。古语云："人之爱其子也，有如予乎！"余短于才且病目，于爱护学生之起居，每恨不能躬亲其事。今两生之死俱在家，可无所憾；且奎轮已入他校，代毅并未识余，而痛惜之情犹有不能自己者，则以其皆为求学而死，而两家父母拊畜长育，辛苦之心血，为至难堪也。代蕃并为余言："代毅虽幼稚，而出言老成；救国捐事起，代毅日积铜圆一枚不少间，至今犹在箧中；其死也，堂上哭之尤恸云。"哀哉！孔子曰："君子疾没世而名不称焉。"余故特记之，以释两家之悲，且俾挂名于人间世，使后之人知有薛奎轮、薛代毅其人者。

这是一篇对学校教师爱护学生之责任进行深沉思考的哀悼之文，在哀悼两名因病去世的少年学子时，唐文治先生的爱生情怀、师德风范更可从文中细节窥见一斑。

在主掌上海高等实业学堂期间，唐文治由《周易》中"'离'为文明之卦，而其象又为甲胄、为戈兵"的古代哲学理念，产生了将人类文明分为"物质文明"和"仁义精神"的思想（与当今所说之"物质文明""精神文明"仅一词之差）。他在1915年为《上海工业专门学校学生杂志》创刊号写的序中指出："近代学子稍稍研求科学，徐而究其实，乃徒知物质之文

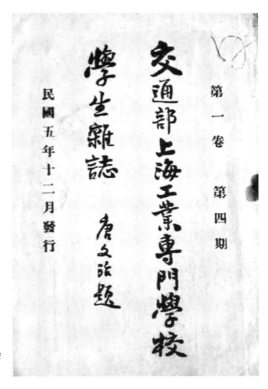

《交通部上海工业专门学校学生杂志》，唐文治题签

明，而于有形无形之竞争曾未尝少辨焉。或者且嗜功利，薄仁义，此犹抱火厝薪，南针指北。"这段论述中将讲求功利的"物质之文明"与属于"无形之竞争"的"仁义精神"作了区别。他在文中明确指出，与"物质之文明"相伴随而来的还有"干戈之相争杀"，所以"非仁义救之不为功"，"有仁义则地球之内以康以宁，无仁义则地球之内以爪牙以肉食（引按：干戈争杀，弱肉强食）"。他把奉行仁义精神视为"无形之竞争"，认定必须弘扬中华儒家仁义精神，把"物质文明"有形之竞争引上"仁义精神"无形之竞争的途径，才能实现全人类的大同世界。

基于这样的思想认识，唐文治力主在学校内尊孔读经，用孔子的仁义精神涵养当代中华学子的精神文明，以培养出既掌握现代科学之物质文明，又能弘扬中华仁义精神能救民众于水火之中的"英雄""圣人"。

唐文治采取的具体措施，一是"读经"，二是尊崇孔子、祭祀孔子。"读经"就是阅读中华儒家经典，最重要的有《周易》《尚书》《诗经》《礼经》《春秋》《论语》《大学》《中庸》《孟子》，俗称"四书五经"。儒家经典的范围再扩大一点就称"十三经"。唐文治到校任职，在"极意注意中文、以保国粹"的办学宗旨指导下，增设国文科，延聘李联珪、汪家栋等为国文兼读经教员。从1908年起，在本校预科、中院、附属小学开设读经课，铁路科和电机科则开设国文、道德课，所读内容也大多为儒家经典。辛亥革命后学校课程不再专设"读经"，唐文治就把"读经"内容并入国文课，仍然十分重视。他不但自己亲自为学生上课讲授儒家经典，如1914年至1915年讲授《周易》，而且动手编写了一批儒家经典的读本，作为国文课教材，具体有"四书"新读本、《〈孝经〉新读本》等。唐文治在《茹经先生自订年谱》中表明，编写这些书籍的心意是"专为开示初学读经门径，后人得此，当不至畏难中止矣"。

为宣传和弘扬儒家文化与仁义精神，唐文治身体力行尊孔祭孔。辛亥革命后，唐文治针对"各省起义后，释奠孔子礼（引按：置爵于孔子牌位前的祭礼）久废"的现实，致电民国参议院和教育部，要求大总统"速电各省"举行祭孔礼，"永久勿废"。1917年，他特地派代表拜谒山东曲阜孔陵，宣读他写的《谒孔陵文》。1918年，学校学生杨锡冶（1897—

1967，字左陶）谱成《孔子圣诞奠乐章》，以1743年（乾隆八年）颁定的《阙里文庙及府州县学用祀孔乐章》为歌词，词中有"大哉孔子，先觉先知，与天地参，万世之师"；继而致电民国大总统："百姓苦极矣，请速主和平，勿自残杀……并请尊孔教，正人心。"这年10月1日（民国七年八月二十七日）是孔子诞辰日，上海工业专门学校上午10时举行祀孔典礼，由唐文治主持。仪式非常隆重，"佾舞整列，钟鼓齐鸣"，全校师生除外籍教师外全体参加。唐文治担任主祭，还指定了陪祭、赞礼、执事等礼仪人员。事前经过试祭排练，务必达到满意程度，不敢稍有马虎。唐文治还亲自撰写了《本校祭至圣先师孔子文》，文中称："迄今圣学，愈微益危，人禽靡辨，天泽陵夷，千钧一发，孰奠厥基"，"文治椿昧，志挽颓风，讲习仁义，礼乐雍容"，"扫除榛芜，乾坤朗然"。当晚学校还挂灯纪念孔诞。即便在1919年有留日归来的青年学生喊出"打孔"口号的情况下，唐文治仍于当年孔子诞辰日率领上海工业专门学校全体教职员和学生在学校大礼堂举行祭祀孔子的典礼。唐文治认定孔子学说代表中华民族悠久文化的核心精神，中华要狮醒，世界要大同，孔子不能废。

唐文治在提倡传统道德、弘扬儒家精神方面还做了许多著述工作。1909年，他编定并印行了《高等学堂道德讲义》，供学校道德教育中使用。1912年6月，他著成《人格》一书，论述子弟、学生、师友等不同身份人员应遵守的道德规范，例如在"学生格"中要求学生必须"立诚、立恒、知耻、尚志、爱人、敬人、尊师、贵公、贵勤"，在"师友格"中向老师提出"务实、教法、爱护学生、以身作则"等要求。《人格》一书出版后，不但在自己的学校，而且也被沪上的其他学校选作德育教材。

在担任"邮传部上海高等实业学堂—南洋大学—交通部上海工业专门学校"校长的14年中，唐文治还兼任了社会教育领域的一些职务，如太仓中学监督（校长）、苏州存古学堂史学总教习等，社会影响最大的是自1909年9月至1912年6月担任江苏省教育总会会长。在这清末民初政局更替的三年中，唐文治领导省教育总会为江苏地方教育事业做了多方面的推进工作，并以教育界代表的名义参与了当时发生的保路运动、立宪运动、国会请愿运动、辛亥革命、民国肇造等重大政治事件，使江苏省教育总会

1919年，上海工业专门学校图书馆落成典礼时，唐文治（左四）与荣宗敬（左一）、荣德生（左二）等人在荣熙泰铜像前合影（锡沪工商界人士荣宗敬、荣德生兄弟为建造图书馆义捐10 000元银元，唐文治在图书馆旁为荣氏兄弟的父亲荣熙泰立铜像）

"成为政治性的江苏中心组织"（黄炎培语）。1911年4月29日至5月12日，在唐文治的联合与促进下，中国历史上第一个全国性教育团体"全国教育联合会"，借江苏教育总会为东道主而正式成立，该联合会在更广泛的层面促进了全国教育事业之改良与进步。

1920年，唐文治56岁，因觉"学风不靖"，自己又"目疾日深"，外加老父病重，于4月起向交通部提出辞去校长职务，居家养病。在唐文治的三条辞职理由中，"学风不靖"居首条。交通部和全校师生一而再，再而三，三而四地诚恳挽留，其间，唐文治为避免交通部因学潮而解散学校而又回校理事半年。至10月上海学潮初靖，唐文治第七次向交通部上辞呈，曰："文治办理校务，十有余年，加以总长奖借之殷，挽留之切，感情愈厚，惓恋愈深。惟文治近来精神心力业已消耗殆尽，强弩之末，万难再用，加以目疾频仍，诸事更形竭蹶。际兹学潮平静之时，大部为人才渊薮，物色校长当不甚难，但求得一明于教育之人，迎机以导，校务振兴，指日可待。此以公义言之，不能不去之实情也。家严年已八旬，近因湿疾淹缠，胃纳呆滞，饮食起居均须照料，见文治在侧，则欣然进一餐，否则或愀然不乐。如此情形，岂能远离？此以私义言之，不能不去之实情也。因是二端，万恳大部俯准辞职，迅派贤员赴校接办，免致职守久悬，或致别生枝节。不胜迫切待命。"在百般挽留未果的情况下，交通部于1920年12月20日签发部令，指定凌鸿勋代理校务。至此，唐文治正式卸下了担任14年之久的"邮传部上海高等实业学堂—南洋大学—交通部上海工业专门学校"校长之职，也正是在这个月，学校奉交通部令，改制为交通大学。

继任校长凌鸿勋是学校培养、出洋留学后返校任教的土木工程专家，他了解学校历史，对唐文治校长有很高的评价："任职校长最久、贡献最多，而对于学术风气、人才培养、人才造就最有深远影响的，当首推唐蔚芝。先生于交大，有如北京大学之有蔡元培先生，和南开大学之有张伯苓先生，都是一个大学学府建立过程中的中心人物，和学校的荣誉是离不开的关系。"

二、创办无锡中学，长校十年义不受薪

1920年4月，唐文治向交通部提出辞去上海工业专门学校校长职务，自己随即回到无锡，居家养病。此前唐文治于1912年筑屋无锡城内西溪，安家于无锡，故常以"锡邑人"自称。5月，南洋公学毕业生蔡其标（系高阳表叔）介绍高阳（1892—1943，字践四）前来拜见，表达高阳奉先父高鼎焱（1868—1920，字秋荃）遗命要捐资开办一所中学的意愿。高阳请求唐文治担任校长。唐文治为高氏义举所感动，愿予支持，而且自己也"因无锡高等小学学生甚夥，毕业后远赴各处求学，颇觉困难，拟设立中学，怀此愿久矣"（《茹经先生自订年谱》），便欣然同意担任校长，共同创办这所中学，但申明纯为义务，不受薪金。

高鼎焱是无锡的爱国工商业者，出身贫寒，12岁就进花籽油饼行当学徒。他兢兢业业，经营实业，渐有所成；而且爱好读书，勤奋自学，心有

1912年，唐文治安家于无锡，在无锡城内西溪筑屋（郎静山1935年拍摄的无锡西溪唐文治宅第）

远志。后来接受无锡"铁业大王"周舜卿延聘担任上海大有油厂经理，又"别营华昌、恒裕两油厂"。他痛恨于日本厂商"在吾华设厂，尤多用当地之原料，夺当地之利益"，表示自己经营实业"受艰难辛苦而弗辞者，欲为吾国稍挽利权耳"。1920年3月23日（民国九年二月初四日），高鼎焱病逝于上海，临终前留遗言给长子高阳，欲将经商数十年积累的资产，用于公益兴学，培植故乡子弟。高阳泪水如涟，接受了父亲的遗命。

其时，高阳28岁，已于苏州东吴大学毕业赴美国康奈尔大学深造获政治教育科硕士学位后回国任大学教授。他初步办理父亲丧事后，即"奉厥考（引按：其先父）秋荃先生遗训，输家产兴学"，于1920年5月捐银三万两作为基本金，三千元作为开办费，启动兴学事业。其后，该校董事会以唐文治允任校长、着手办校的5月23日为校庆纪念日。这一年，唐文治为高阳父亲撰写了《无锡高先生秋荃传》（即《茹经堂文集》二编中的

《高君秋荃传》）。当年由高阳先生捐资、唐文治校长办理的这所学校经报民国政府教育部门批准，定名为"无锡中学校"。往昔唐文治任官商部时的同僚、时任民国大总统徐世昌题赠"劝学敬学"匾额。（1927年后，该校按国民政府统一规范，在原校名前加"私立"二字，称为"私立无锡中学校"，简称"私锡中"。）

唐文治出任校长后，为无锡中学校租借无锡西水关民宅为临时校舍，于1920年9月4日举行开学典礼。首次招生，招收旧制中学（学制四年）一、二年级新生两班，共77人。唐文治四子唐庆永亦在新生内。唐文治为学校选聘了教职员工，聘前清翰林学士、年届七旬的江衡（1852—1928，字霄纬）为校务主任，任课国文；聘前任上海南洋公学上院教授周熙（字缉庵）为教务长；所聘任教数学、理化、英文、史地等课的黄选青、章质甫、陆季清、唐桐侯、顾鸿藻诸教员都属一时之选。

这天，开学典礼礼堂中设孔子像，布置庄严。当时在开学典礼现场的新生唐淞源（1908—2002）后来回忆无锡中学首次开学典礼情景："高践四先生首先讲话，讲述其封翁去世前谆谆嘱咐，要在家乡办一所中学，今日承父遗志，成立无锡中学，讲话时声泪俱下，泣不可抑。我们听了都深受感动。唐校长时已双目失明，继起发言，勉励学生必须勤恳努力用功，同时必须砥砺品德，光明磊落，端庄公正，一定要有精湛的学问和具有仰不愧于天、俯不怍于人的人格，将来学成才能真正造福于人类。语重心长，闻者动容。"（唐淞源《私立无锡中学第一次开学典礼追记》）

唐文治校长订立"无锡中学校训"云："人生世界之内，以内修德行、外建事业，方为明体而达用，救国救民胥在于是。凡吾校诸生，总以立志作第一等人为惟一之宗旨。"该校训强调继承中华传统道德和传统文化，言明："孝弟忠信礼义廉耻八字，为道德之根源"；"保存国粹为国民第一应负之责任，中国人读中国书，实系不刊要义，本校宗旨首在尊孔孟、重经典、读国文"。（《无锡中学校一览》，1922年）

1922年9月4日，唐文治再次参加无锡中学开学典礼，无锡当地报纸《锡报》和上海《申报》刊登记者采访的《无锡中学开学记闻》，对开学典礼场景作了较翔实的记录："无锡西水关无锡中学，于九月四号上午九时，行秋季学期始业式。到者除全体学生外，校长唐蔚芝及教职员江霄纬、唐桐侯等十余人均莅会。由教员蔡虎臣赞礼，先向国旗行三鞠躬礼，次学生行见师长礼，及学生相见礼，各一鞠躬。最后由校长致训辞，略云：平时余因在国学专修馆教授功课，致不能常到中学，甚为抱歉；但诸君之功课及品行，固无日不在我思念中也。今当秋季始业，略有意见贡献，愿诸君注意。吾国今日乱象环生，时局极为沉闷，但因此国民之责任愈为重大。诸君莫不知爱国，然国者聚民而成，今日人心险诈，无所不为，故国是不可救药。求治之道，当求其本；治国之本，在于正心。诸君求学，莫不希圣希贤，期望将来为社会尽力，则于正心之道，不可不讲求焉。孟子曰：‘由今之道，无变今之俗，虽与之天下，不能一朝居也。’今日国人因心术不正，已有与之天下，不能一朝居之现象。故欲求治，舍正心其道无由。正心当讲仁义礼智，仁者能博爱，义者能羞恶，礼者能谦让而有秩序，智者能有是非之心；诸君苟以是四者存心，则不患学之不成，国之不兴也云云。校长演说毕即散会。又闻该校自本学期起一二三四年级均已开齐，共有学生一百二十余人，自外埠及外省来者，约有三分之一云。”

　　1921年，高阳先生卖掉企业股票和自家住宅，又捐资银元二万元，在

1922年，高阳创建无锡中学校，校长唐文治、校董薛翼运在新建的教学大楼西北角墙基立碑纪念

无锡城南门外羊窑（腰）湾购地16亩，建造校舍，合计建成教学楼一幢（二层）13开间，宿舍楼一幢（二层）13开间，门房、会客室、厨房、浴室、膳堂等平房17间，建筑费用共耗资三万二千八百零一银元，其中有唐文治校长帮助募得的数千元。1923年2月26日，师生迁入新校舍。唐文治校长撰写了《无锡中学校舍落成记》，由学校刻碑"以纪始末"，立于校内作为建校纪念。全文如下：

无锡中学校舍落成记

锡邑襟带太湖，山水清嘉，人物秀美；顾当沪宁之冲，人心随风俗而变，俭者浸以奢，实者浸以浮，正者浸以陂。余与邑之贤士窃忧之，拟设中学一区，撷中西学之菁华，崇尚道德，以端人心风俗之本。会庚申岁邑商高君秋荃病殁于申江，疾亟时，诏其子阳曰："吾经商数十年，志在读书兴学，培植故乡子弟，区区遗资，非所敢惜；虽然，吾非为私也，为公益计也。尔其毋忘吾志。"阳涕泣受命。余及门蔡君其标闻斯事，欣然曰："是吾师之素愿也。"亟绍介高阳君来见，余甚嘉之。高阳君爰属蔡君筹备壹是，并延余任名誉校长。其秋赁屋于邑西马氏宅，招生徒，订规则，次第就绪。溯秋荃君非私立之意，定名曰"无锡中学"。白诸邑宰，而省而部，皆报（引按：回复）可。开校之日，高阳君偕母氏并挈其弟若子来观礼，述先人遗命，谓："今者斯校幸而成立，为吾父之遗愿也。虽然，吾父非有所私也，力有不足或半涂而废，愿乡父老相与维持协助，以遂吾父之志也。"言次泣数行下，其母氏亦泣不能仰视，在座咸动容焉。顾马氏宅湫隘，一年后生徒已不能容。高阳君乃白母氏，捐资二万金，浼邑绅薛南溟君相地于南郭外羊窑湾河畔，辟地十六亩，卜筑讲堂校舍，鸠工庀材，规模大启。自辛酉（1921年）孟冬以迄壬戌（1922年）岁杪，工始藏，而建筑之款，不敷甚巨。高阳君又劝募称贷以继之。癸亥（1923年）春诸生徒始迁居受业。同人属余为记。余惟人心之所以不泯者，公而已矣；风俗之所以日厚者，孝而已矣。孟子曰"中也养不中，才也养不才"，"君子莫大乎与人为善"，言公之至也。又曰"谨庠序之教，申之以孝弟之义"，"人伦明于上，小民亲于下"，言孝之急也。古圣贤所以明德以新其民，力行以新其国，皆由是道也。苟教者常本此意以为教，学者常本此意以为学，又安往非大中至正之轨乎？然则斯校之设，于人心风俗或不无稍稍裨益矣。后之君子有能继起扩充，无背乎斯校之宗旨，不特秋荃君九京所深感，抑亦吾乡同志所引领企踵以俟之者也。至是役之成，捐资暨督工诸君，高风劳勚，均有足多者，并书姓氏于后，以劝来者。时在癸亥（1923年）春正月，邑人唐文治谨撰。

无锡中学校（私立无锡中学）是无锡地区第一所由中国人出资创办并自主管理的完全中学，校舍是当时无锡第一流的，运动场地也是当时无锡第一流的。唐文治校长以"撷中西学之菁华，崇尚道德"为办学方针，为学校安排的课程"德、智、体"三育并重，尤重人格教育。经唐文治校长确定歌词的《无锡中学校歌》唱道："龙山佳气郁葱茏，东林实为气节宗，气节须从至性始，请为本校述校史。吾校创自高先生，先生讳阳字践四，游学美邦习教事，毁家兴学继先志。开学报告涕涟如，多士感动兴孝思，金谓此是孝悌校，树之风声作之教。懋哉！勉哉！惟期佑启我后生，相与显亲并扬名，力拯水火济生民，即为邦家兴太平。"学校的数理课程与上海交通大学衔接，旨在培养第一流人才。第三届毕业生吴友梅回忆："旧学制课程，除国文、修身两科用中文本外，英语（包括读本、文法、会话）、数学（包括算术、代数、几何、三角、高代、微积）、物理、化学、博物、史地（包括中外史地）等学科都用英文原本。高年级还列法语为必修科。教学上采取及格方针，以此第一届毕业同学只有七人。（大都因跟不上而待学，少数为其他原因辍学）1925年起改为新学制（即分初、高中）后，大都改用中文课本，同学负担减轻。但自初中一年级能继续升到高中毕业者，为数仍不多。"（吴友梅《回忆母校二三事》）可见，私立无锡中学前十年办学有"功课重，升级严"的特点，这与唐文治校长执掌上海高等实业学堂时办学特点是相同的。学校学习生活并不枯燥，第一届毕业生七人之一的杨树信后来攻读医学，任南京医学院教授，他回忆当年母校无锡中学的学习生活，有四点始终萦回在脑中："1. 每周排有几节自修课，由教师当堂答疑。2. 每周有学生演讲比赛，自选讲题，培养同学敢于发言。

3. 每天有一定体育锻炼时间，经常举行校内外各种球类比赛。4. 毕业前组织旅行参观，曾至浒墅关参观蚕桑学校和苏州东吴大学。"（杨树信《几点回忆》）杨树信认为这样的学习生活，在20世纪20年代，对青年学子的身心培养起着巨大作用。第二届毕业生、后任华东纺织工学院院长的钱宝钧回忆："一九二三年左右，二届毕业班同学组织演讲会，江师霄纬为作骈体长序一篇，辞藻华丽，感人极深。霄纬师对同学爱护臻至，批改作业尤一字不苟。我等今日所以能勉强执笔者，皆出江师教诲之功。"（钱宝钧《祝母校六十周年校庆》）

唐文治校长虽双目失明，还是坚持每隔两周到校讲课。据1923级高中毕业生朱若溪回忆："届时全校学生，聚集大礼堂内，恭聆教诲。先生端坐讲台中央，神采奕奕，满面春风。陆（景周）先生侧坐。讲授之课文，为《诗经》及古代名著。先由陆（景周）先生将课文分段诵读，先生分段讲解，解释字句意义，阐发微言大义，学生专心聆听，秩序井然。最后由先生通篇背诵，声音宏亮，字字清晰，跌宕顿挫，气势磅礴。激昂处铿锵有力，平抑处悠扬婉转，时人称为'唐调'。诸生随口摹仿，领会深刻。上一堂课，不仅得到丰富之文学知识，而且受到优美之语言感染，虽下课铃响，仍觉余音绕梁，诸生犹依依不忍离去。而先生经过两小时的讲授，仍精神充沛，毫无倦容。"（朱若溪《唐文治与私锡中》）唐文治校长为私锡中学生讲过的国学国文课还有《国学之派别》《国文分阴阳刚柔之道》《李华〈吊古战场文〉》等。

唐文治校长为无锡中学延聘的教师还有美籍人士万特克夫人和留美回国不久的俞庆棠女士，她们担任英语教学；1923年7月请无锡国专教授陈柱（字柱尊）兼任主任，请毕业于北京高等实业学堂的唐文寿任庶务主任。还以自己编著的无锡国专课本《国文经纬贯通大义》作为无锡中学的国文课本。1923、1924年间，先后选派无锡国学专修馆首届毕业生中的高才生唐兰、蒋庭曜、王蘧常、唐景升到校任国文教师。唐文治校长为学校设计的活动，每周有演讲会、音乐会，每年举行全校性体育运动大会一次、全校性国文比赛一次。他亲自评阅优秀作文，阅后另加评语，指出优点，并写上"蔚芝加评"字样，以资鼓励。1923年9月30日上午，唐文治校长在无锡中学大礼堂召集全校学生举行国文大会（国文写作比赛），出四道文题——《原体》《说游》《梦游月宫记》《拟通告全国各学校振兴国文书》，任由学生自择一题作文。1924年春，唐文治又亲自主持无锡中学的全校国文比赛，命题为《项羽论》。在校学生朱若溪回忆："我当时为初二学生，竞赛揭晓，得第二名，获银质奖章一枚，（唐文治）先生在我文后加上评语，嘉勉有加，并揭示公布，深引为荣。"

1925年6月3日，无锡中学学生杨应麟回家途中拾得皮夹一个，内有汇票五百元、钞票数十元，原地等待失主，如数归还，且不受酬金，失主登报鸣谢。唐文治高度重视本校学生这一拾金不昧行为，特加以表扬，并奖以镌有"见得思义"四字的银牌，其对学生道德教育之重视可见一斑。

1923年7月3日，无锡中学举行第一届学生毕业典礼，毕业朱家珍、杨树信等7名中学普通科（实科）学生（旧制中学四年），唐文治校长因病未能亲临典礼现场，特派长子唐庆诒作为校长代表出席并首先讲话。参加毕业典礼者有各界来宾、校董、教员、学生等二百余人。当时无锡尚无公办中学，无锡县学务课课长钱孙卿在发言中指出："今日虽为无锡中学毕业，实为全县私立中学第一次之毕业。"（《无锡中学毕业纪事》，《新无锡》1923年7月4日）1924年6月22日，唐文治校长参加了无锡中学第二届学生毕业典礼，毕业学生钱宝钧、秦宝林等22人。唐文治校长首先讲话，报告本届毕业生姓名、人数后，历述已故邑人高秋荃先生创办此校的艰苦卓绝，表示拟为高先生铸铜像，以彰其兴学之劳绩，并向毕业生致勉辞："语曰治国治家，范围均嫌远大，吾人首宜治己治心，方可以立身社会。"（《无锡中学毕业之盛况》，《新无锡》1924年6月23日）1927年9月，私立无锡中学开设高中三年级（新制中学六年），至此，该校高、初中各年级均已齐全，在校学生共247人。

从1920年5月至1930年9月，唐文治先生为支持高阳毁家兴学创办无锡中学校，长校十年，义不受薪。校主高阳在无锡中学首届学生毕业典礼致辞中就指出，"唐校长任职三年，不取薪水，热心教育，诱掖不倦"，这是"本校成立之功"的三大要点之一。唐文治校长为无锡中学聘请第一流师资，安排第一流课程，亲自主持招生，亲任校董，以"崇尚道德""中

位于无锡城南门外京杭大运河羊腰湾
畔的私立无锡中学校校门（1927年后）

学好，西学好，体育好"的教育理念培养第一等人才，把私立无锡中学办成为一所江南名校。该校课程设置与上海交通大学相衔接，毕业生多有升入交通大学深造者，因而被无锡人民誉为"交大预科"。

在无锡中学创办过程中，因为后续经费来源困难、政府经费扶持缺位等原因，学校曾面临困境、经历坎坷，但在唐文治校长和高阳先生的无私合作下，终究克服种种困难，以筚路蓝缕、以启山林的精神气魄走过了成功创校、办学发展的十年。1930年9月，经校董会同意，唐文治辞去私立无锡中学校长职，专心办理无锡国专，私锡中校董会公推常务校董、时任无锡工商会长钱孙卿代理校务（相当于代理校长）。

抗日战争期间，私立无锡中学校舍被日军占领，驻扎军队，私锡中同人不受伪化，办学暂时告停；部分校董迁往上海租界，借租界内江西路451号禅臣洋行房屋作教室，私锡中部分师生恢复上课。当时私立无锡中学的招生广告上仍写明"校长唐文治"。唐文治先生知道后说："若能把学校办好，借用吾名，不吝也。"（黄汉文《记唐文治先生》）

1943年7月6日，51岁的高阳在广西桂林东郊陈家祠堂病逝，身在上海的唐文治"闻之大骇恸"，敬撰《无锡高君践四家传》。1946年，唐文治数次致函私立无锡中学校董会召集人钱孙卿，关心学校抗战胜利后复校之事，同意继续担任校董。1947年12月2日，唐文治为私立无锡中学复校后印行的《高君践四纪念册》"挥泪和墨"作"跋"，再次赞扬高阳"以兴学而家业荡然，且清廉自矢，竟死古庙中，纯孝廉节，无愧完人"，并表明心迹："夫阐潜德之幽光，是吾儒之责也。"

　　1952年12月25日，无锡市人民政府宣布接办私立无锡中学，改校名为无锡市第三中学。1990年，无锡市第三中学建校七十周年，在校史馆立唐文治校长半身像。2000年7月，无锡市第三中学与中山高中合并，升格为无锡市第三高级中学，在羊腰湾校园内新建教学大楼多幢，全面更新校园布局。2009年7月，由于无锡城市发展和教育整体布局的需要，无锡市第三高级中学开始整体搬迁至无锡市新区行创四路288号新址，新校园占地255亩，由国家耗资4.5亿元人民币建造。搬迁后，学校将原无锡中学首座教学大楼墙身上刻有"薛翼运、唐文治敬立"的奠基石移置于新布展的校史馆中永久珍藏、展示。2010年7月，学校完成整体搬迁，于10月23日在新校

2015年11月，江苏省无锡市第三高级中学为纪念唐文治150周年诞辰敬立的唐文治铜像

园隆重举行建校九十周年庆典，学校自创办以来已培养六万多名毕业生。2015年，无锡市第三高级中学在校园内敬立唐文治校长铜像，以纪念这位著名爱国教育家150周年诞辰，11月14日隆重举行铜像揭幕仪式，无锡市政协和市教育局领导、无锡市及江苏省内外300多位来宾参加揭幕仪式。这座铜像选择唐文治任无锡两校校长时的照片为造像依据，他身穿粗布棉衣挺立于寒风之中，双目失明却挺直胸膛、昂头视天，以内心的人道与上苍的天道对话，手握为无锡国专和无锡中学两校学生编撰的课本《国文经纬贯通大义》，坚守"为天地立心，为生民立命，为往圣继绝学，为万世开太平"的崇高信念。这座唐文治铜像的石基座高150厘米，寓意唐文治诞生150周年；铜像身高280厘米，寓意唐文治28岁进士；两项相加430厘米，寓意唐文治43岁脱离官场投身教育，其后连续43年担任校长。

百年后的今天，高阳毁家兴学、唐文治义任校长的无锡中学校（私立无锡中学）历史故事仍在无锡人民中传为美谈。

三、创办无锡国学专修馆

唐文治因学潮、眼疾、父病诸原因辞去了交通部上海工业专门学校校长之职，然而，深受中国传统儒家文化熏陶的他仍然把"讲学家居"视为自己的"平生之志"。

1920年10月，曾任陇海铁路局局长、交通银行董事长的施肇曾（1867—1945，号省之）托人与家居无锡的唐文治联系：他准备出资在无锡办一所国学专修馆，设定开办费八千银元，常年经费每年一万银元，属于办一所规模不算大的私立学馆，请唐文治出任馆长。此事正与唐文治"讲学"心志相合，于是，决意辞去大学校长的唐文治，欣然接受了创办"国学馆"的使命。在唐文治心中，这是在当世仿效朱熹、王阳明"开鹿洞、表鹅湖、绍龙场"传承中华国学文化的重要历史使命。他自述创馆心情："吾馆为振起国学、修道立教而设，缅怀往哲，能无奋兴？"

创办专修馆的首要之事是宣明办学宗旨。唐文治经深思熟虑，借鉴古儒先贤"学规"形式，订立《无锡国学专修馆学规》十条，将办学宗旨融于其中。这十条学规及其要义依次为：

（1）躬行。唐文治指出：礼义道德是人生的根本，是各种学问的基址，"诸生既有志来馆专修，务以砥砺品谊、躬行实践为宗旨"。

（2）孝悌。明确孝为"五常"（仁、义、礼、智、信）之本，万善之原，"诸生有能孝其亲者"，日后才有可能成为圣贤豪杰。

（3）辨义。借曾子之言论定："平天下不以利为利，以义为利"；指明"义利之辨，人心生死存亡之界也"；要求诸生"清勤耐苦，淡而弥旨，俭而愈廉"，扫荡利欲，"异日能任治平之业"。

（4）经学。指明"吾国十三经，如日月之丽天，江河之行地，万古不磨，所谓国宝是也"。诸生学习经学，首先要"实事求是"，屏绝空虚之论，破除门户之见。

（5）理学。明确北宋二程、张载为理学正宗，朱熹为集大成者，陆九渊、王阳明则别树一帜，弘扬其旨。论定"综览历史，理学盛则世道昌，理学衰则世道晦"，要求诸生"以提倡理学、尊崇人范，为救世之标准"。

（6）文学。指明"文学之科，传自游（引按：子游）、夏（引按：子夏），其后支与流裔，累世不绝"。列举《庄子》《离骚》、汉赋、唐宋八大家、桐城派和阳湖派，认为都属文学典范，需待专修馆学生学习、继承、发扬。

（7）政治学。提出儒家关注民生，"修其教，不易其俗；齐其政，不易其宜"，是政治学精义。要从儒家"治国、平天下"理念和历朝历代治国实践中采撷整理出中国自己的"政治学"。

（8）主静。此为针对国士而言的内心修养。唐文治引《大学》之言道明士人修身养性的规律："知止而后有定，定而后能静，静而后能安。"要点在孔子提出的"修己以敬""修己以安人""修己以安百姓"。

（9）维持人道。唐文治设问自答："人道"是什么？"保其本心而已"。"本心"就是人的"良心"。告诫诸生要保持人的"恻隐之心、羞恶之心、辞让之心、是非之心"。每个人都从自己做起，才能维持全世界的人道。

（10）挽救世风。引孟子言"自任以天下之重"，引顾炎武言"天下存亡，匹夫有责"，讲明"立志为学者第一关头"。要求国学馆诸生"务宜独立不挠，力挽颓习，秉壁立万仞之概，不为风气所转移，乃能转移风气，有以觉世而救民"。

统帅这十条学规的最高宗旨后来被唐文治概括提炼为六个字："正人心，救民命。"他在《茹经先生自订年谱》中记这一讲学宗旨曰："吾国情势，日益危殆，百姓困苦已极。此时为学，必当以'正人心，救民命'为惟一主旨。务望诸生勉为圣贤豪杰。其次，亦当为乡党自好之士，预贮地方自治之才……他日救吾国、救吾民，是区区平日之志愿也。"唐文治办国学教育以"救国救民"为最高宗旨，与近代中国追求"救国救民"目标的革命人士殊途同归。

1920年冬季，唐文治在陆勤之等人的协助下，为无锡国学专修馆的开办做了一系列准备工作。先是租赁无锡城外惠山之麓五里街原锡商山货公所为馆址，继而分别致函江苏省省长和无锡县县长，为国学专修馆的开办呈报立案。接着在《新无锡》报连续刊登招生考试广告，刊明招收24名馆生，"三年毕业，专课本国经学、文学、理学，至第三年习公牍文字"。12月19日，无锡国学专修馆在无锡、上海、南京三地同时招考新生，共有七百多人投考，唐文治出的考题有二：《于缉熙敬止》（经义题）、《"为生民立命，为万世开太平"论》（论说题）。12月25日，无锡国学专修馆第一班录取新生名单在《新无锡》等报刊上公布，共录取柯树声、陆昌年等正取生24名与附课生杨养吾等8名。

1921年2月27日（民国十年正月二十日），无锡国学专修馆举行开学典礼，正式上课。当时聘朱文熊（1867—1934，字叔子）为教习，陆修祜（1877—1964，号景周）为助教，沈健生、王保懋为职员。在开馆典礼上，唐文治做简短讲话，训导学生要"为圣为贤，为豪为杰"。开馆后，唐文治亲自为学生授课，每天二节，讲授《论语》《孝经》《孟子》。朱文熊讲授诸子学、文选及文字训诂之学。据无锡国专学生回忆："第一届学生只有三十人，天天接触，学生的作文都由陆景周先生朗读，校长亲加评语，当堂发卷指出缺点及努力方向。唐先生对于第一届学生，听到声音就知道是谁，文章听了一小段就能估计到是谁写的，往往十不离六七。"（黄汉文《记唐文治先生》）惠山五里街山货公所离城内西溪唐宅有六七里路，双目失明的唐文治到校上课风雨无阻，从不迟到。

无锡国学专修学校校门和
校内尊经阁

无锡国专校舍，左前方为
"茹经亭"

这一年中，无锡士绅孙鹤卿（1868—1928，名鸣圻）、杨翰西（1877—1954，名寿楣）捐资于无锡城内学前街原金匮县学训导署旧址重建尊经阁，并修理余屋，而后由十七乡公呈无锡县知事，礼请国学专修馆迁入。10月，无锡国学专修馆全馆迁入城内学前街尊经阁新址（在此办学至1937年抗战全面爆发，学校西迁；抗战胜利复员后，又回到这里办学，此为后话）。1922年元旦，无锡国学专修馆隆重举行新馆址落成开幕典礼，无锡县知事及本埠外埠士绅、学界百余人到场祝贺。时任中华民国大总统徐世昌为"尊经阁"题额，唐文治集古人名句撰联悬挂："富贵不能淫，贫贱不能够，威武不能屈，所存者神，所过者化；好学近乎智，力行近乎仁，知耻近乎勇，虽愚必明，虽柔必强。"2月，开学上课，添聘陈柱

（1890—1944，字柱尊）为教习，唐文治为学生讲授《左传》《礼记》《大学》《中庸》，至此，无锡国学专修馆创办初成。

四、主持无锡国专办学（国专前期）

唐文治创办并亲任校长30年的这所国学专修学校曾几易校名。学校创办初期规模不大，称"国学专修馆"；1927年3月受国民革命军北伐影响，改名为"无锡国文大学"，同年7月又改名为"无锡国学专门学院"；1930年1月遵教育部令改名为"私立无锡国学专修学校"。此校名一直用到中华人民共和国成立前夕。1949年7月，经苏南行政公署准予备案，改校名为"无锡中国文学院"。唐文治先生教育生涯的后半部分与这所学校的起落沉浮紧密结合在一起。唐文治主持无锡国专办学可分为前期与后期，前期从创办至抗日战争全面爆发唐文治率领国专师生西迁桂林（1920年12月—1938年6月），后期从无锡国专沪校开办至中华人民共和国成立后无锡国专并入苏南文教学院（1938年7月—1950年5月）。

无锡国学专修馆从开办到1927年3月，这几年无锡处于北洋政府统治时期，办学得到政府认可，课程亦未受排斥。国专每年招收一个班约三十名左右学生，在校学生规模为三个班，七八十名学生。此期间唐文治亲自为馆生教授的课程，除前文已介绍的，还有《周易》《政治学大义》和《性理学大义》。

《性理学大义》是唐文治于1922年为无锡国专编写的国学课本，是国学专修馆教材建设的一项重要成果。"性理学"就是宋代儒学程、朱理学，该教材内容分"周子"（周敦颐）二卷、"程子"（程颐、程颢）二卷、"张子"（张载）一卷、"洛学传授"（北宋理学的传授）一卷、"朱子"（朱熹）八卷。每卷各冠以叙文及人物传记，阐发要义，对各篇中的精要处，都加了评语，作了圈点。唐文治认为："学者得此讲本，可窥性理学之门径矣。"

此阶段，无锡国学专修馆在教材建设上所取得的又一项重要成就，是由唐文治主持、耗时五年刊刻印行的《十三经读本》。《十三经读本》是一部大型经学丛书，收入中国古代儒家经典《周易》《尚书》《诗经》《周礼》《仪礼》《礼记》《春秋左氏传》《春秋公羊传》《春秋谷梁传》《论语》《孝经》《尔雅》《孟子》本文及先儒精要注释，收入唐文治为这十三部经典写的要义提纲，收入苏洵、方苞、姚鼐、吴汝纶等21位学者研究这十三部经典的"评点札记"，书前有陈宝琛（1848—1935，字伯潜）、释印光（1861—1940，法名圣量）、唐文治、施肇曾序文，书后有1925年秋无锡国专第一班毕业生毕寿颐雠校跋文。全书装订共计120大本，16 000余页，共计272卷，分十三经本文并附名家著述计227卷、评点札记计45卷。

唐文治《茹经先生自订年谱》1921年内记："与施君省之议刻十三经。近时吾国学生皆畏读经，苦其难也，爰搜罗十三经善本及文法标点之书，已十余年矣。自宋谢叠山先生，至国朝曾文正止，凡二十余家，颇为详备。施君闻有此书，商请付梓。余因定先刻十三经正本，冠以提纲；附刻先儒说经世鲜传本之书，而以评点文法作为札记。谨作叙文，并请陈太傅弢庵名宝琛撰序，命上海刻字铺朱文记经刊。分校者太仓陆君蓬士、王君慧言、李君慰农、徐君天矪及陆生景周，期以三年竣工。"从书后毕寿颐跋文看，这部大型丛书直至1925年秋才印毕，无锡国专第一班的多位高才生参与了校对工作。

唐文治编撰此书并借无锡国专同人之力刻印此书，其主要目的有二。一为方便初学者，欲使初学者不畏古代经典之"高、晦"，此编在手，"如登康庄，如游五都"。诚如陈宝琛序文所评："蔚芝读本，根据汉说，兼及宋儒，于四子书（引按：《论语》《大学》《中庸》《孟子》）则附以己说，意在尊经，不求艰奥，取便初学而已。"二为传承儒家经典与思想，以利中华开创太平之世。唐文治在《〈施刻十三经〉序》中表达自己坚定的信念："夫以秦政之威、之权、之才、之力，且不能废经。蚍蜉之撼大树，无损枝叶，何况本根。继自今十年百年而后，千里万里而遥，安知无董、刘、马、郑与夫周、程、张、朱其人者，名世挺生，以为往圣继绝学，为万世开太平乎？"刻印《十三经读本》之后，无锡国专学生学习"经部"即用此书。

无锡国学专修馆初期，唐文治在教材建设上的第三项重要成果是于1925年编撰成《国文经纬贯通大义》八卷，次年由无锡国专刊行，作为课本。从体例上看，它以由浅入深、读写结合的作文法为排序，共列出"局度整齐法""格律谨严法""奇峰突起法""两扇开阖法""响遏行云法"等文章作法44种。全书按法选文，共选入历代文章、诗歌236篇（含唐文治自己的文章11篇），编者对每篇选文做了圈点和简评。此书编辑体例在民国时期的国文教材中是一项创举。此书印行后，还被无锡中学校（私立无锡中学）、上海南洋中学等学校选作国文科教材使用，在教育界产生了更广泛的影响。除以上教材建设成果外，办馆初期，唐文治编撰的教材还有《政治学大义》四卷（1923年）等。

国学专修馆办学初期，既有按馆生程度分班教授的现代教学形式，也有让馆生自主安排学习活动的传统书院学习形式。1923年11月，唐文治得知江苏宝应籍早年生徒刘翰臣家藏有珍贵的《朱集笺注》书稿，马上让第一班馆生中唐兰、王蘧常、吴其昌、吴宝凌、戴恩溥等五人赴宝应刘家，用七天时间抄录该书稿十余万字；回馆后又嘱王蘧常整理成四卷，编出凡例，定名为《朱子全集校释》。1923年，唐文治采用传统书院拜师修学形式，选派第一班馆生中王蘧常、毕寿颐、侯璠、蒋庭曜等人，往苏州师从曹元弼学习《仪礼》和《孝经》，每星期一次。这一活动一直持续到1926年。王蘧常等馆生师从曹元弼学习告一段落后，回锡共同编成《礼经大义》数卷付刊。唐文治在前三班馆生毕业前夕，都认真组织全馆师生共同参加毕业生论文演讲活动，还先后刊印了学生优秀诗文集《无锡国学专修馆文集初编》（收入馆生诗文147篇）、《无锡国学专修馆文集二编》（收入馆生文章128篇）和《无锡国学专修馆讲演集初编》（收入第一班馆生毕业演讲论文18篇）、《无锡国学专修馆讲演集二编》（第二班馆生毕业演讲论文集）。初期的无锡国学专修馆规模虽小，但师生教学活动内容扎实，形式多样，学生的研究成果质量很高。

无锡国专在办学初期的前七年中经历过两次磨难。一次在1924年9、10月间，江苏、浙江两省间爆发军阀战争。当时的江苏督军齐燮元属于曹锟、吴佩孚的直系，浙江督军卢永祥属于段祺瑞的皖系，两省军阀因利益之争爆发战争，史称"齐卢江浙战争"。其时，无锡处于两支军阀部队争夺之地，百姓深受戒严、失业、拉夫、封船之苦，因时局动荡、汇兑不通，无锡国专师生几乎断粮。唐文治移用了先前别人所捐助准备用于印行自己

20世纪30年代，唐文治在无锡国学专修学校给学生授课

《人格》一书的资金银元二百元，才解决了师生的断炊问题。第二次磨难发生于1927年3月，当时国民革命军北伐进驻无锡，成立新的无锡县行政委员会，年轻的教育委员徐某把唐文治看成"保皇党"，把刚改名为"无锡国文大学"的无锡国专看成"守旧派"，下令封闭国学专修馆。国专学生赴县署力争挽回，无效。3月19日，唐文治只能辞去国学专修馆馆长职务，国专众学生相为哭泣告别。这次，无锡国学专修馆被迫关闭、停课两个多月，校舍由军队驻扎，"马腾于舍，粪污于堂，书籍零散，薪木毁伤"。一个月后国民政府在南京成立，江南局势渐趋平静，经国专学生蒋庭曜、王蘧常、崔履宸等多方奔走，请求新成立的江苏省教育厅饬令恢复，无锡县政府才对国学专修馆出示保护。6月1日，国专学生派代表赴西溪唐宅公请唐文治馆长复职，国专学生亦回校复课。这次磨难导致1925年1月招收的第四班学生和1927年1月招收的第五班学生均推迟半年毕业。

从1927年6月至1937年6月，是唐文治主持无锡国专办学前期中相对稳定的十年，也是无锡国专克服种种困难、办学事业得到发展的十年。

无锡国专是一所民办学校，维持办学遇到的首要问题是经费困难。1925年1月，最初出资开办无锡国专的施肇曾不再担任国学专修馆馆主，来自施氏的无锡国专常年办学经费中断。唐文治改请无锡本地工商界人士孙鹤卿继任馆主，主要由无锡地方人士资助国专继续办学。为稳定办学经费来源，使学校获得江苏省教育厅备案，唐文治于1927年6月复职后次月，即改校名为"无锡国学专门学院"，褪去私家学馆色彩，并联络无锡工商界人士成立了无锡国专校董会。在其后的十年中，担任无锡国专校董会董事的本地工商界著名人士有钱孙卿（1887—1973）、荣宗敬（1873—1938）、荣德生（1875—1952）、唐保谦（1866—1936）、蔡兼三（1868—1937）、杨翰西（1877—1954）、丁福保（1874—1952）、华绎之（1893—1956）等人，担任校董会董事的地方教育界著名人士有钱基博（1887—1957）、陶达三（1871—1951）、高阳（1892—1943）、冯振（1897—1983）、侯鸿鉴（1872—1961）等人。唐文治校长将无锡国专校董分为经济股和教育股，以求在办学资源上得到最大支持，不失为一种创举。《校董会章程》对校董会自身的职权做了明确的规定：（甲）决定并修正本校组织大纲；（乙）决定本校重大进行计划；（丙）决定校长人选呈请教育部备案；（丁）筹划本校经常费及基产；（戊）审核本校预算决算；（己）监察本校财产；（庚）议决校长提交之校务会议建议事项。（见《私立无锡国学专修学校十五周年纪念册》）因唐文治校长德高望重，校董会对唐校长提出的校务重大举措都是大力支持的。1928年5月，第二任馆主孙鹤卿去世，由无锡本地实业家唐保谦（1866—1936，字滋镇）继任经济股董事长，长达八年之久，"董厥事而校基固"（唐文治《宗弟保谦家传》，1936年）。

校董会每年都要召开一两次全体会议，讨论学校的重大事项，如全年办学的经济预算、决算，改建扩建校舍，招生规模，购买校址地，校董改选等。例如，1927年12月23日的校董会讨论了学校扩充计划；1929年2月27日的校董会讨论了全年的预算、决算，议定了校董会章程；1930年1月11日的校董会报告了校图书馆建造成立经过和教育部令本校改名为"私立无锡国学专修学校"事；1931年1月31日的校董会讨论了新生资格呈部问题和上年度决算、本年度预算；1932年1月2日的校董会决议，国难之时，应请校长和教职员尽心竭力，指导学生积极从事救国工作；1933年1月18日的校董会讨论了有关学生管理的问题，会后即抓住放寒假契机整饬校风，令退学者达13人。又如1935年12月29日校董会动议在无锡宝界桥旁购买校址地之事，1937年2月3日校董会报告此项已办成的购地之事。唐文治通过校董会，有效实行了私立学校的董事决策、管理模式。

1927年6月后无锡国专办学规模的逐步扩大，直接体现在增加学生和增聘教师两方面。1927年3月，学生在校者为七十余人，教师仅唐文治、朱文熊、陆修祜、陈柱4人。6月唐文治恢复馆长职务后，分别于7月、9月两次添招新生39人，1928年1月至7月又三次招收新生90人，以后每年招收新生都在八九十人左右，分甲乙两班教授。从1932年9月起，还增设一个补习班，每年招收补习生30余人，以利招收正式生时充足生员。教授队伍也随之扩大，1927年9月增聘钱基博、冯振为教授；1928年9月增聘徐景铨、孙家复为国学教授，刘觉民为党义教授，侯敬舆为国技（技击运动）教授；1929年4月还增聘军事训练教授，无锡国专在课程设置上实现了由私家学馆向私立学校的转轨。在1927年6月起的十年中，应唐文治校长聘请来无锡国专任教的教授还有单镇（国学）、蔡莘耕（军事训练）、邓揖（国学）、陈北薇（教育学）、叶长青（国学）、陈邦怀（国学）、甘豫源（教育学）、陈衍（国学）、董志尧（军事训练）、周澄（国学）、秦仁存（书法）、陈天倪（国学）、刘朴（国学）、钱仲联（国学）、杨铁夫（国学）、顾实（国学）、李源澄（国学）、魏守谟（国学）等人。1936年暑假后新学年开学，无锡国专到校上课学生共235名，已是学馆时期在校学生数的三倍多；在校教职员工已达21人。据不完全统计，无锡国专办学前期（1920年12月至1937年抗日战争全面爆发），共招收学生16个班计1 019名（包括插班生、补习生），共毕业学生17届计427人。这些学生中有不少人日后成为我国国学研究界、教育界的栋梁之材。第一、二届学生中吴其昌、吴宝凌、侯墇、蒋天枢考取了清华国学研究院，王蘧常、唐景升、蒋庭曜、丁儒侯、严济宽、王震、冯励青等从事国学研究，先后担任国专教师。此期间的无锡国专学生中后来成为我国各界栋梁之材的还有钱仲联、钱伟长、郭影秋、王绍曾、张锡君、魏守谟、周振甫、吴天石、卢景纯、马茂元、姚奠中、徐兴业等。

在这十年中，无锡国专的校舍规模也逐渐扩大。1929年，唐文治遵照上一年去世的馆主孙鹤卿之遗嘱，将孙氏资助无锡国专的三年常年经费

1924年元旦，唐文治（前排左6）与无锡国专第一届毕业生合影（原件藏无锡市档案史志馆）

6 500元银元移作建造校图书馆，于4月奠基，10月落成。同时由唐文治好友及亲家陆勤之出资两万数千元，从北平、太仓两处购得图书15 000册，连同原有图书6 000册，入藏新图书馆，供师生教学中使用。1931年，耗资9 600元增建校内第一进八开间新校舍楼一座，由校董陶达三义务督工，于年底落成。1933年，耗资12 800元，改建校内第二、第三进14开间校舍楼两座，同时扩充校内运动场。1934年，在校内增建盥洗室，新筑"茹经亭"。1935年，在校地东北角增建四开间二层校舍楼一座，并造过街楼，通往图书馆。1936年，为学校长远发展安排，耗资10 160元，在无锡西郊五里湖畔宝界桥旁购地43亩，作为日后建造无锡国专新校舍的址地。1937年3月23日，国专全体学生赴五里湖畔新校址举行植树礼，共植树四百余株，一半桃树，一半柳树，唐文治校长为之作颂词："十年树木，百年树人；人才蔚起，中国太平。"

　　无锡国专由私家学馆转变为私立学校后，增加了许多现代学校形式的教学内容和教学活动。从1928年2月起，实行学分制，参照国立大学中国文学系的做法，给各必修、选修课程设立学分，要求学生三年毕业时各必修、选修课程至少读满120学分，使无锡国专毕业生与国立大学中文系学生程度相当。在课程设置上，逐步增添了教育学、哲学概论、西洋文学史等几门具有通论特点的课程，受唐文治校长邀请来校演讲的学者、专家明显增多，如1930年9月时任中国经济学社社长的马寅初来校演讲《中国田赋》，1933年3月、10月苏州国学会章太炎大师两次来校演讲国学传承与研究问题，1935年12月著名画家黄宾虹来校演讲《中国画之认识》，1937年4月广西省教育厅厅长雷沛鸿来校演讲《欧洲各国青年之思想》。据不完全统计，从1930年至1937年，唐文治邀请国内著名学者来校演讲近40次，有效开拓了国专学生的学术视野。无锡国专师生编著、出版的书刊也明显增多。1931年1月，《私立无锡国学专修学校丛刊》"学生丛刊之一"和"学生丛刊之二"出版，分别收入王绍曾的论文《目录学分类论》、周昶旦的论文《荀子政治学说》和其他四位学生的论文4篇。1935年3月，由无锡国专学生自治会出版委员会编辑出版的《国专月刊》创刊，该刊每月出1期，每学期5期，合称1卷；寒、暑假休刊；至1937年7月抗战全面爆发停刊，共出版5卷25期，在职教师大部分都有论文、论著在该刊上发表，同时还刊载了许多国专学生的优秀学术文章和毕业论文。从1934年1月起，由无锡国专资助，开始出版发行《国专丛书》，第1辑是陈衍先生著《〈通鉴纪事本末〉书后》，第2辑是唐文治先生著《〈礼记〉大义》，第3辑是陈鼎忠先生著《〈孟子〉概要》。随后三年中，国专教师朱文熊、冯振、钱基博、叶长青、钱仲联等都在《国专丛书》这一出版项目下出版了自己的著作。至1937年，《国专丛书》共出版了15种，原计划还准备印行冯振的《〈说文解字〉讲记》，因抗日战争全面爆发而停止。

唐文治主掌的无锡国专虽然规模不大，但中国文化色彩之重，于国内高校首屈一指；其学术研究氛围之浓，备受社会各界和教育部考察官员称道。1931年11月14日，国际联盟会教育考察团成员培克尔（Carl H.Beckcr，柏林大学教授，曾任普鲁士教育部部长）和伦希维（P.Langevin，法兰西大学教授）来无锡国专参观并作演讲，他们参观后说："我们来中国看过很多学校，读的是洋装书，用的是洋笔，充满洋气。这里才看到纯粹中国化的学校，才看到线装书和毛笔杆。"（金易占《无锡"国专"与唐文治》）培克尔在演讲中表示："此次来华考察，对于东方民族如何保存其固有之文化的问题，甚感有研究兴趣。在现今生存竞争的时代，凡一国家求生存于世界，固当以研究科学为先；然研究科学，必当先使国民自觉。而国民自觉心之发动，惟有藉国学以发扬光大之，而后可以保持各国固有之民族精神，此尤须研究本国历史和固有文化。贵校为研究国学之最高学府，负有保存固有文化之责，与普通学校之使命不同。"（健实《国联教育考察团莅锡来校演讲志略》）后来，该团在考察报告《中国教育之改进》中，针对中国之知识分子皆认为中国几千年以来之传统文化不合时宜的现象，指出："中国乃一有悠久传统文化之国家。凡将一国固有历史上之文化全部牺牲者，其结果未有不蒙其害者也。"（刘桂秋《无锡国专编年事辑》2011年，第136页）

最集中昭显无锡国专文化精神面貌的是校歌、校训。《无锡国专校歌》由校长唐文治于1931年1月撰词创作，请著名音乐教育家沈叔逵（1870—1947，名庆鸿，别字心工）谱曲，这首校歌堪称是一首中华传统文化精华的颂歌。歌词曰：

> 五百载，名世生，道统继续在遗经。乾坤开辟，学说何纷纭，惟我中国，教化最文明。上自黄帝迄孔孟，先知先觉觉斯民。 大道行，三代英，我辈责任讵敢轻。勉哉！勉哉！俭以养德，静以养心，建功立业，博古通今。为生民立命，为万世开太平。

在创作校歌的同时，唐文治从中华民族最古老的经典《尚书》中提取"作新民"三字定为校训，请校董以尺五正楷书写制匾，悬挂于国专礼堂讲台的正上方。每周一，国专全体学生都要在礼堂集会，仰视校训，高唱校歌。每一位在国专求学的学生，都深受学校文化精神的熏陶。唐文治非常重视国专学生的国文写作能力，从1931年起规定每学期举行一次全体学生参加的国文写作竞赛，又称"国文大会考"，唐文治亲自参与作文命题，

无锡国专校歌，唐文治作词，沈叔逵作曲

最后评审也由他本人把关，成绩优秀的学生得奖，核计平均分数最高的班级，给予锦标、奖旗。中央大学特派员赴锡调查无锡国专办学状况后，回南京呈文称该校"校风质朴醇谨，学生皆守规纪，勤心学业"。1935年2月，曾亲赴无锡国专深入考察的教育部视察大员柳诒徵（1880—1956，字翼谋）在《江苏教育》杂志发表文章称："在今日一切学校师长中，深知中国文化之重要，且息息以救国救民为念者，殆无过于唐氏。"

唐文治虽已双目失明，但他凭着从小植根于脑中的对儒学经典的深刻记忆和丰富的人生阅历，在秘书陆修祜的帮助下，继续以典雅的文言撰文著书，出版成果丰硕。这十年中唐文治著作最重要的出版成果是《茹经堂文集》初编6卷的重印，《茹经堂文集》二编9卷、三编8卷的出版问世，三书合计约50万字。"茹经"是"以经典为餐"之意，"茹经堂"是唐文治用以明志的堂号。《茹经堂文集》初编6卷于1921年7月开始编辑，分为经说类、杂著类、论辨类、序类、家乘类、杂记类6卷，收入文章78篇，

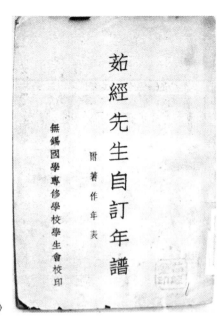

1935年刊印的《茹经先生自订年谱》

约12万字，到1926年7月刊成问世，1935年重印。《茹经堂文集》二编9卷，亦于1921年7月开始编辑，分为经说类、杂著类、论说记文类、书（信）类、序跋类、传（记）类、赠序寿序类、碑铭类、哀祭类9卷，收入文章146篇，约14.5万字，至1929年11月刊成问世（曾于1938年重印）。《茹经堂文集》三编8卷，于1930年开始编辑，分为杂著类、政论类、经说类、赠序寿序类、序跋类、记类、传状类、碑铭哀辞类8卷，收入文章170篇，约23.5万字，至1936年刊印问世（铅字竖排本，无标点，曾于1942年重印）。这三部文集收入了唐文治先生一生前七十年中所写主要的单篇文章。1927年冬，唐文治先生的另一部重要著作《茹经堂奏疏》刊成问世（木刻版本，无标点），该书收入唐文治1894年至1907年任官京城时所写呈奏朝廷的奏疏20篇，分三卷，第一卷收《请挽大局以维国运折》等4篇，第二卷收《议复张振勋条陈商务折》等6篇，第三卷收《请办商业模范银行折》等10篇。从这些奏章中可以看到唐文治的经世治国眼光和谋略。同期立朝为官的好友王清穆作序称："（唐文治）君著作甚富，大都为经义理学之属，而奏疏特其绪余耳，然以此见政治之学，亦自有其根底，非空疏浅陋者所能为，而惜乎未意其用也。"1935年3月，唐文治撰著的《茹经先生自订年谱》（以下简称《自订年谱》）成稿，由广文书局和商务印书馆两家同时印行，全书约6.5万字，极简要地记叙了作者从出生至70岁（1934年）的人生轨迹，书后附国专教授冯振所编《茹经先生著作年表》，这是唐文治著作的首次汇总。唐文治在《自订年谱》之首题词云："我生不辰，运会杌陧。立朝之时，欲匡君德，纾国难，迄无所成。退而讲学，欲正人心，维世道，亦靡所裨。……惟是师友之渊源、学问之次第、事变之阅历、著述之积累，有不能已于怀者，随笔记录，汇为一编。"唐文治先生的人生经历曲折而复杂，可视为中国社会近世巨变中的一位代表性人物，这本年谱的出版及在较广范围发行，有利于国人全面了解唐文治。

这一时期唐文治撰著之重点是经学研究类著作。其经学研究类著作都冠名为"大义"。所谓"大义"，即阐述古代经典和学术思想的要点。唐文治主掌无锡国专教育事业后，三十年来把撰写出版十三经各经"大义"类著作作为一项传播国学的系列大工程来做，自1922年编写无锡国专课本《性理学大义》后，此项工程便逐步展开。1925年，《十三经读本》120册出齐，内有唐文治撰"四书"大义和《〈孝经〉大义》。1928年5月，他撰著《〈尚书〉大义》成稿，先是作讲义，后于1936年2月作为《国专丛书》之十二印行。1928年6月起编订《诗经》大义序目，至1933年撰著《〈诗经〉大义》9卷成稿，由好友高燮（号吹万）出资印行。从1929年春开始撰写《〈礼记〉大义》，历时4年，至1933春撰成，计46篇，于次年4月分为5卷，作为《国专丛书》之二印行。1929年8月起，唐文治为国专学生讲授《周易》，同时开始撰著《〈周易〉十二辟卦消息大义》，至1934年春，修改整理为《〈周易〉消息大义》5卷成稿，加入《读〈易〉反身录》1卷和"应读书目表"，作为《国专丛书》之六印行。除上述撰成印行《诗》《书》《礼》《易》四部经典的"大义"外，唐文治还于1929年5月撰著《〈论语〉大义·外篇》1卷。在这一类著作中，唐文治把介绍评价自古以来学者流派、研究成果的文字编为"外篇"，把自己对经典之文本、思想的提要阐发文字编为"内篇"，方便国专学生和初入国学苑囿者学习，使他们既辨其广，又识其深。例如《〈尚书〉大义》"外篇"中有"《尚书》今古文真伪及篇次目录考""《尚书》今古文传授统系简明表"等篇目；《〈尚书〉大义》"内篇"中有"《汤誓》篇政鉴（论圣人革命顺天应人）""《康诰》篇政治学（论明德新民之要旨）""《无逸》篇政鉴（论圣人自强不息之学）"等篇目。"内篇"是唐文治经学思想的核心所在。唐文治用"买椟还珠"成语来点明《〈尚书〉大义》"外篇"与"内篇"不同的价值："吾之为《〈尚书〉大义》，其外篇，椟也，然未必美也；内篇，珠也，亦未敢自以为美也。后世之儒读吾书者，其买我椟乎，抑买我珠乎？抑并珠与椟而兼宝之乎？"

这一时期唐文治先生著作的另一重点在理学研究方面，成果也很丰富。1927年冬，唐文治研究南宋理学家朱熹学术思想的著作《紫阳学术发微》编撰成稿。此书共12卷：① 为学次第，② 己丑悟道，③ 心性学，④ 论仁善国，⑤ 经学，⑥ 政治学，⑦ 论道、释二家，⑧ 辨金溪学，⑨ 辨浙东学，⑩ 晚年定论评，⑪⑫ 朱学通论上、下。此书对于朱熹毕生的治学经历和学术思想"提要钩元，洪纤毕备"（冯振语），唐文治自称："此后治朱学者，当可得其门而入矣。"1930年，唐文治研究明朝理学家王守仁（1472—1529，字伯安，别号阳明）学术思想的著作《阳明学术发微》成稿，该书共7卷：① 讲学事迹，② 圣学宗传，③ 阳明学四大问题，④ 良知经学，⑤⑥ 通贯朱学（上下），⑦ 龙溪述学髓。国专冯振教授评价此书："荟萃菁英，钩元提要，实功利派之要药也。"唐文治编撰成此书后在《自订年谱》中称："阳明乃贤智之过，其倡致良知之说，实足救近世人心。"1935年，唐文治撰著《性理学发微》一书成稿付印，该书分为3卷：① 理学大原，言性理与政治、与用人之关系；② 学派大同，详论自宋周敦颐到清曾国藩的学派源流；③ 读书大路，介绍应读的理学著作，再加自己的62篇"读书记"。唐文治将此书交宗侄唐星海付印时称："方今世局颇类战国，当以孟子心性学救之。……此书一出，期有裨于人心世道云。"1936年5月，唐文治先生将自己于1922年编撰的无锡国专教材《性理学大义》14卷，作为《无锡国学专修学校丛书》之十三，交由民生印书馆印行。该书按周敦颐、二程、张载、洛学传授、朱熹分卷，各卷前均有唐文治撰写的"自叙"。唐文治在该书周敦颐卷"序"中言明自己倡性理之学以救世的思想："今世人心陷溺，杀机盈溢，奚啻战国？非本'人极'（引按：关于做人最高准则）之说以救之，则人道何由而明，人格亦何由而立哉？此推崇孟子之学者，尤当推崇周子也。"

这十年中，唐文治先生还撰著印行了一些针对当时国难国情的著作。1931年九一八事变爆发，之后东北沦陷，唐文治先生有感于国难当头而当国拥兵者"人心日坏，罔利营私，无恶不作，侮慢圣贤，荒道败德"，于九月作《废孔为亡国之兆论》一篇，又于十一月参加马相伯发起的"国难救济会"并著《国鉴》一卷13篇，以痛陈失土丧国之利害的《新六国论》冠于首，印刷分送社会各界。1932年10月，仿《大戴礼记·践阼篇》铭词之例，作"民性箴"等共56篇，编为一卷，定名《国箴》，出版印行。唐文治在《自订年谱》中记该书用意："箴者，针也，将以针人心疾病也！"该年，他还撰著了《八德诠释》《五德箴》两本小册子，由我国工商业著名人士荣德生出资刊印，广为发行。唐文治所诠释的"八德"是中华传统文化中的"孝、悌、忠、信、礼、义、廉、耻"，唐文治所强调的"五德"是敦厚民风所注重的"温、良、恭、俭、让"。1936年9月，唐文治结合讲课，编撰《〈孝经〉救世篇》三卷（内分"孝德宏纲""移孝作忠"等15篇）以救一时之风俗人心，撰成后先在《国专月刊》第4卷1—4期刊出，次年6月由无锡文新印刷所印行。

这一时期，唐文治还写作发表了不少单篇文章，有经学理学研究方面的，如《读〈左〉研究法》（1927年）、《克己为治平之本论》（1931年）、《读经条议》（1936年）；有为先师好友写的，如为已故王祖畬师写了《王文贞学案》（1927年），详细介绍王祖畬的学术思想和著作内容，为无锡国专特约讲师陈衍（1856—1937，号石遗老人）写了万字长文《〈陈石遗先生全书〉总序》（1935年），介绍评价陈衍先生关于经史子集研究方面的主要著作。据不完全统计，仅1935、1936两年，唐文治就有七十多篇文章发表于《学术世界》《新民》《国学论衡》《江苏教育》《仁爱月刊》等刊物。

1931年九一八事变爆发，日寇侵华的枪炮声震惊国人，抗日救国的情绪也在无锡国专师生中沸腾。唐文治以他特有的方式激发和鼓励学生的爱国感情。国专学生会请求学校停课三天，以便组织宣传队在锡城进行抗日宣传，得到唐文治的支持。唐文治还在国专膳堂悬挂大字书写的"膳堂铭"："世界龙战，我惧沦亡；生聚教训，尝胆越王；允文允武，阳明继光；明耻教战，每饭不忘。"这年12月24日，无锡上千名学生赴南京请愿，要求政府出兵抗日，双目失明的唐文治校长亲自送赴南京请愿的国专学生至校门口，表示对这一爱国行动的支持。1932年1月，上海发生一·二八事变，日军进攻闸北中国驻军，烧杀焚掠，惨无人道。受战争影响，无锡国专校董捐款及学生缴纳学费停滞，办学发生困难。4月份起，唐文治校长带头减薪，带动教职员集体减薪三至四成，坚持办学，至9月才恢复原薪，上下齐心，克服了学校一时面临的严重经济困难。

1935年适逢唐文治先生70周岁，为贺先生寿，他在南洋大学的早期学生胡端行（1888—1946，字粹士）、张廷金（1886—1959，字贡九）等，于1934年发起集资一万五千余元，由无锡工商界人士薛明剑等人选择无锡西郊宝界桥旁五里湖畔琴山北麓购地十亩余，筹建"茹经堂"。经一年施工建筑，茹经堂建成。建筑为中式二层楼，庑殿顶，盖琉璃瓦，典雅庄重，且依山临水，风景绝佳。1936年1月4日（丙子年十二月初十日）隆重举行落成典礼，无锡国专校董华绎之、蔡兼三、杨翰西、荣德生、唐星海等和太仓、上海、杭州、南京各地新旧同学二百余人参加落成典礼。据《国专月刊》当月期"校闻"栏报道："到会来宾，有各大学各学术团体代表，及各地本校校友会代表、交通大学校友，暨本邑耆绅多人。本校全体师生整队前往。一时跻跻跄跄，五里湖滨，环湖路上，观礼者络绎不绝。"各界人士送贺联颇多，国学大师章太炎所撰贺联由无锡国专学生会装裱后高挂堂中，联云"光风霁月之怀，何止吞三万顷；鹿洞龙场而后，至今又五百年"，高度评价了唐文治宽广的救民救世情怀和传承弘扬儒家学说的文化功绩。茹经堂落成典礼仪式先由发起人报告筹备建造经过，次由校董华绎之演说。他讲到无锡名园很多，然而怡情适性之园多，文风教化之园少，茹经堂所倡是当千古不朽。然后由唐文治校长致辞，"深谢诸君厚

位于无锡西郊宝界桥旁五里湖畔琴山北麓的茹经堂，为祝贺唐文治六十寿辰由学生捐建（拍摄于1936年刚建成时）

谊"。唐校长的致辞最后道："《（学）记》曰：'善教者使人继其志。'鄙人平日志愿在救人心、救民命，迩日生民憔悴极矣，皆由于心术日坏、人品日卑，以致风俗日恶。惟望诸君本学道爱人之意，以救人心、救民命学说传嬗四方，善国性，严国防，俾正学渐以昌明，科学益以深粹，吾国文化有蒸蒸日上之机。鄙人居今日，享此湖山之福，有如芒刺在背，惟望诸君传继无穷，如松柏之茂，无不尔或承，俾吾中国之民得享安宁之福，则此堂确可为文化之起点矣。"（《新无锡》1936年1月5日第三版）唐文治先生受赠茹经堂后，于其中居住的时间并不多。1937年抗日战争全面爆发，他率国专西迁后再未回过茹经堂。茹经堂矗立于太湖之滨锡邑之乡，更多的是其纪念与象征意义，正如其诸位建造发起人所言："吾师提倡本国文化，兹堂之建，可谓复兴吾国文化之发轫。"

　　1936年6月21日，无锡国专举行建校十五周年纪念典礼。此时，创立于1922年的北京大学研究所国学门已降下"国学"旗号四年（改办为文科研究所），创立于1925年的清华国学研究院已停办七年。众多教育界知名人士、锡邑士绅、地方官员参加了无锡国专十五周年校庆。唐文治发表演讲，表示十五年来"艰难困苦，风雨飘摇，惟一念保存中国文化，故一息尚存，此念始终不懈"。

时任国立安徽大学文学院教授陈朝爵（1876—1939，号慎登）的赠言简要概括了海内学界对唐文治校长和无锡国专办学成就的赞誉：

> 有太仓唐蔚芝先生，生桴亭陆子之乡，居东林遗迹之地，洞大瀛九州之识，抗天下兴亡之责。闵建序舍，广延耆宿，专以国学教士。无锡一校，名闻海内者，亦越一十有五年。人才蔚兴，先后相望，微茫坠绪，于以弗绝。先生平日诲人之言，裒然成书，布在远迩，大抵皆发挥诸经大义，弗为戋戋小识，而诂训雅言，靡弗甄考，故从学者咸彬彬焉，有博文约礼之风。然则先生之学，诚救世之学；其教，诚救世之教。而其事之美，其泽之远，即可与秦汉宋明诸子并传于无穷。吾知海内仰望先生者，孰不祝先生以其一身任天下之重，而以其一校卜一国贞元剥复之机（引按：预料中国国运盛衰的关键）也哉！（陈朝爵《书无锡国学专修学校十五周年纪念册后》）

前来参加国专校庆典礼的中央考试院副院长钮永建离开无锡前向《新无锡》记者发表谈话，表示唐文治校长创办无锡国专"在风雨飘摇中奋斗已十五年，国家未予注意，深为抱歉。该校学风之淳朴，恐非国内大学所能企及，即牛津剑桥，或亦瞠乎后矣"！

以茹经堂落成和建校十五周年纪念典礼为标志，唐文治主持无锡国专达到了抗日战争全面爆发前的最盛期。

五、国专沪校的办学经历（国专后期）

1937年7月7日，日军向北平卢沟桥中国守军发动进攻，七七事变爆发；8月13日，日军向上海发动大规模进攻，八一三事变爆发，中国进入全国性抗日战争阶段。9月20日，无锡国专开学，受战争影响，到校学生仅71人。

1924年5月，唐文治长子唐庆诒、长媳俞庆棠、长孙女唐孝纯（一周岁）合影

10月6日，日军飞机轰炸无锡火车站及东门，轰炸时间长达2小时。此后，日机又连日轰炸无锡。唐文治忧心忡忡，夜不能寐，先是带领学生迁至无锡城外许巷、王祥巷上课，后接到国专教师陈鼎忠从湖南长沙来函建议学校西迁长沙，就与校中同人议定迁校。11月1日上海沦陷，11月14日无锡国专数十名师生在73岁高龄、双目失明的唐文治校长率领下正式启程西迁，与俞庆棠（唐文治长媳）、高阳率领的省立江苏教育学院西迁队伍同行。他们先从无锡乡间乘木船到镇江，再改乘江轮"德和"号至武汉，11月24日抵达汉口，次日，无锡沦陷。11月29日，两校师生从武昌登车改行陆路，经临湘、岳阳、汩罗，次日晚抵达长沙。无锡国专在长沙黄泥街租借了临时校舍，唐文治向教育部呈文，报告学校已迁至湖南长沙，称："现第一批同来学生有二十余人，其在战区者固属艰难万分，即不在战区中者，患难相共，依依不舍，而求学之志磨炼愈坚。惟受兹重大影

响，诸生学业自应设法补救。谨遵照部令，将寒假、年假假期一律酌量缩短，以重学业而免旷废。"（唐文治《呈报迁校长沙借定校址上课请赐备案由》，1937年）然而长沙城里伤兵极多，纷乱异常，两校乃于12月18日决定再迁往社会环境较为安定的湘乡铜钿湾。唐文治、俞庆棠等先行，乘小舟经5天水路行程，于12月25日抵达湘乡铜钿湾。登岸后行路，唐文治坐狭窄藤轿，其余人步行，其时唐文治疲劳已极，感觉"形神几若相离矣"。

在铜钿湾复课一个多月，1938年2月8日传来消息，蚌埠失守，徐州危急，日军或攻长沙，赴四川之路将断，唐文治极度忧虑。2月9日，俞庆棠带来消息：经黄炎培介绍，广西省政府欢迎两校前往办学。2月17日，唐文治一行乘坐汽车起程，冒着日军飞机轰炸的危险，陆行经株洲、衡山，当日晚抵达衡阳，又经两天行程抵达桂林。途中行至株洲时，唐文治身边仅秘书陆修祜，学生袁步骐、奚干城等数人。正值隆冬严寒，天地悲怆，唐文治乃于旷野命学生席地而坐，自己为大家吟诵《诗经·何草不黄》一章，此系孔子当年"困于陈蔡"时所吟。吟到"哀我征夫，独为匪民，匪兕匪虎，率彼旷野"时，73岁的唐文治声泪俱下，诸生皆为之动容。（奚干城《湘桂行》）抵桂后，唐文治托人觅房，3月间，借租桂林市环湖路18号十二间房屋，国专师生迁入正式复课，开始了无锡国专历史上的"桂校"时期。开始，学生仅有无锡迁往的20余人，一个月后前来就读的学生渐多，唐文治为学生讲授《〈孟子〉分类简明读本》。

6月25日，唐文治校长主持了无锡国专第十七届毕业生的毕业考试。次日，召开校务会议，唐文治因年高体病、水土不服，决定请假回上海治疗，由国专教务主任冯振代理校长，主持学校工作。国民政府教育部批准了唐文治先生的请假报告。其时，上海沦陷，但上海公共租界的中区、西区以及法租界尚未被日军占领。

6月28日，唐文治和夫人黄氏及秘书陆修祜从桂林坐船启程返沪，经昭平、梧州、香港，于7月10日抵达上海。73岁高龄、双目失明的唐文治为保存无锡国专，传承国学文化，不畏艰难险阻，"万里宵征"（引按：周谷城语），谱写了近代教育史上的感人悲歌。回到上海后，他在公共租界内南阳路44号租借两间民屋住下。这年11月，唐文治大病一场，高烧达

39.5度，经医生诊治，注射西药针剂后才退烧。《自订年谱》记：“惟因避难奔波，困顿过甚，兼发劳伤，疲惫不能起床。”至年底，唐文治才渐渐痊愈。

入冬，无锡国专未随校迁桂的学生得悉唐校长回到上海，便纷纷表达心愿，希望母校在上海恢复办学，以利完成学业。唐文治支持这一要求，身体稍经恢复后，即着手在上海开办无锡国专的临时分校，史称国专“沪校”。先是商借租界内康脑脱路（今康定路）通州中学校舍为临时校址，继而于1939年2月招考新生。入学考试主考作文，二题选一，其一为《通天地人为儒论》，其二为《论第二次世界大战之趋势》，还有一些涉及中国历史、地理的考题。3月3日，无锡国专沪校在通州中学内复课。由于教室不够，只得采用上午是通州中学上课，下午是国专沪校上课的“轮流制”。其时国专沪校有学生48人，唐文治校长聘国专首届毕业生王蘧常为教务主任，卢景纯为事务主任。唐文治亲授《诗经》《论语》两门课程，任课教师还有王蘧常讲授《诸子概论》《夏商周三代史》等课程，张世禄讲授《音韵学》等课程，郝昺衡讲授《中国文学史》等课程，陆修祜讲授《孟子》《左传》《公羊传》等课程。从此，无锡国专进入了“桂校”和“沪校”同时办学的时期。3月20日，国民政府教育部批复唐文治关于国专沪校复课的呈文，同意沪校作为无锡国专的“补习部”办学，桂校则作为无锡国专的本部。5月25日，唐文治向国民政府教育部呈报《私立无锡国学专修学校在沪复课教职员履历表》和《私立无锡国学专修学校在沪复课学生名册》，沪校合计有教职员15人、学生58人。

当时上海已被日本侵略军占领，由日伪政权统治，但租界因涉及复杂的国际关系，日军尚未完全入侵，成为“孤岛”。唐文治主持的国专沪校成为在“孤岛”环境中坚持传授中国传统文化的“堡垒”。国专沪校的办学条件十分困难，第一是缺乏校舍，只能在当时租界内房舍十分紧张的情况下商借其他学校的校舍办学，为此曾一再迁址。1940年秋，沪校因学生增加、教室不够用而迁址戈登路336号，商借稽山中学校舍办学；1941年秋又移至爱文义路970号，商借乐群中学校舍办学。当年国专沪校学生描述：“无锡国专上海分校，设备十分简陋，校舍仅借北京西路乐群中学之一角。三只教室，一个办公室，课桌课椅，都是旧的，其他教学设备，也很缺乏。"（刘元勋《回忆唐文治先生》）国专沪校办学的前三年中，曾因校舍房东要收回教室而多次涉讼。当时上海《万象》杂志曾刊文记："唐（文治）老先生总是派代表出席折冲，始终抱息事宁人之旨，他说只要房东让我们办学，学生不致无地可容，什么都可以商量的。见得他如何爱护这所学校了。"国专沪校办学的第二大困难是经费缺乏。战争困难时期，私立学校的经费来源本就狭窄，而国民政府应该给予的办学经费补贴又常常不到位。唐文治多次向国民政府教育部、财政部呈文，要求增拨经费补贴，而大部分时候得到的批复都是"碍难照准""所请一节，未便照准"。到1942年，上海米价已涨至每石（10市斗）900元，而该年度国民政府每月拨给国专沪校的办学补助费只有600元，还不够买一石米。在国专沪校的整个办学期间，唐文治校长和教职员们始终处于经济拮据困窘的境地，"教师们的薪金，也远不如某些高校教师之高。但尽管如此，全校师生在

1946年5月，校长唐文治出具的无锡国专沪校学生学历证明

唐（文治）老先生勤俭办学、艰苦奋斗的思想熏陶和言教身传下，老师发挥了循循善诱、诲人不倦的精神，学生树立了焚膏继晷、学而不倦的学风"。（刘元勋《回忆唐文治先生》）国专沪校办学的第三大困难是遭受日伪政权的逼迫。1941年12月7日，日本偷袭珍珠港，太平洋战争爆发；12月8日，日军全面侵入上海租界，"孤岛"沦陷，国专沪校处境更为困难，部分师生被迫返乡。唐文治在此困难时期坚守中华民族的节气，12月10日，他就留校学生对日军可能会强迫学校登记的忧虑表态："唐某决不妥协！"1943年5月，为国专沪校不向敌伪政权登记，唐文治特意将校名恢复为更具私人性质的"国学专修馆"。从1939年7月起，国专沪校就一直面临伪政府的纠缠，伪上海特别市教育局连续发文，要求租界内各学校，尤其是专科以上（含专科）学校要到伪教育局备案，唐文治先生主持的国专沪校始终未予照办。至1945年7月汪伪政府覆灭前夕，上海租界内的私立专科以上学校，还有6所未向伪政府立案登记，其中就包括国专沪校。唐文治带领的国专沪校在最困难的国难时期既坚守了民族文化，又保全了民族气节。

国专沪校办学体制与国专桂校本部相同，以三年制国学科为主，1939年秋季学期经国民政府教育部批准，开始举办招收初中程度学生入学的五年制国学科，1942年夏按教育部指示开办二年制文书班。由于唐文治的声誉和困难时期失学青年的求学需求，国专沪校开办后，半年中在读学生就增加到百人以上。据唐文治《自订年谱》记，1940年"正月开学，同学九十余人，合旁听生共一百零四人"；"九月初旬，招考开学，新旧同学一百二十五人"；1941年"正月开校，新旧同学一百三十六人"。在抗战期间，国专沪校的在读学生一直在百人以上。唐文治在办学经费拮据的情况下，仍然请到了一批著名的学者、教授来国专沪校任教，其中有夏承焘讲授"中国文学史""散文选"，周予同讲授"经学概论"，李长傅讲授"地理"，蒋伯潜讲授"十三经概论""基本文选"，钱仲联讲授"历代诗选"，周谷城讲授"中国通史"，郭绍虞主讲"文学特约讲座"，吕思勉主讲"史学特约讲座"，胡士莹讲授"词学研究"，许国璋和张仲礼讲授"英语"，胡曲园讲授"论理学"（即逻辑学），王佩净讲授"中国学术史"，任铭善讲授《礼记》，蔡尚思讲授"中国思想史"，黄云眉讲授"中古史"，唐景升讲授"基本文选"等。唐文治校长则亲自为沪校学生讲授"宋元哲学"、《诗经》、《论语》、《孝经》、"国文大义"、"读文法"等课程。国专沪校学生都自豪地认为，自己就读的这所学校虽窄小简陋，授课的教师却是沪上第一流的。在唐文治的言传身教影响下，国专沪校的学风也是笃实认真的。周谷城在四十多年后（已担任中华人民共和国全国人大常委会副委员长）回忆道："我对唐（文治）先生仰慕已久，曾于1940年受聘在沪校任课，到校后始深知国专学风笃实，读书写作无不认真。唐先生数十年重视学术，讲求实效，蔚为风气，良非偶然。我曾在课堂上对学生说：'我到此任课，一方面是对唐校长的敬重，愿效微劳；一方面深爱诸同学学习态度认真，是我所曾任教的许多学校中少见的。希望诸同学不负唐校长的期望，勉图上进，各有所成。'"（周谷城《缅怀唐文治先生》）

　　无锡国专沪校从办学的第二年（1940年）起，就开始有学生毕业。据不完全统计，国专沪校在办学11年里共毕业学生20期，190人左右。其中多数为三年制国学科，约120人；五年制国学科毕业生则有20多人。毕业生人数最多的一届是1949年夏届，有22名学生毕业。唐文治为该届毕业纪念刊作《训辞》，再次以自作联语"人生惟有廉节重，世界须凭气骨撑""孟坚人品昭然揭，我辈相期第一流"赠送毕业生，勉励毕业生。这22位学生中的范敬宜日后成为中共中央机关报《人民日报》总编辑、全国人大教科文卫委员会副主任，曹道衡日后成为中国社会科学院研究员、博士生导师，许威汉日后成为上海师范大学教授、词汇训诂学研究专家。范敬宜1946年考入国专沪校时只有15岁，多年后他回忆在国专沪校初见唐文治校长的一幕：唐校长听说新生里面有个范敬宜，是北宋文豪范仲淹（谥号"文正"）的嫡传后代，便命人叫他前去，要看一看他，他又喜又怕地进了唐校长房间。唐校长已80岁，双目失明，听人呼范少爷到，便马上从座位上站起来，先弯腰打拱道："文正先生的后人来了。"然后叫他走到跟前，伸出双手，说要摸摸范生之眉骨，揣摩文正先生应是怎样的容貌。回忆此事时范敬宜唏嘘感叹道："我那时不过是个十五岁的新学生，唐先生那么做，所表现出来的，是对古人前辈的崇敬，是对文化学问的恭敬。"

（转引自沈宁《与大师谈大师》）

　　1945年，中华民族的抗日战争迎来决定性胜利。7月26日中、美、英发表敦促日本投降的《波茨坦公告》，8月6日、9日美国在日本本土投下原子弹，8月8日苏联红军对日宣战，8月15日日本天皇发布投降诏书（日本国自称为《终战诏书》）。该年冬季，唐文治校长派遣国专沪校教务主任王蘧常赴无锡，着手筹备无锡国专在原校址地复校事宜，当年即组成复校委员会，收回学前街国专原有校舍并作修葺，招收国专本部新生及新设立的国专附中学生共三百余人，聘任教职员二十余人。1946年2月，无锡国专本部在无锡学前街原校址正式复校上课，81岁的唐文治重任国专本部校长。同月，远在广西北流的国专桂校师生在冯振代校长的带领下开始踏上复员回无锡的旅程，师生们克服资金和交通方面的重重困难，历时五个月，于1946年6月安全返回无锡。据不完全统计，自1937年冬唐文治校长率无锡国专师生迁桂办学后，八年全国抗日战争期间国专桂校招收的学生人数约有500至550名，毕业人数130至140名。国专桂校受到广西各界人士的欢迎，以传承中华优秀传统文化的卓越办学成绩，影响了广西的人文社会。

　　抗日战争期间，唐文治在上海不仅主持了国专沪校的办学，而且参与了交通大学的国学教育与护校工作。1939年初，留守于租界"孤岛"的交通大学校长黎照寰得知老校长唐文治回到上海，便聘请他为特约教授，每星期日上午到交通大学为学生作国学演讲，演讲的内容有《修养道德方法》《读经史子集大纲及分类法》《〈孝经〉宏纲大用》等，每次听讲者有300人左右。唐文治先生在交大的周日特约演讲也讲文学。例如1940年春季学期中他就曾以自作文章数篇为范本作"文学与作文"演讲，其中《说雪哀民》《慈幼保种》两篇尤为诚挚感人。当年夏季的交大《中文系教学计划实施报告》记载：每周日请前校长唐文治演讲，提倡人格，教育学生操行颇有成效，学生作文亦颇有进步。春间举行全校国文会考，选出前三名优秀者：第一名题为《墨子贵兼孔子贵化论》，唐（文治）先生评"文气磅礴，有浩乎沛然之观"；第二名题为《论知足与知不足》，唐先生评"百家腾耀，出其腕下，略去微瑕即成大器"；第三名题为《论知足与知不足》，唐先生评"文有内心，足征品行纯粹"。三条评语可见唐文治评文注意兼及作者人品。1941年9月起，交大顾及老校长年迈体衰且住址较远，将唐文治为交通大学所作周日国学演讲改在国专沪校所在地乐群中学内进行，交大学生前往听讲，其他学校学生也可入座听讲。一段时间内，唐文治先生的周日国学演讲成为"孤岛"内的文化盛事，每次听众有三百多人。乐群中学的礼堂较小，许多听众只能坐在廊檐下和附近教室中，组织者就用扩音机传播演讲声音。唐文治先生每次演讲二至三小时，演讲内容都录有文稿，从1939年至1942年的一百多次国学演讲记录稿由交通大学分6次编印为《唐蔚芝先生演讲录》初集至六集，广为发行。唐文治在交通大学的周日国学演讲持续三年多时间，至1942年11月唐文治因患病入上海体仁医院接受外科手术，交通大学特设的老校长国学讲座才告结束。与此同时，唐文治还参与了交通大学在"孤岛"时期和日伪时期的护校保校产工作。1941年下半年，日军即将全面入侵上海租界的风声日紧，为保护交通大学不被日伪政府接管，交大于9月成立了由唐文治、福开森、黎照寰等十一人组成的学校董事会，并改校名为"私立南洋大学"，推举唐文治为名誉校长。12月8日，太平洋战争爆发次日，日军侵入上海租界，私立南洋大学因局势骤变而提前结束学期，发给每位学生一张由唐文治名誉校长签署的南洋大学肄业证明书，这些学生中有许多因不愿进日伪的学校读书而休学。1942年7月，私立南洋大学召开第六次董事会，唐文治任董事会主席，会议决议：学校不关门，校产要保全，在不被改组、不改变学校制度、保存办学宗旨的前提下，推举张廷金为代理校长，出面与日伪政府周旋，进行消极抵抗。1942年8月，汪伪南京政府强行接管"私立南洋大学"，更名为"国立交通大学"，私立南洋大学董事会被迫取消，汪伪南京政府派人劝说唐文治出任所谓"国立交通大学"董事长，并要挟他签字同意，唐文治从容作答："行年七八十，此字可不签矣！"在关键时刻保持了民族气节。

从1945年8月15日日本投降至1949年5月27日上海解放，国共斗争渐趋激烈。这三年多时间里，国专沪校仍坚持办学，唐文治先生还不避危险，做了一些保护进步学生、有利于人民解放的事情。当时，国专沪校和复校后的无锡国专本部的学生中都有中国共产党地下党组织，秘密领导进步学生的反饥饿、反内战、反独裁斗争。1946年12月24日夜，驻北平美军在大街上强奸19岁的北京大学女学生沈崇，引发全国性的反美学生运动，无锡国专的学生也走出校门参加了各校学生的抗议大游行。其时22岁的冯其庸担任无锡国专本部学生会会长，因组织进步学生活动而面临被国民党无锡城防指挥部抓捕的危险，便由唐文治派往无锡处理校务的王蘧常先生安排转往国专沪校就读，以便继续学业又避开危险。这一安排得到了唐文治的认可。1947年5月30日夜，上海警备司令部三千多军警包围交通大学，强行入校抓捕进步学生，关入监狱，并拟秘密杀害。这批进步学生被抓后，交通大学和国专沪校的学生代表请求唐文治出面援救。曾在国专沪校就读的冯其庸回忆："我还记得一九四七年夏天或一九四八年初，具体时间已经记不准了，为了呼吁释放因学生运动而被捕的大批学生，我曾与几位同学到上海拜见过唐校长，地点是在唐校长府上。……我们向唐校长陈述了上述情况，唐校长听了我们的陈述，毫不犹豫地答应了我们的要求。之后，唐校长就带头与张菊生（引按：张元济）、陈叔通等十多位著名人士，致书上海市市长吴国桢，要求释放因学生运动而被捕的学生。"

冯其庸就读于无锡国学专修学校时的学籍注册证

（冯其庸《怀念母校》）这封由 83 岁的唐文治先生领衔致国民党上海市市长吴国桢、警备司令宣铁吾的援救被捕进步学生公开信全文如下：

> 吴市长、宣司令同鉴：某某等蛰居本市，不问外事，顾学潮汹涌，愈演愈惨。谁非父母？谁无子弟？心所不忍，实有不能已于言者。学潮有远因，有近因，远因至为复杂，姑置不论。近因则不过学校以内问题，亦有因生活高涨，痛至切肤，而推源于内战，此要为尽人所同情。政府派兵调警，如临大敌，更有非兵非警，参杂期间，忽而殴打，忽而逮捕，甚至有公开将逮捕之学生，送往中共区域之言，此诚为某等所未解。学生亦人民也，人民犯罪，有法庭在，不出于此，而于法外任意处置，似非政府爱民之旨。况中共区域，已入战争状态，不知派何人以何种交通工具送往？外间纷纷传说，以前失踪之人，实已置之死地，送往中共区域之说，某等未敢轻信，然办法离奇，令人骇悸。伏望恺恻慈祥，处以镇静。先将被捕学生，速行释放，由学校自行开导。其呼吁无悖于理者，亦宜虚衷采纳，则教育前途幸甚！地方幸甚！（1947 年 6 月 3 日）

经过包括唐文治老校长在内的各方面的努力和斗争，被捕学生才得到释放。当时国专沪校学生许威汉等回忆："交通大学进步学生被逮捕时，在愤慨之余，（唐文治）师不顾个人一切安危，同张元济老先生联名呼吁营救，当得知进步学生惨遭杀害的消息时，便是义愤填膺。其中冯其庸同学也是在唐（文治）师和王蘧常师的掩护下才幸免被逮捕。"（许威汉、金甲《缅怀先师唐文治老校长》）1948 年 6 月 21 日，唐文治先生又一次为市府查询交大学生举行"反对扶日大游行"事与张元济联名致吴国桢市长公开信，要求当局"保全善类，免致滋生事端，勿再传讯（学生）"。当时国专沪校学生中秦和鸣、刘元勋等已是中共党员，1946 年秦和鸣从国专沪校毕业后，刘元勋、秦兴华等五位中共党员组成党支部继续开展地下活动。秦和鸣毕业后继续从事党的地下工作，两次因形势危险必须改换职业环境，经唐文治校长写推荐信介绍而得以前往新的学校任教。中华人民共和国成立后刘元勋回忆："我们在国专的地下活动所以开展得比较好的原因，现在想起来，一方面由于上级党的正确领导和秦和鸣同志的直接支持，另一方面与唐（文治）老先生领导的国专所形成的优良校风和比较安宁的环境也是分不开的。这个学校的教师，不少是倾向进步、追求真理的，这对我们工作的开展，也有一定的帮助。可以这样说，我们的党组织在这块园地上的活动，也无形中得到了一种有力的支持与保护。"（刘元勋《回忆唐文治先生》）唐文治的正义立场也影响着自己的家庭，他的几个已成年的孙儿孙女如唐孝宣、唐孝纯等在上海解放前就参加了处于地下状态的中国共产党。

1946年11月19日，国专沪校全体教职员和学生向敬爱的唐文治校长赠送一根红木手杖，手杖上镌刻了"天寿平格"四字（采自《尚书·君奭》），祝贺唐文治高寿，高度评价唐校长的人生风范。上午10时，举行献杖仪式，国专教务主任王蘧常致辞，唐文治致答谢辞，答辞中以"作中流砥柱"勉励国专师生。据《第二次中国教育年鉴》记载，该年度（1946年）无锡国专有教职员48人，在校学生403人。这应该是对无锡国专本部和沪校综合起来的统计，这时的无锡国专已恢复至抗日战争全面爆发前的办学规模。这年6月，曾任无锡国专校务主任的钱基博先生在《江苏民报》发表《唐文治先生创设国学专门学校之宗旨》一文，坦陈自己对唐文治校长不畏艰难险阻举办无锡国专重要意义的认识："诸生谭何容易以无忝为国学专门学校之一学生！唐先生之学，以孔孟为教，而以'仁义'二字提撕（引按：提引）人心。……吾中国四千余年柢固根深之教化，舍仁义何求！苟非我国学专修学校之问学思辨以牖启国性之自觉，必不能以维持民族以不敝。……张子不云乎，'为天地立极，为生民立命，为万世开太平'，此则唐先生之所以创设国学专门学校也！百尔来学，共勉之矣！"

在1938至1949年主持国专沪校办学的同时，唐文治先生撰著了大量文章和著作。其时唐文治已双目失明多年，著文全凭记忆，腹稿成章，经口授，由秘书录写成文。其撰著困难之重超乎常人，而其撰著效率之高亦超乎常人。这一时期唐文治撰著成书、印行问世的重要著作，除前文已介绍的《唐蔚芝先生演讲录》初集至六集外，还有《茹经堂文集》四编8卷、五编5卷、六编7卷。

《茹经堂文集》四编于1943年铅字排印出版，恰逢60年前（1882年，壬午年）唐文治乡试中举，故此书前印有"茹经七十八（岁）小影"，照片旁特意题写一句"重宴鹿鸣之岁"。该书一至三卷为杂著类文章，四至八卷依次为经说类、赠序寿序类、序跋类、传记类、碑铭类文章，共收入文章169篇，约20万字。文章大多写于抗日战争全面爆发以后。唐文治作跋于书末称："庚辰岁余年十六，从事性理之学；乙酉岁年二十一，肄业南菁书院，为训诂之学；壬辰岁年二十八，服官京师，其时外侮方亟，专留心于事务；五十以后，时局愈梦，无可言者，惟矢志讲学，于'正人心、救民命'两端兢兢焉，以之自勉，兼以勖同志，弗敢失坠。随时著为文章，议论虽略有异同，而宗旨则始终不变也。……今岁癸未，及门江阴孙君煜烽等为余印《文集》四编，陆君景周及武进女弟子陆汝挺襄理校雠之役。维时工价奇昂，纸价亦复腾贵，孙君不惜重费，得以竣工。嗟乎！当战国之世，孟子专崇仁义之训，斥去私利，当世皆以为迂远而阔于事情；今世一大战国也，于斯而提倡仁义之说，欲以救心而救国，浅见者讵不以为迂且远哉！……然读是编者倘能于'正人心、救民命'两端扩而充之，播诸社会，行诸政治，吾国太平其不远矣。"此跋表明了该编文章的大宗旨，更强调了儒家"仁义"学说对于求"吾国太平"的极重要意义。此编中的《答高君二适书》《原信》《〈孟子〉气节学题辞》《放赈急救条议》等多篇，可谓敌占区战时中华正气文章的空谷足音，刊行问世，难能可贵。

1945年5月，《茹经堂文集》五编印行问世。该书共七卷，分杂著类、经说类、赠序寿序类、序跋类、传记类，约9万字，由唐文治曾任校长的太仓中学校友请求承印。唐文治在编首序言中道："余行年五十后专心讲学，惟以'正人心、救民命'为宗旨。或曰：君夙夜讲贯，于正人心一端或可收效矣；若夫救民命一事，现在满目疮痍，野有鸿嗷，屋无乌止，岂无尺寸之柄者所能措手乎？余曰：不然。人患不立志耳，苟立志拯民于水火之中，晓音瘏口以宣传之，著书立说以缘督之，人性皆善，必有闻吾言而兴起者。一人传十，十人传百，小以成小，大以成大，举世之士皆以担任救民为事，安在无同声相应、同气相求者！……惟望诸同学以余学说传诸社会，播诸寰区，庶几如《孝经》所谓天下和平、灾害不生、祸乱不作，是余旦夕所期望之者。"此编中的《论不忍》《论行善当先人后己》等篇，

台湾中国文献出版社影印出版的唐文治著作
《茹经堂文集》

从道德根源上剖解社会交斗纷争的因由，具有传统儒家的深刻眼光。此编中《重印南通张君季直年谱序》《祭无锡荣宗敬先生文》《荣君德生七十寿序》等篇，是纪念我国近代工商实业巨子张謇、荣氏兄弟的重要文献。

《茹经堂文集》六编出版问世于国民党政权垂危、物价飞涨、民不聊生的1948年冬，当时购纸困难、工价极巨，唐文治特地在书末补记"幸得及门裘君次丰多方设法"始能成印。该书共七卷，文章分类与前两编相同，共收入文章122篇，约12万字，大多为1945年5月后所撰写。此书是唐文治生前编定印行的最后一本综合性文集。84岁的唐文治在书后作跋抒怀云："呜呼！际此时局，而是集适成，岂非'风雨如晦，鸡鸣不已'者乎！……迩来贪黩成风，如江河日下而无所底止，……余虽怀救民之诚，奈何无斧柯之假，日闻吾民之呼号于吾前，而无挽救之术，爰以'正人心、救民命'之说唤醒世人之良知。予手拮据，予口卒瘏矣，然闻吾说者未尝无感动于中也。斯集之印行，岂非一阳之硕果乎！孟子有言：'乐以天下，忧以天下。'宋范文正又进一解曰：'先天下之忧而忧，后天下之乐而乐。'吾今日之忧，安知非后日之乐乎！"此编中有几篇政论文，紧贴抗日战争胜利前后之时势，表达唐文治先生的国策之见。他在撰写于日本投降前夕的《论世界之和与战》一文中云："善战者服上刑，征诸天道、人事，毫发不爽。……以欧洲言之，远代如拿破仑幽囚荒岛，近世如希特勒国破身亡，皆可为好战嗜杀者之殷鉴。"在写于抗战胜利之时的《论定国要策》中，他一针见血指出："今日定中国要策……惟有兴廉务实二事而已。"但战后国民党政权不兴廉洁而贪黩成风，不务民实而发动内战，导致大势将去。他在1948年撰写的《政治道德论》一文中有针对性地指出，"政治与道德……合则治，分则乱；治则盛，乱则衰；治则存，乱则亡"，从治国之道的高度表达了对局势成因的看法。该编中的《〈周易〉保民学》等篇，则从儒家经典中引申维护民生之要义——"今日民生困苦极矣，讲经者当以救民命为宗旨"，并借用孟子之言疾呼"施仁政于民"。

唐文治先生主持国专沪校办学期间，在苏沪地区的刊物上公开发表了不少文章。如1941年连载于《中央周刊》的文章《致知力行，救心救国》，1944年连载于《大众》期刊的文章《革新先革心》《原慈》，1947年发表于《苏讯》期刊的《重修东林书院碑记》《气节与为善》，1948年发表于《国防月刊》的文章《守勤俭》等，据不完全统计，有80篇左右。这期间编印成册发行于世的唐文治著作还有崇德善会印行的《唐蔚芝先生劝孝编》（1942年，收文章12篇），由民间人士出资印行的《人箴》（约1944年），由门生孙煜烽等集资印行的《〈孟子〉救世编》《茹经堂五训》《茹经堂新集》《劝善编》（均在1947年）等。

唐文治先生将自己一生的全部著作总称为《茹经堂全书》，曾于1947年前后向社会读者发布《〈茹经堂全书〉目录》，书目如下：①《茹经堂全书总叙》一册；②《十三经提纲》一册；③《周易消息大义》一册；④《周易九卦大义》一册；⑤《〈尚书〉大义》一册；⑥《〈洪范〉大义》一册；⑦《〈诗经〉大义》一册；⑧《〈礼记〉大义》一册；⑨《〈孝经〉新读本》一册；⑩《〈孝经〉救世编》一册；⑪《〈论语〉新读本》二册；⑫《〈论语〉大义外编》一册；⑬《〈大学〉新读本》一册；⑭《〈中庸〉新读本》一册；⑮《〈孟子〉新读本》二册；⑯《〈孟子〉救世编》一册；⑰《性理学大义》二册；⑱《性理救世书》二册；⑲《紫阳学术发微》一册；⑳《阳明学术发微》一册；㉑《国文大义》一册；㉒《人格》一册；㉓《国文经纬贯通大义》二册；㉔《古人论文大义》一册；㉕《初中国文读本》（第一册）；㉖《茹经堂文集》初编至六编，十七册；㉗《茹经堂奏疏》三册；㉘《唐蔚芝先生演讲录》初集至六集，四册；㉙《越句践志》一册；㉚《军箴》一册；㉛《唐蔚芝先生劝善编》一册；㉜《唐蔚芝先生劝孝编》一册；㉝《茹经先生自订年谱》一册；㉞《茹经堂五训》一册。

这份《〈茹经堂全书〉目录》后面附记："以上各书均在上海南京西路一二七四号（西康路口）唐寓（电话三〇七八五）出售。"以上书目再加上为官京城时撰著印行的《英轺日记》、掌校上海高等实业学堂时编著印行的《高等国文读本》《国文阴阳刚柔大义》和二三十年代印行的《十三经读本》（一百二十册，内含《〈论语〉大义》《〈大学〉大义》《〈中庸〉大义》《〈孟子〉大义》）、《政治学大义》、《性理学发微》、《国鉴》、《国箴》、《八德诠释》、《五德箴》，基本构成了著名国学大师唐文治一生全部著作的总貌。

在三年解放战争中，国民党的军队与政府因尽失人心而失败。1949年4月23日，无锡和南京同日解放；5月27日，上海解放。7月8日，由无锡国学专修学校呈报，经设在无锡的人民政府苏南行政公署批准，无锡国学专修学校正式改名为"无锡中国文学院"，唐文治任院长。11月13日，国专沪校召开校务会议，唐文治提出沪校"到本学期止，并入无锡"本部。这年冬天，沪校毕业最后一届学生7人。1950年2月，国专沪校奉华东教育部令并入无锡中国文学院本部，唐文治先生因年迈未能随行返锡。随后，经与校长唐文治商定，无锡中国文学院（无锡国专）向人民政府请求并入公立的苏南文化教育学院（院址在无锡社桥头）。1950年4月13日，由江苏省苏南人民公署主任管文蔚、副主任刘季平签署《准该校并入公立文教学院指令》。该《指令》称："该院因种种原因无法维持，一再请求并入公立文教学院……本署以所请不合维持、改造私立学校之既定方针，未便率尔照准。但该院历史较久，困难极多，实有特加照顾之必要，经呈请华东军政委员会转呈中央人民政府教育部核办，顷以接奉电令特准该院并入公立文教学院。"4月20日，无锡中国文学院（无锡国专）教职员工及学生共一百余人，按政府指令并入苏南文教学院，与此同时，公立苏南文教学院礼聘遥居上海的唐文治为终身名誉教授，薪水照旧。唐文治则在《茹经先生自订年谱》中表示："虚糜廪粟，至为惭恧。"至此，由唐文治担任校长的无锡国专成为中国唯一一所经历北洋政府、国民政府、中华人民共和国成立三个时期而办学不中断，最后融入中华人民共和国公办教育事业的国学专修高等学校。唐文治先生在中华民族最困难、最危险之时坚持国学教育、传承民族优秀传统文化，功勋巨伟。

　　上海解放后，代表人民根本利益的人民政府成立，党和政府的领导人对学高身正、德高望重的唐文治敬重有加。上海市人民政府首任市长、中国人民解放军华东野战军司令员陈毅尊唐文治为"上海十老"，于1949年7月10日设宴招待，邀请先生参加，又于1953年7月签署上海市人民政府聘书，礼聘唐文治先生为上海市人民政府文史研究馆馆员。1949年10月1

1953年，上海市市长陈毅为聘请唐文治任上海市人民政府文史研究馆馆员而签发的聘书

日，中华人民共和国成立，周恩来总理任命唐文治先生长媳、著名教育家俞庆棠为首届中央人民政府教育部社会教育司司长；对唐文治反映太仓民情的来电，周恩来总理亲自收下，亲自处理。1950年4月，中央人民政府教育部特准唐文治创办的无锡国专并入公立文教学院，显示了人民共和国对唐文治后半生所从事的国学教育事业的尊重。

六、赈灾济贫，躬行儒家仁义道德

在唐文治一生中，不仅以办学形式弘扬国学，而且躬行儒家仁义道德，赈灾济贫，救难民于饥寒交迫，做了大量善事。唐文治生活于近代中国积贫积弱、多灾多难的最困苦时期，他于1893年进京任官的次年，就遇上了中日甲午战争，中国惨败。其后又有1900年（庚子年）八国联军攻占北京、天津，1906年至1910年的苏皖连年水灾，清末民初改朝换代期间的兵荒马乱，1916年的湖南张敬尧兵灾，1920年的北方多省旱灾，1924年的苏浙之战兵灾，1931年的苏、皖、湘等十六省水灾，1932年"一·二八"日军侵略上海战争，1937年七七事变后日本全面侵华战争等，他曾用"三痛哭"来表述自己面对灾民的极度伤痛心情："今兹有三痛哭。铁鸟（引按：飞机）盘空，炸弹之酷，城市村落，尽成灰烬，吾民肢体分裂，脑溅川谷，肠悬树巅，凌迟之虐，万不至此，一痛哭也。难女伶仃，老弱辗转，沿路号咷，不久同归于尽，二痛哭也。稍稍安全之区，受钱币压制，粒食万难，乞丐满街，闻其啼声，恻然惧然，时局不定，一二年后，白骨莽莽，吾辈亦犹是耳，三痛哭也。"（唐文治《原慈二·爱民之慈》，1938年）作为一个有家国责任感的地方绅士，唐文治在痛哭之后思考的是"救民命"。他曾在多篇文章中表达自己要勉力行善救民的心志："天生我于此时，历千百年未遇之劫，实教我以为善。际此善缘而不为善，是违天理也，是悖人道也，是自贼其心也。孟子曰'鸡鸣而起，孳孳为善'，岂闭门修养之谓哉！"（唐文治《说雪哀民篇》，1939年）正是出于这种由儒家思想指导的人道主义，唐文治总是在天灾人祸降于"吾民"时，想方设法尽力赈灾济贫，为灾民多做善事。

1906年10月，唐文治任清政府农工商部左侍郎兼署理尚书，12月10

日，传来南方长江南北遭受严重水灾的消息。苏省官员的告灾电报称："淮扬道……饥民麕集清浦已三十余万，粮草篷厂均未筹备……灾黎四出，流离失所，风餐露宿，惨不忍睹。"而全省灾民有数百万。这是唐文治首次参与的大规模赈灾工作。他想方设法从天津、河南、江西等地劝募到赈银数万两，帮助灾省从朝廷方面争取到续赏赈银十万两，又向北京信成银行商借赈银五千两，转辗动用"本系赈款"的探矿银八万两。他在短期内速将一笔笔赈灾款汇往灾省；同时，他支持盛宣怀"以官赈归并义赈，随查随放，一气奏销"的主张，电告苏省负责赈灾的官员："款到祈并入义赈速放，至恳。"就在紧急募款赈灾的日子里，唐文治家中老母亲的中风瘫痪症发作，唐文治并未因家事而延缓赈灾筹款。经半个月的紧急调募，多笔赈款快速到位，苏省赈灾救济事项得以赶在寒冬来临之时全面展开。12月30日，在苏省实施赈灾事务的盛宣怀致电唐文治称，"此次义赈幸蒙尊处提倡，俾免中辍，现已派出十四路（引按：指赈灾人员），铜元五十万千，约捐垫各半"，向地广人众、冻饿交加之灾民发放。

1907年10月，唐文治接任邮传部上海高等实业学堂监督职务，携家眷从北京回到江苏，之后，他对江苏的地方事务关心更多，对家乡苏州太仓的赈灾济贫事务承担起了更大的义务。从1907年至1946年的近四十年时间中，凡逢家乡遭遇重大灾害，他必想方设法倾力相助予以赈济，据《茹经先生自订年谱》所记，重要的赈济之事有以下多例：

（一）1912年赈苏州及太仓水灾

1911年辛亥革命当年，苏州遭遇水灾，太仓尤为严重。1912年2月7日，唐文治在上海《申报》刊登致时任江苏省督军庄蕴宽（字思缄，早年在南菁书院是唐文治同窗好友）公开信，描述苏州地方水灾实情："本年灾荒，苏州等处有因饥饿而阖室自尽者；有全家无米为炊，煎火柴汤而自毒死者；有哺乳之妇绝食经旬，子方索乳而母已绝命者……以至于卖子女为人奴婢而尚无人收买者。"唐文治要求新成立的江苏督军府筹拨赈款，"速于各县分设粥厂、棉衣厂先赈之，令其不死。然后分设习艺所，再筹春赈以为持久之计"。当年5月，唐文治在上海办太仓等处水灾赈务，"商诸李君平书名钟珏，捐米一千石，又募洋一千元。即分散太仓、常熟、昆山、无锡四处"。（唐文治《茹经先生自订年谱》，1935年）7月，唐文治又与李平书筹商发起组织江苏赈济会，拟为上述四县水灾最重之区捐募万元，购买米豆数千石，散放灾区绝贫断饮者。

（二）1919年赈太仓水灾

1919年春夏之交，太仓遭遇水患，多地圩岸坍塌，大水漫浸，荒歉无收。入冬，太仓旅沪同乡公推唐文治为旅沪同乡会会长，筹办赈济事务。唐文治《茹经先生自订年谱》记："冬，太仓水灾甚巨，西乡河川桥一带，乡人居屋内水深数尺，无所得食。余商诸旅沪同乡会……会同募捐。"此次赈灾，共筹得赈洋约二万元、棉衣三千件。唐文治在《自订年谱》中记："余请陆君蓬士名修瀛、朱君恺俦名增元、周君干如名之桢及沈君健生，分赴河川桥、毛家市、鹿湖、蓬莱镇、新丰乡各处散放。而棉衣请官厅发护照，诸多留难。迟到一日，新丰乡已冻死老妪一，鹿湖冻死小孩一。嗟乎，余之罪也！古人云'放赈如救火，不可须臾缓'，岂不信哉！"为此次赈灾棉衣迟到而冻死人之事，唐文治耿耿于怀，二十年后他撰写《放赈急救条议》文稿时（1938年），开头就郑重告诫赈灾者："谚云：放赈如救火，迟一时即多毙数命。鄙人前因故乡太仓水灾，施放冬赈棉衣，因请护照手续，运到时冻死老妪、小孩各一。为善而反以作孽，至今痛心，引为大恨。故放赈愈速愈妙。"

（三）1924年赈"齐卢战争"所致太仓兵灾

1924年9月，直系军阀江苏督军齐燮元与皖系军阀浙江督军卢永祥为争夺地盘而战于太仓浏河、黄渡等处，兵士骚扰淫掠，炸毁民居，百姓流离，惨不忍睹。为救助太仓难民，唐文治主持的太仓人"旅沪同乡会"设立了兵灾善后会，救出不少浏河同乡人。战后，家居无锡的唐文治特地派出自家仆人高福前往太仓实地了解灾难情况。高福带回一名"其父母均中流弹而死"的难童，唐文治收留他住在家里，并安排他入小学读书。随后，唐文治商请挚友陆起（字勤之），"借垫洋三千元，放给乡民，令其搭

盖草屋，俾得栖止"。（唐文治《茹经先生自订年谱》，1935年）

（四）1931年赈太仓水灾

1931年夏天，苏、皖、湘、鄂等省暴雨成灾，太仓浏河、宝山一带，海塘冲塌，天灾人祸，相逼而来。身在无锡的唐文治紧急电告旅沪同乡会，发起成立太仓水灾救济会，并撰写了《急救水灾议》《续救水灾议》等文章，刊发于《中国红十字会月刊》，向社会紧急呼吁，募捐赈灾。同时，无锡成立了"水灾筹赈会"，推选唐文治为理事长。为赈济太仓水灾，唐文治于11月先命仆人高福前往太仓河川、毛市等乡实地调查，自己则在无锡设法筹募赈款。他向无锡工商界人士唐保谦募得四千元，自己捐出一千二百元（相当于他担任无锡国专校长兼教授的六个月工资）和二千件棉衣，派人携往太仓灾区散放。唐文治在发表于红十字会月刊的文章中特地引用南宋朱熹的"放赈诗"来呼唤社会人士的赈灾济难良知："阡陌纵横不可寻，死伤狼藉正悲吟；若知赤子原无罪，合有人间父母心。"并谆谆告诫各赈济会同人："放赈一事，务在得人。必尚清廉，切忌迂缓，若因缘为利（引按：借机谋利），或瞻顾踌躇，则小民之宛转号呼以死者，皆我之罪也！"（唐文治《急救水灾议》，1931年）

（五）1932年赈上海一·二八战争之灾

日本继1931年九一八事变在东北得逞后，又觊觎上海。1932年1月28日晚，驻上海日军突然挑起事端，向闸北、江湾、吴淞湾等地大举进攻，制造了骇人听闻的一·二八事变。3月1日，日军从太仓的浮桥、浏河两个通海口登陆，将战火烧到太仓。《自订年谱》记："蔡廷锴等不得已，退守昆山。日人在浏河、嘉定、大场、吴淞等处大肆焚掠。十九路军支部退太仓，敌从之，在太仓城内掷炸弹数十枚，毁民房十余处，军民惨死者甚多。"3月3日，日军占领真如、南翔后，暂停进攻，双方暂时停战，英、美、法等国准备出面调停，开启停战谈判。唐文治身在无锡，为此次战事中"太仓被祸"深感悲痛，认为"急应救济"。他将国专课务请钱基博教授等暂代，自己于3月14日搭乘申新纱厂货轮赶往上海筹措赈灾事务，行驶途中还遭遇乱军放枪行劫，货轮疾驶方得脱险。3月16日，唐文治抵上海，其后数日，他召集太仓旅沪同乡项惠卿、张纶卿、朱恺侪等商量赈济之事。3月23日，成立太仓同乡救济会，唐文治被推举为会长。采取的赈济措施之一，是委托昔日同在京城为官的好友王清穆等在崇明设立6处太仓难民收容所，雇6艘大船，往来太仓沿海口岸，救接太仓难民，收容所所需钱、米则由唐文治发起组织的太仓同乡会接济。采取的赈济措施之二，是向各方劝募赈款。据《自订年谱》所记，唐文治于3月22日往见朱子桥，请助捐款，得二千元；3月24日，致函史量才、黄炎培、王晓籁、杜月笙等，向上海地方维持会募得五千元；不久，委派朱恺侪作为太仓同乡救济会代表，向来沪的江苏省实业厅厅长请求拨款赈济，并派朱恺侪随各救济会代表一同赴镇江请赈，获得政府下拨赈款六万余元。唐文治妥派人员将各笔赈款向太仓灾民"先行散放"。直忙至4月中旬，太仓赈务粗有头绪，唐文治才于4月16日动身回无锡。经两天行程抵锡后，由于一个多月的赈灾劳顿，唐文治"忽患腰痛，连及腿部"，但他不顾这些，又于4月25日赴无锡工商人士唐保谦、唐申伯处，恳请无锡溥仁慈善会捐助太仓义赈，募得七千元，又向上海兵灾救济处请拨，得一千五百元，向沙溪人黄少彭募得一千元，唐文治自己捐出五百元，共计得赈款一万元。然后，唐文治派人"陆续赴湖川、毛市、新丰及浮桥、杨林、七丫、义桥等处散放赈款"，救济太仓灾民。到7月份，唐文治又募得一千元，随即"命高福赴浏河、茜河、新塘市三处放赈"。之后，唐文治还撰写《太仓军民殉难碑记》一篇，"在无锡刻石，运赴太仓，嵌入城隍庙内之公所"，以作永久纪念。

（六）抗日战争期间设太仓粥厂常年赈饥

1939年，唐文治经国专西迁"万里宵征"回到上海后，为赈济日寇占领下苦难度日的太仓饥民，他联合太仓绅士钱诵三等成立了"积善会"，在故乡太仓开办了施粥厂，每天向穷饿无食的太仓饥民施粥两餐。至1941年冬，唐文治为太仓施粥厂向无锡诸工商界旅沪绅士（唐文治称他们为"无锡诸同乡"）募捐，先后募得善款约十万元，汇交太仓钱诵三施粥赈饥，每天约费五百元（按其时物价，可买米一石余）。开始时，"回乡饥民就食约五百人"，至1942年夏，"增至七百三十余人"。施粥厂依照唐文治的提醒，不漏隐贫，例如对"住居南门纯阳庙中鳏寡孤独废疾者共二十一人"，以及妇孺不能出门者，均"送米送粥前往"。1942年唐文治78岁，这一年是壬午年，60年前，唐文治参加江南乡试中举，转眼一甲子过去，"诸执友皆通函或赋诗道贺"，按士大夫传统称法叫"重宴鹿鸣"。好友张纶卿赠送唐文治棉衣票25套（可凭票购得棉衣），作为贺礼。唐文治当即请负责施粥厂日常事务的钱诵三派人来上海将这批棉衣运往太仓，散发给饥寒贫民。唐文治特意撰写《辞贺重宴鹿鸣文》表白心迹："今科举废弃久矣，鸿嗷中野，鱼潜深渊，极目数千里，道殣相望，于斯时而称贺，私心弥抱不安矣。……吾邑太仓，素称瘠苦之区，自丁丑（1937年）以来，飞鸟（引按：飞机）以凶，民居如毁，父母冻饿，兄弟妻子离散。城区可见者如此，推诸各乡，其苦更不知如何。一邑如此，推诸全省全国，其苦更不知如何。言念及此，不禁悄然以悲，潸焉以注，曷若移称庆之举为任恤之方乎！"这年冬，太仓施粥厂改施粥为放米，略为节省。唐文治又托友人分赴浏河、浮桥、杨林、七鸦各处散放冬赈。至1943年，日伪统治区物价飞涨，下半年，米价每担（100市斤）贵至数千元，给施粥善举带来严重困难。太仓施粥厂只得派人赴外地分头购米，并购买相对便宜的元麦搭放。该年，施粥厂日常施米救济的贫民已达850口，太仓同乡向唐文治报告：施粥厂"口碑颇佳"。

在近代中国天灾兵祸连年、人民生灵涂炭、哀鸿遍野、饿殍相望之时，唐文治秉持"天之大德曰生"的儒家理念，撰文大声疾呼士人君子保持善心。他说："天地温厚慈祥之气，虽当昏乱之世，不容潜灭，惟赖君子长养而维持之，俾不绝于宇宙。此吾人所当共勉也！"（唐文治《原慈二·爱民之慈》，1938年）所以他把赈灾济贫作为自己的天职。唐文治赈济的对象主要是受灾的农民。对处于中国社会最底层的农民，唐文治抱有极度的同情，他在1932年写的《国箴·救农箴》中直言："吾国最痛苦者，厥惟农民。其可告无罪于国人者，亦惟农民。而国人对之有愧者，亦惟农民。何也？彼终岁勤劳，竭其一身一家之力，收获五谷，以养吾国人。然而天灾流行，冻饿离散，奔走乞食者，农民也。内战方兴，杀

晚年唐文治与夫人黄
氏合影

戮拉夫，身受其痛者，农民也。盗匪横恣，劫掠掳人，哭望无涯者，农
民也。幸而无事，官府业主，则必取盈焉，租税频加，苛捐烦扰，中饱
舞弊，受害亦惟农民。故近年以来，乡村之中，盖藏（引按：指农民的
谷粮钱物）尽竭，惟闻叹息悲泣之声矣！"面对中国农民如此之悲惨境
遇，唐文治内心不忍，坦陈心迹："呜呼！居今之世，民有饥色，野有饿
殍，尚忍言哉！然此犹为吾所及见及闻者也。其为吾所不及见、不及闻，
困惫颠仆不得出门而饿死者，遥想情形更不知如何惨酷。试思吾得饱食
而各处之饿死者不知凡几也，吾得暖衣而各处之冻死者不知凡几也；然
则吾辈而生今日，实为善大好时机，自当以行善为惟一之天职。"唐文治
用了极重的"天职"一词，来表达中国士大夫的"悯农"良心。

　　为履行此"天职"，唐文治不仅赈济家乡太仓的受灾贫民，而且多次
出力赈济外省外地的水旱兵灾。1918年，湖南督军张敬尧纵兵抢掠，鱼
肉地方，满目惨酷，造成兵灾。唐文治在上海"闻之潸然"，于7月间商
之于上海红十字会，设法赈济湘省灾民；至11月间，共筹得赈款五万余
元。他又请托宗兄唐浩镇（1864—1921，字郅郑）等得力人士赴长沙放
赈（据唐文治《宗兄郅郑墓志铭》）。此次湘赈过程中，上海红十字会特
聘请唐文治为名誉会员。次年，湖南各界发动轰轰烈烈的"驱张运动"，
并获得成功。1928年12月，北方大灾。唐文治《茹经先生自订年谱》
记："前在各部署供职者，饥饿不能出门户，甚至阖门自经。友人溧阳周

敬甫办理义赈，余与苏州费君仲深名树蔚向各处募捐，共得一万六千余元。"1933年8月，上海遭遇台风灾害，崇明最重，海水冲决圩岸，淹没数千亩田户，冲坍数百家房屋，灾民流离失所，十分悲惨。唐文治在《茹经先生自订年谱》中记自己的赈济活动："在苏（州）晤谱兄王丹揆，请为（崇明）劝募发赈。余向溥仁慈善会、红卍字会两处尽力设法。幸宗弟申伯极为出力，共捐得三千元，丁君梓仁捐得一千元，上海同乡会捐得三百元，先后汇崇明散放。"1935年8月，北方在上一年遭受极重旱灾的情况下又遭受严重水灾，唐文治先后募捐640余元，交上海水灾义赈会散发，捐后还不无遗憾地自叹："特杯水车薪耳！"

　　唐文治是闻名遐迩的古文家，苏沪地方绅士以得到一篇由唐文治撰稿的家传、寿文、碑记、题跋为莫大的荣幸。唐文治在担任无锡国专校长的数十年中，坚持把自己为人撰稿所得"润笔"（撰稿劳酬）用作赈灾济贫的善款。1930年10月，唐文治向社会公示"诗文润格"（为人撰写诗文的稿酬标准），特地在告示附言中申明，此等"润笔之费""移作太仓敬节会费及其他善举"。其时唐文治家庭经济生活依靠他担任无锡国专校长、教授的每月200元薪金维持，不算宽裕。据《自订年谱》1930年内记，唐文治因承担不起第四个儿子唐庆永在美国留学每月90美元的学习生活费用，不得不令他中止在哥伦比亚研究院的学业，中途回国。1941年秋，由国专沪校同人和唐文治早期学生帮唐文治制订了新的"诗文润格"，据1942年夏起担任唐文治秘书的陆汝挺（女，1922—2009）回忆，此时期唐文治仍坚持把自己的"润笔"捐作赈灾济贫款，并且嘱托陆汝挺去办理。一代国学大师唐文治，直至垂暮之年，仍然铭记行善"天职"，尽一己之力"救民命"。

　　进入公元1954年，唐文治九十岁初度，身体明显衰弱。2月，右腿风瘫不能动。2月至3月间，呼吸困难。4月9日（农历三月七日），脉息下沉，呼吸时常停顿，不能言语，至子夜十二时三刻与世长辞。4月14日举行大殓，亲朋好友门生来吊唁者250余人，上海市人民政府统战部、文史研究馆、交通大学、江苏师范学院等单位均派代表致唁。张元济等生

著名雕塑艺术家刘开渠设计的唐文治校长半身铜像（上海交通大学徐汇校区新文治堂内）

前好友发起公祭，仪式隆重；嗣后议决为唐文治行"易名礼"，私谥"文成"。二十天后，唐文治先生的灵柩安葬于上海市江湾第一公墓，墓地风景清幽，松楸葱郁。交通大学敬挽唐文治老校长联云："有三达尊，兼三不朽；晋百年寿，为百世师。"

第三章　唐文治的国文教育思想与实践

一、清末民初中国教育由读经向国文设科的转轨

中国古代没有"国文"这一学科概念。孩子读书学习，从识字启蒙开始，然后就转入诵读背记儒家经典。中国古代供少年儿童识字启蒙的读本有《三字经》《百家姓》《千字文》《幼学琼林》《龙文鞭影》及各类《杂字》等，在识字启蒙过程中也包含了对少年儿童的伦理思想教育和知识教育。唐文治于六岁时（1870年）启蒙，入私塾，"先识字，后读《孝经》"。他识字当年就读完《孝经》，第二年读《论语》，第三年读《孟子》，第四年读《诗经》，第五年读《尚书》，十岁之前就认读了这五部古代经典的全部文字，并且全部背记在大脑中，以求终身不忘。这显示了中国古代私塾、书塾教育的"读经、背经"特点——先认读背记，以后慢慢地加深理解。

唐文治于15岁（1879年）考中秀才，于18岁（1882年）考中举人，于28岁（1892年）考中进士，其青少年时代所走的"读经—科举"路，是中国古代主流教育——士子教育的典型缩影。今人了解中国古代的"读经—科举"教育制度，有利于深入理解清末民初教育转轨、国文设科的意义。

中国古代的科举制开始于公元7世纪的隋炀帝大业年间，此后，唐、宋、元、明、清各朝都把科举考试作为选拔官员的制度，一千多年中形成了"读书—应举—做官"的传统，所读之书唯儒家经典是尊。唐朝科举在承袭隋制的基础上做进一步完善，有了按年定期举行考试的"常科"，其中"明经""进士"两科成为常科的主要科目。这两科考生最初都要考"经义"，都必须读儒家经典。后来有所变化，"进士"科考试注重诗赋文章的写作，"明经"科考试注重"帖经""墨义"。所谓帖经，就是将规定

的经书（主要是儒家经典）任意揭开一页，将某一竖行字的左右两边都蒙上，中间露出的这行字中再用纸帖盖住三个字，要求应试者依经典原文填写这三个字。所谓墨义，也是笔试，要求应试者简要解释试卷所选儒家经文的字句意思。宋代科举考试内容基本沿袭唐制，更加注重经义，确立了州试、省试、殿试三级考试和三年举行一次全国性科举考试的制度。元代科举基本沿袭宋制，内容仍然考儒家经义，但根据统治需要将应试者分为左右榜，右榜供蒙古人、色目人应考，左榜供汉人、南人应考。到了明清两代，科举考试形成了完备的制度，全国从下而上分为三级考试：院试（取中者为秀才）、乡试（取中者为举人）、会试（取中者为进士），取中进士后的殿试与朝考，则是为新科进士分等级、授官职服务的。明、清两朝科举考试内容以儒家"四书"为准，题目选自《论语》《大学》《中庸》《孟子》中的文句，规定写成八股文格式，对"四书"经文的解释必须参照南宋大儒朱熹的《四书集注》。延续一千多年的科举考试之所以如此注重儒家经典，是因为儒家思想理念是各朝统治者治理社会、统治民众的主流思想意识形态。科举应试者要想成为统治者官员队伍中的一分子，就必须掌握儒家思想理念。唐、宋、明、清四朝中，统治时间长的达320年，统治时间短的也有268年，儒家思想理念帮助各朝统治者建立了较为稳定的社会秩序，其功不可小觑。

明、清两朝科举考试必须要写的"八股文"，在近代西学东渐的新文化潮流中招致很多骂名，那是因为历史前进了。其实八股文是一种规范的古代文言议论文（又称"制义"），在长达五百年中它能成为官员培养和选拔考试中最重要的规定文体，成为五百年科举"常态"，自有其因由所在。应试者写八股文是"戴着镣铐跳舞"，其"镣铐"之一是儒家思想理念和《四书集注》对经文的解释，其镣铐之二是议论文"起承展收"的思路和格式。有了这两副"镣铐"，就便于主考官用统一的标准来评判应试者文章的优劣。

"八股文"的所谓"八股"，指文章结构由八个部分构成，依次为破题、承题、起讲、入手、起股、中股、后股、束股。规定在后四部分中要运用骈偶文句；"束股"如果不用骈偶文句，则称为"结语"，听任应试者自便。八股文要求思路清晰、文字凝练，篇幅五六百字为宜。能写作八股文（制义）的考生，今后做官时就能写作、应对官场的各种文章。

为便于今人了解八股文，下面以唐文治18岁参加光绪八年（1882年）科举乡试所写的中举八股文《命也，有性焉，君子不谓命也》作为示例。此文题出于《孟子·尽心下》章，"仁之于父子也，义之于君臣也，礼之于宾主也，智之于贤者也，圣人之于天道也，命也，有性焉，君子不谓命也"，表达了儒家在人道研究方面对人之"天命"与人之"品性"间关系的观点。考生的应举文章要在思想上合于儒家理念，在格局上合于"八股"程式。

命也，有性焉，君子不谓命也

[清]唐文治

[破题] 气禀不可拘，当尽其在我者而已。

[承题] 盖得于天者无可凭，尽乎人者有可必。仁义礼智天道，而亦诿诸命也，则谁为自尽者哉？

[起讲] 意谓造化之生人也，当继善之始，惟此理而已。至于成性之际，而太极之本原乃不离乎气质以行者，固其势之必然也。然虽附乎气，而真精之妙合尚不杂乎气质之中者，亦其势之未变也。因其势之未变，而有以返造化资始之源。故曰：人者，天之心也。

[入手] 仁义礼智天道，此数者，与生俱来者也。而人顾诿为命焉，则何也？盖阳变阴合之际，其形而上之道，实与形而下之气以俱生。故禀气之正者，其质厚而清；禀气之偏者，其质薄而浊。然其厚而清者，奚必可恃也；其薄而浊者，亦奚必不可恃也。而形生神发之后，其寂然不动者，皆于感而遂通者验其功。

[起股] 故致其功，即造于中和；弛其功，即流于偏倚。然其造于中和者，非必其质之美也；其入于偏倚者，亦非必其质之恶也。

[中股] 君子知天所生者，虚无足恃，故穷理克己，而勉进于中庸；君子知人所为者，实有可凭，故主敬立诚，而渐底于道德。有性

焉，故不谓之命也，君子自修之功至矣，而人亦当知勉矣。

[后股] 是故千古至愚不肖，身败名裂，岂真有别具之肺肝？究其终极，不过为气禀所拘而暗塞昏庸，后遂为弃材而不可救。苟恍然于命之不可据而修为以复其性，则造物之以偏驳相予者，庸讵非裁励我之本心。即千古大圣大贤，履险若夷，亦岂有异人之材智？求其始基，不过葆乎本心之正而明善诚身，后纵有外诱而不能入。盖晓然于性之不可违而刻励以俟夫命，则彼苍之以气数相厄者，又未始非玉成我之至意。

[结语] 而犹曰命也，则天下谁复能尽性者哉？

译文：

人不可拘束于禀气，应当自身尽力而已。

所谓得于天的禀气，其实无可凭据，而自身尽力则有可必定达成之目标。把仁、义、礼、智、天道也推诿于天命，那么谁成为自身尽力者呢？

我认为，大自然造出人，人应当继续"性善"之初真，就是这个道理罢了。到了人性形成之时，造化之初真不脱离人的气质而流露，本来是势之必然。但初真虽附于气质，而初真精髓与气质妙合还是不杂糅于气质之中，也就因为初真之势未变啊。因为初真之势未变，所以有办法来回归造化之初真本源。故而说：人是天之心。

仁、义、礼、智、天道，这几样，是人类与生俱来的。但有人把这几样推诿为"天命"，什么原因呢？那是阴阳相交致诞新生之际，那形而上之道，与形而下之气一同生出，故而禀气正的人，其品质厚而清；禀气偏的人，其品质薄而浊。然而，那厚而清的天生品质，哪里就一定可依靠；那薄而浊的天生品质，哪里就一定不可依靠！而身形生出、神智生发之后，那心中寂静不动的天性，都在通感万物上检验其功效。

所以，收得功效，就达到中和境界；废弛功效，就入流偏见斜识。但那达到中和境界之人，不一定天生品质就美；那入流偏见斜识之人，也不一定天生品质就恶。

君子知晓，天生的品质，虚无而不足以依赖，故而究理克己，勉力进于中庸境界；君子知晓，人生的修为，真实而可以依靠，故而主敬立诚，逐渐抵达道德范域。人有后天形成的品性，所以不称品性为天命；品性是君子自身修为功夫达成的，而人们也应当知晓自勉了。

因此自古以来愚顽不肖之徒，身败名裂，难道他们真有特别的心肠？究其终极原因，不过是被禀气所拘缚而导致心胸暗塞昏庸，而后就成为废弃之材而不可救。如果明白天命不可依赖而以自身修为呈现其品性，那么造物主以偏斜驳杂之气给我，其本意难道不是要磨砺我吗！自古以来大圣大贤之人，踏险若坦，难道他们真有奇异的才智？寻其初始之基，不过是保护正派本心而做到自身明善真诚，而后纵然有外界诱惑而不能入。大概明晓人性不可违拗而以自身磨砺等待其天命，那么彼苍天以艰险苦穷气数困我，其用意未尝不是要玉成于我！

知此道理还说命定于天，那么天下有谁又能尽力修身养性呢？

写这样的文章，要求应试者饱读儒家"四书"经典，使圣人思想能腾跃于笔下，还要求应试者熟练掌握"文言"这一全国通用的书面语言文字，能用典雅的书面语、骈偶句表达思想。"八股文"写作的这两项要求保证了科举考试所选拔人才的特有品质，应试者在此前漫长的读书学习历程中，先要被儒家思想理念和中国古典文言所熔铸，使自己的思想、文化素质均合于朝廷选用官员的基本要求，才有可能应试中举，步入仕途。在以农耕文明为主、生产力水平不高的中国古代社会，这样的科举考试不失为统治者公开、公正选拔天下人才的有效方式。

但是，这种用八股文选拔人才的科举考试有其弊端，到1840年鸦片战争爆发以后，更是显露出来。首先是全国的读书应举"知识分子"的群体思想陈旧僵化，他们埋首于儒家义理和古文经典之中，对地球大航海之路开拓带来的国外新思想、新文化不闻不问，思想狭隘，才智封闭。第二是全国的基础教育成为科举的附庸，书生只读"四书五经"，不学已成系统的自然科学知识，当国外的工业文明用坚船利炮敲开中华国门时，这种古典单科教育方式的不足与短板就暴露无遗了。面对列强侵略、民族危亡和嘉庆、道光朝后国家积贫积弱的严峻局势，先是个别官员士子"开眼看世界"，继而一些知识人士开始接触国外尤其是西方的社会文化和工业文明，逐步产生了向西方现代文明学习的改良主义思想。光绪十四年（1888年），康有为参加顺天乡试时写下五千言的《上清帝第一书》，以布衣之士身份提出变法维新的主张。1898年（光绪二十四年）6月11日光绪皇帝发布《明定国是诏》，开始"戊戌变法"，康有为上呈《请废八股试帖楷法试士改用策论折》，他开宗明义写道："今变法之道万千，而莫急于得人才；得才之道多端，而莫先于改科举。"他针对性极强地指出："八股清通，楷法圆美，即可为巍科进士、翰苑清才……若问以亚非之舆地、欧美之政学，张口结舌，不知何语矣。既流为笑语，复秉文衡，则其展转引收为若何才俊乎？"所以，他明告朝廷："中国之割地败兵也，非他为之，而八股致之也！"光绪皇帝接受了康有为的建议，下达谕旨："著自下科为始，乡、会试及生童岁科各试，向用'四书'文者，一律改试策论。"后又下旨变通科举章程，规定乡、会试首场试"中国史事国朝政治论"，二场试"时务策"，专问五洲各国之政及文艺，第三场才考儒家经义。但是，为时仅103天的戊戌变法失败了。9月21日，慈禧太后软禁光绪皇帝，再次垂帘听政；10月9日，慈禧下旨："嗣后乡试、会试及岁考科举等，悉照旧制，仍以'四书'文、试帖、经文策问等项分别考试。"两年后，庚子事变，八国联军的炮火把慈禧太后轰出了北京。逃到西安的慈禧为摆脱内外困境，才不得不宣布推行"新政"。1903年春，时任湖广总督兼参预政务大臣张之洞会同直隶督臣向朝廷呈奏《科举阻碍学堂详陈得失利弊折》；同年11月，张之洞又会同管学大臣张百熙和荣庆上呈《奏请递减科举注重学堂折》。1904年，清政府颁布了由张之洞、张百熙、荣庆合订的《奏定学堂章程》，时称"癸卯学制"，开始在全国推行改科举为学堂的教育体制改革。1905年，日俄战争在中国东北土地上爆发，形势危急，张之洞领衔会同多位封疆大臣奏请立停科举，以广学校，清廷终于下谕"立停科举"，推广学堂，在中国实行了一千三百多年的科举取士制度至此废止。

　　"国文"设科是从1904年的《奏定学堂章程》开始的。《奏定学堂章程》（即"癸卯学制"）是一部关于设定全国学制系统的文件，它由《学务纲要》《初等小学堂章程》《高等小学堂章程》《中学堂章程》《高等学堂章程》《大学堂章程》及各级实业学堂章程等17个文件组成。规定了各级各类学校的目标、年限、入学条件、课程设置及相互衔接关系。儒家思想被立为全国学校的教育宗旨，规定"无论何等学堂，均以忠孝为本，以中国经史之学为基，俾学生心术壹归于纯正"。但是，学堂毕竟不同于书塾书院，"癸卯学制"施行后，各级学堂的课程变得多学科化了，已成系统的数、理、化等自然科学知识进入各级学堂的课程系列，从根本上改变了科举时代全国基础教育内容由儒家经典一统天下的局面。虽然有这样的变化，《奏定学堂章程》仍然规定学习儒家经典是各级学堂最重要的课程。例如，规定初等小学堂每周上课30小时，其中"读经讲经"一科每周12小时，占全部课程的五分之二；高等小学堂每周上课36小时，其中"读经讲经"一科每周12小时，占全部课程的三分之一；中学堂每周上课36小时，其中"读经讲经"一科每周9小时，占全部课程的四分之一。不过，从语言文字学习的角度看，"读经讲经"既然规定儒家经典为课文内容，也可看作是准国文课，对提高学生的国文读写水平也是起作用的。《奏定学堂章程》还规定了在各级学堂中专门开设"中国文学"一科，教育界简称为"国文"，阅读内容扩展到诸子百家等。《奏定学堂章程》17个文件之一的《学务纲要》中规定"中小学堂于中国文辞止贵明通"，"其'中国文学'一科，并宜随时试课论说文字，及教以浅显书信、记事、文法，以资官私实用，但取理明辞达而止"。这是对新设"国文"科实用性教学宗旨的表述。

人口多达四亿的晚清中国社会有着因陈守旧的巨大惰性，"癸卯学制"公布了，"国文"科也由朝廷所颁章程确立了，但各地教育实际状况的改变仍是一个艰难而漫长的过程。就"国文"单独设科而言，一缺教科书，二缺掌握该学科教学法的师资。各地各类学堂的国文教员大多是延聘昔日的塾师担任，名曰教授"国文课"，实际上教材和教法仍然沿用昔日读经讲经的老套套。从1904年《奏定学堂章程》颁布直至1919年"新文化运动"高潮，教育界经过漫长15年的探索、改革、创新，才在实践层面实现了由"科举读经"向"国文教学"的转变。

在这样的教育变革历史背景下，唐文治于1907年10月出任邮传部上海高等实业学堂监督，身体力行地参与了"国文"设科的教育探索与教学改革。

二、极意注意中文，以保国粹

唐文治于1907年10月20日抵达上海徐家汇，随后就任邮传部高等实业学堂监督（校长）职务，经一个学期了解、熟悉该学堂情况，于次年5月即向邮传部呈送重订的《邮传部上海高等实业学堂章程》，陈述该学校的办学宗旨为两项：一是造就学以致用、振兴实业的专门人才；二是"极意注意中文，以保国粹"。这第二项办学宗旨的提出，显示了新任监督立足于国家民族高度的文化情怀和办学眼光。唐文治"极意注意"的中文，是用汉字表达的文言，是一种能用于思维的书面语言系统。三千年来，文言作为中国统一的书面语言，对中华民族的凝聚、发展、壮大起了重大的作用。

作为一名求学、为官于晚清的文士，怀抱经世救国理想的唐文治曾深受"中学为体，西学为用"时代思潮的影响。他在1898年"戊戌变法"前夕康有为上呈《请废八股试帖楷法试士改用策论折》之前，就向朝廷进言改革科举。1894年，正当清军在甲午战争中连连溃败之时，任职户部主事不久的唐文治就冒着低职小官妄言国是大政可能获罪的风险，呕心沥血写成万言奏疏《请挽大局以维国运折》上呈朝廷，向朝廷建言改革科考，提出文科考试内容改为：首场考《四书》经艺，"务须发挥义理，无取怪诞"；二场考舆地、兵学，讲求中外各国疆索，探讨一切攻守之策；三场考"制造器械之法"，以及"测量勾股之学"。唐文治深知中国传统的经史之学、伦理道德之重要，但认为要拯救民族危亡必须"习西法"以变更士人传统的知识结构。他在此万言奏疏中向朝廷坦陈心迹："臣非不知变经策为洋务不无得罪于名教，然与其俟数十年后斯文扫地而无余，不如于今日先为变通，则先王之教泽犹可留贻于一线也。"戊戌变法失败后的次年（1899年），他在敦促家乡开办新式学堂的《与友人书》中明示自己的观点："盖古圣贤之学，体用兼该，是以大学之道，明德必推极于新民，致知必肇端于格物。可见学者必尽穷天下之理，而后能完我万物皆备之原。……今日之势，与其使西学淆乱吾中学，而士林被涂炭之灾，何若使中学囊括乎西学，斯吾道尚不至有绝灭之惧。"从这些论述中，可以看出唐文治受"中体西用"思潮影响，从"体""用"角度来思考文化学理问题的思想轨迹，他比晚清名臣张之洞于1898年《劝学篇》中系统阐述的"中学为体，西学为用"思想更高一层，提出中华古圣贤之学中本来就有"体用兼赅"的思想，此"体"为"明德"，此"用"为"新民"，要"新民"就必须格物致知，尽穷天下之理，所以可以"使中学囊括乎西学"，即可以把西方的各种学问吸收到中国人的学问体系中来。这与晚清大臣孙家鼐在《遵议开办京师大学堂折》中所说"以中学包罗西学，不能以西学凌驾中学"的观点是一致的。唐文治在表述这一思想时也流露出明显的担忧，他担忧"数十年后斯文扫地"，吾道绝灭。唐文治所谓的"斯文"，就是由中国文字承载的中华文化；唐文治所谓的"吾道"，就是中华儒学的思想体系。唐文治讲"体用兼该"，是从文化传统延续递嬗的层面来思考时势，应对时势的。也正因为有这样的担忧，他在后来数十年办教育的过程中对"斯文"和"吾道"尤为重视，因重视"斯文"而注重国文教育，因重视"吾道"而注重国学教育。以上是唐文治在1899年的认识。

1904年清廷颁布"癸卯学制"，在全国废科举、兴学堂，切断了万千旧式学子"读经做官"的仕进老路，"四书五经"的价值，连带国文的价值，顿时在世人眼里一落千丈。在世俗之人眼里，"读经书、写国文"本来就是叩开科举入仕之门的敲门砖，现在这扇内藏"黄金屋、千钟粟、颜如玉"的门没有了，敲门砖当然也就无用了。所以"癸卯学制"和废科举使经学和国文一下子失去了在全国教育领域"至尊"的地位，紧接着，视中华三千年国文为"陈腐之学"的思潮伴随着西学东渐的浪涛在教育界、文化界、知识界漫延开来。例如，当时传播新思想有影响的人物郑观应就在肯定"学校者，造就人才之地"的同时，认为"格致、创造等学，基本也；语言文字其末也"。（郑观应《学校》）唐文治对国文遭轻视感到痛心，所以他甫任学堂监督重订《上海高等实业学堂章程》时就旗帜鲜明地把"极意注意中文，以保国粹"定为办学宗旨，这在当时的全国实业学堂中是罕见的。

唐文治在国文教育问题上有自己的深入思考，1909年，他在为上海高等实业学堂国文科教师所编的《中学国文读本》作序时，专门论述了这个问题：

> 孟子所谓"先立乎其大"，所过者化，所存者神，若机之省括，惟精研国文自能收效于无形。且自欧化东渐，艺术纷陈，人皆曰国文无用，或且疑为久王而将厌者。庸讵知国文自天文、地理、礼乐、兵刑、食货、河渠诸要政靡不纤悉咸赅，广谷大川异制，民生其间者异俗，纵横万里，即古鉴今，了然如指诸掌。矧伏羲画八卦以来，含五行之秀，秉天地之心，六艺炳然，纲纪人伦，折衷道德，人生有用之文孰大于是。迩来科学辟灌并出，背窾就攻，汽机、测算、物理、化学、卫生，学说日新，驰骋而未有已；儒家、法家、兵家、农工商诸家，谋始孔殷。正赖才智卓越之士掇各科之精蕴而用吾国文以发明之，俾僻壤遐陬未通佉卢文字者皆得尽研科学，而重译之徒且将取吾书以饷彼邦之人士。

从这段论述中我们看到，面对当时"人皆曰国文无用"的文化态势，唐文治立场鲜明地高举起"崇尚国文"的大旗。他认为中国自古以来的天文地理、礼乐兵刑等都包含在国文中，自中华先祖开创文明以来，我国的六艺、人伦、道德都依靠国文而传承发扬。这是充分肯定国文（文言）自古以来作为中华民族的统一书面语言的地位和作用。他还认为，当今科学发展，学说日新，学派繁盛，各种学科思想的精华要靠译者用国文来阐明，使中国各地不懂外文的人都能研究科学，也使翻译家能把汉文著作译成外文介绍到世界各国去，所以国文有大用处，国文不可忽视。唐文治这段论述的核心观点之一是：新的科学知识只有通过中国自己的语言文字，才能在中国人民中传播。唐文治的上述论述对清末教育界产生了积极影响，有助于形成重视国文、探索国文设科之路的教育氛围。唐文治作如上论述时，后来以国文成绩第一名考入湖南省立高等中学的毛泽东刚16岁，正在湘潭县老家读私塾；后来成为语文教育家的叶圣陶才15岁，刚刚以优秀的国文成绩考入苏州府的草桥中学。

　　1911年辛亥革命爆发，清王朝结束统治，次年元月中华民国成立。在此改朝换代之际，全国学校的国文课本也经历了大震荡。1912年1月，南京临时政府教育部颁发《普通教育暂行办法》，规定："凡各教科书，务合乎共和国宗旨，清学部颁行之教科书，一律禁用。"然而，国文教科书的编写并非一时之功，各地书肆书馆出版商为适应新时局，只是抽去原国文课本中关乎封建皇权的内容，略做修订，匆忙印出发往学校，以敷使用。因此民国初元的几年中，国文教科书普遍存在内容多变、质量下降的情况，国文一科在学校教育和师生心目中的地位有所滑落。辛亥革命爆发时，唐文治以原清廷大臣、现高等学堂校长的身份在革命党人伍廷芳等请求溥仪皇帝逊位的电报稿上署名，表现了他顺应革命潮流的政治态度。但是在对待中华传统文化的态度上，唐文治坚持民族文化自信，认定国文是中国文化精粹，皇帝可以退位，国文不能荒废，并且认为国文教育的兴衰，将关乎中国国运的兴衰，对"淘汰本国之文化"的激进行为深表痛心。民国改元后，唐文治继续秉持"极意注意中文，以保国粹"的宗旨，促进改名后的"交通部上海工业专门学校"的国文教育。1913年，他把自己编著出版、已在学校使用略著成效的三部新型国文教材《国文大义》《古人论文大义》《国文阴阳刚柔大义》呈送民国交通部并转教育部察核教正，同时写下《函交通部送高等国文讲义》一文随三部教材一同呈上。此文不长，精要表述了中国政体改换之际唐文治的国文教育观，照录如下：

径启者：

　　窃维国家之强弱、人类之存灭，其惟一根源端在文野之判。旷观世界各国，其竞进于文明者，则其国家、其人类强焉，兴焉；否则其国家、其人类弱焉，灭焉！我国文化胚胎独早，溯自书契之造，以迄孔子缵修删定，微言大义，阐发靡遗，二千年来历代相承，皆得奉为依归者，悉赖此文字递嬗不息。是以圣门四教首"文"，而孔子自言"文不在兹"，厥谊可证。自西学东渐，怵惕之士，颖异标新，以为从事科学，我国文字即可置之无足重轻之数，用是十余年来，各处学校于国文一科，大都撼拾陈腐，日就肤浅。苟长此因循，我国固有之国粹，行将荡焉无存，再历十余年，将求一能文者而不可得。曾子曰："出辞气，斯远鄙倍矣。"国民既多鄙倍之辞，安得不滋鄙倍之行？科学之进步尚不可知，而先淘汰本国之文化，深可痛也！本校长有鉴于斯，爰就本校国文一课特加注意，并于公余之暇，辑有《高等国文讲义》全部。首论国文大义，次及古人论文，并探厥本原，及乎阴阳刚柔各义。虽未敢信为足以问世，而就本校行之数年，固已略著成效。查是项国文讲义前年印刷之初，业经先后咨送大部（引按：邮传部）在案。方今民国代兴，政体改革，学制更新，按之学校系统，固已无高等之学级，是项讲义似将不适于用，然就目前国文程度而言，以之饷大学生徒，恰为合宜。当斯文绝续之交，或不无细壤涓流之助。相应检齐讲义八册，函达大部（引按：交通部），察核教正，转送教育部审查，见复施行。

呈文中唐文治表述的两个观点对于中华民族的生存发展具有长远启示。其一，中华文明自古以来的传承发展依靠本国文字的传递不息，今后要发展现代科学，仍然需要依靠本国文字；其二，科学之进步与本国之文化都应得到重视，不能把两者放在对立的位置，更不能为求科学之进步而先淘汰包括国文在内的本国之文化。这篇呈文中所说"国民既多鄙倍之辞，安得不滋鄙倍之行"是有所指的。当时有些地方编国文课本力求浅俗，有意避开传统的文言名篇，而把用里巷俗语写成的包含淫邪盗匪内容的所谓古白话小说编入课本，这种现象引起了唐文治的不安。他曾痛心地指出此类课本可能导致的教育结果："一切淫邪小说犹是风行，即如山东盗风极炽，又以此等书提倡之，而掠人劫货之案抑复公然无所顾忌，诲盗诲淫，国民隐受其毒而不自知，痛心何极。在当事者不过厌故喜新，不料其流弊乃至于此。"（唐文治《学校论》）

从1907年至1920年，在14年校长任内，唐文治为实现"极意注意中文，以保国粹"的办学宗旨而做了大量实实在在的工作。他增设国文科，聘请了一批优秀的国文教员，在铁路、电机、航海专科各年级普遍开设国文公共课，我国的大学语文公共课由此肇始，成为一道绚烂的风景。据校史资料记载，在邮传部高等实业学堂时期，铁路、电机专科三年中每个学

上海文明书局1909年出版的唐文治所编《高等国文读本》

期均开设国文课，每周3节，规定为必修课；学生的考试成绩单上，排在首位的一定是国文成绩。航海专科的国文课教学规划中三年均设"中国文学"每周2节、"人伦道德"每周2节，这两门课中包含国文读写内容。辛亥革命后民国政府教育部规定工业专门学校课程中不设置国文课，但唐文治并未照办，仍在星期天上午为学校各工业专科班讲授国文课。1918年3月铁路管理科（4年制）成立时，在开设的课程中有"国文""修身"两门课。对于学校中院（中学部）、外院（小学部）的几百名学生而言，国文课是最重要的主科，学习国文必须分外努力，不可丝毫掉以轻心。中院招生时，教师首先批阅国文试卷；如果国文成绩差，该考生的其他试卷就不再批阅。唐文治还在校内成立"国文研究会"，规定各专科的每个学生都必须参加，成为会员，参与国文研究会组织的活动。他不但自编了多套国文教材供自己学校使用，而且在星期日亲自为学校学生讲授国文课，13年未中断。他还每年组织全校学生参加国文写作竞赛，称为"国文大会"，赛后奖励作文优秀的学生，并将优秀作文编印出版，供学生相互观摩之用。由于唐文治校长落实"极意注意中文，以保国粹"办学宗旨的种种教学措施扎实有力，毕业于这所工科高等学校的学生大都国文读写水平优良，既有科学技术之专长，又写得一手好文章。唐文治掌校14年，为"邮传部上海高等实业学堂—南洋大学—交通部上海工业专门学校"赢得了"国文好、科学好"的美誉。

辛亥革命后，虽然帝制已被推翻，国体已改为"共和"，但中国社会仍处在苦难和黑暗中，官员丧德，民心涣散，社会风气每况愈下。其时，有良心和爱国情怀的中国人纷纷寻求疗救中国社会的良方，孙中山酝酿新三民主义，陈独秀和李大钊找到共产主义，胡适从美国带回实用主义，鲁迅则寄希望于进化论和新文学。唐文治没有从五光十色的国外新思潮中寻找疗药，他对三千年中华文化抱有充分的自信，坚持从中华文化自身体系中寻求疗救中国社会病症的良方。唐文治提出两项主张，一为"读十三经"，借重中华儒家仁义向善的道德观念来构建现代中国的道德观念体系；二为"读国文"，借重各级学校的国文教育来传承民族文化，唤醒民族意识，强健民族精神。1918年秋，唐文治在为上海工业专门学校所编《中学国文新读本》撰写的序言中表达了这两项主张。此文对国人继承中华民族优秀传统文化、建设本民族向上向善富有活力的现代道德，有着重要启发意义。其主要内容摘录如下：

《中学国文新读本》序

世道之诪张，人心之迷谬，风俗之庸恶，士品之卑污，上下历史，无有甚于今日者，有识之士怵焉，思所以救之，顾其策奈何？或曰："将讲武备、精器械而振之以军国民教育乎？"曰："否，否，扬汤不足以止沸也。"或曰："将擘哲学、谈心理而跻之于高明之域乎？"曰："否，否，空言无裨于实事也。"或曰："将务实业、进农家工家商家而道国民以生活乎？"曰："斯言似矣，然而不揣其本，徒以生计为惟一之教育，言义则万无一应，言利则赴之若川，此近代教育家之昧于先后，中国之大危机也。"然则有道乎？曰：一，读十三经；二，读国文。废经者，世奉为大功，崇拜恐后，余向者腹非之而不敢言。迄乎今日，废经之效亦大可睹矣，新道德既茫无所知，而旧道德则扫地殆尽。世道至于此，人心至于此，风俗士品至于此，大可闵也。且夫我国之伦常纲纪、政教法度，具备于十三经，孔子曰"定而后能静"，废经则一日不能定，一日不能静。又曰"和无寡，安无倾"，废经则一日不得和，一日不得安。彼宗教家方日日诵经，而我国则厌恶经籍有若弁髦，举国民之心皆粗而不能细，举国民之气皆浮而不能沈，如是而犹望其治平也，岂不慎哉！此读经为救世之第一事也。经者，文之干；文者，经之支与流，裔中天之世，巍乎焕乎！成功文章于世为盛，盖建功业者，未有不本于文章者也。是以古史赞尧曰"文思"，赞舜曰"文明"，赞禹曰"文命"，敷于四海。汉唐以来，文化盛则国治，文化微则国衰，故无论古今中外，罔不以保存文化为兢兢。乃今世之士，淘汰文化惟恐不速。或用鄙陋俚俗之教书，自诩为新法，虽聪明才智之士亦强侪诸村夫牧竖之流，知识日短，志气日卑，究其弊，国家将无用人之人，而惟有为人所用之人，岂不恫哉！余主沪校十有一年，此十一年中，文化退步如一落而千丈，动魄惊心，疢如疾首；再逾十年，我中国文化陵夷当复何如！且夫国货者，国民之命脉也；国文者，国民之精神也；国货滞则命脉塞，国文敝则精神亡。爱国者既爱国货，先当维持国文。此读国文为救世之第二事也。

唐文治在这篇文章中否定了用"讲武备、精器械"的"军国民教育"来挽救世道世风的思想，认为那是扬汤止沸；否定了用"研哲学、谈心理"的高论来替代实事的做法，认为空言无济于事；对兴办农、工、商实业以提高国民生活水平的举措，则指出其只重视了民众的物质生活一面，而忽视了民众的精神道德一面，会造成趋利若鹜、言义无应的社会风气。唐文治从中华民族人文先祖尧、舜、禹以来的五千年文明史中提炼出"文化盛则国治、文化微则国衰"的重要观点，针对东西方列强的文化冲击中华文明、我国固有文化"退步如一落而千丈"的残酷现实，明确提出"读十三经"以坚守中华民族道德伦常、"读国文"以保持民族精神自信、固守民族文化精华的观点与措施，具有在民族文化存亡绝续之际立砥柱于中流、挽狂澜于既倒的气势。唐文治在论述新道德与旧道德、外国文化与本国文化的关系时，渗透了今人所说的辩证、发展的观点。唐文治一贯持"明德、新民"的观点，并不反对新的时代衍生出中华民族的新道德和新文化，但是他反对为标榜新道德而将传统道德"扫地殆尽"，更反对宣扬外国文化不遗余力而淘汰本国文化"惟恐不速"，这中间就包含了新道德的产生要以传统道德为基础、外国文化的输入不可取代本国文化的辩证思想。唐文治这些道德自立、文化自信的观点，在经过了一百年来东西方文明的激烈冲撞后再来审视，可谓有先见之明。他在中华民族贫弱被欺、自信不足的悲剧时刻，坚信自己民族和国家的传统道德和文化仍具有不可沦亡的生命活力，因而以"极意注意中文，以保国粹"的实际行动为民族教育恪尽职守。

唐文治对在国民中普及国文教育一贯持积极主张、大力支持的态度，他希望国家能培养出大量国文教师走向民间普及国文教育，"自小学以至大学，自穷乡僻壤以至通都大邑，传布流衍，学习国文，人知礼义，则所谓先知觉后知、先觉觉后觉者，道岂远乎哉！"（唐文治《〈说文解字·释要〉序》，1921年）他在1923年写的重要文章《学校论》中再次把"重国文"列为我国学校办学之"本"，强调指出："今日学校课程，未有重于国文者，普及教育赖乎国文，输入文明亦赖乎国文。盖穷乡僻壤，岂能尽通西文？惟赖游学生之精通国文者遍行教授之也。"此时他已离开交通大学前往无锡创办无锡国专，这所国学专修学校的重要功能之一就是为我国各级学校培养国文教员。

三、国文大师讲国文

清末桐城派古文大师、著名散文家吴汝纶有一句论国文的名言："文者，天地之精华，牢笼万有，靡所不赅。"作为稍晚于吴汝纶的国文大师唐文治，基本继承桐城派古文的文论体系，对此观点十分赞同。（唐文治《桐城吴挚甫先生文评手迹跋》，1930年）

唐文治就任邮传部上海高等实业学堂监督后，从1908年起亲自为本校学生上国文课，十多年未中断。唐文治是如何上课的，国文课上讲了些什么，由于当时没有录音录像，其音容话语后人无法详悉，但唐文治根据自己上课讲义编著的几部国文教材留给了后人，我们可以根据这些讲义教材来了解国文大师唐文治所上国文课的内容。

唐文治所编第一本国文教材是《国文大义》。《茹经先生自订年谱》1909年内记："冬，编《国文大义》成。先是余上课，苦无国文教授善本。爰随讲随编，昔论大义，分才、性、理、气等凡二十余门。书成，分二卷。"这本国文教材以唐文治先生的国文观为轴心，分单元选编古人、近人优秀文章，教材单元按文章之气、情、才、志等不同视角分设，各单元选文前均有唐文治见解独到的讲解。正是这些讲解，向听课学生系统传授了唐文治对国文的认识。此国文教材后来虽有修订再版，但唐文治的基本观点没有变。下面即依唐文治国文讲解顺序择要分条概述之（以下凡引文未标明出处者，均引自唐文治《国文大义》）：

（一）文之气

此处所谓"气"，指作者思想、学问、人品赋予文章的气质。唐文治在一生的教育生涯中，反复向学生讲述自己老师王紫翔先生的一个观点："文虽艺术，而人品学问，皆寓其中。"这寓于文中的人品学问，就综合表现为"文之气"。"气"应该具有怎样的品质？唐文治引孔、孟的论述，讲明"气"应该正直、至大至刚。这实际上讲的是人格修养。人格修养差的人，"困于己私，邪曲之念蟠结于中"，"如是而作文之时，求其清明正直之概，庸可得乎"？所以唐文治教导学生："故凡学作文，先从养气始；养气先以正直始。"

"气"还包括文笔的流畅与气势。"气"盛的作者写文章"一笔数十行下"，次之者"一笔十数行下"，再次者"一笔数行下"。要做到下笔成文就必须"养气""炼气""运气"，其途径就在熟读、善读前人优秀文章，既有良好的文言语感，又有成熟的思想、章法，下笔作文才能文气醋畅、气盛文佳。

（二）文之情

"情"指文章中表现出的作者情感。唐文治根据"人品"与"文品"一致的理论，认为"天下惟有真性情者，乃能为大文章"。在"情感"与

"文才"的关系上，唐文治认为"情居才之先，情之挚者，乃能善用其才"；作者如果没有真性情，那么其做人绝无成果，其作文绝无成就。所以，他要求学生："学作文，宜于涵养性情一事，先加之意焉。"他告诫学生："情不可以伪为也，要须语语从天性中流出。"从这些论述中，我们能看到唐文治"性情教育"之思想贵在真情的立足基石。

在浩如烟海的古代文学作品中，唐文治认为《诗经》《离骚》是"千古言情之祖"，其抒情成功处值得后人学习；司马迁也善于言情，但用词"稍嫌粗杂"；"至诸葛武侯《出师表》，几于字字血泪，惟其遭暗弱之主（引按：刘禅），有以来宣难达之情，乃成绝调"。唐文治由此向学生指出作文中用情的门径：无论对何人表达情感，要"委曲周致"，或"鼓舞激昂"，才能动人。

根据古人以"六情"配"六气"的理论，唐文治指出文章中抒发情感有"因地而异"的规律，文中情感的"喜、怒、哀、乐、好、恶"往往是与文中环境的"阴、阳、风、雨、晦、明"相配的。例如，表达愉悦之情，文章中就要多写"发扬蹈厉"的形象；表达哀怨之情，文章中就要多写"郁伊纡结"的形象。至于在叙事文中表现"情"，更为不易。写人物生平事迹文章，必须把其人的性情也写出来，因为人物的性情各不相同，所以写人物的文章也各不相同。

（三）文之才

什么是文章的"才"？唐文治说："（作文）能尽人性、尽物性，而其学无不通者，乃谓之才。"他拿往昔与今后做比较，告诉学生，往昔作文"须令诸子百家，皆腾跃而出其腕下"，称为有才；今后科学昌明，作文"能令各种科学皆腾跃而出其腕下"，才算"尽乎才之能事"。从这一比较中可以看到唐文治与时俱进的"文才观"。

文章之"才"从何而来？唐文治认为"文才亦出于学"，"文才"虽然有"天资"因素，但"未尝不可学而致，道在勉之而已"。这一观点与辩证唯物主义的认识论不期而合。由此，唐文治为学生指点读写门径：你想培养文章的"赅博之才"，就多读《左传》，学习它的"左宜右有"；你想培养文章的"纵横之才"，就多读《国策》，学习它的"腾踔离奇"；你想培养文章的"豪宕之才"，就多读司马迁，学习他的"纵恣之趣"；你想培养文章的"质实之才"，就多读班固，学习他的"朴茂有致"。

唐文治又将文章之"才"按其总体特征分为奇才、雄才、逸才、辩才。他具体解释，"破空而来，不知其所始，不知其所终，是谓奇才"，如宋玉的《对楚王问》；"气吞云梦，又如能负山岳而趋，是谓雄才"，如韩愈的《送孟东野序》；"其境翛然绝俗，若翔翥于烟云之间，是谓逸才"，如苏轼的《前赤壁赋》；"虽以无理之辞，而若有至理寓乎其中，是谓辩才"，如庄子的《骈拇篇》。这样的分类，有助于学生用文章鉴赏的艺术眼光品读"文之才"，认识"文之才"。

（四）文之意

"意"指文章的立意，相当于现代文章学所讲的"主题"。唐文治认为作文要"炼意"，即必须精心提炼文章主题："凡人意之浅者，我宜炼之使深；凡人意之旧者，我宜炼之使新；凡人意之平者，我宜炼之使高。"此处所说"人意"，即别人文章的立意；自己作文"立意"要在与"人意"相比较中求得深一层、新一层、高一层，则必须多读别人文章，否则就无从比较。唐文治引用韩愈的名言"惟陈言之务去"，谆谆教诲学生："要知去陈意，乃能去陈言。此为学文之命根，诸生宜第一注意。"此话点明了文章中"意"对于"言"的统帅作用。

如何入手炼意呢？唐文治认为应该先研究文题与材料的虚实之处。例如，对文题中的每个字都应"在胸中一过"；又如写议论人物的文章，"则将其人生平，事事在脑中一过"，这样，就能在动笔前弄清何处是实，何处是虚。立意须着眼"虚处"，"能至他人屐齿所不到之地，则所谓深与新与高者，即在于此"；材料必须落在实处，有凭有据，文章才不说空话，立意才有坚实基础。总之，"事不宜蹈空，而用意则贵翻空"。

（五）文之理

唐文治所谈文之"理"，有两层意思，一层指"道理"，一层指"条理"。"道理"属思想观点范畴，唐文治认为，"说理之精深者，必当于（儒家）诸经中求之"，另外，"宋周子《通书》、张子《西铭》亦可与经书并读"，以求道理。"条理"是表达思想的层次与顺序，文章讲述道理就像玉匠治玉，要按着玉石纹理琢研。他举"庖丁解牛十九年，而刀刃若新发于硎，所谓纯乎天理"为例，引申出结论："故文笔能中理，而后能如刀铦之新。"他形容写文章善于按条理讲述道理的效果："善言理者，如春冰之融，泥滓尽去；如并州之剪，划然分解；如月之当空，澄莹朗彻；如泉之始达，曲畅旁通。"

（六）文之繁、简

这是一个文论老话题，古人就有"删繁就简三秋树，标新领异二月花"之句。古文界一般认为，写文章有繁简之差异，可以用来判别作者水平的优劣高下。比如叙述一件事情，劣者叙数百字才说明白，优者可以用数十字就叙述清楚；写论说文也是如此。唐文治对文章之繁简并不直接判别优劣，他着重就"繁"与"简"之间的辩证关系作论述。他指出，写文章有用繁笔与用简笔的差异，但不能简单地以繁、简来判优劣，"繁文譬如春之华，简文譬如秋之实，各有佳处"。所以，善于写文章的人，既能"疏节阔目""执简御繁"，又能"执简御繁而更善用繁"，如左丘明、司马迁、班固之书，都有"层峦复叠，伏波潆洄，愈繁而愈俾人喜"之处；不善于写文章的人，"虽简而亦使人厌"。对于青年学生作文，唐文治主张"由繁而进简"。

（七）文之奇、正

这是品赏、写作文章的又一对视角。唐文治解释，文中之"奇"，就是古人所说的"恢诡之趣"，具体分类有想象之奇、格局之奇、比喻之奇等；文中之"正"，就是古人所说的"方严之象"，具体分类有格局之正、义理之正、造言之正等。唐文治认为，有了想象之奇，则文章格局与之俱奇；至于比喻之奇，则"随时供我驱使矣"。他又认为，"格局之正"是"炼局之宜研究者"，至于义理之正、造言之正，学生可以从儒家经典和历代名臣先儒的范文中求之。

唐文治用行军打仗来比喻文之奇正变化，"行文犹行军也，文陈犹兵陈也"，"兵以正合，以奇胜"，文章之道亦须"守定'奇正相生'四字"。唐文治告诉学生：以前文人论述文章变化，常常"以义法（引按：桐城文派所称著文应遵循的准则）绳之"，实际情况是"论义法愈密，则文气愈卑"。所以，他主张："诸生中凡具有才气者，只须读古人之文，至临文时任天而动，变化自生，不必空言义法也。"一句话，文才之奇应出于天性。他还特别指出："惟义理之正，乃能为比喻之奇"，文笔"求奇"要植根于"积理"，否则纵然有"坚辩博泽"之矜奇，"决为大雅之所不道"。

（八）文之声、色、味

"声"在文中指作者寓于文中的文词文意之声和读者朗读文章时口吐之声。唐文治对"文之声"有深入而独到的研究，并付诸读文实践，是一代吟诵大师。唐文治析"文之声"分四个方面。一为结构之声："凡文之提纲絜领，包举各节处，其声宜大；文之排傲震动，顿挫结束处，其声宜远。"二为内容之声："读凄恍之文，宜凄然以促，如风雨夜至之声。读华贵之文，宜舒以和，如雌雄雍雍相鸣之声。"三为节奏之声："和风，安舒之声也；厉风，激烈之声也。……文之感人与风之动人无以异，激謞叱吸诸声，与夫小和大和，文声之千变万化亦如之。"四为音律之声："'声依永（咏），律和声。'……阳律黄钟为之首，阴律大吕为之首，用之变动周流，统气类物。文之阴阳犹是也，文之阴阳之声亦犹是也。……乐律之本原，而亦文声之秘钥也。"他为学生指点门径："世有好学深思、心知其意者，能取古今人之文声，一一以细辨之。若者为廉直、为阐谐（同'啴谐'，和谐），若者为粗厉猛奋、为纤微憔悴，则于气运之升降，与其人之性情、气质、善恶、贵贱、寿夭，可历数而不爽矣。"

"色"在文中指"辞采"。唐文治认为："文体固宜清澄，而修辞尤贵精采"，"若为文不务精采，则文境日即于枯涩"。唐文治将世间优美文辞的色彩分为"五端"，即津润之色、怪丽之色、绚烂之色、平淡之色、洁白之色，并略作阐释。例如，作文时笔下文辞汩汩乎来，呈缤纷陆离之致，此为"怪丽之色"；作文时笔下文辞平淡之极，却精光内敛，美在其中，此为"洁白之色"。唐文治为文辞"五端"之色都选配了优秀典范之作供学生品读，如"绚烂之色"以司马相如《封禅文》为例，"平淡之色"以荀子《成相篇》为例，"洁白之色"以韩愈《画记》为例。他告诫学生，行文修辞要力避"四忌"：一曰杂凑，二曰涂附，三曰晦黯，四曰庸俗，还对"四忌"逐一做解释。他教诲学生："凡兹四忌，有一于此，悉为文家大疵。学者必先去此四忌，乃能善用五端。"

"味"在文中指意味、趣味。唐文治先谈"味永"与"味淡"。"味永"即意味远，"或句上有句，或句下有句，或句外有句，说出者少，不说出者多，乃可谓远"，还有"意到处言不到，言尽处意不尽，所谓言外之意"，也属于"味永"。"味淡"是指意味所到，纯任自然，"故文味之淡者，可以为终事，而不可以为始事；可以因题而施，而不可强题以就我"，"淡味为无上上品"。唐文治认为，不同的文章应该有不同的味，"凡文之辛、酸、甘、苦、淡诸味，俱当因题而施，讵能强分高下"。

唐文治在编写的首部国文教材《国文大义》中，还论述了"文之志意""文之神""文之戒律"等，向学生提示国文阅读与写作中的诸多门径与规律。1909年11月，唐文治以《国文大义》为基础，编著成《高等国文读本》，交上海文明书局出版发行，该书为我国"大学语文"教材之肇始。

唐文治先生为学生讲国文，还留下了许多精彩的单篇讲义，让后世学者能遥领国学大师课堂中的思想和风采。1940年他为学生上国文课而留下的《〈孝经·开宗明义章〉讲义》和《〈诗·小雅·棠棣〉篇讲义》就是两篇能展示唐文治讲课风格的讲义，一篇讲解古文，一篇讲解古诗，特全文采录如下：

《孝经·开宗明义章》讲义

【原文】

仲尼居，曾子侍。子曰："先王有至德要道，以顺天下，民用和睦，上下无怨。女知之乎？"曾子避席曰："参不敏，何足以知之？"子曰："夫孝，德之本也，教之所由生也。复坐，吾语汝。身体发肤，受之父母，不敢毁伤，孝之始也；立身行道，扬名于后世，以显父母，孝之终也。夫孝，始于事亲，中于事君，终于立身。"《大雅》云："无念尔祖，聿修厥德。"

【讲义】

本经《五刑章》曰："非圣人者无法，非孝者无亲，此大乱之道也。"世惟有非圣人、非孝之人，乃酿大乱而开劫运。于是国民、家庭间遂致互争意气，骨肉乖离，痛心曷已！夫宇宙之间，和气与戾气相为消长而已。和气盛则一家一国未有不兴者，戾气盛则一家一国未有不衰者，感应之理然也。余窃不自揣，常欲提倡保合太和之道，由一家而推之一乡一邑，渐推之于一国。既无实权，乃发之于学说，兹特讲《孝经》首章作为法式。

第一节"道德"二字，始见于《易·传》，曰："和顺于道德。"此浑言普通之道德，然亦必本于和顺；若夫极至而最要者，则必本于孝。和顺之气日盛，则乖戾之气日消。故治天下之大原，必基于民之和睦无怨。《大学》"治国、平天下"所由先以"齐家"也。

孝为德本。木本于地谓之本。树木在地，根柢槃深而后枝叶峻茂；若拔之离地，则立见枯槁。犹婴孩离父母，则必饥寒颠踣以死。是以《史记》言："父母者，人之本也。"

"教之所由生者。""教"字从孝从攴，言督饬人以孝道也。教道所包者广，然必以家庭教孝为权舆。生者，本立而道生也。

"身体发肤"两节，有浅义、深义、广义、旁义。"身体"节，浅言之，谨言慎行，不罹刑罚是也。深言之，保身体即以保心性神明，父母全而生之子，当全而归之也。广言之，视中国犹一人，普天下皆吾身体发肤，百姓有一段伤者，犹吾身体发肤之受毁伤也。又有旁义。《礼记·祭义》篇曾子曰："战陈无勇非孝也。"若临陈而畏怯，即大不孝。故不毁伤其忠爱之天性，即不毁伤其身体发肤。孔曰"成仁"，孟曰"取义"，正所以为孝，非畏葸之谓也。

"立身"节，浅言之，人生最要者在自立，惟立身而后能行道，惟行道而后能扬名也。深言之，父母之名本当显著，惟为子者不能立身行道，而父母之名乃晦。要知所立之身即父母所赐之身，所行之道即父母所教之道。《礼记·内则》篇曰："将为善，思贻父母令名，必果。"惟勇于为善，然后能显父母也。广言之，则传嬗道统，教育天下英才，俾之皆立身行道，而吾父母更大显荣矣。又有旁义。今人但知功名富贵以为显亲扬名，不知奔竞利禄、取不仁不义之财以养亲，适以贻羞父母。故立身行道先从绝不义之富贵始。"始于事亲，中于事君，终于立身"，见"事亲、事君"要以"立身"为主，爱家乃能爱国也。孟子曰："不失其身而能事其亲者，吾闻之矣。失其身而能事其亲者，吾未之闻也。"自古亦岂有贪污卑鄙之身而可以事亲者哉！

"无念尔祖"二句，《诗·大雅·文王》篇；修德，修孝德也。本章第一节称"先王"，实指文王，而言文王大孝人也。其孝行详见于《礼记·文王世子》篇，视膳问安，无微不至，兼推其孝以教百姓。《诗·天保》篇曰"群黎百姓，遍为尔德"，言遍为孝德也。《礼记·内则》篇"后王命冢宰，降德于众兆民"，亦谓文王降孝德也。人孰无父母，文王我师也。

此"开宗明义"之大旨也。

（唐文治《茹经堂文集四编》卷四）

《诗·小雅·棠棣》篇讲义

【原文】

> 棠棣之华，鄂不韡韡；凡今之人，莫如兄弟。
> 死丧之威，兄弟孔怀；原隰哀矣，兄弟求矣。
> 脊令在原，兄弟急难；每有良朋，况也永叹。
> 兄弟阋于墙，外御其务；每有良朋，烝也无戎。
> 丧乱既平，既安且宁；虽有兄弟，不如友生。
> 傧尔笾豆，饮酒之饫；兄弟既具，和乐且孺。
> 妻子好合，如鼓瑟琴；兄弟既翕，和乐且湛。
> 宜尔室家，乐尔妻孥；是究是图，亶其然乎。

【讲义】

此诗周公闵管、蔡失道而作。首二章相联属。首章以棠棣起兴，曰"凡今之人，莫如兄弟"，至情至性之语，读之可以下泪矣。"死丧"二句，丧礼也。"原隰"二句，葬礼也。凡人当丧亲之时，兄弟有相抱而痛哭者矣。"孔怀"者，天性发现之时也。至于营葬，无论高原下隰，负土之事，岂能求他人？惟兄弟自求耳。

三四章相联属。脊令（引按：鸟名）性最急，曾文正《鸣原堂论文》谓，脊令载飞载鸣，人鉴于兹，当移其性。于急难患难之中，惟兄弟互相救护，良朋或有心无力，是以永叹。"阋墙"，暂时小忿。"阋"字从门从儿，言若儿童偶尔角逐，旋即相忘，若外务之来（原注："务"与"侮"通），惟赖兄弟悉力共御之。设有良朋之助，将以为外姓而为人屏黜矣。

五章一转，言安宁之后乃兄弟不如友生，是可与共患难不可与共安乐，视骨肉如路人，天性乖戾，人道或几乎息矣。

六七章相联属。凡人兄弟无故饮酒于家庭间，其情义亲厚无异于孺子相慕，故曰"和乐且孺"。兄弟以天合者也，妻子以人合者也，天合者既无乖暌，人合者可永保安宁矣。

末以咏叹作结，然乎否乎，令人深思而自得之。

孔子诵此诗而赞之曰："父母其顺矣乎，见悌弟之必出于孝子也，此周公之意也。"余诵此诗而重有感焉。《左氏"僖公二十四年"传》载富辰曰："兄弟虽有小忿，不废懿亲。"引此诗首章及四章为证。案：春秋二百四十年，干戈相寻，泰半起于兄弟之祸，故《伐木》之诗曰："兄弟无远，民之失德，乾糇以愆。"《斯干》之诗曰："兄及弟兮，式相好矣，无相犹矣。"民生无乾糇之争，兄弟自相好而无相尤矣。乃末世兄弟之间，始也争意见、争是非，继也争货财、争田产，骨肉之亲反眼不相识，视同陌路，甚至有白刃相仇者。呜呼！曾亦思己之一身为祖考之所遗、父母之所赐，兄弟之身亦为祖考父母血统之所联属乎？父母切望子弟之和好，而兄弟乃互相寻仇，清夜扪心，其何以对父母乎？夫兄弟，手足也，手必护其足，足必卫其手。若以手击足，以足踢手，岂非自毙之道乎？昔平湖陆清献公为嘉定县令时，有兄与弟缠讼不休，公令缚兄之左手足，缚弟之右手足，使扫地服役，旬日传讯之，则皆言不胜苦楚，涕泣求出，不敢再讼。公曰："汝辈始知手足之相连乎，倘再缠讼，当械汝手足矣。"二人感泣而去，复为兄弟如初。清献大贤也，宜其感人若此。《蓼萧》之诗曰："宜兄宜弟，令德寿岂（原注：岂，恺字省文）。"兄弟之令德维何？让而已矣。

故《大学》之文曰："一家让，一国兴让。"又曰："宜兄宜弟，而后可以教国人。"

（唐文治《茹经堂文集四编》卷四）

唐文治一生为学生上过无数堂国文课，是一位深受学生欢迎的国文教师。其授课方法与授课内容的特点，可从这两篇讲义中略窥一二。两篇讲义，对于古诗文作品原文，都采用了依照顺序逐句逐段讲解的方法，这是最"本分"的教法，讲课条理十分清楚。讲义也都有讲课者对作品的总体评论：对《孝经·开宗明义章》是总体评论在前，唐文治在阐讲课文之前先总述该章思想和自己的观点，有提纲挈领之效；对《诗·棠棣》是总体评论在后，唐文治在讲解过诗句后就该诗表现"悌弟"人伦的思想性做深入提炼和拓展议论，帮助学生更透彻地理解该诗，同时也传授了儒家的"孝悌"之道，符合今人赏鉴古代文学作品的规律。作为国文课，唐文治注意对字词释义、写作背景、写作手法等有所涉及，不忽视对学生传授有用的基础知识。两课中讲解了四个汉字的结构与字义："木"着地为"本"，"教"字从孝从攴，"阋"字从门从儿，"务"与"侮"通，先后涉及汉字的指事、会意、通假知识；又极巧妙地将字形结构与文句意思联系起来解释，如"阋墙，暂时小忿。阋字从门从儿，言若儿童偶尔角逐，旋即相忘"。对写作背景，介绍《棠棣》诗乃"周公闵管、蔡失道而作"；对写作手法，则点到"以棠棣起兴"。

这两堂课中更精彩之处是授课者广征博引，对古代经典、文史故事能轻松自如地随手拈来，有效拓宽了学生的视野。两篇讲义中，前一篇引用《史记》"父母者，人之本也"、曾子名言"战陈无勇非孝也"、孟子名言"不失其身而能事其亲"、《诗·天保》"群黎百姓，遍为尔德"等共10处；后一篇引用孔子名言"见悌弟之必出于孝子也"、《诗·伐木》"兄弟无远"、陆清献审理兄弟缠讼案故事等9处。所引材料都能服务于讲课主旨。此种讲课风格，借用两代帝师翁同龢评价唐文治进士试卷的用辞，可谓"经艺渊雅""赅博"。这两堂课中授课者吐辞锦绣、警句频出也是让受业者印象深刻之处，如"和气盛则一家一国未有不兴者，戾气盛则一家一国未有不衰者""治天下之大原，必基于民之和睦无怨""立身行道者先从绝不义之富贵始"等精彩警句，堪称警世箴言，值得听课者终身记取。唐文治在讲课中坦露心迹之真诚、表述思想之深邃，亦让人感动。其时唐文治已75岁，双目失明已20年，他向学生坦陈自己"常欲提倡保合太和之道，由一家而推之一乡一邑，渐推之于一国。既无实权，乃发之于学说"，由此表明自己讲国文、教国文的深刻用意。正因为此，他对先儒的观点作阐发时常常放到国家、民族的层面而"广言之、旁言之"，例如"视中国犹一人，普天下皆吾身体发肤，百姓有一毁伤者，犹吾身体发肤之受毁伤也"，又如"奔竞利禄、取不仁不义之财以养亲，适以贻羞父母"。如此讲授，显示唐文治虽在小小课堂中讲解国文，却又时时闪耀着国学大师的思想光彩。

四、《国文经纬贯通大义》

在唐文治先生编著的国文教材中，恐怕要数1925年出版的《国文经纬贯通大义》印行版次最多了。1947年唐文治在《答冯君振心书》中说到"《国文经纬贯通大义》已四版"。该书后来在台湾又印行过，如文史哲出版社曾于1987年再版该书，广为销售。这是民国时期一部重要的国文教材及国文著作，曾被无锡国专、无锡中学校（私立无锡中学）、上海南洋中学等学校作为国文课本使用，培养出众多古文根基坚实的文史人才。1948年底毕业于无锡国专的冯其庸曾在半个多世纪后回忆当年在校读该书的情况："无锡国专还提倡背诵，有一本教材叫《国文经纬贯通大义》，是唐文治先生编的，里面有古文，有四六骈文，有律赋，大家都背，有些篇章我至今还能背得出。"（冯其庸访谈录《"大哉乾坤内，吾道长悠悠"》）

对该国文教材书名中的"经纬贯通"，唐文治在书前《自叙》中做出解释。他认为："文字者，经天而纬地者也。"他以建屋造园为比喻，说明"惟一区一径一庭一壶一草一木皆得其所，而后谓之胸有邱壑。若是者何也？经纬而已矣"。屋园布置可推之于文章写作。唐文治指出："《论语》二十篇，都凡数百章，篇法章法，无一同者，经纬之变化也。《左传》《史记》之文，经纬千端，牢笼万有，而每篇体制面貌，亦无一同者，变化多也。韩、柳、欧、苏诸子，则具体而微。……学者欲穷理以穷万事，必读

1925 年出版的唐文治编著
国文教材《国文经纬贯通
大义》

文以求万法，又必先潜研乎规矩之中，然后能超乎规矩之外。……由是而
成经成史，成子成集，成训诂家，成性理家，成政治家，成大文学家，岂
非通乎经纬之道而然哉！"此书冠名为《国文经纬贯通大义》，表明旨在向
学生讲授国文作法的"经纬之道"，指导学生读出古人佳作中的"经纬之
道"并贯通掌握之。

该书共八卷，列出文章作法 44 种，唐文治一一以精当而又形象的短
语命名之。现依原书顺序条列如下：

卷一：① 局度整齐法，② 辘轳旋转法，③ 格律谨严法，④ 鹰隼盘空
法，⑤ 奇峰突起法；

卷二：⑥ 两扇开阖法，⑦ 段落变化法，⑧ 一唱三叹法，⑨ 逐层驳难
法，⑩ 空中楼阁法；

卷三：⑪ 匣剑帷灯法，⑫ 万马奔腾法，⑬ 凄入心脾法，⑭ 说经铿
铿法，⑮ 逸趣横生法；

卷四：⑯ 短兵相接法，⑰ 光怪离奇法，⑱ 倒卷珠帘法，⑲ 布局神
化法，⑳ 响遏行云法；

卷五：㉑ 摹绘炎凉法，㉒ 摹绘英鸷法，㉓ 摹绘激昂法，㉔ 摹绘旖旎法，㉕ 刻画物理法，㉖ 钟鼓铿锵法；

卷六：㉗ 俯仰进退法，㉘ 皎洁无尘法，㉙ 心境两闲法，㉚ 画龙点睛法，㉛ 风云变态法，㉜ 典缀华藻法；

卷七：㉝ 层波叠浪法，㉞ 典重裔皇法，㉟ 追魂摄魄法，㊱ 洸洋诙诡法，㊲ 高瞻远瞩法，㊳ 翕纯皦绎法；

卷八：㊴ 叙事精炼法，㊵ 硬语聱牙法，㊶ 选韵精纯法，㊷ 议论错综法，㊸ 炼气归神法，㊹ 神光离合法。

"国文经纬"为全书总纲，44法为全书总目，全书选文依目而编。每教授一法，先在该作法名称下简要提示该法用途，接着配编诗文数篇。唐文治在所配诗文中能表现该作法的文句旁加圈点，提示学生读文时加以注意。"如局度整齐法，则专圈整齐处；鹰隼盘空法，专圈腾空处；段落变化法，专圈变化处。"这些循特定作法的圈点之处，唐文治称之为"线索"，具有引导学生品味文章作法的作用。各篇文章后再配以唐文治就该作法运用于该文之处所作的讲解与评点。依照这一体例，学生每学习一种文章作法，都必须结合数篇诗文理解该作法在文章中的具体应用，而不是仅仅停留在概念上，并且要连带着把每"目"之下的数篇古诗文佳作认真读过。一篇诗文佳作往往是多种作法的综合应用，唐文治在该书跋语中告诉学生此种现象"夥矣"。但他又说明，每篇选文后的讲解文字，只针对该"目"所标示的文章作法，以便学生"一课一得"，把当下所学习的这种作法悟深弄懂，日后能在国文读写实践中举一反三。

下面举"局度整齐法""皎洁无尘法"两例略作示明。

（一）国文作法"局度整齐法"示例

唐文治分四步编写该目内容：

（1）标明项目：局度整齐法。

（2）提示用途：普通适用，以意义分明、不板滞为主。

（3）选文：选配了五篇文章，依次为《尚书·无逸》《诗经·荡》《左传·长勺之战》、韩愈《进学解》、王紫翔《李傅相六十寿序》，依项目线索作圈点。其中《长勺之战》一文即现今编入全国初中语文课本的《曹刿论战》，唐文治据"局度整齐法"圈点如下：

十年春，齐师伐我。公将战，曹刿请见。其乡人曰："肉食者谋之，又何间焉。"刿曰："肉食者鄙，未能远谋。"乃入见。问："何以战？"公曰："衣食所安，弗敢专也，必以分人。"对曰："小惠未遍，民弗从也。"公曰："牺牲玉帛，弗敢加也，必以信。"对曰："小信未孚，神弗福也。"公曰："小大之狱，虽不能察，必以情。"对曰："忠之属也，可以一战，战则请从。"公与之乘，战于长勺。公将鼓之，刿曰："未可。"齐人三鼓，刿曰："可矣。"齐师败绩，公将驰之，刿曰："未可。"下视其辙，登轼而望之，曰："可矣。"遂逐齐师。既克，公问其故，对曰："夫战，勇气也。一鼓作气，再而衰，三而竭。彼竭我盈，故克之。夫大国难测也，惧有伏焉。吾视其辙乱，望其旗靡，故逐之。"

（4）讲解与评点：

凡文局度之整齐者，妙在天然绾合，若以斧凿为之，则呆滞不灵矣。此文以"公曰""对曰"三段为第一整齐法；以"公将鼓之，刿曰'未可'""公将驰之，刿曰'未可'"为第二整齐法；以"故克之""故逐之"为第三整齐法，皆天然绾合，非出人为。然非得"肉食者谋之"一段点缀在前，则此文便索然无味，此等处学者宜善自领会。

学生按此四步读下来，对国文中的布局谋篇整齐之法就能有所领会。

（二）国文作法"皎洁无尘法"示例
（1）标明项目：皎洁无尘法。
（2）提示用途：适用于辞赋游记之属，宜有空山鼓琴、月明天外之致，身有俗骨者不能为此。

（3）选文：配选5篇文章：《诗经·蒹葭》《诗经·白驹》、陶渊明《归去来辞》、苏轼《石钟山记》、吴毅人《春水绿波赋》。唐文治就每篇中显示"皎洁无尘法"之文句作了圈点。每篇后就该法之应用作了讲解与评点。

其中《归去来辞》加圈的句子是：

归去来兮，田园将芜，胡不归！

云无心以出岫，鸟倦飞而知还。景翳翳以将入，抚孤松而盘桓。归去来兮，请息交以绝游。

已矣乎！寓形宇内复几时，曷不委心任去留？胡为乎遑遑欲何之？富贵非吾愿，帝乡不可期。怀良辰以孤往，或植杖而耘耔。登东皋以舒啸，临清流而赋诗。聊乘化以归尽，乐夫天命复奚疑！

（4）讲解与评点：

皓月当空，纤云不染，是即皎洁无尘之象。然文之皎洁无尘者，必其心之皎洁无尘者也。陶公不为五斗米折腰，其性灵何等光明，其气节何等高峻。天君泰然，冰壶朗彻，故其文高洁如此，读之可以一洗俗情俗骨，凡依回于出处进退之间者，可以鉴矣。其有益于心术人品，非浅鲜也。

学生读了唐文治的圈点与评语后即可领会所谓"皎洁无尘法"就是以皎洁无尘之心灵，描绘皎洁无尘之物象，表达皎洁无尘之志向。

纵观全书，该教材共选编历代文章、诗赋236篇，继承了中国古代源远流长的文选型读本传统，尤其是直接继承了清代桐城派古文的读文传统，但在编排体例和讲解方法上又有鲜明的创新。此前，清代影响广泛的三套文选型读本的编排体例是，吴楚材、吴调侯的《古文观止》按年代前后编排文章，姚鼐的《古文辞类纂》和曾国藩的《经史百家杂钞》按文体编排文章，而《国文经纬贯通大义》是按文章写作法编排，处处渗透着读写结合的精神。这样的体例创新，彰显了唐文治教授国文高度重视提高学生读写能力的教育思想，这在国文教育史上是一项重要进步。

除上所述特点以外，《国文经纬贯通大义》作为一部国文教材，还有以下四方面特色：

其一，全面提示国文写作技法。唐文治详细列举的44种方法涉及文章的立意、选材、布局、线索、剪裁、词法、句法、音律、格调、境界、叙事、描写、议论、抒情等诸多方面，可谓周全详尽，而且在每法下面提示了用途。如"辘轳旋转法"专用于文意的由浅入深、逐层推进，该法下评点《诗·文王》篇："以天命作主，愈转愈深，结出命意"。如"格律谨严法"专用于论说文条理严谨，该法下评点欧阳修《伶官传序》云："此文以盛衰二字作主（引按：主题），首段总冒（引按：总起），中间一段盛、一段衰，末段以'方其盛也''及其衰也'作封锁"，可谓条理严谨。如"两扇开阖法"专用于议论文中论说文字的左右相见、正反相证，该法下评点《孟子·庄暴》章云："此文以'独乐乐'两段，作两小队，'今王鼓乐于此'两段，作两大队，文气排戛震荡，实为韩文所本。"选文中"独乐乐，与人乐乐，孰乐""与少乐乐，与众乐乐，孰乐"，为句中对比，文字少，故称"两小队"；选文中"今王鼓乐于此，百姓闻王钟鼓之声、管籥之音，举疾首蹙额而相告曰"，和"今王鼓乐于此，百姓闻王钟鼓之声、管籥之音，举欣欣然有喜色而相告曰"两段，为前后对比，文字多，故称"两大队"。又如"凄入心脾法"，涉及文章的选材与用语，该目下唐文治评点韩愈《祭十二郎文》，"历叙生前离合之因，复计死后儿女之事，絮絮道家常，读之泪雨落不能掩"，既评了选材特点，又评了用语特点。再如"选韵精纯法"，涉及文章中遣词用韵，该目下唐文治评点欧阳修《秋声赋》，"以阳庚韵与入声韵间用，退之用之作《张彻墓铭》，永叔用之作《秋声赋》，而皆间一句以成韵，音节之妙，乃绎如以成"，谈的是文章中句子的韵律。

其二，选文评文重视道德教育功能。在唐文治看来，国文教学必须重视道德教育，让学生读国文，不仅仅是要学会如何欣赏国文、写作国文，还应该要实现更高层次的育人目的。有良好道德教育功能的古文首选儒家经典，所以在《国文经纬贯通大义》全书入选的236篇诗文中，选自儒家十三经的有87篇，占三分之一强，其中《尚书》有9篇，《诗经》有

38篇,《春秋》三传有30篇,《论语》《孟子》有11篇。还有选自唐宋八大家的60篇文章也均渗透儒家思想道德。唐文治在评语中亦时时顾及道德因素。如"凄入心脾法"下选编的《诗经·蓼莪》篇中之句:"哀哀父母,生我劬劳","哀哀父母,生我劳瘁","父兮生我,母兮鞠我,拊我畜我,生我育我,顾我复我,出入腹我",唐文治评语曰:"此诗朱子谓人民劳苦,孝子不得终养而作。……余谓此诗传神全在数'我'字,痛心之极亦在数'我'字。'我'身,父母之所赐也,其何以报父母之德乎!"这样的评语中浸润了中华民族的孝德文化。又如"高瞻远瞩法"下选编了《孟子·伊尹割烹》章,唐文治撰写评语道:"此文以尧舜之道作主,以'吾'字'予'字作线索,皆有挺然自任之意,则其身之贵重于天地间为何如。故曰'归洁其身而已矣'。凡人生当世,必当为天下第一等人,然有任圣之志气,必须有任圣之道德学问,徒放言高论无益也。愿吾国之学者勉之。"这样的评语不只是在评论文章,更是在教导学生如何肩负起家、国、天下的责任。这就是唐文治在《国文经纬贯通大义》跋文中所说的"通人情、达物理、正人心",这种重视道德教育的思想正是唐文治对于学校培养人才要"崇尚道德"的一贯思路。

其三,收入唐文治先生自撰的多篇范文。自《昭明文选》以来的古文选本,多选之前时代的大家名作,极少选入编著者自己的作品。究其原因,一方面是因为之前时代的大家名作已经受过历史的考验,已为广大读者所认可;另一方面,选编文章的编者,自己的文章未必优秀经典,因而对选自己作品缺乏自信,或想避免自夸之嫌。唐文治编著《国文经纬贯通大义》之时,正逢中华传统文化备受诟病、传统国文日渐式微之际,他把坚守国文教育阵地视作时代赋予自己的使命,故而丢开一切荣辱得失顾虑,不避自夸嫌,只肩担道义,在这本自编国文读本中选入了自己的作品,为的是指导青年学生更好地学习国文。选编进该书的唐文治自己的文章共11篇,分别是《〈论语·微子篇〉大义》(入卷一"奇峰突起法")、《〈英轺日记〉序》(入卷二"段落变化法")、《〈论语·雍也篇〉大义》(入卷二"一唱三叹法")、《〈孟子大义〉序》(入卷三"说经铿铿法")、《〈孟子·滕子公篇〉大义》(入卷三"逸趣横生法")、《说龙》(入卷四"光怪陆离法")、《大孝终身慕父母义》（入卷四"倒卷珠帘法"）、《游日光山记》（入卷六"心境两闲法"）、《〈论语·子张篇〉大义》（入卷七"层波叠浪法"）、《释气》（入卷七"洸洋诙诡法"）、《〈论语·乡党篇〉大义》（入卷八"炼气归神法"）。11篇选文分布基本均衡，可见唐文治能娴熟地运用书中所列举的写作方法来创作文章。这11篇文章摆在青年学生面前，就是在告诉学生：这些由前人文章中提炼出来的写作方法，是可以用于当今的写作实践的。这种为师者亲身示范的作用，比起教师只在嘴上"讲法"来，无疑更能鼓励学生学习国文作法并应用于写作实践的热情。唐文治选自己文章入教材，渗透着儒家"知行合一"的精神。

其四，极度重视对国文的读诵学习。如何学习这部读本中编入的古典范文？唐文治给出的最重要方法就是"读诵"（也称"诵读"）。他在《国文经纬贯通大义·例言》中提出了著名的"三十遍读诵法"：

> 学者读文，务以精熟背诵不差一字为主，其要法：每读一文，先以三十遍为度。前十遍求其线索（引按：指文章作法）之所在，划分段落，最为重要。次十遍求其命意之所在，有虚意，有实意，有正意，有言中之意，有言外之意。再十遍考其声音，以求其神气，细玩其长短疾徐抑扬顿挫之致。三十遍后，自不知手之舞之，足之蹈之，虽读百遍而不厌矣。能得斯境，方能作文。然实各有其性之所近，至易而无难也。

唐文治之所以如此重视用"读诵法"学国文，与国文的文言词汇、句法、语感有直接的关系。由于国文写作所用文言不同于日常口头讲话，所以已经有口语感的学生未必具有读写国文所需要的文言语感。而学生按照"三十遍读诵法"去学习国文，就能较快较好地获得包括词汇、句法在内的文言语感，从而夯实国文学习最重要的基础。唐文治提倡"三十遍读诵法"，可谓抓住了青少年学习国文的关键。《国文经纬贯通大义》不仅示人以国文写作法，而且教人如何以"读诵法"跨入国文的门径，这样二者兼顾的周全考虑在同时期的国文教材中是特色卓著的。"三十遍读诵法"中的后十遍读诵，要求细玩文章声音的"长短疾徐抑扬顿挫之致"，这种读文方法就是吟诵。唐文治于此有杰出的造诣，其古文吟诵又称"唐氏读文法"，当时已被世人誉为"唐调"。当年使用《国文经纬贯通大义》作为国文教材的无锡国专、无锡中学校（私立无锡中学）学生，许多人学会了这种别具韵味的"唐氏读文法"。

五、国文写作与"国文大会"

文言是中国统一的书面语言。中国自古以来幅员辽阔，人口众多，"广谷大川异制，民生其间者异俗"，各地之方言繁多，在漫长的农业文明时代，各地之方言无法统一，中央政府（朝廷）必须依靠统一的文字和书面语言——汉字和文言来实现对国家的治理，所以古代科举选拔官员的最重要考试内容就是文章写作。在唐文治心目中，文章写作还有更广泛的重要功用："举凡山川陵谷之变迁，风俗运会之递嬗，声明文物之纷阗，钟鼎旗常之铭识，人事、老少、存亡之纪，刑法、食货、战斗、号令之具，胥由文焉以作之揭橥。"（唐文治《〈工业专门学校国文成绩录〉序》，1914年）简明地说，就是但凡有社会生活的记录、交流、信息传递之处，就需要运用文言写作。所以唐文治在学校教育中非常重视国文写作，他指出："蒙以养正，端重斯文，孝弟人瑞，丽藻彬彬，不文者蠢，能文者兴。"（唐文治《〈工业专门学校国文成绩录〉序》，1914年）学生启蒙受教育，培养正直人品，要倚重国文；学生的孝悌道德要和文雅辞藻一同长进；没有国文写作能力的人愚昧，具备国文写作能力的人成才。正是基于这样的认识，唐文治掌校时期始终对学生的国文写作紧抓不放。

唐文治的国文写作观深受中国传统文化精髓滋养，极具特色，归结其要点有以下诸条。

其一，文品与人品一致。青年唐文治受业于太仓名师王祖畲之门时就接受了王师"文虽艺术，而人品学问，皆寓其中"的教诲。以后他当了校长、教师，也一再教育学生："人之于文，形之与影也。人格之与文格，相须而不离者也。余尝有言：凡文之博大昌明者，必其人之光明磊落者也；文之精深坚卓者，必其人之忠厚笃实者也；若夫圆熟软美，则人必巧滑而佞柔；叫嚣凌乱，则人必恣睢放荡而无秩序。……故曰人格之与文格相须而不可离也。"（唐文治《〈工业专门学校国文成绩录二编〉序》，1917年）基于这样的国文写作观，唐文治一方面要求学生修道德，讲品行，扩充心中之正气，从而扩充国文写作中的正气，做天下第一等人，从而写出天下第一等文；另一方面反对将文品与人品分离开来看待，反对国文写作中说假话、行诈伪。他就任上海高等实业学堂监督后就一再告诫学校师生："吾中国文学之衰至于今而极矣，而究其所以致衰之由，则以离人与文而二之也。夫文者，人品之所由见也……自古以来未有性情不正、气质不纯而其文能信今而传后者。……自斯谊不明，士大夫离人以言文，由是而诈伪惭枝之弊生焉。"（唐文治《〈国粹教科书续编〉序》，1908年）唐文治在国文读写教学中之所以遵从"阴阳刚柔，古文四象"理论，其根本出发点也是力求把"文品"和"人品"结合起来看待。他认为讲究"人品与文品一致"，是儒家思想指导下确立作文观的最紧要之处："圣门文学之科，基于德行，而达于言语政事，望诸生其共勉之。"（唐文治《〈国文经纬贯通大义〉跋》，1925年）

其二，国文写作有法度，又不拘泥于法度。文言文的写作从先秦以来，有三千年历史，历朝历代的文章家潜心研究文章作法，精心撰写诸体佳篇，为后人留下的范文可谓星汉灿烂，可资后人学习的作文方法亦洋洋大观。唐文治认为，这些范文佳作要熟读，这些文章作法要学习，才能掌握经纬文章的法则，所以他特意编撰《国文经纬贯通大义》课本，指导青年学生了解、掌握国文写作的44法。唐文治还特意在该书跋语中指出最最基本的作文法度："初学作文，文宜从句法、段落、篇法始，所谓积字乃可成句，积句乃可成段，积段乃可成篇也。"该书初编时，原有"意义明显法"，专谈初学作文者要做到文通语顺意明，后因该书适用对象为中、高等学校学生，已过"文通语顺意明"关，故而删去。唐文治在该书《自叙》中告诉青年学生，文章是有规矩的，"必先潜研乎规矩之中，然后能超乎规矩之外"。关于"超乎规矩之外"，唐文治主张文章写作"神于法而不拘于法，则成文中圣手矣"。怎样才能"不拘于法"呢？唐文治有许多具体的论述：曰"博古通今"，作文须令诸子百家、各种科学"皆腾跃而出其腕下"；曰"奇正变化"，奇中有正，正中有奇，变化无方；曰"法生于理"，"文章当壹衷于理"，"行乎其所不得不行，止乎其所不得不止，自能神明变化，为天地间化工之文"。（唐文治《王紫翔先生文评手迹跋》，1930年）如此等等，不一而足。

其三，学生写作要由繁而进简。有学生问学习国文写作先学繁笔，还是先学简笔？唐文治回答："文必由繁而进简，未有先简而后繁者也。诸生试细推之，凡才气之盛者，其文必繁；理想之富者，其文必繁；纪事之委蛇而曲折者，其文必繁。故诸生今日正求繁之时也。"（唐文治《国文大义》，1920年）这是唐文治因材施教，重视学生作文宜"先繁"。同时，他又向青年学生指出，"繁"之背后必须由"简"来驾驭："凡文，才气之盛者，节目必求其晰；理想之富者，词句必求其工；纪事之委蛇而曲折者，叙述必求其有序而有条理。晰也，工也，有序而有条理也，皆非简不可。"唐文治以实事求是的态度，向初学国文写作者揭示了文章繁、简之间的辩证统一关系。他甚至告诫初学文章写作者："若入手先求其简，则必至于局小词涩，气窒理障，而文且不可通。"（唐文治《王紫翔先生文评手迹跋》，1930年）

唐文治在担任"邮传部上海高等实业学堂—南洋大学—上海工业专门学校"14年校长的过程中，十分重视安排好全校的国文写作课程。该校由高等小学部（下院，亦称外院）、中学部（中院）、专科部（上院）组成，根据各部学生学习阶段的特点，国文写作课的安排亦有所不同。高等小学部的学生初学国文写作，课名叫"缀法"（连缀词句成为文章之法，即作文），是国文课的一项教学内容。小学部每周国文课的课时，一二年级13小时，三年级11小时，四年级9小时。"缀法"是国文课中最能显示学生国文水平和创造性的一项内容，学生大都十分感兴趣，也很重视。后来成为著名新闻记者的邹韬奋回忆辛亥革命前后他在该校小学部求学时的作文（"缀法"）课情形：

我们那一级的主任教员是沈永癯先生，他教我们国文……每星期有一次作文，永癯先生批卷很严，最好的文章，他在题目上加三圈，其次的加两圈，再次的加一圈，此外仅于一篇之中比较有精彩的句子的点断处加双圈。每次文卷发下来的时候，大家都好象迫不及待地探听谁有着三圈，谁有着两圈，乃至于下课后争相比较句子点断处的双圈谁多。有的同学紧紧地把文卷藏在课桌的抽屉里，压在重重的课本下，生怕有人去偷看它，那很显然地是一个双圈都没有！当时我们那种竞赛得津津有味的神情，大家都感觉到很深切的兴趣。有了这样的竞赛，每星期都受着一次推动，大家都的确容易有进步。（邹韬奋《韬奋文集（3）·二十年来经历》）

唐文治校长把中学部的国文写作安排在国文课和修身课中。当时的中学按旧制读四年，该校中学部国文课时的安排是：一二三年级每周5小时，四年级每周4小时，两周一次作文；修身课时的安排是：一年级每周5小时（包含读古代道德修身之经典），二三四年级每周1小时。修身课每学期的考试内容是写一篇以道德修身为内容的作文，以此评定修身课成绩，因而跟国文写作有密切关系。邹韬奋1913年升入中学部，教他国文课的教师是朱文熊（字叔子），是唐文治的同门师兄兼好友。邹韬奋回忆作文课的情形：

因为唐（文治）先生既注意学生的国文程度和学习，蹩脚的国文教员便不敢滥竽其间……我们最感觉有趣味和敬重的是中学初年级的国文教师朱叔子先生。……我们每两星期有一次作文课。朱先生每次把所批改的文卷订成一厚本，带到课堂里来，从第一名批评起，一篇一篇的批评到最后。遇着同学的文卷里有精彩处，他也用读古文时的同样的拼命态度，大声疾呼地朗读起来，往往要弄得哄堂大笑。但是每次经他这一番的批评和大声疾呼，大家确受着很大的推动。……朱先生改文章很有本领，他改你一个字，都有道理；你的文章里只要有一句有精彩的话，他都不会抹煞掉。他实在是一个极好的国文教师。（邹韬奋《韬奋文集（3）·二十年来经历》）

对朱文熊老师的评阅作文，唐文治校长也是极为赞赏的，他在1934年为朱文熊写的《朱君叔子墓志铭》中追记朱文熊评阅学生作文的情形："其评改文字，手不停披，一目数行下，虽多至百余卷，越宿即宣示诸生，无有逾两日者。以故（师生）感情之厚，非他人所能及。"此是后话。

至于中学部的修身课，因为考试就是写一篇关于道德修身的作文，于是更加重了国文写作在学生心目中的分量。同学们心里清楚，"其实这篇文章的好坏，与其说是关于作者平日修身的怎样，不如说是关于作者国文程度的怎样。国文好的人就大占便宜"。（邹韬奋语《韬奋文集（3）·二十年来经历》）

关于专科部（上院）学生的国文写作教学，唐文治校长更是开创了卓具该校特色的教学方式。辛亥革命之前，铁路专科和电机专科三年中均开设国文课，每周3节，考试就是写一篇命题作文，所得成绩一定排在学生成绩单的首列。民国成立后，教育部规定的专科课程中并无国文课设置，但在唐文治校长"极意注重道德，保存国粹"的办学宗旨指导下，学校土木专科、电机专科、铁路管理专科仍然坚持在四个学年中均安排国文课，一年级学生每周3课时，二至四年级学生每周1课时，考试就是写命题作文；一年级还设有道德课和伦理学课，考试形式也是写作文。例如，1912年7月铁路专科一年级全体学生成绩单显示，第一门功课是国文，最高分学生为张时雨、茅承庠，获95分，最低分学生为侯瑞祥，获65分。

为激励全校学生写好国文，唐文治从担任校长次年（1908年）起，就创立了全校学生参加的"国文大会"（全校国文写作大赛）制度，从1908年至1920年唐文治辞去校长职务，这13年中，年年隆重举办，从未中断。每年一次的"国文大会"都由唐文治亲自拟定作文题，规定小学部和中学部学生全体参加，专科部学生自愿参加，小学部单独命题，中学部和专科部的作文题相同。1912年就读于土木科的凌鸿勋后来回忆："那时校中每年还有一次国文大会，是全体国文的会考，但同学可自由参加，而不是勉强的。考试成绩最好的由监督奖以金牌，次的奖以银牌或其他书籍奖品等。……成绩好的文章更印出给同学示范，这很有使同学对中文加以用功的作用。现在一般社会谈起交通大学老一辈的学生国文总公认是较好的，自然是那时打下的基础。"（凌鸿勋《交通大学十年忆旧》）

关于在上院设作文赛场及组织"国会大会"的具体场景，1916年秋季升入上院一年级，后就读于土木工程科的周浩泉有一段较为详细的回忆：

每年一度的全校"国文会考",在他任校长时,从未间断。会考制度非常严密,除笔砚外,不准夹带其他东西,巡视监考者川流不息,防止作弊。考题分三类:一、论著体,二、说述体,三、文苑体,任作一题,每人发考卷一份,写坏不补。考试日期规定在孔子诞辰(引按:农历八月二十七日)前两星期的星期天,亦即中秋前几天举行,颇类似科举时代的秋闱乡试。发榜时在孔子诞辰前几天,对考取前十名的学生,分别奖给金牌、银牌及书籍等,并将文章公布,分发各班,以资鼓励。考场设在上院大礼堂,各据一桌,未交卷前不得离场。八时进场,十一时半闭场,迟到者不得入场,作弊者立命离场,逾时不交卷者抢卷。有位考过举人的国文老师曾说,看到这种会考场面,不禁想起当年在南京考场里的乡试旧影。

周浩泉于1916年秋季首次参加上院的"国文大会",他在三类文体中选做文苑体(文学体裁),题目是《拟寿陵余子游学邯郸记》,典出《庄子》。他采用故事新编式的构思,把"寿陵余子"比作留学生,以邯郸暗射美国,写"寿陵余子"不屑读孔孟之书,背井离乡到邯郸追求新学,一心追求富贵,结果失望懊丧,流落他乡,沦为乞丐。这篇作文在发榜时列为优秀,还获得了唐文治的评语:"文有寓意,喜笑怒骂,皆成文章,用笔奇幻不测,隽才也。"可见从下院、中院一路读上来的周浩泉,其作文,代表了该校学生作文的优秀水平。转眼百年飞逝,周浩泉的这篇《拟寿陵余子游学邯郸记》已无从寻觅,现特从唐文治先生1919年题签作序,由毕公天先生编辑、上海国学书局出版的《全国学校国文成绩大观》中摘录该生就读于土木工程科三年级时写的一篇优秀作文《"天地者,万物之父母也"说》,以窥当年唐文治主政之校学生作文的风貌:

"天地者,万物之父母也"说

交通部立上海工业专门学校
土木工程科三年级　周浩泉

夫父母之于子女也,靡不育之教之,苟育而不教者,岂得称为贤父母哉。天地既育万物,安可无教?乃万物蠢然,惟人为灵,于是圣人出,见天地之环行而不息者，曰"是教万物为礼义而毋乱也"；见天地之有日月而成昼夜者，曰"是教万物以休作而有节也"；见天地之有寒暑晴晦，曰"是教万物以阴阳刚柔相济之义也"；见天地之不择木而雨、不择草而风，曰"是教万物以仁德博爱之怀也"。是以物之生也，天地无不育之教之，惟万物不能察，而人能察之；人苟不能尽察，而圣人能察之；由是著书立说，以教后人，曰："是天地授万物之命也，犹父母教子女之道也。"从而学之，圣贤之流也；否则奸佞之徒也。而世人往往不察，其甘违父母之教者，是诚何心哉！

这篇作文依从儒家思想而立意，敬天地造化而崇圣人智慧，议论古代先知圣人的思想是来源于自然天地运动的启示，后人应该学习先圣传下的礼义、仁德、博爱之怀。结尾由题目"天地者，万物之父母"联系到世人"甘违父母之教"（即甘违天地之教），以显示现实针对性。《全国学校国文成绩大观》一书对该篇作文的评语是："说理精透，气疏以达，妙在绝无浮烟涨墨缠其笔端，望而知为斲轮老手（引按：富有经验的作者）。"

1920年底唐文治辞去校长职务后，"国文大会"在上海交大曾一度中断，但不久即获得恢复。1925年12月，上海交通大学校长凌鸿勋发布举行国文比赛公告，称："本校国文一科在昔注重精研，故能成绩斐然，为他校冠。自改组大学以来，科学程度提高，功课渐繁，遂致国文成绩不如往昔。年来毕业学生离校之后，多感文学浅肤，应用上不能愉快。鄙人默察旁征，抚今思昔……援照从前国文大会之旨趣，加以变通，订定国文比赛简章六条，即日公布施行。"由此而后，唐文治创立的"国文大会"以稍加改进的形式在上海交大又逐年举行，至中华人民共和国成立前，一直是学校国文教学上的一大特色。另一方面，唐文治辞去交通部上海工业专门学校校长职务后，创办了无锡国专，他又把"国文大会"制度移入国专校园，使之成为激励国专学生写好国文、精研国文的有效形式。无锡国专众多学生在毕业多年后写回忆文章，对唐文治校长亲自组织的"国文大会"仍津津乐道。

第四章　唐文治的国学思想和办学实践

一、清末民初国学遭遇千年未有之冲击

现今中国人语义中的"国学"，概指中国传统的学术文化（见《现代汉语词典》"国学"词条），然而，在1900年以前，中国人语汇中的"国学"仅指国家设立的学校，并没有"传统学术文化"这一语义。"国学"概指中国传统学术文化的词义，是20世纪初从日本传入的。日本人福泽谕吉在明治时期的著作中就经常使用"国学"一词，他在1880年合订出版的《劝学篇》中称："所谓学问，并不限于能识难字，能读难懂的古文，能咏和歌和作诗等不切人世实际的学问。这类学问虽然也能给人们以精神安慰，并且也有些益处，但是并不像古来世上儒学家和日本国学家们所说的那样可贵。"福泽谕吉所说的"日本国学"，就是指日本国的传统学术文化。1902年8月，京师大学堂总教习、桐城派古文大师吴汝纶赴日本考察教育，在日记中记载，日本学者古城贞吉对中国教育提出劝告意见："勿废经史百家之学，欧西诸学堂必以国学为中坚。"（吴汝纶《桐城吴先生日记》壬寅六月三十日），此处"国学"即指本国的传统学术文化，这大概是中国人最早在该语义上使用"国学"一词。随后，吴汝纶在《答大学堂执事诸君饯别时条陈应查事宜》信函中明确写道："日本汉学，近已渐废，吾国不可自废国学。"与此同时，唐文治随固山贝子载振出访英、法、比、美、日五国也恰巧在日本，《茹经先生自订年谱》中记："（农历七月）二十九日，抵日本横滨，旋抵东京……桐城吴挚甫先生名汝纶，考察学务，适在日本，不期而遇，至为欢洽。屡次相约夜谈，论古文源流，并曾文正行谊宗旨甚晰。"只是当时唐文治指称"中国传统学术文化"时仍用

"国粹"一词。回国后，唐文治于1902年代载振大臣撰写出国考察报告《英轺日记》，他在《〈英轺日记〉序》中明确指出："（日本）兄英师德，自奋东方。行观其庠序，则子衿青青，被服德行，方领矩步，虑宪求善良；行察其主藏，则地用人用，井井秩秩，经制出入，准平靡失。其心竞于学界也……其作新不已而不破糜其国粹也。"唐文治此处所说"国粹"，就是指日本国的传统学术文化，即"日本国学"。早在1902年就已使用现代语义上"国学"一词的还有梁启超，他在1898年戊戌变法失败后逃亡日本，受日本语中"国学"一词的影响，于1902年秋致信好友黄遵宪，打算邀请他共同创办《国学报》。揣摩梁启超的意思，这是一份旨在弘扬中国传统学术文化的报纸。同年，梁启超开始撰写并陆续发表长文《论中国学术思想变迁之大势》（刊载时间从1902年延续至1904年），文中谈及："近顷悲观者流，见新学小生之吐弃国学，惧国学之从此而消灭。吾不此之惧也。……今日欲使外学之真精神普及于祖国，则当转输之任者，必邃于国学，然后能收其效。……此吾所以汲汲欲以国学为我青年劝也。"此文中，现代语义上的"国学"一词，已被梁启超反复使用，用来指称中国传统学术文化。唐文治开始使用近代意义上的"国学"一词，大约是在1907年任邮传部上海高等实业学堂监督（校长）时。他在1914年所撰《〈工业专门学校国文成绩录〉序》中引用自己1907年的讲话，其中用到"国学"一词："岁在强圉协洽（引按：1907年）季秋之月，文治来主邮传部高等实业学堂，即今交通部工业专门学校是也。既莅事，进诸生告之曰：'汝侪宜崇国学。'……生民之类，自弃其国学，未有不亡者也。"此话中之"国学"，显然是指中国固有的传统学术文化。

中国有文字记载的历史已有三千年，从未断绝，成为人类文明史中的奇观，这是不争的事实。但是1840年鸦片战争以后，西方列强用工业文明的坚船利炮轰毁以农业文明为基础的古老中国的国门，中国遭遇千年未有之"大战国"（唐文治语），逐步陷入被侵略、被掠夺、被奴役、被肢解的悲剧境地；与此同时，西学欧风浸入中土，用半个多世纪的时间逐渐动摇中国传统学术文化的"尊位"，吹落中国传统学术文化的"礼冠"，至清末民初"废科举""废读经"，中国的国学——传统学术文化就同中国的国运一样，遭遇了千年未有之厄运。在中国的国学中，儒学是长期居于主导地位的思想学说，是国学的核心，因而儒学在清末民初遭遇的厄运更为严重，几乎是被全盘否定的灭顶之灾。

儒学在近代遭受第一次冲击是在太平天国运动中。1840年鸦片战争后，中国农民贫困加剧，社会矛盾激化，洪秀全于1843年创立"拜上帝会"，1851年在广西桂平金田村率当地农民起义，建号"太平天国"，由此开始了太平军与清军之间为时14年的残酷战争。马克思曾对初期的太平天国运动称为"革命"，他在1853的《中国革命和欧洲革命》一文中写道："中国的连绵不断的起义已经延续了约十年之久，现在汇合成了一场惊心动魄的革命（引按：指太平天国运动）；不管引起这些起义的社会原因是什么，也不管这些原因是通过宗教的、王朝的还是民族的形式表现出来，推动了这次大爆发的毫无疑问是英国的大炮，英国用大炮强迫中国输入名叫鸦片的麻醉剂。"（马克思《中国革命和欧洲革命》）但后来太平天国运动呈现了极为复杂的内容，马克思对太平天国运动的评价发生了转变，他在1862年的《中国记事》中写道："除了改朝换代以外，他们（引按：指太平天国运动）没有给自己提出任何任务……他们给予民众的惊惶比给予老统治者们的惊惶还要厉害。他们的全部使命，好像仅仅是用丑恶万状的破坏来与停滞腐朽对立，这种破坏没有一点建设工作的苗头。……显然，太平军就是中国人的幻想所描绘的那个魔鬼的in persona（化身）。但是，只有在中国才能有这类魔鬼。这类魔鬼是停滞的社会生活的产物。"随后的历史，不幸让远在欧洲的马克思一语成谶，两年后的1864年，曾经轰轰烈烈将反清战火燃烧到中国十八个省的太平天国运动失败了。在那些"丑恶万状的破坏"中，最伤害文化的就是毁灭儒家经典。

太平天国运动领袖洪秀全（1814—1864）年轻时就接受了基督教洗礼，奉上帝为唯一神，在他的教区和教众中布教"人人应拜上帝"。他把西方列强文化侵略带来的基督教称为"正"，而把中国传统文化称为"邪"，于1843年成立"拜上帝会"。1851年金田起义后，太平军打出广西，一路毁孔庙学宫，烧儒家典籍，杀儒生学士，制造了文化上的罕见浩劫。据史料记载，太平军"所陷之处，凡学宫正殿两庑木主（牌位）亦俱毁弃殆尽，任意作践，或堆军火，或为马厩。江宁（即南京）学宫则改为宰夫衙，以璧水圜桥为椎牛屠狗之场"。当时民间有诗描写太平军对国学文化的毁灭行为："搜得藏书论担挑，行过厕溷随手抛，抛之不及以火烧，烧之不及以水浇。"这种极力毁灭中华文化的行为遭到了文人学士的痛恨，以曾国藩为首的湘军首领们则抓住这一点罗致人心，曾国藩称洪秀全与太平军为"粤匪"（洪秀全是广东人），在1854年发布的《讨粤匪檄》中称："粤匪窃外夷之绪，崇天主之教……士不能诵孔子之经，而别有所谓耶稣之说、《新约》之书，举中国数千年礼义人伦诗书典则，一旦扫地荡尽。此岂独我大清之变，乃开辟以来名教之奇变，我孔子孟子之所痛哭于九原。"曾国藩甚至拿洪秀全与明末农民起义领袖李自成、张献忠相比，认为洪的行为连李、张都不如："李自成至曲阜不犯圣庙，张献忠至梓潼亦祭文昌。粤匪焚郴州之学宫，毁宣圣之木主（引按：孔子的牌位），十哲两庑，狼藉满地。嗣是所过郡县，先毁庙宇，即忠臣义士如关帝、岳王之凛凛，亦皆污其宫室，残其身首。"曾国藩《讨粤匪檄》中的这些描述，在一定程度上反映了太平天国运动中毁灭中华国学文化的历史真相。毛泽东就曾指出："洪秀全起兵时，反对孔教，提倡天主教，这是不迎合中国人的心理，曾国藩利用这种手段，扑灭了他。洪秀全的手段错了。"（《广州农民运动讲习所文献资料》）所谓"中国人的心理"实际上就是民族心理，其中包含中华民族的价值观。

唐文治对太平军毁灭国学文化的行为有清楚的认识。他出生于1865年，正是太平天国运动失败的次年。唐文治的父亲、祖父都是读孔孟书的贫寒儒生，其父亲更是以教孔孟书为业，因畏惧太平军带来的焚书杀儒灾难，带着全家于太平军进攻太仓闸镇的当日（1862年夏）乘舟渡长江北上到海门避难。其父辈口中讲述的这段经历，对少年时代的唐文治有深深的影响。后来，唐文治在自己的文章《救生绳志》等中对此有生动逼真的转述。唐文治晚年所主掌的无锡国学专修馆办学场所"尊经阁"的废圮，就是太平军占领苏南时毁学宫、灭儒学的证据。唐文治在1921年撰写的《无锡重建尊经阁碑记》中记叙了无锡学宫连同该阁在太平军占领时被毁的史实："宋明故事，诸行省郡邑于学舍旁皆建置尊经阁庋藏经籍，所以齐道德、兴庶民，其盛典也。无锡尊经阁，为有明成化间府同知谢庭桂所建，咸丰十年（1860年），庚申之变（引按：指太平军攻占无锡），庠序讲堂废圮殆尽，迨同治改元，稍稍修葺，次第经营，而尊经阁迄未规复。"唐文治在该文中，明确地把六十年前太平天国运动中无锡尊经阁被毁与六十年后"偶有讲求经学者则相与讥笑唾侮，斥为迂愚，数千年之礼义文教几几乎坠地无余"联系在一起议论，表明他认定太平天国有"毁学废孔"的行为。

儒学在近代的再度沦落是在晚清当政者"师夷长技—中体西用—废除科举"的过程中逐步酿成的。明朝末期的17世纪初，近代西学已开始进入中国。《四库全书总目》所载西人艾儒略所著《西学凡》成书于天启癸亥年（1623年）；大致同时期，徐光启先后与西方传教士合译《几何原本》《泰西水法》，还亲自撰写了《勾股义》《测量异同》等介绍西学的著作。但是当时初入中土的西学并未产生大面积的影响，而西方的文艺复兴运动和工业革命正悄然萌芽。二百多年后，第一次鸦片战争中西强我弱的严酷现实迫使一些警觉而明智的士人"开眼看世界"，开始较全面、较成系统地介绍西方、引进西学。首先是禁烟大臣林则徐将他在广东收集编译的《四洲志》《华事夷言》等有关西方国家的资料交给好友魏源，嘱他编印《海国图志》。1843年，《海国图志》刻本出版，次年正式发行。该书于1847年增订为60卷，1852年又扩编为100卷，系统介绍了海外诸国的地理、历史、政治状况，以及各国的交通贸易、文化教育、宗教历法、科学技术等，介绍了火轮船和数种新式武器的制造和使用。《海国图志》以其新鲜而丰富的西学内容，在国内产生影响，进一步带动了徐继畬《瀛环志略》等介绍西风西学的图书编刻问世。西学有助于富强，这样的认识让当时"开眼看世界"的士人提出了"师夷长技以制夷"的思想，西学开始被认同为有用的"长技"。

传统中国士大夫习惯于把学术作"体""用"之分，"体"是自身本体，是不可变更的；"用"是世事功用，是可以因事而变的。中国自汉武帝"罢黜百家，独尊儒术"起，儒学成为统治者尊崇的学术，汉唐盛世时期儒学的体、用两方面均充分发挥了作用。至清代，乾隆盛世时的儒士仍然认为，通于"经术精微，则学为实事，而文非空言，所谓有体必有用也"。

（章学诚《文史通义》）清中期的朝野上下，仍然因循千百年来的崇儒传统，把儒学的体、用两面均贯彻于社会治理之中。至鸦片战争后"师夷长技以制夷"思想提出，一部分士大夫看到儒学之"用"不如西学，开始质疑儒学"有体必有用"的传统学术理念，儒学之世事功用地位在一部分统治者心中发生动摇。

　　1861年，以清廷总理各国事务衙门成立为标志，为时三十多年的洋务运动拉开序幕。洋务运动由朝廷重臣奕䜣、曾国藩、李鸿章等主导，主张引进、仿造西方的武器装备和学习西方的科学技术，以求增加国力、巩固清王朝。洋务派创设了安庆内军械所、江南制造总局、轮船招商局、福州船政局、汉阳铁厂等一批近代企业，并开设同文馆，建立报馆印书馆，开办新式学堂，使西学之"用"在中国多个省份、城市落地开花。此时，有国人开始称中华千年儒学为"旧学"，而称西学为"新学"，在得"洋务"风气之先的沿海沿江开埠城市，儒学的至尊地位开始在一些青年学子心目中滑落。当时就有记载称："自新学出，而薄视旧学，遂有烧经之说。"（皮锡瑞《经学历史》）19世纪80年代，曾担任过英商洋行买办的广东人郑观应撰写宣传新学思想的《盛世危言》，在该书"西学篇"中提出："中学为体也，西学其末也；主以中学，辅以西学。""中体西用"一时成为时尚思潮，成为推动洋务运动展开的思想支柱，成为被广泛接受和传播的"正确"理论。儒学虽然仍维持天下学子科考进阶的"举业"功用，但其他功用已全面滑落。至1898年戊戌变法期间，洋务派重臣张之洞为了"辟"康有为等变法维新"邪说"，特撰写《劝学篇》上呈光绪皇帝，对"中体西用"作了权威性阐述。他认为："中学为内学，西学为外学，中学治身心，西学应世事。不必尽索之于经文，而必无悖于经义。"他提出的论断是"旧学为体，新学为用"（张之洞《劝学篇》）。张之洞的观点代表了晚清朝廷以慈禧太后为核心的实力派的立场。这一立场虽然维持"旧学为体"、维持君主体制和君臣之义，但儒学的功用只剩下"治身心"，而"应世事"已用不上儒学了，儒学的"经世致用"功能无形中遭否定。

　　1894年甲午战争，中国战败，北洋水师全军覆没，宣告了洋务运动不足以救中国，也显示"中体西用"理论自身存在着难以克服的悖论。随后十年中，儒学作为"举业"学问的"皇尊"地位，在科举制度的改革和废除中被"新政"之风掸落。改革科考的大声疾呼首先来自戊戌变法人士。1898年，由康有为授意，梁启超为监察御史宋伯鲁拟稿《奏请经济岁科举归并正科并各省岁科试迅即改试策论折》，提出废除依据"四书"代圣贤立言的"八股文"（制义），改试策论，获"奉旨允行"。同年，康有为自己呈上了一份关于"厘正科举文体，听天下乡邑增设文庙"建议的奏折，主张将儒学改造成宗教，由教会来推行，同时废除科举。虽然"百日维新"失败，科举改革未能如期实现，但是舆论之风已经吹起，以京师大学堂成立为标志的兴办新式学堂的潮流也开始在各地涌动。1900年庚子事变，八国联军攻入北京，慈禧太后携光绪皇帝仓皇西逃，加重了清王朝的覆亡危机感。事态平息后，慈禧太后为摆脱内外困境，以"新政"之名开始推行此前维新人士提出的种种改革主张，包括从根本上改换"科举"与"学堂"的地位。1904年，清廷颁布由张之洞、张百熙、荣庆合订的《奏定学堂章程》（时称"癸卯学制"），在全国从上到下正式施行"停科举""办学堂"的教育选才改革，已有千年传统的以儒家经书为"举业"的教育选才制度被废止。"废科举"让儒学的地位一落千丈，儒学仅存的最后一项"受学入仕"重要世事功能遭废除。清政府废科举推行"癸卯学制"时，尚在各级学堂设立"读经"课程，至几年后辛亥革命爆发、1912年民国政府成立，教育部即下令全国学校废除"读经"课程。至此，国学的核心内容"经学"被迫退出普通中小学课堂。

唐文治是这一阶段儒学沦落过程的经历者和参与者，他对"中体西用"和"废除科举"持略带保留的赞同态度，对儒学的落魄则抱锥心刺骨的痛感。1876年，12岁的唐文治就由父亲带着参观了江南机器制造总局，这是洋务派大臣李鸿章在上海创办的规模最大的洋务企业，能够制造枪炮、弹药、轮船、机器。这是唐文治首次近距离目睹洋务运动的成果。其后一生中，他对"西学为用"一直持积极支持的态度。1892年唐文治取中进士，担任京官后，对"理学"（儒家义理学）与洋务的关系、中学与西学的关系做了更为深入的思考。他于甲午之年北洋海军战败之际提出："今天下之大患，犹不在乎不谭洋务，而在乎人人嗜利，故吾辈欲挽回风气，振起人心，必当以理学为体，以洋务为用。人必先勉为君子而后可谈洋务，否则聚无品嗜利之徒，相率而习洋务，国家之受害，更无所底止矣。"（唐文治《读〈思辨录〉札记》，1894年）此时，唐文治思想中已明确地把"理学为体""勉为君子"作为"洋务为用"的前提条件。他在1896年的《上沈子培先生书》中又提出，"盖理学、经济相须而成，理学为体，经济为用"，仍然坚持把"理学为体"与"经济为用"紧密联系在一起。唐文治对待"中体西用"的观点与张之洞一派有共同之处，都承认"洋务为用"，但唐文治更加强调"理学为体"是"洋务为用"能够成功的重要条件。唐文治看到了"理学"对人的道德行为高下的决定性影响，这样的观点并没有放弃中华传统儒学"通经致用"的大原则。

对于科举考试，唐文治也有自己的见解。他虽然是科举制度的得益者，但并不认为近世科举考试有利于选拔和鼓励天下人才。甲午战败之年，他就对科举考试提出严重质疑："若近世之试帖律赋、大卷白折（引按：清代进士殿试考卷），尤为无用之弃物。率天下之贤能俊杰，相与废时失事，以趋于无用之地，实为可笑可叹。文治窃谓当今之世，倘能取试帖律赋、大卷白折一概扫除，而俾天下从事于经济学问，则中国人才何患不盛！"（唐文治《读〈思辨录〉札记》，1894年）因此，唐文治是戊戌变法时期科考改革的赞同者，也是后来废科举、兴学堂的大力支持者。但唐文治又坚持各级各类学堂都要"读经"，他认为必须"读经"，才能引导青年学子确立第一等品行，勉力成为君子，才能达成"理学为体，经济为用"的良好愿景。《癸卯学制》颁布以后的半个世纪中，唐文治对废除科举始终持赞成态度，而对废除"读经"则持痛心疾首的反对态度。

儒学在近代中国遭受的第三次冲击是新文化运动中的一些激进人士的过激言行造成的。1916年12月，陈独秀在《新青年》杂志第二卷第四号发表题为《孔子之道与现代生活》的文章，批驳康有为的尊孔言论，认为："孔子生长封建时代，所提倡之道德，封建时代之道德也；所垂示之礼教，即生活状态，封建时代之礼教，封建时代之生活状态也；所主张之政治，封建时代之政治也。"陈独秀明告读者："吾人为现代尚推求理性之文明人类，非古代盲从传说之野蛮人类，乌可以耳代脑，徒以几时震惊孔夫子之大名，遂真以为万世师表，而莫可议其非也！"此文认定"孔教不适现代日用生活"，开以西方现代观点在全国范围批判孔子之先河。后来，1917年至1919年，吴虞在《新青年》杂志发表文章，认为孔子是中国封建礼教的理论源头，应该彻底否定孔子。吴虞一改二千年来中华民族尊敬孔子为圣贤的态度，改称孔子为"盗丘""国愿（引按：国中言行不符、伪善欺世之人）""孔二先生"。吴虞云："故余谓盗跖之为害在一时，盗丘之遗祸及万世；乡愿（引按：乡里中言行不符、伪善欺世的人）之误事仅一隅，国愿之流毒遍天下。"（吴虞《家族制度为专制主义之根据地》）"孔二先生的礼教讲到极点，就非杀人吃不成功，真是惨酷极了！"（吴虞《吃人与礼教》）这位"只手打孔家店的老英雄吴又陵先生"（胡适语，吴虞字"又陵"），一下子把"杀人吃""惨酷极了"的"帽子"罩到了孔子和礼教的头上。1918年，《新青年》第四卷第四号刊出钱玄同的文章《中国今后之文字问题》，他呼吁："我再大胆宣言道：欲使中国不亡，欲使中国民族为二十世纪文明之民族，必以废孔学、灭道教为根本之解决，而废记载孔门学说及道教妖言之汉文，尤为根本解决之根本解决。"综观这些批孔废孔的言论，有一个共同点，即只认可西方的思想学说和社会生活是文明的，而视中国古代儒家思想与社会生活为不文明，为野蛮，甚至把提倡"仁义礼智信"的孔子诬为提倡"惨酷""吃人"的孔子。著名的"疑古玄同"更是激进到为"废孔"而力主废除汉字。中华数千年文明在他们笔下顿成一片"封建黑暗"。由于《新青年》在全国风靡一时的影响，打孔批儒成为时代"进步青年"的追求。于是，在全国各级各类学校中，砸孔子牌位、烧儒学书籍的事层出不穷。中华民族古代文明历二千多年所树立起来的"至圣先师"孔子形象短短几年中就在一代"进步青年"心目中轰然倒塌。

其实，把中华文明说成"野蛮"、把儒学说成"腐朽"从而彻底否定孔子，这样的观点并非吴虞、钱玄同们的创造，其思想源头来自日本，始作俑者是日本明治维新时期的思想倡导者福泽谕吉。

福泽谕吉（1835—1901）少年时期受过汉学教育，读过一些儒学方面的书；后来又学习"兰学"（以荷兰语为载体的西方学术）、"英学"（以英语为载体的西方学术），成年后三次出使欧美，崇拜欧美文化。他一生经历德川幕府和明治天皇两个时代。1875年，福泽谕吉发表《文明论概略》一书，阐述他的"文明观"。他在此书中对中国儒学进行评价，认为"它只是在古时有贡献，时至今日已不起作用了"，并且由儒学在日本的情况简单地推论儒学在中国的情况，把中国的社会发展归结为儒学变迁。《文明论概略》将世界各国文明区分为野蛮的、半开化的、文明的三种，依从西方列强"弱肉强食"的"丛林法则"来处理不同文明之间的关系。福泽谕吉认为："文明既有先进和落后，那末，先进的就要压制落后的，落后的就要被先进的所压制。"（福泽谕吉《文明论概略》）他把中国文明归为"野蛮"，而视儒学为这一野蛮文明的代表，于是把对中国的批判直接转化为对"儒学"的批判。1885年，福泽谕吉在其所办的《时事新报》上发表著名的《脱亚论》，再次彻底否定儒学："如果在文明日新月异的交锋场上论及教育之事，就要谈到儒教主义。学校的教旨号称'仁义礼智'，只不过是彻头彻尾的虚饰外表的东西。实际上岂止是没有真理原则的知识和见识，宛如一个连道德都到了毫无廉耻的地步却还傲然不知自省的人。"此文最后把中国比喻成"墨""坏朋友"，呼吁日本"脱离"中华文化影响的"行列"，"对待支那、朝鲜的方法，也不必因其为邻国而特别予以同情，只要模仿西洋人对他们的态度方式对付即可"。（福泽谕吉《脱亚论》，日本《时事新报》1885年3月16日）福泽谕吉的理论、立场、观点在日本朝野产生广泛影响，日本政府开始模仿西方对待中国的"炮舰"政策，先是侵略朝鲜，随后对中国发动了甲午战争（1894年）。甲午海战日军获胜的消息让福泽谕吉兴奋不已，他立即撰写文章发表，题目是《日清战争是文明与野蛮的战争》，赤裸裸地用他的"文明观"来美化日军侵略："战争虽然发生在日清两国之间，而如果要问其根源，实在是文明进步的一方，与妨碍文明进步的一方的战争，而决不是两国之争。"随后，意犹未尽的福泽谕吉又撰写一篇题为《直冲北京》的评论，引导日本国民"正确"认识"甲午战争"，文曰："今日的战争虽是日清两国之争，实际上却是文明与野蛮、光明与黑暗之战，其胜败如何关系到文明革新的命运。应该意识到我国是东亚先进文明的代表，非国与国之战，而是为着世界文明而战。"在"大思想家"福泽谕吉的启蒙、引导下，日本的民众开始把中国文明视作野蛮、黑暗的文明，而儒学则是这种野蛮、黑暗文明在思想学说上的代表。福泽谕吉几十年办学办报、著书立说，在日本国影响巨大，以致日本明治维新后所建立的大中小学校在思想上均致力于完全清除中国儒学的思想。他以儒学为突破口，彻底否定和批判中国文明，影响了日本的国策和几代人。福泽谕吉的"文明论"视日本为"东亚先进文明的代表"，主张先进文明要压制落后文明，催生了日本的军国主义，成为日本对外侵略的思想源头。福泽谕吉视中国文明为野蛮文明、落后文明，要全部予以打倒的思想，影响了从19世纪甲午战争到20世纪全面侵华战争中的几代日本人。中国从未侵占日本一寸土地，但日本军人在历次侵华战争对中国人的生命毫不怜惜，大肆屠杀，对中国固有文化更是采取蔑视和毁灭的态度。在日本军人看来，中国人是野蛮文明、落后文明的属物，杀掉中国人是日本"先进文明"压制"落后文明"应该做的事。当历次侵华战争中日本士兵在中国土地上屠杀大批中国人时（包括1894年的旅顺大屠杀和1937年的南京大屠杀），日本兵士心目中认为那只是在杀野蛮落后的"豚尾奴""支那猪"（清代中国男子留辫，日本人称之为"猪尾巴"），是在为"先进文明"而战，毫无人类良心的谴责。福泽谕吉"文明论"的思想"因子"就这样溶入几代日本人的血液。直至今日，日本政府仍不肯承认南京大屠杀的罪恶，日本军界始终认为"二战"中的日本是被先进的美国文明打败而不是败于中国人，福泽谕吉的头像也仍然印在日元大面额的钞票上流通全国，可见福泽谕吉思想对日本影响之深。

　　明治维新后日本国势日强，于是，中国出现了一股留学日本、效法日本的热潮。新文化运动发起人陈独秀曾于1901年10月、1902年4月、1907年春三次赴日留学，在学习日语、就读日本陆军学校的过程中，受到福泽谕吉思想的影响，回国后还写文章向国人介绍过福泽谕吉，甚至主张儿童10岁之前的教育当采用福泽谕吉的"兽性主义"。吴虞1905年曾赴日本留学，入法政大学，深受福泽谕吉思想影响；1907年回国后开始著文反儒打孔。1917年，吴虞写文章《礼论》（发表于《新青年》）还引用福泽谕吉名言云："是故福泽谕吉之论吾国曰：'支那旧教（引按：指儒学），莫重于礼、乐。礼者，使人柔顺屈从者也；乐者，所以调和民间郁勃不平之气，使之恭顺于民贼之下也。'"钱玄同1906年赴日本留学，入早稻田大学读师范，1910年回国；其受福泽谕吉的影响不仅在批儒倒孔上，还表现在主张"废除汉字"上。明治维新初期，福泽谕吉的理想是将日本文中的汉字全部废掉，后来发现汉字全废很难立刻实现，便改为提倡先在日本文字中限制、减少汉字数，逐步走向全废汉字。钱玄同回国后发表一系列废除汉字的激烈主张，"实则稗贩日人明治世福泽谕吉辈废汉字之论耳"（季惟斋《明治世废汉字议》）。

　　唐文治没有读过福泽谕吉的书籍文章，但对其时东西洋列强对中国的文化侵略保持高度的警觉。唐文治有一个坚定的认识："文化之于国大矣哉！"（唐文治《上海工业专门学校图书馆立础记》，1918年）面对新文化运动中留日归国学生日趋激烈的批儒倒孔废汉字之风，他及时教育正在美国留学的大儿子唐庆诒："近时毕业学子，是今而菲古，骛外而遗内，尊西而忘中。……于本国之历史、掌故、风尚、教化，芒然一无所知，诩诩然号于众曰：'我外国法也。'庸讵知其不宜于中土！"（唐文治《示郁儿书》，1918年）他要求唐庆诒"毋随流俗为转移也"。就在吴虞、钱玄同们鼓动激进的青年学生在各地掀起批儒倒孔浪潮时，唐文治特地于1917年孔子诞辰纪念日（八月二十七日）派出代表赴山东曲阜拜谒孔陵，宣读自己所写《谒孔陵文》。这篇庄重而沉痛的祭文向世人宣示了唐文治面对"批儒倒孔"浪潮而坚定捍卫中华儒学的文化立场。全文如下：

谒孔陵文

　　粤维丁巳之岁（1917年），八月二十七日，江苏省后学唐文治代表阮维和，谨斋祓竭诚，致祭于我至圣先师之灵曰：

　　呜呼！先师有言：文不在兹？未丧斯文，天心可知。迄今圣学，愈微益危。人禽靡辨，天泽陵夷。千钧一发，孰奠厥基？硕果不食，周公縣辞。先师韦编，三绝于斯。文治不敏，颂《诗》读《书》；幼年志学，发愤下帷。私淑未逮，经师人师；杏坛洙泗，梦绕神随。滔滔逝水，一木思支；风雨如晦，不已鸡鸣。洗心学《易》，幽赞神明；遗篇二十（引按：

指《论语》），大义觕陈（觕，同"粗"；唐文治撰有《〈论语〉大义》）。绍承绝学，厥维遗经；经存道存，经亡道亡。文存道在，文坠道丧。夙夜忧叹，瞻顾彷徨。永我圣教，保我黎民。顾諟天命，战战兢兢。先师有灵，鉴兹下忱。昔者先师，与于蜡宾（引按：指孔子祭万物后叹鲁而言大同之治）。喟然兴叹，三代之英；外户不闭，是谓大同。寥寥莫属，虞夏神农。迄维世变，潮湍溃洞；政乖民散，莫知所从。道揆法守，曰雾曰蒙。文治梼昧，志挽颓风；爰集生徒，大江之东；讲习仁义，礼乐雍容；砥德砺行，依蹈中庸；发扬正气，日闲武功。傥有名世（引按：名高一世者），出于其间，同声相应，法曾效颜（引按：效法曾子、颜渊），云龙风虎，希圣希天。转斡否泰，苞桑河山。安定金瓯，以惠闾阎。埽除榛芜，乾坤朗然。政事文学，焜耀史篇。尊我先师，于千万年。尚飨。

这篇《谒孔陵文》是唐文治用中华传统文化的形式向世人郑重表白自己文化立场的个人宣言。文中表达了几个观点：第一，近时世道变化，冲决孔子儒学的浪潮来势汹涌，人道沦丧，这让我唐文治夙夜忧叹；第二，孔子儒学是追求大同世界、安定国家、惠及百姓的圣学，我唐文治自幼至今向往之；第三，我有志力挽世风，办学崇儒，在青年学子中讲习儒学仁义、砥砺德行、发扬正气，希望能培养出圣杰之士来扭转世道、固国安邦、造福百姓。此次谒祭孔陵后，唐文治真诚地按照所宣示的文化立场展开自己后半生尊孔崇儒、传承国学的人生轨迹。他没有与吴虞、钱玄同们在报章上展开辩驳，而是以办学崇儒的实际行动坚决抵制新文化运动中批儒倒孔的过激潮流。1918年、1919年，正是新文化运动掀起批儒倒孔高潮之际，唐文治却坚持率领交通部上海工业专门学校师生（外籍人士除外）在农历八月二十七日孔子诞辰日隆重举行祭孔典礼。对于学校个别"举动激烈，志不在学"、砸毁校内孔子牌位的学生，则待事态初步平息后作了审慎而果断的处理，以求恢复学校正常的教学秩序。唐文治1920年12月正式辞去交通部上海工业专门学校校长职务后，更是全身心地投入到无锡国学专修馆的办学事业中去，鞠躬尽瘁、呕心沥血地为传承以儒学为代表的中华国学文化而奋斗终生。唐文治耳闻目睹了儒学在近代中国遭受的第三次冲击，他没有向批儒倒孔的"新潮流"妥协，而是坚定地行动起来，以自己的论著和讲学向世人揭明孔子和儒学对于中华民族的恒久意义，以不畏艰难的办学实绩在青年学子中传播和赓续中华国学文化的生命火种。

1931年，震惊国人的九一八事变爆发，日本军队侵占整个东三省，全面实施福泽谕吉半个世纪前提出的以"先进的"日本文明压制、摧毁"落后的"中国文明的战略构想，以"天照大神"驱逐孔夫子。已年逾花甲的唐文治看到了这一血淋淋的现实。1936年，他在《〈国学专修学校十五周年纪念刊〉序》中发表一段论述，可以视作对清末民初中华国学遭遇千年未有之冲击的深刻总结：

> 横览东西洋诸国，靡不自爱其文化，且力谋以己之文化，扩而充之，深入于他国之人心。而吾国人于本国之文化，孔孟之道德礼仪、修己治人之大原，转略而不讲，或且推去而任人以挽之。悲乎哉！文化侵略，瞬若疾风，岂仅武力哉！

二、唐夫子——无锡国专的灵魂

无锡国专师生敬重唐文治先生，从不直呼唐校长名字，而是尊称他"唐夫子"，或"唐老夫子"。唐夫子是无锡国专生命活力的灵魂。

唐文治坚信中华国学的核心——儒学具有"万古不磨"的恒久价值，因而儒学在引导中国社会生活方面如"日月之丽天，江河之行地"般活力常在。"故吾辈务宜独立不挠，力挽颓习，秉壁立万仞之概，不为风气所转移，乃能转移风气，有以觉世而救民。"《无锡国学专修馆学规》中的这段话宣示了无锡国专的灵魂所在。

这一信念的铸就始于唐文治青少年时期。唐文治青少年时代读书求学时，儒学承千年文化传统而来，是中国社会的主流意识形态。儒学乃士子"修身齐家治国平天下"之学，这一认识深深扎根于唐文治心中。宋明理学是儒学的近世形态，尤重修身之自觉，唐文治在王祖畬门下及其后研读于南菁书院时主修宋明理学，对理学培养士子道德品行的"修身"功能更有深刻的认识和体悟。

1892年步入仕途担任京官后，唐文治看到晚清官员道德堕落、品行不正已成为普遍现象，便一再呼吁振兴理学，以收端正道德、纯洁人心之效果。他在1894年撰写的《送嘉定徐季和先生视学浙中序》中深刻分析了近半个世纪以来学界、官场道德风气每况愈下的原因："自嘉道以来，训诂之学一变而为词章，再变而为西法，恂恓之士臆决唱声，于周公孔孟之微言大义、周程张朱之实践躬行，皆斥为空疏而不足道。其上者雅步高论，藻饰其所不及；其下者承风望旨，惟知曲学以阿世。流弊所极，浸至于天下。士大夫专以呪訾（引按：阿谀奉承）栗斯（引按：曲意奉承。栗，通'粟'）为工，以突梯脂韦（引按：圆滑世故）为巧，而天下之学术益至于琐碎灭裂，天下之风气益至于颓堕因循，天下之人才益至于耗散蠹坏，功利之习汾沄沸渭，机械变诈之徒乃得隐操宇宙之利权，而礼义廉耻之说遂至于埽地而无余。"唐文治认为世风的颓坏是由学风、官风的颓坏引起的，近世以来儒学的思想精义和理学的实践躬行精神被一部分士大夫放弃，官场风气转为高谈阔论、奉承阿世、图谋私利、廉耻扫地，因而要扭转颓堕的世风，还必须从以理学督促士大夫修身正心做起。唐文治在文中指出："使夫礼义廉耻之说有以浸渍于士大夫之心，则彼机械变诈之徒或且怵然于主持名教之有人，奔窜慑伏而无所容于中国之地，然则挽回世道之责诚莫先于振兴理学。"宋明理学是中国古代根据儒家经义探究道德学问的义理之学，对学风和道德（包括官员道德和百姓道德）都提出了立足于当时中国社会的衡量准则和追求目标。唐文治提出"挽回世道之责诚莫先于振兴理学"的观点，是他依托于中华固有学术文化和传统道德寻求救世之方的选择。唐文治坚信中华儒学的益世正心功能，真诚地呼吁中国政坛"主持名教之有人"。

在1896年撰写的《上沈子培先生书》中，唐文治再次论述了振兴理学以挽救世风的观点。其论述如下：

> 方今世道诪张，人心陷溺，士大夫好利夸诞，无所顾忌，礼义廉耻气节之说，扫地无余。而驵商市侩者流，乃得乘其敝而起，相与矜情饰貌，

大言欺人，以觊遂其无穷之欲。一旦得志，乃惟声色货利之是徇，藉以自肥其身家，私饱其囊橐。举世滔滔，而天下之风气，益至于变幻离奇；天下之人才，益至于耗散蠹坏；国家大事，益至于溃败糜烂不可收拾。故文治尝谓昔日之患，患在学术，今日之患，患在人心。人心之祸，苟非得圣贤之士，有以正其本原，窃恐天下大势，如江河之日下，庠序之林，皆将为庸恶猥琐诐淫邪遁之徒熏蒸而失其本性。……盖理学、经济相须而成，理学为体，经济为用。故理学兴则人心纯固，而国家于以隆盛；理学废则人心机械恣睢，而国家因以微弱，此不易之理也。

　　在这段论述中，唐文治先是描述了晚清社会受西方社会经商逐利文化影响而普遍出现的道德堕落、唯利是图、中饱私囊、国政糜烂现象，进而根据中国以往朝代兴衰之史鉴，郑重提出振兴理学、纯固人心、隆盛国家的谋国方略。其时，由开放口岸、洋务运动连带引入的资本主义"逐利"观念已在中国社会漫延，败坏官德和人心，加速着国家溃败，而孙中山尚未提出包含中国传统文化色彩的"三民主义"，以消灭私有制为终极目标的马克思主义也还未传入中国，唐文治用以抗衡西方商业资本主义唯利是图、利欲至上风气的思想武器，就是"严义利之辨""重廉耻气节"的中华儒家理学。从中也可看到，唐文治早年的思想与后来无锡国专的办学宗旨"明正学（引按：儒学）、正人心、救民命"，有着一脉相承的关系。

　　1907年至1920年的十四年间，唐文治主掌"邮传部上海高等实业学堂—南洋大学—交通部上海工业专门学校"，坚持让各年级学生读儒家经典、育传统美德，把儒家品德的精气神通过校训校歌、读经课程、师长垂范等途径注入莘莘学子的心灵。他为学生编写《论语》《孟子》《中庸》《大学》"四书"新读本，教育学生"人生当世，孝悌忠信礼义，以廉耻为归宿"（唐文治《人格·学生格》，1912年）。他于1909年特地撰写了一篇《学校培养人才论》，依托儒家理念阐述新式学堂的"培养之道"。文中阐述了一个重要的观点："今宜以至新之心理，发明（引按：阐明）至古之道德，且俾天下学者知圣贤之道，实在于行而不在于言。则吾中国道德文章，或可不绝于天下。"在唐文治看来，社会生活日新月异，不断催生社会成员新的心理，但自古以来中国社会的基本伦理道德是恒定的，"盖遂古以来，不变者伦理也，日变者学说也"（唐文治《汇刻太仓旧志五种序》，1908年），孔孟圣贤的儒学就是讲述了这些基本的道德；今天要通过教育，使天下学子了解并接受中华民族自古以来生成的这些基本道德，实践躬行比口头言谈更重要；我中国固有之学术文化，将在这一代代社会新人的道德培养中永葆生命活力。唐文治的这一观点，与后来新文化运动中某些激进人士全盘、彻底否定旧道德的观点相比较，显然有着天壤之别。

1920年冬，唐文治因"学风不靖""父亲老病""目疾日深"，辞去大学校长职，回无锡定居。其时新文化运动正风起云涌，中国传统文化和传统道德受到强烈抨击，对此，唐文治在1921年撰写的《无锡重建尊经阁碑记》中有所记述："比年以来，异端杂出而蜂起，正学荗滋不绝如线，一二浅见寡识之徒，必欲摧残之以为快，偶有讲求经学者，则相与讥笑唾侮，斥为迂愚，数千年之礼仪文教几几乎坠地无余。"此时的唐文治，对天下学风、官风之颓堕以及通过明正学以正学风、官风的儒学救世方略已铸就于心，有志"扶翼圣教于举世不为之时，作中流砥柱而为天下倡"，对开设国学专修馆已经有了学术思想和办学宗旨上的充分准备。因而，以"居家讲学"为平生之志的唐文治与施肇曾的开办国学馆提议一拍即合。施氏提议的当月（1920年12月），唐文治即订定《无锡国学专修馆学规》，落实开办事务，拉开了中国近代教育史上这所著名国学高等学校的帷幕。

唐文治手订的《无锡国学专修馆学规》是宣明其儒学教育思想的旗帜，是中国近代儒学教育史上的纲领性文献。要感知无锡国专的灵魂，要认识无锡国专对于中华传统学术文化传承的重大意义，必须读懂《无锡国学专修馆学规》。该《学规》三千余字，涉及中华儒学的诸多方面，现全文录载和简要评述如下：

无锡国学专修馆学规

昔张子讲学有《东西铭》，朱子有《白鹿洞学规》，高忠宪有《东林会约》，汤文正有《志学会约》，皆所以检束身心，砥砺品行。吾馆为振起国学、修道立教而设，缅怀往哲，能无奋兴！复圣有言："有为者，亦若是。"

谨订规章，愿与诸生共勉之。

一、躬行

人生世界之内，以礼义道德为根本。窃尝譬诸人之学问，犹墙屋也，礼义道德，犹基址也。若无礼无义，无道无德，而徒以学问为饰观之具，一旦品行隳坏，名誉扫地，是犹基址不固，墙屋坍塌，其危险何如矣！诸生既经有志来馆专修，务以砥砺品诣、躬行实践为宗旨。平日读书，皆当体之于心，返之于身。倘被服儒素（引按：假如感受着儒生应有的品行），不过雅步高论，如陆清献所谓读书自读书，做人自做人，每逢讲说，仅作一席空谈，而于礼义道德，绝于躬行之实；自欺欺人，可鄙孰甚，非吾徒也。

《学规》首重"躬行"，要求馆生践行儒家的礼义道德，落实到自身的实际行动上，而不是口头空谈。提出此纲要的默认前提是儒家礼义道德对于现实生活中的国人具有毋庸置疑的道德规范价值，现在的问题是国人如何将此礼义道德真正落实到实际行动上。唐文治把"躬行"放在学规首条，抓住了儒学与社会生活相结合的关键环节。马克思有句名言："一步实际行动比一打纲领更重要。"（马克思《哥达纲领批判》）中国自古以来论述儒家礼义道德的典籍汗牛充栋，当今社会（包括政坛学界）的人却品行颓堕，问题恰恰出在这些人未把儒家礼义道德落实到行动上——这是唐文治对清末民初中国社会道德风气败坏症结的一贯看法，所以他开出的第一帖药方是"躬行"儒家礼义道德。躬行第一，充满了实践精神。

二、孝弟（悌）

学者，所以学为孝也。五常（引按：仁、义、礼、智、信）之本，万善之原，皆始于门内之行。《大戴礼记》载曾子之言曰："人之生也，百年之中，有疾病焉，有老幼焉，君子思其不可复者而先施焉。父母既殁，虽欲孝，谁为孝乎？年既耆艾，虽欲弟（同'悌'），谁为弟乎？故孝有不及，弟有不时，此之谓与！"读此而不猛省者，非人也。中国古来孝行，曾子而上，首推虞舜与周文王。孟子言性善之学曰："舜何人也。（引按：《孟子》原句：'舜何人也，予我何人也，有为者，亦若是。'）""文王我师也。"盖以舜与文王皆大孝之人也。诸生有能孝其亲者乎？是异日之圣贤豪杰也。

　　中国儒家把"孝悌"视为"万善之原"。人的生命都来自父母，人自婴幼长成都靠父母抚养，因而与"抚幼子"相对应的"孝双亲"是作为文明社会细胞单位的家庭最基本的道德规范，有助于代际关系的和谐。诚如唐文治在《〈孟子大义〉序》中所概括的："孝弟（悌）者，生机也，人道之所以生生不息也。""孝"在儒家文化中是基石性的核心观念，又最具实践性，历史上对中华民族的繁衍壮大起过重要作用，是民族性的显著特点。中华民族共同体血脉流长、纽带坚韧，这在世界几大文明共同体中是仅见的。连德国哲学家黑格尔都承认："中国纯粹建筑在这一种道德结合上，国家的特性便是客观的'家庭孝敬'。"（黑格尔《历史哲学》）唐文治并不认为清末民初中国社会结构、社会生活所发生的变化能改变"孝"道作为万善之原的存在基础，因而把遵奉"孝"道放在践行儒家道德观的前列，主张社会之人能够从践行孝亲之家庭美德开始来培养善良的品德。儒家"孝"道，是立足在人类社会亿万家庭基础之上的，只要家庭仍承担着抚育子女的责任，"孝"道的根基就难以撼动，这就是唐文治眼中"孝"道之恒久生命力所在。"孝"道连带着"悌"行，"敬爱兄长"在多子女家庭和多兄弟家族中也是重要的德行观念，具有规范家族成员之间关系的作用。

　　三、辨义

　　孔子言："君子喻于义，小人喻于利。"曾子言：平天下"不以利为利，以义为利。"《孟子》七篇，首辨义利。又言："鸡鸣而起，孳孳（同'孜孜'）为善者，舜之徒；孳孳为利者，蹠之徒。"义利之辨，人心生死存亡之界也。末俗浇薄，好利无餍，专图一己之私利，不顾天下之公利，且藉口于天下之公利，以肥一己之私利，驯致灾害并至，生灵荼毒，可痛哉！而究其原由，贫而已矣。愈贫则愈贪，愈贪则愈贫，故贪与贫常相因，而利与害每相共。吾辈欲挽此颓风，惟有矫以清勤耐苦四字，淡而弥旨，俭而愈廉，懔四知（引按：天知、神知、我知、子知）之几微，严一介之取与，举卑鄙龌龊之念，扫荡无余，庶几异日能任治平之业。苏东坡云："办天下之大事者，立天下之大节者也。"诸生其勉之，勉之。

"辨义"就是要"明辨义利"，这是儒家区分君子小人、治理社会的重要理念。"义"字着眼于造福公众，不谋私利，这使儒家的社会治理主张立足于道德的制高点。在唐文治看来，近代中国社会在欧风东渐的影响下，"专图一己之私利，不顾天下之公利"的社会风气弥漫，已酿成国家民族的灾难，亟须从社会成员的"明辨义利"上来解决这一根本性的道德观念问题。这一观点具有紧迫的社会现实意义。唐文治所谓"天下之公利"，用孙中山的话说就是"民生主义"，用共产党人的话说就是"最广大人民群众的利益"，它规定了治国理政者根本的道德指向。在这一根本问题上，唐文治的思想与中国共产党"立党为公"的思想有着惊人的一致，其重要的社会道德建设、社会风气匡正作用，已为百年来中国社会进步的历史所证实。在"辨义"问题上唐文治有一个论断："人能移好利之心以为义，则人心大公而天下治。惟去好义之心以为利，则人心日私而天下乱。义与利之间，治乱之几也。"此话道出了"明辨义利"的极其重要性，值得执政者记取。在此节中唐文治还提出了"贪与贫常相因""惟有矫以清勤耐苦"的观点，注意到物质因素的作用，也具有重要的社会现实意义。

四、经学

吾国十三经，如日月之丽天，江河之行地，万古不磨，所谓国宝是也。然要知吾馆所讲经学，不尚考据琐碎之末，惟在揽其宏纲，抉其大义，以为修己治人之务。先儒说经，首重实事求是四字。实事者，屏绝空虚之论也；求是者，破除门户之见也。经师家法，守兹兢兢。汉末郑康成先生当黄巾扰乱之时，风雨漂摇，讲学不辍，后学所当奉为圭臬者也。顾治经之要，尤在学礼。《管子》言："礼义廉耻，国之四维。"今人竞言法治，不知法施于已然之后，礼禁于未然之前，舍本务末，愈趋愈远。故今日发明（引按：阐明）礼学，维系人心之廉耻，实为莫大之急务。吾苏顾亭林、秦树沣诸先生遗风未坠，继起者倘有人乎！

"经学"在历史上居于中华国学之首席，近世却遭遇瓦解。就在民国甫建、教育部明令废除读经、全国上下视"经学"为腐朽之时，唐文治昭告国人：儒家十三经的价值与思想"如日月之丽天，江河之行地，万古不磨"！这是一代经学大师挽狂澜于既倒的气概。与胡适在"国学门"的旗号下行瓦解经学、埋葬经学之能事不同，唐文治的经学不仅是一棵生命不息、枝叶常青的大树，而且具有修己治人平天下的"宏纲"价值。唐文治注重阐明经典大义，用政治家的眼光来研究儒家十三经。本节中他强调"先儒说经，首重实事求是"，给国学界指明了正确思想方法。"实事求是"曾经是南菁书院的院训，为唐文治一生所铭记。他将"实事求是"列入无锡国专学规，又深刻影响了为数众多的国专学子。

五、理学

经师之所贵，兼为人师；礼学之所推，是为理学。孔子说《易》曰："穷理尽性"。穷理者，人生莫大之学问，即莫大之事业也。孟子传孔子之绪曰"义理悦我心"，曰"明善"，曰"集义"，皆理学也。宋周子得道统之传，作《太极图说》，发挥阴阳五行之奥曰："圣人定以中正仁义，而主静（引按：内心保持仁义而静思）立人极（引按：确立做人的准则）焉。"主静者，穷理之根源；人极者，为人之极则也。二程、张子皆理学正宗，朱子集诸儒之大成，旁搜远绍，所谓"为往圣继绝学，为万世开太平"者也。陆象山先生直捣本心，别树一帜。王文成宏畅厥旨，学术功业，震耀当时。嗣后刘蕺山、陆桴亭、张杨园、陆清献、汤文正、张清恪诸先生，莫不行为世表，言为世法。综览历史，理学盛则世道昌，理学衰则世道晦，毫发不爽。吾辈今日惟有以提倡理学、尊崇人范，为救世之标准。然而有最宜致慎者，则诚与伪之辨而已。孔子曰："君子进德修业，忠信所以进德也，修辞立其诚，所以居业也。"学者所当日三复也。

理学，是儒学在宋朝以后的中国古代社会中的发展，它使孔孟学说成为能贯通宇宙自然和人伦道德，并且适合于国家治理的新儒学。唐文治自青年时期起即主修理学，对理学与宋、明、清三朝治国方略之关系有深入的认识，因而列"理学"为国学重要纲目，并告诫国人："综览历史，理学盛则世道昌，理学衰则世道晦，毫发不爽。"唐文治用最简要的语言介绍了从孔孟到清儒的理学统序，最终着眼于"今日"提倡理学的价值在"尊崇人范"，在"救世"，标明理学有利于端正民族性格，有利于解决清末民初中国社会极为严重的道德危机，能引导中国社会由"乱世"回到"治世"。

六、文学

《尚书》赞尧曰"文思"，梅《书》赞舜曰"文明"，赞禹曰"文命"。文之为用，焕乎、郁乎、广矣、大矣。是以孔子四教（引按：文、行、忠、信），其一曰文。文学之科，传自游、夏（引按：子游、子夏），其后支与流裔，累世不绝。经学者，文字之根荄；理学者，文章之奥府；此外史与子、集，则皆文苑之精华也。《汉书·艺文志》贯串六艺诸子百家九流，特示蹊径，最宜熟诵。唐韩子作《进学解》，自道所得曰"上规姚姒"云云。约其所言，共有九家，曰《书》，曰《易》，曰《诗》，曰《春秋左氏传》，曰《庄子》，曰《离骚》，曰《史记》，曰子云，曰相如，是九家者，韩子之师也。唐宋八大家，储同人广之为十家，其文雄奇幽秀，各极其至。朱子瓣香南丰（引按：朱熹崇拜曾巩），为文后海先河，曲折奥衍，实为千古巨观。元明以来，作者不逮于古，望溪崛兴，海峰、姬传踵之，是为桐城派。吾苏恽子居、张皋文亦自辟町畦，是为阳湖派。曾文正出，师承姚氏，发挥文家阴阳刚柔之旨，摘抉杳微，夐乎不可尚已。余子如梅伯言、吴南屏、张廉卿、吴挚甫，其书满家，允称雄杰。近今斯道衰落甚矣。《易传》曰："观乎人文，以化成天下。"惟有人有文，而后能化成。班孟坚曰："备哉灿烂，神明之式。"然则发扬吾国固有之文明，非吾馆人士，其谁与归？

此纲目"文学"，是指中国古代的文章与写作学问。晚近的文学史研究者认为，建安时期文学已有独立意识。唐文治则承继儒家传统，把文学教育的传统追溯到孔子四教，把文学的最高使命确定为"化成天下"，在唐文治的国学教育体系中，"文学"并不独立于儒学之外。用文言写作文章诗词，此为古代儒生的基本功夫。为文固然属写作艺术，但"文以载道"，文章的思想仍须出于经学、理学，这是唐文治指明的文学与儒学的关系。此节中概要举出自古以来最重要的文学原典和名家，尤重诸子百家九流、唐宋八大家和有清一代的桐城派，显示唐文治文学旨趣。唐文治指点的这一范围，后来成为我国高校中文系古代文学专业的重点教学内容。1920年正值以白话文为标志的新文学运动方兴未艾之时，故而唐文治感叹"近今斯道衰落甚矣"。但唐文治对传承"斯道""发挥吾国固有之文明"并未失去信心，他一仍儒家传统做法，将"文学"之道列入"学规"之纲。

七、政治学

《礼记》言："广谷大川异制；民生其间者异俗。修其教，不易其俗；齐其政，不易其宜。"是为政治学精义。凡士人通经学、理学而能达于政治者，谓之有用，谓之通人。不能达于政治者，谓之无用，谓之迂士。吾国政治学权舆于《尚书》，如《虞书》所谓"安汝止，惟几惟康"，"慎乃宪"，"屡省乃成"，实为万古政治不易之经。至箕子陈《洪范》，立无偏无党之箴；周公作《无逸》，示保惠教诲之准，治道纲维，孰能逾此？圣门政事科，冉有、子路外，尤推曾子。《大学》言平天下在絜矩（引按：道德示范），顺事恕施，所以正其本者，至矣。《孟子》"梁惠王""离娄"二篇，皆政治学根本。厥后如汉之贾、董，蜀之诸葛武侯，唐之魏郑公、陆宣公，及宋代诸大儒，均可师可法。近世若胡文忠、曾文正、左文襄，皆政治家巨擘。曾根于学术，故最为纯粹。胡、左长于天资，故能沈挚感人。此外讲外交学者，如郭筠仙、曾惠敏、薛叔耘、黎莼斋、许文肃诸家，均可采择。尝叹欧美各国，俱有政治学，吾国独无编辑专书。设有外人负笈来学政治，茫然无以应，可耻孰甚！诸生须知吾国之政教号令，风俗掌故，具详于经史之中，宜仿苏东坡读书之法，分类学之，则大纲既举，自得时措之宜矣（或疑奏议旧牍，不适用今世。要知学者贵能采其议论，探其精义，原非泥于程式也）。

将"政治学"列入《学规》纲目，是无锡国专的特色，也是唐文治主张"通经致用"的具体表现。唐文治曾任清廷高官，参与清末新政，具有政治家的眼光和气度，他对中国古代有五千年灿烂文明却没有一本政治学专著，一直是耿耿于怀，甚至看作是一种"耻"。本纲目显示唐文治已经用世界文化眼光看待中国政治学，认识到"政治学"对中国的极其重要性。他对于儒家经典中的政治学内容素有研究，在此列出诸多要点以作提示，并列举汉以后诸多政治学、外交学大家作为研究对象。特地将"政治学"列为纲目，在儒学研究史上具有创新价值，也符合儒家经典兼具中国古代政治大宪章的特点。唐文治在本纲条之首强调的"修其教，不易其俗；齐其政，不易其宜"，用当今语汇表达就是，施政者的政治思想和政治措施要与具体的国情、民情实际相结合。他接着强调的"能达于政治者，谓之有用"，用现今语言说就是，理论要联系实际，理论要指导实际。唐文治用他特有的语言表述了儒家政治学应有的学风。

八、主静

今人热心爱国，而卒未得所以疗国之方。《老子》曰："载营魄抱一，能无离乎！"盖士落其魄，则国失其魂矣。故今日救国之策，莫若主静。《大学》言知止而后有定，定而后能静，静而后能安。此言治心之法，而实即治人治天下之法。孔子之言心学曰："洗心，退藏于密。"曰："操则存，舍则亡。"又曰："天下之动，贞夫一者也。"孟子之言心学曰："持其志，毋暴其气。""心勿忘，勿助长。"又曰："存其心，养其性，所以事天也。"周子之言心学曰："诚精故明，神应故妙，几微故幽。"盖圣贤治心之学神矣微矣，而"操持"二字，实为入门之要。宋程子见人静坐，即叹其善学。李延平先生常教人静中观喜怒哀乐未发气象。明王文成、高忠宪为一代大儒，其言静坐之法，详明简易，学者亟宜仿而行之。《易传》曰："复其见天地之心乎？"《礼记》言："人者，天地之心也。"惟于静中随时体验，乃能见天地之心。然则主静之功，实为参赞化育之本，夫天下未有不能治其心而能治事者也，亦未有不能治其心而能治国者也。圣门子路，政事之才，孔子告之，不过曰"修己以敬""修己以安人""修己以安百姓"。曰"敬"，曰"安"，其本原尽可知矣。

"主静"是一个具有中国文化特色的哲学概念，是理学的重要思想。唐文治在《学规》第五条"理学"中引用了宋代理学开创者周敦颐论"主静"的名言："圣人定以中正仁义，而主静立人极焉。"周敦颐认为未有天地以前的"无极"原来是"静"的，因而人的天性本来也是"静"的；后来染上"欲"，使人不静，故须通过"无欲"工夫，使内心唯有中正仁义，以求达到"静"的境界。这就是理学中的"主静"。唐文治在此纲目中将"主静"视作士（今所谓"传统知识分子"）的"治心之法"，即士保持敏锐思考能力的大法，其要点有"知止""持志""明道""神应""察微"等，其功效是按照天地之规律参助天地化育万众事物。士的内心充满中正仁义、保持思考能力才算"治其心"，而唯有"治其心"者才能治其事、治其国，这就是唐文治理学思想中"主静"对于士的极其重要的意义。"主静"的两个关键因素，一是道德，一是思考。唐文治根据当时中国深陷苦难的国情，认为"疗国"有待士尽其责任，而士须"主静"治其心，才能"疗国"治其事，所以在该纲目首句把"主静"与"疗国之方"联系在一起。

九、维持人道

今人竞言维持人道，要知修道立教，方为尽人道之根源。《中庸》言天命之性（引按：《中庸》："天命之谓性，率性之谓道，修道之谓教。"率，循也），推极于致中和、致天下之达道（引按：《中庸》："和也者，天下之达道也。"），即维持天下之人道也。人道维何？保其本心而已。人能不失其本心，尽一己人之道，斯克全世界之人道。孟子生战国之季，一则曰"放其良心"，再则曰"失其本心"，痛人之沦为禽兽也。故曰："人皆有不忍人之心。"又曰："人皆有所不忍，人皆有所不为。"人字皆当重读。既欲成其为人，如何能保其心？则又明示之曰："无恻隐之心，非人也；无羞恶之心，非人也；无辞让之心，非人也；无是非之心，非人也。"恻隐之心，人心生生不已之机也。羞恶之良，世界所最重，凡无以对人者，即无以对己者也。辞让，礼也。人而无礼，何以为人？至于是非之界，尤为生死之关。国家之亡，先亡于无是非；人心之亡，先亡于无是非。《春秋》大义，不过明是非而已。有是四端（引按：恻隐之心，羞恶之心，辞让之心，是非之心），而后谓之人，而后谓之尽人道。是故正人心，乃所以维持人道也。孟子曰："有放心而不知求（引按：有人放逐其本心而不知求仁义）。"又曰："心之官则思，思则得之。"心官何在，人道何存，而乃茫焉昧焉，营营扰扰以化于物。不亦重可惜哉！

将"维持人道"列入《学规》纲目，具有强烈的现实针对性。这一纲目中唐文治所阐述的儒家人道观，首先从根本上将人区别于禽兽，因而具有超越种族、阶级、阶层的人性涵盖特点。唐文治依从孟子观点，认为人之天性"善"，所谓维持人道，说到底就是保持住人的善良的本心。唐文治作此《学规》前，已目睹了日本侵华甲午战争、八国联军侵华战争、日俄战争、第一次世界大战、辛亥革命后国内军阀恶政与混战，几十年中战火纷飞，杀人遍野，人民深陷于水深火热之中，世界仿佛进入了一个"大战国"时代。要改变人类这种悲剧命运，唐文治认为从根本上讲在于让每个人都认识自己的善良天性，保持自己的"不忍人"本心。唐文治在此纲目中强调的儒家"致中和"哲学，与恃强恃力的"战争哲学"、弱肉强食的"丛林法则"有着根本性分野，"致中和"是以"和"的总原则解决天下之纷争。唐文治借孟子话强调的恻隐之心、羞恶之心、辞让之心、是非之心，是对人之善良本心的具体表述，更是用以启发人善良本心的学说。唐文治强调每个人"尽一己"之人道，才能实现"全世界之人道"，此中也渗透了"躬行"的思想。

十、挽救世风

王子垫问孟子曰："士何事？"孟子答之以"尚志"。"立志"为学者第一关头，人能立志为圣贤，则为圣贤矣；立志为豪杰，则为豪杰矣。然近世圣贤豪杰不数数觏者，则由英俊之才，大都迷于歧途，而隳坏于习气也。曾子言"君子思不出其位"，而孟子则谓"自任以天下之重"，顾亭林先生则谓"天下存亡，匹夫有责"。何也？盖孟子与顾亭林先生之意，谓学者当自任天下之重，研究天下之务，非谓干涉天下之事。人人能各安其本分，各勤其职业，斯天下治。人人不安其本分，不勤其职业，法守乖而秩序淆，则天下乱矣。故吾辈务宜独立不挠，力挽颓习，秉壁立万仞之概，不为风气所转移，乃能转移风气，有以觉世而救民。至于无稽之谈，非礼之籍，自然不接于耳、不寓于目矣。《诗》有之："风雨如晦，鸡鸣不已。"今日吾国是何等景象？外人方讥我为无礼义、无教化之国，痛心曷已！剥极而复，当在此时。愿吾学者共雪此耻，更愿吾国民共雪此耻也。

将"挽救世风"作为《学规》殿后纲目，充分显示唐文治心怀天下、力挽狂澜的宏大气魄。唐文治认为当时中国世风日坏，具体表现在许多方面。《学规》前后文中点到的有：国人漠视礼义教化，官场好利无魇、专谋私利、贪渎成风，世人不安其本分、不勤其职业等。"世风"关系国运民瘼，因而唐文治把"挽救世风"定为自己创办国专、修道立教的重大责任。唐文治的"挽救世风"是要让"世风"合于中华民族礼义之邦的教化之道，从而使"天下治"。关于青年学生如何正确处理"读书求学"与"心怀天下"的关系，唐文治借先贤之言表达了自己的观点：学生应当"自任天下之重，研究天下之务"，但不是说在求学期间就要"干涉天下之事"。辛亥革命以后国内政局多变时期，唐文治一直本着这样的认识来引导、处理各种学潮学运，但对外寇入侵引起的学生爱国运动则持支持态度。1931年九一八事变东北沦陷后，他以自己特有的方式支持学生走出校门宣传抗日救亡运动。唐文治在此纲目中呼吁"吾辈务宜独立不挠，力挽颓习，秉壁立万仞之概，不为风气所转移，乃能转移风气，有以觉世而救民"，不仅仅是向无锡国专莘莘学子发出的号召，也是号召所有崇儒守道、礼敬中华优秀传统文化的国人都加入"挽救世风"的行列中来。

唐文治所订《无锡国学专修馆学规》最本质的一点，是把国学视为中华民族的血脉，充分肯定中华文明这个数千年绵延不绝的文明体的核心价值，把"德性的学问"置于国学的首位，认定国学之"德性"仍然流动于民族的肌体中，仍然滋养着民族的生命力。在创办无锡国专之前，唐文治已任"邮传部上海高等实业学堂—南洋大学—交通部上海工业专门学校"校长14年，是我国近代新式教育的开拓者。他以深邃的目光比较中西文明，既清醒地看到我中国科学技术不如西国，又冷静地认定我中国三千年精神道德文化未必不如西国。于是在卸任工科大学校长职后，甘愿"抱残守缺"，坚守孔孟之道，坚持儒家"仁义"道德伦理，坚定高举"为天地立心，为生民立命，为往圣继绝学，为万世开太平"的中华民族传统文化旗帜，努力保护中华国学的生命血脉，不管遭遇何种艰难困苦都绝不放弃，为中华国学的传承而守先待后、不懈奋斗、鞠躬尽瘁、死而后已。

唐文治办理无锡国专，从1920年创校，到1950年主动申请并入苏南文化教育学院，前后历30年。无锡国专是我国近现代史上唯一一所经历北洋政府、国民党政府、中华人民共和国成立三个时期而不垮，最后融入中国公办教育事业的国学专修高等学校。无锡国专因中华国学而立校，中华国学因无锡国专而自豪。凭靠唐文治这一"无锡国专灵魂"的支撑，这所学校才跨过一道道生死关口而存活下来。

无锡国专30年办学史中经历过四次生死险境，第一次在1924年苏浙两省间爆发直、皖军阀"齐卢之战"时，第二次在1927年北伐战争南北

20世纪30年代，唐文治先生在无锡国学专修学校校园内

政权对峙时，第三次在1932年日寇侵华淞沪战争时，第四次在1937年开始的全面抗战时。对前三次"生死险境"以及如影相随的经费艰窘，唐文治在1936年6月20—22日发表于《新无锡》报上的《国学专修学校十五周之过去与未来》一文中有所概述，现摘录如下：

国学专修学校十五周之过去与未来

故友孙鹤卿曰："办学者在往时为美名，在今日则成罪状。"痛哉言乎！夫今之世界，一争夺相挤之世界也，人心谲诈，杀机充盈，民命若草芥。于斯时也，乃以救人心、拯民命与复兴本国文化之说提倡其间，何怪凿枘而不相入乎！余办理无锡国学专修学校，十有五年矣。此十五年中，飘摇风雨，拮据卒瘏，静焉思之，有怆然而陨涕者。本年六月将开会纪念，爰略述如左。

光绪丁未岁（1907年），余初掌南洋大学，淬厉工业，尤兢兢专以道德礼义为本原，他人迂笑之不顾也。民国九年解职，会施省之、陆勤之两君议办国学专修馆，延余主持其事，且假余十三经圈点精本镌刻。乃于民国十年一月赁屋于惠山之麓山货公所，湫隘嚣尘，招生三十名，隐居讲贯其中，人鲜知之者，余亦不求人知也。是年十月，锡绅孙君鹤卿就金匮县训导公署旧址重建尊经阁，营造校宇，召集十七乡会议，公决呈县立案，函请本馆迁入，此孙君之功不可没者。于是施君告退，孙君以一人任校董。

迨民国十三年（1924年）秋，苏齐浙卢战事起，锡邑为沪宁孔道，全境骚然。余与教授督率诸生读书不辍。时汇兑不通，几至绝粮。迨溧阳吴君溉亭持二百金（引按：二百元银元）来校，云同乡周君敬甫属余印余所著《人格》千部，因得移用，勉继饔飧。其冬卢军虽退，则苏奉战事又起，齐军以无锡为根据地，道涂梗塞，城门昼闭，投考诸生隔离城外，进退狼狈。而文治适奉先君讳（引按：居父丧），赖孙君鹤卿殚力维持，教授陈君柱尊、职员沈君健生坚定不去。十四年二月初，诸生始齐集开学，此可悲而可纪念者一也。

迨民国十六年（1927年）春……徐□□用无锡教育局长名义，突将本校勒令解散，驱逐员生，驻扎军队。事起仓猝，诸生临别摄影，为泣别图，星散而去。惟时马腾于舍，粪污于堂，书籍零散，薪木毁伤，停课近三月。……六月一日，学生崔履宸、路式遵等，请余及各教授复职，屋无长物，满目苍凉，而孙君犹韬晦不敢出。余假百余金支持至暑假，此可悲而可纪念者二也。

迨民国二十一年（1932年）春，中日淞沪战事起，时各教授虽齐集，学生困水陆梗阻，到者不及半数。教授冯君振心、朱君叔子等互相激励，茹苦含辛，勉尽半义务，照常授课；而钱君子泉以教育校董长来兼教授，并半薪不受，尤为可感。此吾校精神坚定表见之一端，尤可纪念者也。

若夫经济之艰窘，有更难仆数者。开办时为施君所担任，孙君继之。因商业不振，庚癸频呼（引按：经常断粮告贷），岁杪仰屋，屡濒于危。十七年夏，孙君归道山，更形棘手。幸赖同邑蔡君兼三、华君绎之、唐君保谦，倡议除聘请教育校董十人外，更请定经济校董十人，每年集得五千元，又呈请省款补助，每年得三千元，藉资挹注；又因同学来者每岁加增，近年达二百五六十人，收费较多。撙节谨慎，由是图书自四百册增至四万余册，屋宇自十数幢增至七十余幢。盖自十七年（1928年）冬天学院批准立案，十九年（1930年）奉部令改名学校后，渐有向荣之象。惟经济校董，定期三年满任，本校对于蔡、华、唐三君实已竭忠尽欢，切感靡既，而新聘校董暨孙君鹤卿哲嗣锺海，虽尽力维持，而缺额几近半数，应聘无人，且学生人数多寡难以预定，未便滥收，加以骈枝意外之款，往往溢出预算。根基未固，来日大难，忧虑无时可释也。

虽然，《论语》有云"知其不可为而为之"，窃谓吾国人皆宜有此精神，自无不成之事。吾校之既往，纵极艰辛，而余于将来则颇多奢望。今世界各国莫不自爱其文化，且力谋以己之文化扩而充之于他邦。吾国文化，讵可让人，若长此抱残守缺，不为发扬光大之谋，恐吾国学终至沦灭。本校既为国中所仅有，同志之士，更宜尽力裹理，藉以继往开来。

关于抗日战争中无锡国专经历的"生死险境"，唐文治在《茹经先生自订年谱》中多有记述。如，1937年"九月中旬开学，时日机屡经锡地，往袭南京。人心惶惶，学生到者，仅五十人。"如，"十月杪后，日机时来轰炸附近周泾巷。至十一月十日左右，每日来三四次，在屋顶盘旋。诸生往来上课，心恒惴惴。……同人遂议决迁校至长沙"；如，"二十一晚，过芜湖。二更许，舟中人惊相语曰：'日机在桅上盘旋。'于是灯火尽熄，约二时始去"；如，"抵衡阳，住广东酒店。十八日晨，日机轰炸衡阳，投弹三十余枚，房屋震动。翌晨，启程赴桂林"。这些真实的记录告诉后人，面对日寇全面侵华战火，73岁双目失明的唐文治校长非但丝毫没有停办无锡国专的意念，而且亲率国专师生顶着敌机的轰炸，不畏艰险，千里西迁，保存了这所中华民族仅存的国学专修学校。在迁徙到湖南境内时，唐文治校长还果断及时地阻止了国专某主任教师"拟将本校暂时解散"的意图，随后"迁校至湘乡，照常授课"。

1946年6月，在无锡国专师生抗战胜利复员重返无锡后，国专原校务主任钱基博（钱钟书的父亲）撰写文章《唐文治先生创设国学专门学校之宗旨》发表于6月19日《江苏民报》，论及唐文治的办学宗旨和抗战西迁。文章云：

> 因思明之亡也，顾亭林先生太息而言："有亡国，有亡天下。改姓易号，谓之亡国；仁义充塞而至于率兽食人，谓之亡天下。"……唐先生则以保国之大任，国之元首，责无旁贷；而保天下、保民族，则奋以自任，而欲以转任之诸生，教泽所沛，引一世而偕之大道。此国学专门学校之所以创设也。……独念二十六年（1937年）十月，唐先生以寇之涉吾地，青年心理纯洁之如一片白纸，未可以染，自忘其老，而以七十高龄，跋涉山川，护送诸生以移汉口，转湘入桂，遂以委重于冯振心先生而责以代理校长。冯振心先生受命危难，当仁不让。……及穷寇纳命（引按：日寇投降），河山重光，而冯先生率诸生以归命于唐先生。……而吾中国四千余年柢固根深之教化，舍仁义何求！苟非我国学专修学校之问学思辨以牖启国性之自觉，必不能以维持民族以不斁。……张子不云乎："为天地立极，为生民立命，为万世开太平。"此则唐先生之所以创设国学专门学校也！

钱基博的这些话，对无锡国专的"灵魂"是什么，对无锡国专为何能经历抗日战争中的艰难困苦而不垮做了较为准确的论述。

20世纪20年代，正当新旧文化激荡交融之际，在北京大学胡适"整理国故"口号的影响下，中华学术界曾出现持续数年的"国学热"，国内相继成立了一批国学研究、教学机构：1922年1月北京大学研究所国学门成立，1922年10月东南大学南京高师国学研究会成立，1925年9月清华国学研究院成立，1926年10月厦门大学国学研究院成立，等等。如果说唐文治是无锡国专"坚守国学"的灵魂，那么，时任北京大学哲学系主任、国学门委员、国学门机构刊物《国学季刊》编辑部主任的胡适就是由北京大学发起的"整理国故"运动的灵魂。然而，唐文治的"坚守国学"与胡适的"整理国故"有着泾渭分明的本质区别。唐文治把"国学"视为流淌在中华民族肌体内的血脉，是永葆生命活力的本国文化；胡适则认为"国学"就是"国故学"，"'故'字的意思可释为'死亡'或'过去'"(《胡适口述自传》)，"整理国故"的"国学"立场，就是对一个已死文明作剖解。1919年，胡适在《新青年》杂志发表《新思潮的意义》一文，第一次提出整理国故的口号："我们对旧有的学术思想，积极的只有一个主张——就是'整理国故'。整理就是从乱七八糟里面寻出一个条理脉络来；从无头无脑里面寻出一个前因后果来；从胡说谬解里面寻出一个真意义来；从武断迷信里面寻出一个真价值来。"胡适推翻了中华传统学术的内在价值和内在逻辑，将包括儒学在内的中华传统学术统统看成是"乱七八糟""无头无脑""胡说谬解""武断迷信"的故旧史料。

受胡适思想的影响，北大青年学生毛子水于1919年在由青年学生傅斯年主编、胡适任顾问的北大学生杂志《新潮》月刊上发表文章《国故和科学的精神》，称：

国故就是中国古代的学术思想和中国民族过去的历史。

国故是过去的已死的东西，欧化（引按：欧洲学术文化）是正在生长的东西；国故是杂乱无章的零碎知识，欧化是有系统的学术。

傅斯年还特地为毛子水这篇文章加了一个"附识"，强调"国故是材料，不是主义"。(傅斯年《毛子水〈国故和科学的精神〉识语》)"不是主义"即否认国学中有中华先人系统的思想。随后，毛子水在《新潮》杂志发表另一篇文章《驳〈新潮〉〈国故和科学的精神〉篇订误》，提出了他的一个"发明"：研究国故是"解剖尸体"。文中称："我想研究国故，好像解剖尸体，科学的精神就是解剖尸体最适用的器具。"所谓"科学的精神"，是胡适主导的"整理国故"运动打出的"最鲜明"的旗帜。从后来的运动发展看，所谓"科学的精神"，一是来自西方的学术分科方法，一是来自清儒的史料考据方法。

毛子水"发明"的"研究国故，好像解剖尸体"的观点，得到了北京大学国学门一些教授的支持，曾受过日本学者福泽谕吉思想影响的钱玄同教授就是支持者之一。作为北大研究所国学门委员的钱玄同，在"整理国故"运动全盛之时，发表了自己对国学研究的如下观点：

> 过去的已经僵死腐烂的中国旧文化，可以称它为"国故"。(钱玄同《汉字革命与国故》，1923年)
>
> 研究中国的学术等于解剖尸体。就解剖而言，目的在求知该尸体的生理和病理，所以无论脑袋和生殖器、食道和粪门、白喉和梅毒、好肉和烂疮，都是研究的好资料，应该一律重视。若就尸体而言，它本是一个腐烂了的废物，万万没有把它放在活人堆里，与他酬酢的道理。所以研究中国学术和"发扬民族魂"是相反的；我赞同"整理国故"而反对"宣扬国光"。(钱玄同《敬答穆木天先生》，1925年)

由此可见，在20世纪20年代，唐文治和胡适虽然都高举"国学"的旗号，其宗旨却截然不同。唐文治的无锡国学专修馆是"为往圣继绝学"，把国学视同生命；胡适的北京大学国学门是"整理国故"，把国学视同尸体。视同生命者绝不肯放弃，所以唐文治能经历艰难困苦坚持国学教育30年而不辍；视同尸体者只是有一时之解剖兴趣，解剖工作随时可以告一段落，所以北大国学门仅维持了十年，1932年就撤去"国学"旗号，改为

"文史部"，全国的"整理国故"热也随之迅速退潮。其时的国学研究机构大多为短命者，如厦门大学国学研究院，仅存在了几个月。胡适倡导并大力推动的"整理国故"运动给中国学术界和教育界留下断代之痛。

一百年前，唐文治就以他的《无锡国学专修馆学规》高举起中华国学的传承旗帜，所以说"中华国学因无锡国专而自豪"。

三、无锡国专的国学教育

无锡国专是中国近现代历史上唯一获得国家政府立案的国学专修高等学校，唐文治称它为"国中所仅有"，并赋予它卓有特色的教学特点。这种教学特点与按西学分科设教的现代高校教育明显不同，却合于中华国学传承的规律。

（一）前七年，传统书院色彩

在唐文治掌校无锡国专的30年办学史上，前七年是国学专修馆时期，规模小；后二十三年是国学专修学校时期，规模有所扩大，虽然办学宗旨和教学特点一以贯之，但前七年更具有中国传统书院的特点，毕业生中成为国学杰出人才的比率也更高。因而，无锡国专前七年"专修馆"时期的教学特点在近代国学传承史上具有特殊的意义。

生源对于办学质量具有重要影响，唐文治创办国学专修馆初期，对入学新生的经史文字根底有严格的要求、严格的考试，对投考学生的学历则不作要求，数理化等自然科学知识（时称西学）更是不在入学考试范围内。入学考试的形式就是当场写两篇命题文章（文言文），内容各有侧重，一篇为"经义"，一篇为"论说"。唐文治根据考生文章的水平，判断该生经史文字根底如何，决定是否录取。这样的考试内容和考试形式，与1884年江苏学政官黄体芳创办南菁书院时的招考方式有些相似。当年刊登于《新无锡》等报刊的无锡国学专修馆第一届、第二届招生广告印证了这一招生特点。

第一届招生广告称："名额：二十四名住馆肄业。资格：须经史略有根柢，文理通畅，能作四五百字者为合格。年龄：十六岁以上，二十五岁

以下。"(《新无锡》1920年11月27日第一版)

第二届招生广告称:"学额:二十四名。年龄:十六岁以上,念五岁以下。程度:读过四书五经,具有根柢,能作各体文字,有高等程度者为合格。"(《新无锡》1921年11月16日第一版)

首届招生广告刊出后,"上海报考有二百数十人,南京报考一百数十人,至无锡投考竟达四百名,颇极一时之盛"。(《新无锡》1920年12月20日第三版)充沛的生源使唐文治能够优中选优,"谨严甄录"。

这样的招考方式对经史文章根底厚实而数理化自然科学知识基础薄弱的青年学子无疑是一种深造成才的良机。国学专修馆时期所招收的学生中不乏这样的青年学子,其中还有一些是名家弟子和名门后代。如第一届学生中的王蘧常,入专修馆之前就是国学名家沈曾植的入室弟子(唐文治1892年考中进士后也曾拜于沈曾植门下,为受业门生);第二届学生蒋天枢是国学名家钱名山的学生;第三届学生钱仲联是晚清著名诗人钱振伦之孙、两朝帝师翁同龢之外孙。入学新生中还有清代散文"桐城派"和"阳湖派"的后人。有些新生入学前已经在社会上任过职。王蘧常后来写文章回忆了自己考取无锡国学专修馆的经历和心情:

> 我的数理化成绩不好,没有资格去考交通大学。后来唐先生辞掉了交通大学的职务,回到无锡去住。有一天,我父亲对我说,你所最佩服的唐先生,现在办了一所无锡国学专修馆。那你要努力,你可以拜唐先生为老师,多光荣啊!于是我最关心是怎样能够考取。……我是在上海交通大学早操场里考的……第一道题叫《于缉熙敬止》,是《诗经·大雅·文王》篇里的诗句,第二道题是《"为生民立命,为万世开太平"论》。安定下来,总算交卷。……题目的意思我是懂的。回去后并不寄予希望。后来报上登出来……考取了,我是第七名。去无锡报名时,天下大雪,我还摔了一跤。要见唐先生时心里战战兢兢,那知见了唐先生他很和蔼近人。(王蘧常《唐老夫子对我的感染》)

王蘧常后来成为著名国学家,人称"唐门状元",他的入学、修学、毕业经历具有一定的代表性，证明人无全才，经史文章根底厚实的青年学子，即使数理化学科成绩不好，照样可以成为国学名家。此乃中国传统文化特点使然，故而对有志学习研修中华国学的青年学子，教育界不应在数理化学科程度上做苛刻要求。

前七年国学专修馆时期的教学，具有浓厚的传统书院色彩，以经学、理学、史学、诸子学、文学、文字学为课程内容。经学内容主要是儒家十三经《周易》《尚书》《诗经》《周礼》《仪礼》《礼记》《春秋左氏传》《春秋公羊传》《春秋谷梁传》《论语》《孝经》《尔雅》《孟子》。理学内容是宋代周敦颐、二程、张载、朱熹以及明代王阳明的著作与思想。史学内容主要是《史记》《汉书》《资治通鉴》。诸子学内容包括《老子》《庄子》《荀子》《韩非子》等。文学内容包括《文心雕龙》《昭明文选》《古文辞类纂》《楚辞》、唐宋诗、宋词等。文字学内容主要讲《说文解字》。"唐先生亲授经学与理学，朱（文熊）、陈（柱）二先生授子、史及文学。唐先生督教严，经文必以能背诵为度，常面试，一差误，则续续试不已，必无误乃已。经义不拘汉宋，唯其是。理学重朱子，兼及阳明，谓虽相反，亦相成。考核尤重月试，不限于经、史、子，亦重文学。等第分超、上、中，每发表，唐先生中坐，秘书在左唱名，遂起立致敬听评语。评有眉评与总评，如解牛，无不中肯，听者忘倦。"（王蘧常《自述》）其时专修馆规模不大，三届学生同时在校也才七八十人，教师仅唐文治、朱文熊、陈柱三人，秘书陆修祜兼助教，再加一二名职员。学习生活实行书院式管理，免费供给膳宿和书籍，馆生视成绩高下每人每月可得奖学金六至十银元，相当于当时一个小学教师的工资收入。馆生除上课时间外，大部分时间都可自由支配，可饮酒论学，可外出会友，晚不归宿也没关系。馆内不设教务长、总务长，一切都由唐文治总抓。唐文治与馆生天天接触，听到声音就知道是谁，文章听了一小段就能估计出是谁写的，往往十不离六七。唐文治还依照传统书院方式为馆生安排了一定量的学术实践活动，如安排毕寿颐等五十多位高才生在1921年至1925年的四年中参与经学大型丛书《十三经读本》的校对工作；派遣唐兰等五名馆生于1923年11月赴江苏宝应抄录珍贵的《朱集签注》书稿十余万字，回馆后整理成卷，编出凡例，

无锡国专校徽

定名为《朱子全集校释》；派遣吴其昌、钱仲联等馆生于 1923 年至 1926 年间陆续前往苏州师从朴学大师曹元弼学习《仪礼》和《孝经》，回锡后共同编成《礼经大义》数卷付印；组织前三班馆生于毕业前夕演讲毕业论文，全馆师生共同参加活动，等等。

首届学生王蘧常对诸同学在国学专修馆的治学收获曾有所回忆：

唐先生又诱使诸同学治学，各就性之所近。于是毕寿颐治《诗》与《文选》，唐兰治《说文解字》，蒋庭曜治前、后《汉书》，吴其昌治宋儒五子外诸家年谱（毕业后，改治钟鼎甲骨文），我则治三代史。及毕业，皆斐然成巨帙。毕有《陈奂毛传疏补》《度万楼骈文稿》；唐有《说文唐氏注》；吴有宋儒杨时、罗从彦、李侗等年谱及《宋代理学史》；蒋则有《前后汉书引经考》；我则成《商史纪传志表》若干卷、《夏礼可征》二卷、《清代艺文志权舆》十六卷，时《清史稿》尚未问世也。毕业试分经、史、子、文四门，我于文作《太极赋》一千数百言，唐先生于陈先生评外加评云："融贯中西，包罗古今，前人未有也。"（王蘧常《自述》）

专修馆时期七年，是馆长唐文治切实按照《无锡国学专修馆学规》实施教学的七年。唐文治讲经学重在阐发其大义，不尚考据琐碎之末；讲理学尊崇人范，意在救世；讲文学既重文品，亦重人品；讲政治学注意览察"天下国家，盛衰兴亡治乱之迹"，以治国平天下为宏纲总揽。

（二）中华古典"政治学"课程

唐文治在《学规》中设定的"政治学"，是专修馆时期极富特色的一门课程。用今天的眼光看，应称为"中华古典政治学"。唐文治在其"政治学"课程中，通过阐发"十三经"大义，把儒家的政治思想和治国理念作了撷精存真的梳理。唐文治所授"政治学"，堪称专修馆时期课程中的隋珠和璧。其核心精神可见于1928年初撰著并讲授的《〈尚书〉大义·内篇》。唐文治在《〈尚书〉大义·自叙》中声明：

> 盖自开辟以来，由帝而王，由王而霸，由禅而继，由继而衰，人君之兢兢业业，惟休惟恤；人臣之严恭寅畏，守经达权……礼乐之休明，刑罚之轻重，修教不易其俗，齐政不易其宜，历代兴革治乱之大原，莫不灿然具备于《书》。……苟得其意而善用之，则前代之典章，举足为吾之新法。不得其意而妄用之，虽世界极新之法，适足以为吾之害。

唐文治站在当时的中国社会政治环境里，以治国平天下为中华政治学最高宗旨，对《尚书》中"足为吾之新法"的精义作了提炼，并作了具有近代特点的阐述。后学者从《〈尚书〉大义·内篇》目录中可窥其全豹。

《〈尚书〉大义·内篇》目录

《尧典》《皋陶谟》篇政治学（论"三微五著"心法要典）

《汤誓》篇政鉴（论圣人革命，顺天应人）

《盘庚》篇政鉴（论盘庚能融新旧之界，不尚专制）

《西伯戡黎》《微子》篇政鉴（论亡国者之殷鉴）

《洪范》篇政治学一（论禹用九数画州立极以治民）

《洪范》篇政治学二（论《五行》篇天人相与之理）

《洪范》篇政治学三（论《五事》篇天人相与之理）

《洪范》篇政治学四（论八政之原理，农工商兵宜相通而不相害）

《金滕》篇政鉴（论周公戒成王不敢荒淫，以造周代八百年之基业）

《大诰》篇政鉴（论圣人禅继之公心与不灭人国之大义）

《康诰》篇政治学（论明德、新民之要旨）

《召诰》篇政治学（论政治学必本于性命学）

《洛诰》篇政鉴（论《尚书》学通于《孝经》学）

《无逸》篇政鉴（论圣人自强不息之学）

《君奭》篇政鉴（论周公付托召公政事之重）

《多方》篇政鉴（论君狂民顽所以亡国）

《立政》篇政治学（论政治学本于九德，用人贵能灼见其心）

《吕刑》篇政鉴（论圣人精意在破迷信、除肉刑、去赎刑）

《费誓》篇政鉴（论军纪之当整、军法之当严）

《文侯之命》《秦誓》篇政鉴（论周秦二代国祚盛衰强弱与存亡所以久暂之理）

　　选读其首篇《〈尧典〉〈皋陶谟〉篇政治学》中论"五著"（五项明确的政治观点）文段，即可知其血肉。

《尧典》《皋陶谟》政治学·五著

　　《尧典》之首，曰克明俊德，以亲九族；九族既睦，平章百姓；百姓昭明，协和万邦。考《孝经》之至德要道，在和睦无怨。尧之亲九族，盖由孝而推之，和睦之道，实基于此。故其中篇又赞舜曰"克谐以孝"，其大义可谓深切著明矣。然则为政之经，必本于孝，必本于和睦，老吾老以及人之老，幼吾幼以及人之幼，人人亲其亲，长其长，斯天下平。若不能孝，不能和睦，何以为共和乎！此其著义一也。

　　由是而推之于学校。唐（引按：唐尧）时制度靡得而详矣，至舜而始立虞庠，其命契曰：百姓不亲，五品不逊，汝作司徒，敬敷五教。盖人之所以为人者，伦也。五品者，五伦也。教以人伦而百姓亲矣。其训夔曰：命汝典乐，教胄子，直而温，宽而栗，刚而无虐，简而无傲。盖虞庠之教如此，即周时大乐正之法也。政治原理，务在涵养人之性情，以成其德器。若弃斁伦纪，直而不温，宽而不栗，刚而虐，简而傲，则皆轶乎范围之外矣，岂设学之本旨乎！此其著义二也。

《大禹谟》，伪古文书也，而"德惟善政，政在养民"一节，见于《左氏传》所引，其为《禹谟》原文无疑。其言曰：水火金木土谷，惟修正德，利用厚生，惟和。考《洪范》"五行"，曰"水火木金土"，而《禹谟》则增以"谷"。《皋谟》一则曰：暨益，奏庶鲜食。再则曰：暨稷播，奏庶艰食鲜食。古人之重农政若此。盖水利兴修，浚畎浍距川，然后中国可得而食。《洪范》"八政"，一曰食，亦正大禹所传九畴之学。未有农政废弃，饥馑荐臻而可为治者。此其著义三也。

仓廪足始知礼义矣，故共和之治，尤以礼教为先。舜之咨岳曰：有能典朕三礼。其命伯夷曰：汝作秩宗。而天工人代之制则曰：天叙有典，敕我五典五惇哉；天秩有礼，自我五礼有庸哉，同寅协恭和衷哉。礼之为教，秩序而已。故《尧典》曰"秩宗"，《皋谟》曰"天叙天秩"，而《禹谟》亦曰"九功惟叙，九叙惟歌"。礼原于天之则民之秉彝。有礼而后有秩序，有秩序而后能和。废礼而求秩叙、求上下之和衷，未之闻也。此其著义四也。

至于六府孔修，工政举矣，懋迁有无，商政厥矣，而庶绩其凝尤在皋陶之赓言曰：念哉，率作兴事，慎乃宪；钦哉，屡省乃成。可见实业之肇兴，在于提倡，而作事之谋始，根于慎宪。元首股肱，明良而后喜起。未有立宪不明不良不慎，而可以有成者也。亦未有立宪不省不屡省，而可以有成者也。此其著义五也。

唐文治从《尚书》中提炼出的诸多政治学要点，对于中华民族治国理政具有恒久性、适用性、史鉴性特点，如"圣人革命，顺天应人""融新旧之界，不尚专制""立极以治民""天人相与""农工商兵宜相通而不相害""不荒淫""禅继之公心""明德新民""自强不息""破迷信、除肉刑、去赎刑""整军纪，严军法"等，都可视作是对中华古代政治文明与政治经验之精审粹取。又如从《尧典》和《皋陶谟》中掇取出来的"五著"，其实就是古代政典中蕴含的五项政治观点。用当今的语言表达，这"五著"就是：① 统治者必须修养美德，亲睦百姓，使天下人民老有所养，幼有所长；② 政府要设立机构推行教化，教以人伦，涵养人性；③ 善政在养民，民食艰难，当政者要注重农业农政；④ 共和之治以礼义之教为先，重视礼教旨在维护社会秩序，使全国上下和衷共济；⑤ 当政者须审慎立宪，三思行事，肇兴实业。唐文治在列举"五著"之前言明，此"五著"者，"皆修己治民之要道，无论古今中外政治家，举莫能外焉者也"。无锡国专以《〈尚书〉大义》为代表的政治学课程，寄寓着中华儒家"为天地立心，为生民立命，为往圣继绝学，为万世开太平"之用心，可谓意义深远。唐文治讲授"政治学"时特别强调："古人以德行、学问与政治合而为一，故天下常治；后世以德行、学问与政治分而为二，故天下多乱。"（《〈尚书〉大义·内篇·尧典》）此话所称"古人"，就是指夏、商、周三代的圣明君主、先贤良臣。依托"三代"明君良臣来宣传"德行、学问与政治合而为一"的政治学思想，是孔子以降二千五百年来中华儒家政治学说的"顶层设计"，包含着丰富的政治智慧。唐文治订立《无锡国学专修馆学规》时就以"政治学"为教学重心之一，故而他在讲授《尚书》政治学思想时声明："吾国政治学权舆于《尚书》，阐发古书之奥蕴，以拯今日之人心，吾辈之责也。"

在无锡国学专修馆开设的课程中，"政治学"卓著特色，但与青年学子的人生阅历距离较远，故毕业生中未见传人；社会人士则因《尚书》佶屈聱牙、古奥艰深，外加民国甫造、时尚西政，因而对中华古代政治学少有兴趣，对中华古代政治文明更少有自信。唐文治其时已离开政坛，手无政柄，因此唐文治主授的"政治学"并未获得民国主政者的重视与采纳。20世纪前半叶曾经统治中国的北洋军阀政权、蒋氏国民党政权漠视民生民权，专重本集团的私利，都违背了唐文治所揭示的包括"五著"在内的中华政治学精义，这些政权都成为中华历史长河中的短命政权，也就不奇怪了。唐文治曾经自喻《〈尚书〉大义》曰，"外篇，楳也"，"内篇，珠也"，似乎在提醒世人读此"政治学"著作时更要注重"内篇",不要买椟还珠。应该承认,唐文治颇有先见之明。

(三)政府立案,转制为国学专门学校

1928年是无锡国专办学史上的重要转折之年,这年3月,北伐后成立的中华民国大学院(相当于国民政府教育部)发布《私立大学及专门学校立案条例》,着手对全国的私立大学和高等专科学校进行整顿。唐文治掌校的无锡国专为适应政府的要求,成立了学校董事会,按大学院规定呈报学校申请立案的各项材料。6月,大学院特派俞复(后受聘兼任国专校董)莅校监考"三民主义",国专全体学生应试合格。9月初,大学院又特派柳诒徵、薛光锜莅校对无锡国专进行全面调查,调查后回京报告,称无锡国专"条例符合""成绩优良"。9月20日,大学院发布训令,批准无锡国专立案。该训令全文如下:

中华民国大学院训令第687号

令私立无锡国学专门学院校长

为令遵事:查该学院前经国立中央大学校长张乃燕转呈请准立案,复经本院派员实地调查,认为与《私立大学及专门学校立案条例》尚属符合,应即准予立案。惟该校经费颇欠充足,应速筹措基金,以期学校经济基础之巩固。除令行中央大学知照外,合行令,仰该校长遵照。此令。

中华民国十七年九月廿日

院长:蔡元培

副院长:杨铨代拆、代行

自此,无锡国专成为中国近代教育史上唯一获得民国政府教育部批准立案的国学专修高等学校;次年,遵教育部1346号训令,改校名为"私立无锡国学专修学校",此校名一直沿用到1949年7月。立案后的无锡国专在抗日战争全面爆发前的9年中每年获得民国政府教育部三千元办学经费补助(可解决全校教职工薪金支出的七分之一),在招生、管理、课程

设置等方面褪去一些学馆色彩，朝着民国政府要求的专门学校办学规范靠近，但唐文治所秉持的传统国学教育宗旨和基本特色未变。

1934年呈报教育部的《私立无锡国学专修学校概况·简章》规定："本校宗旨在研究本国历代之文化，明体达用，发扬光大，期于世界文化有所贡献。"传统的经学、理学、文学、史学等被上升到"本国历代之文化"层面作表述。同一《简章》中规定的"本校入学资格"是："曾在已立案之公私立高级中学或同等学校毕业，或具有同等学力，经入学试验及格者。"（《无锡国专史料选辑》）立案后的无锡国专对招考高中毕业生有所重视，以便与国家教育制度接轨，但仍较多地招收虽无高中文凭却"具有同等学力"的青年学子入学。所招收的"具有同等学力"者人数远超教育部规定的人数比例，以致为了让教育部在这部分学生的毕业证书上验印（加盖教育部印章），唐文治不得不派人到教育部疏通，甚至写信给教育部部长，表示"文治将亲率诸生，赴京聆听雅教"。

立案后的无锡国专招生考试，分为笔试、口试两项。先笔试，然后口试。笔试科目明确规定为"论文、历史、地理、国学常识"几科。"论文"就是命题作文，依国专传统一般出两道题，一是以儒家经典中某句或某段为题而申论之，例如《君子自强不息论》（1941年）；一是联系当前形势而出的"时论"题，例如《固有文化与抗战建国》（1941年）。"历史"要求依题论述，例如"述甲午中日战争之起因与结果""据《辛丑条约》，论述其对于我国各方面之影响""我国科举制度始于何时？并述其利弊""明末清初有何著名教士东来？彼等对于我国文化有何贡献？"（均为1941年）"地理"要求依题阐述，例如"长江、粤江各经过何几省？各有何重要支流？""我国南北人民食品及衣服形式之不同，其地理的原因何在？"史、地两科均要求阐述多道题目（1941年卷要求考生各阐述6题）。"国学常识"是学校的特色试题，以简答题形式考学生。经常考到的题目有"何谓四书、五经、六经、十三经？""何谓四史？并举其名与作者""何谓六书？并举其名""何谓汉学、宋学？某学盛于某时？""何谓音韵与反切？其说发明于何时？""何谓训诂与注疏？某种盛于某时？""何谓九流十家？""《四库全书》成于何时？其有几部？如何分藏？"

等。口试通常由双目失明的唐文治亲自面试把关。"唐先生认为笔试固然能衡量学业水平，但还有偶尔的侥幸，而口试随问答而变异，不受试题的局限，学生的程度也就昭彰了。口试问题很广泛，一般先问考生读过哪些文史哲的专著，回答后就要问内容了，回答内容后，就要你论述对某书的心得体会及其优劣，往往'打破砂锅问到底'，直至考生词穷而止。"（杨廷福、陈左高《无锡国专杂忆》）国专校友金易占对此曾有一段比较详细的回忆：

　　（招生）口试极为严格。考生事先由校长秘书陆景周知照，走进校长室，应口称"老夫子"，行九十度鞠躬礼，还要注意遵守"不问不语"的规则。口试问题很广泛，重要的是读过哪些国学书籍及其心得和体会。记得我投考的时候，唐校长问我："读过《论》《孟》没有？"我回答读过。问："《论》，《孟》有哪些篇目？"我接着说了篇目。又问："从汉代到宋代，谁的注本最好？"这却没有准备，一时无从说起，只得胡扯的回答："有汉人注本，有宋人注本，无论谁的注本，都只能代表个人的见解，不能代表孔孟学说。"哪知这话触犯了老夫子的讳忌，他立时提高嗓子，以更严肃的语气说："《朱子集注》得孔孟心传，千载无可非议，我辈更不应当有半点怀疑。"他没有再问下去，急得陆景周在一旁摇头晃脑。（金易占《无锡国专与唐文治》）

　　无锡国专1928年由教育部立案转制为国学专门学校后，在校学生数大幅度增加，唐文治校长通过校务会议制定了各项规章制度，对学习生活进行较严格的管理，很快由"国学馆"的管理模式转换为近代高等学校的管理模式。1930年制定的学校规程中有"考查学业规则"15条、"办理请假缺席规则"7条、"讲堂规则"11条等，这些"规则"对学生的在校学习行为做了较为严格的规定。例如"学生上课时迟到及缺席，由授课教员担任记录，由训育处按月登记并发表宣示"，"学生因假缺席之次数满每学程一学期授课次数三分之一者，以休学论，不得与学期考试，并不得补考"，"（讲堂）授课中除所授之课本外，不得披阅他项书籍"，"学生每学期所得学分不满所修总分三分之二，不得升级"等。这些学习管理规则，总体上是合情合理的，从中还可看到唐文治往昔掌校上海工业专门学校时所订学校管理规则的影子。立案转制后的无锡国专开始实行学分制，规定一门课程"每周上课一小时"，并须保证"课外修习"，一学期即为一学分。课程分必修、选修两种，三学年必修课程不少于70学分，选修课程不少于60学分，修满130学分方准毕业。

（四）转制后的课程设置

立案转制后的无锡国专对课程设置作了局部调整，按政府规定添加了"党义"课和"军事训练""看护学"课程，仿照现代高等师范学校增设了"教育学""西洋文学史"等概论性课程，但课程主体内容仍然是"经史子集"原著和文字训诂典籍，依然保持着"国学专修馆"时期的课程特色。根据1936年《私立无锡国学专修学校十五周年纪念册》所刊《各学年学程学分及纲要表》，无锡国专最盛时期的国学课程科目、课时安排、讲课纲要排列如下：

第一学年

（1）散文选，必修，每周4课时。

分类选授秦汉以下迄方、刘诸家之文。析其体制，明其作风，辨其流派，并阐发其谋篇布局、安字位句之法，以姚选《古文辞类纂》为主。

（2）国学概论，必修，每周3课时。

分经学、哲学、小学、史学四部。经学述历代经说之异同，小学明形、声、义之纲领，哲学论子学、玄学、理学之得失，史学辨正史、杂史之义例。

（3）文字学，必修，每周3课时。

依据《说文》五百四十部，次第择要讲授，博采段、桂、朱、王诸注及近代钟鼎、甲骨之说，以明文字构造及变迁之义例。

（4）文学史，必修，每周3课时。

分总论、上古文学、中古文学、近古文学、近世文学五部。于汉赋、唐诗、宋词、元曲各时代之特殊文学论述犹详。

（5）韵文选，必修，每周2课时。

选授汉魏以下迄于隋唐五言古诗，使学者由唐人以上溯其源，故于五言初期作品特详，于考证曹植、阮籍以下诸大家则明其流变。选授唐人各体诗，别裁伪体，以风雅为规，于李白、杜甫、王维、韦应物、孟郊、韩愈、李贺、白居易、柳宗元、李商隐诸家选授较多。

（6）作文训练，必修，每周2课时。

每两星期作文一次，由教授批改发还，所出题目务与选授之文有关，俾收学与作相连之益。

（7）《论语》，选修，每周1课时。

于圣门论学、论政、论仁三大端，剖析源流以修己为体，治人为用。圣功、治道归于一贯，不尚空谈。

（8）《孟子》，选修，每周2课时。

贯穿群言，发挥"尊民""大同"之学说，尤注意在剖析义理、警觉良知，兼采眉山苏氏、桐城方氏评语，以为研究文学之助。

（9）《文史通义》，选修，第二学期每周2课时。

章氏擅长文史，能通其义，于是考鉴流别、辨章学术，以蕲探大道之源本，学程于此三致意焉。

第二学年

散文选、韵文选、作文训练三门必修课程继续开设（全年开设），每周课时与第一学年相同。"散文选"以《经史百家杂钞》为主，去其与《古文辞类纂》重复者。"韵文选"选授宋人各体诗七百余首，取各家之精粹足以代表其风格者。于西崑、西江、江湖、四灵各派之正变得失皆详为剖示。讲授七言绝句结构之方式，凡五十六类，意在使学者神明于法度之中。新开设以下课程科目：

（10）中国文化史，必修，每周3课时。

依中国文化变迁之重要关键，分为三期讲述：（一）自上古以迄两汉。（二）自东汉以迄明季。（三）自明季以迄现代，并于各时期文化之造成，明其源委焉。

（11）目录学，必修，第一学期每周3课时。

不知目录则读书不知从何下手。本学程所以明七略四部分合之得失，进而追寻中国一切学术之源流。

（12）修辞学，必修，第一学期每周2课时。

分文体、文用两大类。知文章之用，一本自然，文章之体，悉原六籍也。

（13）《荀子》，必修，第一学期每周3课时。

荀子于先秦诸子，生世较晚，其评论诸子之语较多，其学说亦较充实，除逐篇讨论、阐明其精蕴外，并融贯大义，扬榷是非。

（14）王荆公文，选修，第一学期每周3课时。

荆公文学昌黎，独能劲拔其政治学说，原本周官。读王集者，知非徒托空文也。

（15）音韵学，选修，每周1课时。

音韵之学，滥觞东汉，取便音读，无取纷繁。自后人分部，治丝益棼。本学程明音韵之变迁，及治音韵者必读之书。盖以客观之材料而为历史之研究者也。

（16）要籍解题，选修，每周1课时。

四部之书，浩如烟海，毕生精力有所难穷。本学程精择四百余种加以解题。皆人人必读之书，无泛淫泛滥之弊，有事半功倍之收。

（17）《左传》，选修，每周2课时。

分八类选讲：曰礼教类、记事类、兵略类、外交类、内政类、讽谏类、志怪类、小品类（注重兵略外交），参证《国语》，公、谷二传，兼采孙月峰、方望溪、姚姬传、曾涤笙诸家评点，鼓舞学者兴趣。

（18）版本学，选修，第二学期每周2课时。

述研究版本之目的及其制度之变迁，与夫校雠目录艺术等，相互之关系，一以实用为主，非仅备古董家谱录之用而已。

（19）《昭明文选》，选修，第二学期每周3课时。

选周秦至齐梁之美文，明其文律、析其体制、通其训诂、观其流变、究其作法、掇其词藻，以李善注为主，兼参各家之说。

（20）毛诗，选修，第二学期每周1课时。

共分八类，曰伦理学、政治学、性情学、社会学、军事学、农事学、义理学、修辞学，务合兴观群怨之旨，用以涵养德性、改良风格。

（21）《史记》，选修，第二学期每周4课时。

《春秋》有其事、其文、其义之不同，《史记》亦然。除考其事迹、研其文辞，并究其义例焉。

（22）性理学，选修，第一学期每周2课时。

于周子《太极图说》《通书》、张子《西铭》、程子《论性篇》及明儒王龙溪、钱绪山、王心斋诸先生学派，皆有详论。（本条据《茹经先生自订年谱》）

第三学年

本学年中，《毛诗》《昭明文选》《史记》《音韵学》《要籍解题》5门选修课继续开设，供二年级时未选修这些课程的学生选读。新开设以下课程科目：

（23）《礼记》，选修，第一学期每周1课时。

注重《礼运》篇大同之治、《哀公问》篇伦纪之原、《儒行》篇特立独行、气节之高，总以返诸躬行为主，《学》《庸》二篇，别编讲义，临时参讲。

（24）《史通》，选修，第一学期每周2课时。

《史通》为专论史法之创著。其价值自不待论，而时异事异，则其论亦通蔽互见。故逐篇讨论，辨其得失。

（25）《老子》，选修，第一学期每周1课时。

《老子》一书，注者最多，说亦最杂。特截断众流，首以《老子》解《老子》，次以诸子解《老子》，或较得其本真。

（26）韩昌黎文，选修，第一学期每周3课时。

就韩文中分类作深刻之研究，究参以历代名家评语，以期对于韩文技术有深切之认识，要以辞章为主，而考订次之。

（27）钟嵘《诗品》，选修，第一学期每周1课时。

分汉魏以来五言诗为三品，或偶举精字善句，或品评全篇得失，令观之者得意文中，会心言外，又网罗众家，溯其流别。知诗体虽异，悉本风骚也。

（28）《吕氏春秋》，选修，第一学期每周3课时。

《吕氏春秋》为现存杂家最古之书。儒、墨、道德、名、法、阴阳之精旨，颇载其中。惜高注未能尽其意蕴。特搜罗逊清至现代考订家之说，择善而从，加以订补。

（29）《韩非子》，选修，第一学期每周3课时。

韩非集法家之大成，全书五十五篇，择其精要，属词比义阐明法家之宗旨，并平议其得失。

（30）《中国哲学史》，必修，第二学期每周3课时。

分先秦子学、两汉经学、南北朝玄学、隋唐佛学、宋元明清道学、晚清今文经学六部，明其流变，究其指归。

（31）《尚书》，选修，第二学期每周1课时。

辨析今文古文学源流，举典谟誓诰，以为古今政鉴，指陈治乱本原，不务训诂穿凿。

（32）《周易》，选修，第二学期每周1课时。

分政治、学术、心理三大端，探十二辟卦阳息阴消之旨，以验君子小人消长之几，继以明治道之要。

（33）《尔雅》，选修，第二学期每周2课时。

《尔雅》非字书，而为通诗、执礼、雅言之宝典，清儒以声音转变通训诂之条理，可谓穷本探源，不特释诂、释言、释训三篇可通，即释亲、释器以下之名称，亦以声音而可通也。暂以郝著《〈尔雅〉义疏》为教本，而随时择要补充之。

（34）《汉书》，选修，第二学期每周4课时。

班书为断代史之祖，其史法多为后代正史所宗，文亦渊懿尔雅，授《史记》后继以班书，互相比较得失犹明。

（35）《墨子》，选修，第二学期每周3课时。

分墨子之基本主义及墨子之名学两部，阐明其精旨，评骘其是非。

（36）《孙子》，选修，第二学期每周1课时。

孙子为兵家之祖，大指在以正守国，以奇用兵，先计而后战；辞虽简约，义实宏远。特就历代战争触类取譬，俾得实证，不坠空谈。

（37）楚辞，选修，第二学期每周3课时。

兼采王逸章句、朱熹集注而专研屈、宋二家作品，参以历代名家评论，以文艺为主，重要之考订亦兼及之。

（38）毕业论文，必修，第二学期课外完成。

于在校最后一学期，由毕业各生选定研究题目，商准教务主任，由教授担任指导。撰著论文，于毕业考试前，送交教务处，分发教授核阅，及格方准毕业。

以上所列，无锡国专于1936年最盛时期所开设的国学课程计38门，其中必修课程12门，大部分开设于第一、第二学年；选修课程26门，大部分开设于第二、第三学年。有些不属于常设课程的科目还没有列入，如陈衍（1856—1937，号石遗老人）开设的《通鉴纪事本末》课就未列入其中。选修课中的《论语》《孟子》、毛诗、性理学、《礼记》《尚书》《周易》7门科目纲要显示了唐文治校长治经与讲学的特点。

（五）名师荟萃，名家演讲

随着学生数量的增加，无锡国专的师资队伍在学校转制后也做了相应的扩充。据无锡国专1933年上报教育部备案的教职员一览表，其时无锡国专的任职教师人数已由专修馆时期的唐文治、朱文熊、陈柱、陆修祜4人扩大到15人，增加了钱基博（字子泉，任校务主任）、冯振（字振心，任教务主任）、陈衍（字石遗，任教授）、陈鼎忠（字天倪，任教授）、曹铨（字次庵，任教授）、徐景铨（字管略，任教授）、叶长青（字长卿，任教授）、甘豫源（字导伯，任教授）、董志尧（字紫瑶，任军事教官）、侯鸿钧（字敬舆，任国技教师）、吴良澍（字溉亭，任训育教师）等12人（陈柱教授时已辞职离校）。新增教师中有4人属兼职：钱基博兼任上海光华大学国学系主任，甘豫源兼任江苏省立教育学院讲师，董志尧兼任省立无锡师范体育国术教师和中国童子军第一五七团长兼教练。1933年的这一教师一览表，可以代表无锡国专转制后教师队伍的基本面貌。唐文治校长为无锡国专选聘教师一贯严格而慎重，使得学校的师资保持在相当高的水平之上。如钱基博教授，家住无锡七尺场（邻近无锡国专），是民国一代国学名师，他博闻强记，1918年任无锡图书馆馆长，1920年起先后任江苏省立第三师范学校、上海圣约翰大学、清华大学、光华大学国文教师及教授，在经学、诸子学、文学、史学、版本目录学诸方面著作宏富，且"品诣亦敦洁英爽"（唐文治评语）。他在无锡国专任教讲授的《现代中国文学史》《古文辞类纂》《文史通义》、目录学等课程，深受学生欢迎。又如陈衍，他是光绪朝举人、"同光派"诗学名家，曾任清学部主事、京师大学堂教习，民国成立后长期从事教育。其诗学著作有《石遗室诗话》及续编、《近代诗抄》《宋诗精华录》《元诗纪事》《辽诗纪事》《金诗纪事》等，国学界称其"煌煌巨帙，可谓盛矣"。唐文治校长礼聘陈衍任国专教授，支付的讲课费每节课高达20元大洋（相当于当时一位青年初中教师一个月的薪金），为的是能让国专师生双双得益，学生们能得一代名家垂教，中青年教师能得一位名家"贤师友之助"（唐文治语），多了与知名学者交流学习的机会。陈衍在无锡国专所授课程，除了诗学外，还有《通鉴纪事本末》《要籍解题》等。陈衍上课，不仅学生听讲，学校的中青年教师也随堂听课。教务主任冯振（时年三十多岁）甚至拜于其门下，甘当入室弟子，曾作《呈石遗师》诗："海内大师今几许？天涯何幸得相亲！公诗独造原无法，我语心平拟或伦。羞与时贤共寋曰，每于常处见清新。旁人错比陈无己，肯作江西社里人？"（党玉敏、王杰主编《冯振纪念文集》）又如陈鼎忠，时年54岁，此前曾任教于东北大学、湖南大学，学问渊博，兼及经、子、文、史。"讲授诗文，不复持本，悉背诵如流，及门咸惊服焉"。国学大师黄侃（1886—1935，字季刚）评他"博闻强识，文出汉魏，诗在唐宋之间"。1933年教师名单中其他如年龄较大的教授朱文熊、陆修祜、曹铨都有深厚的旧学根底，年龄较轻的教授冯振、叶长青、徐景铨、甘豫源等都是学有所长，在所教学科中崭露头角的后起之秀。无锡国专1928年立案转制后，直至1950年并入公立苏南文教学院，期间22年，所聘为学生授课的国学名师可以列出一个数十人的长长名单，其中周谷城、梁漱溟、郭绍虞、朱东润、夏承焘、周予同、李长傅、吕思勉、饶宗颐、吴世昌、张世禄、王蓬常、蒋廷曜、钱仲联、陈一百等均堪称国内一流名师，可谓名家济济，群彦毕至。无锡国专学生成才率较高，与得众多国学名师授课施教有直接的关系。

无锡国专立案转制后，教学上有一个明显的变化，就是受唐文治邀请来校演讲的学者、专家明显增多了。据不完全统计，从1930年至1937年抗战西迁，受邀来校演讲的学者、名人就有近40人次，其中有马寅初、陈中凡、柳诒徵、吕思勉、黄宾虹、雷沛鸿等国内著名学者。校外学者带来各有特色的学术思想和治学经验，拓宽了国专学生的学术视野。最具代表性的学术演讲活动是1933年唐文治两次邀请朴学大师章太炎专程从苏州来校演讲，并派遣无锡国专学生赴苏州章氏国学讲习会随班听章太炎讲课。第一次邀请章太炎来校演讲是1933年3月13日，据次日《新无锡》报道：

> 上午十一时许，章先生自苏乘车来锡，同来者，有国专教务主任冯振心，当代大儒陈石遗、前国务总理李印泉、国学家陈柱尊、前中大教员蒙文通等诸先生，暨章之门徒戴君、朱君、许君。太炎先生，穿蓝绸豹皮袍，玄哔叽马褂，眼架托立克金丝镜，发花白，蓄须，惟不甚长，亦不甚多，瘪嘴。……下午二时，在该校礼堂开讲。章抵礼堂时，学生咸起立鼓掌欢迎，先由校长唐蔚芝先生致词介绍，学生复鼓掌，于是章即于掌声雷动中，步上讲台……

章太炎先生的此次演讲由其随行弟子和国专学生分别记录，后分别取题《国学之统宗》和《章太炎先生讲"经学"》发表于不同的刊物。此次演讲的中心思想是"以为今日而讲国学，《孝经》《大学》《儒行》《丧服》实万流之汇归也。不但坐而言，要在起而行矣"。章太炎指出，孝悌乃仁德之本，《孝经》文字平易，一看便了，而其要在于实行"；《大学》"从仁义起，至平天下止，一切学问，皆包括其中。治国学者，应知其总汇在此"；《儒行》鼓励气节，"欲求国势之强、民气之尊，非提倡《儒行》不可"；至于《丧服》篇，则借此以"辅成礼教"。章太炎认为，这四篇经典，合起来不过一万字，"以之讲诵，以之躬行，修己治人之道，大抵在是矣"。（据《制言》所刊章太炎《国学之统宗》）次日的演讲地点改在国专对门的无锡师范大礼堂，无锡国专停课一天，全体学生前往听讲。讲题是《历史之重要》，章太炎在演讲中指出："经术乃是为人之基本，若论运用之法，历史更为重要"，"人不读经书，则不知自处之道；不读史书，则无从爱其国家。"太炎先生还针对当时"整理国故"口号下出现的"重考据""疑古史"学术风气提出，"今日有为学之弊，不可盲从者有二端"：一是"讲哲学、讲史学而恣为新奇之议论"；二是"喜考古史，有二十四史而不看，专在细微之处吹毛求瘢"。这其实也是从另一个角度对唐文治校长一贯坚持的"注重经史根柢"之学风的肯定与支持。

第二次邀请章太炎来校演讲是1933年10月21日，当天下午和次日下午在无锡国专礼堂作了两场演讲，讲题是《适宜今日之理学》和《中国人种之由来》。在21日的演讲中，章太炎强调指出，当今之世，讲学救国，适宜今日之理学，"当取其可以修己治人，不当取其谈天论性"。在22日的演讲中，章太炎驳斥了外国人所称"中国自巴比仑来"的谬论，认为号为黄帝后裔的汉族自古就发源、生长于"希马拉雅山"以东的亚洲土地之上。章太炎是辛亥革命元勋、民国一代最享盛名的国学大师，其深厚的朴学根底、渊博的史地知识、炽热的救国平天下情怀，都在其演讲中展示风采，使国专学子开阔眼界，终身受益。

唐文治还采用"走出去"的方法，派国专学生多次赴苏州章氏国学讲习会听章太炎讲课，然后把听讲收获整理成文，在无锡国专校刊上发表，以飨诸生。刊于1935年《国专月刊》第一卷第三号的《菿汉亲闻录》，就记述了当年5月4日国专学生章松龄、沈讱、崔龙赴苏州听章太炎讲学的主要内容。（"菿汉"代指章太炎先生，章太炎有《菿汉微言》《菿汉昌言》）从该文所记下列几则章太炎所讲要点中可以领略一代国学大师的学术思想丰采：

【要点之二谈读经】近日读经甚嚣尘上，予以为当以《尔雅》为本。《尔雅》能通，群经自易上口。若"三礼"之中，《仪礼》实不难读，唯今学者不以为重，要以《礼记》为主，然异说纷纭，考证实非易事。其中尤当提倡《儒行》，振发士气，力挽颓风。《丧服》一篇亦切实用。至于《周礼》，为我国政治之根本，学者亦不可不深长思之也。

【要点之八谈先秦诸子】诸子之学，本意尽在用世；汉志九流，无非政治家也。

【要点之十一谈文章风格】文章之事，今人颇难上驾古人，明七子之规抚周秦，仅得台阁气象；王闿运（1833—1916，晚清经学家、文学家）之追摩西汉，亦仅得魏晋意味。盖古人文章，各有面目，南人北人，一望便知，即情性意气，亦跃然纸上。史书自三国以下，便黯然无色矣。

【要点之十二谈桐城派】桐城文章，举世诟病，以为千篇一律，实则亦未可厚非。其局度之谨严、气象之雅淡，初学作文者，苟能用力其间，当有所获。且其碑志之文，尚能颊上三毫，略写面目；虽亦流入窠臼，成为陈调，然总不失为作文的矩矱也。

从以上选摘内容可看出，唐文治校长派无锡国专学生赴苏州亲聆一代国学大师章太炎讲课，所得到的是治学指引，所沐浴的是太炎门风，对于国专学生的成才有潜移默化的良好作用。

（六）高度重视毕业论文

立案转制后的无锡国专虽然只是一所专科学校，但对学生毕业论文的写作高度重视。学生精心写作毕业论文是三年学业宝塔结顶，每位学生必须打造出一篇有分量的毕业论文，获得通过，才能毕业。毕业论文成为学生三年学术成长的重要验证。为此，无锡国专专门制定了《毕业论文规则》，共6条：

（子）本校学生于修业最后一学期须撰毕业论文。

（丑）毕业论文之撰作时间在校历规定。

（寅）毕业论文之题目，由教务处商请各教授分别拟定公布，倘学生于某种学术有特殊研究者，亦得自拟题目，惟须将题目送教务处审核，并得评阅教授许可，方为有效。

（卯）毕业论文题目公布后两星期内将认选题目，送教务处存案，以后不得更改。

（辰）毕业论文须以本校规定之格纸誊写，不得潦草。

（巳）毕业论文经评阅及格后，给予一学分，其有特殊价值者，由本校代为出版。

（见《私立无锡国学专修学校十五周年纪念册》）

根据此《规则》，学校向学生提供的毕业论文题目，先由各教授拟好，教务处汇总，定期公布，让学生选择确定并报教务处备案；然后在规定的时间内（一般限期两个月）写成交稿，送各教授评阅，并限各教授10天时间评阅完毕，给出成绩。查无锡国专1933年8月至1934年7月校历，该学年度毕业生的"毕业论文"工作被慎重载入学校行事历中：

1933年10月12日，由教务处通知各教授分拟毕业论文题目

　　　　10月21日，汇齐毕业论文题目付印

　　　　10月23日，宣布毕业论文题目，限12月20日交卷

　　　　12月20日，收齐毕业论文试卷，分发各教授评阅

　　　　12月31日，毕业论文试卷评阅完竣

同样的这五项工作，在该学年度第二学期的1934年3月13日至5月31日的学校行事历中又慎重列出，再做了一遍。可见国专学生写作毕业论文可以选择第三学年的两个学期中的某一学期，这给学生撰写毕业论文提供了时间上的机动。

教务处向各教授征集后公布的毕业论文题目，其数量各学期有所不同，其内容重点在中国古代经史文学，兼涉时策及西方文化。1936年3月公布的毕业论文题目为如下12题：

1.《周易》八卦象爻及象象传注释并广论大义

2.《孟子》分类学注释并广论大义

3. 左氏兵略旁通经子要论

4. 汉学与宋学今后趋势之预测

5. 唐诗与宋诗与清诗之影响

6. 振兴中国策

7. 非常时期教育之实施

8. 非常时期国学专科学校课程方案

9. 宋诗品（仿《钟嵘诗品》）

10. 纪事诗论述

11. 韩文评述

12. 中国哲学史纲要

（《国专月刊》1936年第三卷第二号）

1936年秋季学期公布的毕业论文题目为如下22题：

1.《周易·系辞上下传》详注并论大义

2.《孝经》纪孝行章五致历史并详论

3. 骈散文分合源流论

4. 东西文化之比较

5. 清代兵制考略

6. 经术致用说

7. 国防刍议

8. 中国固有论理学说考

9. 欧洲二千五百年哲学尚未成立说

10. 中国哲学即社会哲学论

11. 秦汉以来史篇最富于三民主义论

12.《孟子》学与《周易》学

13. 左氏兵谋兵法考证

14. 续诗品

15. 古今公文程式变迁考

16. 清史艺文志

17. 章学诚评传

18. 文体论

19. 百年来之国耻诗歌

20. 历代诗学批评家述评

21. 法家出于道家证

22. 说文解字通论

（《国专月刊》1936年第四卷第四号）

并于毕业论文题目后附录办法4条：① 任作一题，寒假前须先将题目报告教务处；② 亦可自拟题目，亦须于寒假前送教务处认可，始有效；③ 于1937年5月1日前交教务处，过期不阅；④ 誊写试卷须用正楷。

根据现存的无锡国专校史资料，毕业论文题目并不仅限于教务处公布的选题，还可由任课教授作补充，例如顾实教授于1936年3月教务处公布毕业论文题目的同时就又给学生拟出20个论文题目，供学生选择，并且也刊登在《国专月刊》1936年第三卷第二号上。学生也可自拟毕业论文题目，但必须获得任课教授的认可，并在规定时间报教务处存案。可见无锡国专学生的毕业论文选题十分广泛，校方并不作刻意的限制；校方注重的是每位学生能就学之所长、性之所好选择题目，写出高质量的毕业论文来。当中国的历史车轮走过了八十多年后，回视当年无锡国专的毕业论文题目，感觉这些专科生所写的毕业论文足以与当今中国大学古代文史哲专业的硕士论文相媲美，无怪乎无锡国专被后来的中国教育界誉为"国学大师的摇篮"。

无锡国专的教授们对指导和评阅学生毕业论文高度重视，学校亦通过各种自办刊物为优秀毕业论文提供发表途径。学生选定毕业论文题目后，就去请教授们指导，在搜集材料、撰写方式等方面听取教授的意见。每日课后，除了复习当日功课，即到图书馆查阅与毕业论文题相关的材料，分门别类整理抄录。遇有难以理解的材料或难以找到的材料，就再去请教指导教师。毕业论文的撰写过程成为每一位国专学生学术人生的重要起始站。唐文治虽已双眼失明，却仍然为学校毕业论文提供经学选题，并且在秘书的协助下评阅学生的毕业论文。"当时，有一位学生俞振楣（引按：金山人，1933年6月毕业于无锡国专），他写的论文题目为《欧阳修志》，约有十万字左右。……（唐文治）老先生阅完此论文，微笑地批了'天衣无缝'四字，给了一百二十分。可见他埋头三年，在课外读的书，不亚于在课内所读的书。这也是一种可贵的教学方法。"（叶劲秋《唐文治老先生的办学精神》）钱基博教授也读了俞振楣的这篇毕业论文，并且在上面批道："吾自讲学大江南北，得三人焉。于目录学得王生绍曾，于'文史通义'得陶生存熙，于韩愈文得俞生振楣。"后来，俞振楣这篇毕业论文以《欧阳修文渊源考》为题在《国专月刊》1936年第四卷第四号上刊出，陶存熙的毕业论文《章学诚学案》在《国专月刊》1937年第五卷第五号上刊出。王绍曾是无锡国专1930年的毕业生，他的6万字毕业论文《目录学分类论》已于1931年收进《无锡国专学生丛刊》第一种出版问世，钱基博教授给这篇优秀毕业论文打了100分满分，并据此向唐文治校长建议，以后

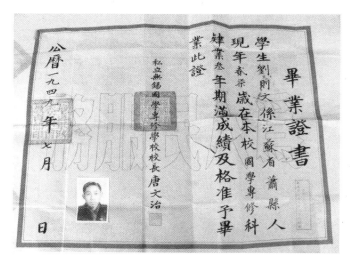

唐文治于1949年7月签发的无锡国专学生毕业证书

无锡国专的"目录学"课由王绍曾代授。无锡国专立案转制后为学生提供的毕业论文发表园地有《无锡国专学生丛刊》《无锡国专年刊》《无锡国专季刊》《国专月刊》等。《无锡国专学生丛刊》创刊于1931年，丛刊第一种、第二种收入学生优秀毕业论文6篇。《无锡国专年刊》出版于1931年5月，其"论文"栏中发表论文8篇，均为国专学生论文。《无锡国专季刊》出版于1933年5月，第一期中"论著"栏中发表国专学生论文12篇。《国专月刊》创刊于1935年3月，月出一期（号），每学期出版五期，合称一卷，到1937年6月因抗日战争全面爆发而中断，共出版发行5卷25期，是无锡国专刊物中出版期数最多、发行最广、最能代表国专学术方向和学术水平的刊物。《国专月刊》各期都发表学生论文，还设有"毕业专号"，例如第一卷第五号就是"毕业专号"，集中发表学生优秀毕业论文25篇。

（七）立足于国学特性的教学特点

在无锡国专从专修馆到专修学校的30年办学历史中，可谓国学人才辈出。尤其是前七年专修馆时期，毕业生中成为高水平国学人才的比例更是让许多高等院校的古代文史哲系科难以望其项背。所以，总结并借鉴唐文治掌办无锡国专的教学特点，对于当代中华民族的传统文化教育具有重要的意义。

在无锡国专的毕业生中，钱仲联（1908—2003，原名萼孙，号梦苕）是专修馆时期的第三届学生，又是二十世纪三四十年代无锡国学专修学校的任职教授，被誉为"唐门弟子"中的"三鼎甲"（另两位是首届馆生王蘧常、二届馆生蒋天枢），中华人民共和国成立后又长期从事大学中文系教学工作，他晚年回忆、总结的无锡国专的教学特点，较为准确地提炼出无锡国专教学特点的精华（尤其是早期专修馆时期），摘录如下：

国学专修馆是一所书院式的学校，说它是学校，是因为它按规定课程，天天上课，而不是书院那样的讲学。说它是书院式，是因为它设置的课程、讲课的方式，与大学中文系不完全一样，有它自己的特点。主要有以下几个方面：

一、教书又教人，但培养人才，又不拘一格。唐文治先生办国学专修馆，是提倡孔孟儒学的，但那些封建主义的毒素，大体上已经抛弃，而主要强调品德修养，所以校园中的对联，有"栽培林木如名节"的话，办公室里又有"铁肩担道义，辣手著文章"的联语。唐先生就是以此来要求他的学生的。

二、教学方面重在教古籍原书，教学生掌握基本知识。即使编教本，也选录大量原著，结合理论，不是那种通论式的东西。例如唐先生自教《四书》，自编《四书》新读本，吸收前人研究成果，每节有自己的阐说文字，讲解时再重点加以发挥。朱叔子（名文熊）先生教理学是讲张履祥、陆陇其的专集，讲古文用《古文辞类纂》，讲诗用《唐宋诗醇》，讲诸子自编《庄子新义》。陈守玄（字柱尊）先生讲文字学用段注《说文》，讲《诗经》自编讲义，厚厚盈尺，把清儒的解释几乎全部编集在一起。这些都说明初期教原书的特点。到后期，通论式新名称的课程增多，如文学史、国学概论一类东西，基本上采用他人编著的书。但不少课程，讲课还是采用原书……这样，学生学到的是基本知识，而不是空论。

三、重在自学。国学专修馆设置的课程种类不多，而且一天只上四教时课（上、下午各二教时）。学生在学好课堂讲授内容的基础上，各就自己的爱好，主动自学，有的也得到老师的指教。如我喜学诗，朱叔子先生就对我有所指点。像《资治通鉴》那类大部头书，是无法在课堂上教的，唐先生就把自己用五色圈点的一部书借给学生，叫他们在课外去过录下来。不过一年工夫，部分学生已把《资治通鉴》通读了。

四、重在启发。老师讲原书，首先是逐字逐句地讲解，但不是翻译。学生一般在入学时文言文水平已很好，不必死讲。老师讲解，是讲解每字每句的作用以及布局的变化，当然更注重它的思想意义。并非老师讲解的句句都是精金美玉，但一堂课中，总有不少精辟的见解，在自学时是得不到的。经老师的数语点破，举一反三，自学时大得其力，也能不断增加自己的创获。老师这种讲授，与那些教人死记硬背的死读书，大异其趣，但并非是不要人精熟古书。唐先生强调读文，自己示范教学生读，阳刚阴柔不同风格之文，有不同的读法。通过长期诵读，书也熟了，作品的精神也体会得更深，虽不硬记，但不少名篇，几十年后还能背得出或能背出它重要的章节，不至于什么都要查工具书，查索引，这才是真功夫。

五、重写作。专修馆特别重视写作（文言文），每两星期作文一次，当堂三小时交卷。一月中两次评分为第一等的，发膏火费银币十元，两次评第二等的发五元（类似奖学金），作为鼓励。每次作文，老师都精心批改，有眉批，有总批，批多于改。一次作文，老师用二小时总结这一次写作中谁优谁差，特别对作文的思想性非常重视。我在一次题为《原才》的写作中，提到了阮大铖（引按：明朝大臣，乞降于清）的"才华"，老师在阮名旁加上一大抹，眉批"何足挂齿"四字。在见面时，严厉训斥了我。教书教人，在写作中也体现了。因为重视写作，学生的写作水平提高很快。因为有实践的经验，从而对古人是怎样写作的，能深入去领会，写与学相互促进。

六、将在精而不在多。专修馆时期，教授只有朱、陈二先生，唐先生自己任课，由陆景周先生助教，共四人，教七十二位学生。教书各有专长，唐先生善于疏通大义；朱先生分析细致，循循善诱，语多启发；陈先生的本事主要显在讲义上，讲课随便。陆先生帮助唐先生教学生读古文，校内书声琅琅，与唐、陆的示范是分不开的。朱先生对学生在课外的请教，以及学生把课外的笔记、诗文请他批改，从不拒绝，均一一细心批阅。师生关系十分融洽。

总之，无锡国学专修馆的教学特点，是"务实"，不空谈。

（钱仲联《无锡国专的教学特点》）

当中华民族的历史步伐迈入21世纪，随着国学热的兴起和中华优秀传统文化受到重视，无锡国专的教学特点也逐渐被当代文史著作所介绍。例如，2010年出版的吴湉南著《无锡国专与现代国学教育》一书归纳无锡国专的教学方法特色为五条：① 重疏通大义，举一反三，以激发学生的思考和自学能力；② 讲求读书技巧，着力提高学生对国学原典的记忆；③ 教师"下水"示范，老师和同学同时、同地就同一主题甚至同一题目进行研究、学习及创造实践，通过讨论、点评等方式引导学生提高国学素养、研究和创作能力；④ 强化学生的读书笔记和课堂笔记训练；⑤ 建立学生讲演制度，加强师范生的实习环节。2011年出版的刘桂秋著《无锡国专编年事辑》一书，在"引言"中归纳了无锡国专四条办学特色（其中包含教学特点）：一是注重敦品砺节，强调学行合一；二是读原著、读元典与写作实践；三是坚持自身课程特色与顺应时代潮流；四是注重培养学生的自我学习、实践和自我管理的能力。这些当今学人与学术著作对无锡国专教学特点的归纳和介绍，正说明这些教学特点对于中华民族优秀传统文化（尤其是国学）的传承与教学仍然具有并不过时的、积极的借鉴意义。

（八）培养人才，群星璀璨

据无锡国专校史研究者统计，无锡国专在30年办学历史中总共招收学生2 000人左右，而因为战乱、灾荒、迁徙等原因有超过半数以上的学生中途退学或转学，实际在无锡国专毕业的学生不到900人。（据吴湉南《无锡国专与现代国学教育》）无锡国专培养学生的总人数不算多，但其学生在中国现当代文史哲教学与研究领域成为杰出名家的比率相当高，在民国时期的高等文科类院校中可以傲视同侪。

无锡国专的毕业生除少量（5%左右）升学外，绝大部分都在国内的教育界和文化界工作。据1935年无锡国专上报教育部的《历届毕业生出路统计表》，从创校伊始到1935年共毕业14届学生304人，其中到学校担任教职员的163人，占53.62%，到文化新闻界任职的27人，占8.88%，两者合计人数占毕业生的62.5%。无锡国专在后15年中培养的学生数多于前15年，因而进入教育文化界的毕业生人数也多于前15年。无锡国专培养的这些国学人才，为我国传统文化的赓续和研究作出了杰出的贡献。据无锡国专校史研究者统计，在中华人民共和国成立后近半个世纪的高校文史哲教育领域，从北京大学、复旦大学、中国人民大学、华东师范大学等全国著名大学，到苏州大学、安徽大学、上海教育学院（1998年并入华东师范大学）、广西师范大学等地区性高校，都有无锡国专的毕业生担任文史哲专业教授，而且多是某一学术领域的权威、专家；在中学教育中，国专校友更是遍及全国各地，成为办学骨干。这些从无锡国专走出的学生，将他们在国专学习到的中华文史哲知识和中华传统道德传授给民族的下一代，为传承和弘扬中华优秀传统文化，也为建设中国特色社会主义精神文明作出了不可磨灭的历史性贡献。

无锡国专培养的人才被称为"唐门弟子"，其中有被世人称道的"唐门五杰"：第一届毕业生，著名历史学家、国学教育家、书法家王蘧常；第一届毕业生，著名古文字学家、史学家唐兰；第一届毕业生，著名文史专家吴其昌；第二届毕业生，《楚辞》研究名家蒋天枢；第三届毕业生，著名诗人、诗学名家钱仲联。"唐门弟子"中许多人日后成为高等院校文史哲专业的著名教授、专家权威，其中在学术界、教育界较有影响的有侯堮、蒋庭曜、陈千钧、王绍曾、朱星元、魏建猷、鲍正鹄、吴孟复、姚奠中、马茂元、汤志钧、陈祥耀、杨廷福、冯其庸、吴文治、曹道衡、许威汉、何以聪、陆振岳、谢鸿轩等。无锡国专学生中有些人成为著名编辑、作家、古籍整理专家，较有影响的有周振甫、徐兴业、沈燮元、陈以鸿等。无锡国专学生中，还走出了一些青年时期就参加中国共产党的革命人士，中华人民共和国成立后走上领导岗位或在革命理论研究方面发挥了重要作用，较具社会影响的有郭影秋（云南省省长、南京大学校长、中国人民大学党委书记）、吴天石（江苏省教育厅厅长）、范敬宜（《人民日报》总编辑）、陈征（中国《资本论》研究会副会长）等。国专学生中还有成为中国科学院学部委员（院士）的钱伟长、成为中医肾病学宗师的邹云翔。无锡国专毕业生、肄业生除分布全国外，也有不少留在无锡本地，成为唐文治办学伊始所设想的"预贮地方自治之才"，为无锡本地的教育与文化事业作出了贡献，如许岱云、钱仲夏、钱永之、沈绍祖等。

无锡国专办学30年，以中华优秀传统文化育人，师门所出才俊可谓群星璀璨，本书正文之后特以"附录"形式从无锡国专培养的大量人才中选择50人做简要介绍，读者可从这些"唐门弟子"的学术成就、教育成就及人生事业中领略无锡国专培养人才的高质量。

无锡国专毕业生从业比率最高的是中学教职员，在前十四届毕业生中占40.8%（据1935年统计），他们在所任职的中学大都担任骨干教师、主任、校长，由于从事的是基础教育，所以并不以学术成就著称，但是在中华人民共和国成立前后的半个世纪中，确实为人民大众的教育事业、为民族文化的传承做出了坚实的贡献，后人在研究总结无锡国专的办学育才成就时，不能忽略了这一国专毕业生、肄业生群体的大多数。当然，无锡国专毕业生、肄业生中最为闪耀的是那些后来成为中国国学研究界、高等教育界、文化新闻界的一流专家的学者们，他们将随同老校长唐文治的名字一起载入中国近现代史册。正如无锡国专研究学者吴湉南在他的博士论文《无锡国专与现代国学教育》中总结的："大凡我国的文科大学或者是综合性大学文史哲专业科系中，基本上都有无锡国专的毕业生，而且多是某一学术领域的权威、专家。在培养国学人才这点上，国专可以和任何一所专科以上大学的文史哲系相媲美。"

四、茹经先生的《十三经读本》

《十三经读本》是唐文治先生编纂的国学丛书中规模最大的一部，全书木刻精印，装订为120册，430多万字，出版后用作无锡国专的经学课本。主要内容依次为：① 唐文治撰《十三经提纲》（约8万字）；②《周易》读本（朱熹本义）和黄以周撰《〈周易〉故训订》（合约17万字）；③《尚书》读本（马融、郑玄注）、《〈尚书〉约注》（任启运辑）和唐文治撰《〈洪范〉大义》（合约24万字）；④《诗经》读本（毛公传、郑玄笺）（约22万字）；⑤《周礼》读本（郑玄注，陆德明音义）（约44万字）；⑥《仪礼》读本（郑玄注）（约28万字）；⑦《礼记》读本（郑玄注）、朱熹撰《〈大学〉章句》《〈中庸〉章句》和唐文治撰《〈大学〉大义》《〈中庸〉大义》（合约43万字）；⑧《春秋左氏传》读本（乾隆钦定本）（约50万字）；⑨《春秋公羊传》读本（何休解诂）（约18万字）；⑩《春秋谷梁传》读本（范宁集解）（约14万字）；⑪《论语》读本（朱熹集注）和唐文治撰《〈论语〉大义》（合约28万字）；⑫《孝经》读本（黄道周集传）和唐文治撰《〈孝经〉大义》（合约16万字）；⑬《尔雅》读本（郭璞注，陆德明音义，邢昺疏）（约28万字）；⑭《孟子》读本（朱熹集注）和王祖畬撰《读孟随笔》、唐文治撰《〈孟子〉大义》（合约45万字）；⑮ 宋代苏洵、谢枋得，明代钟惺，清代方苞、刘大櫆、姚鼐、曾国藩、吴汝纶及唐文治等二十一家撰《十三经评点札记》（约47万字）。

如此大规模的经学丛书，编纂工作由唐文治独力完成。在1920年底决定付梓前，唐文治先生精心编纂该丛书已历十多年时间，《茹经先生自订年谱》中对此丛书编纂过程多有记载：

1907年，七月，编《曾子大义》，先成二卷。第一卷为《孝经》，第二卷为《论（语）》《孟（子）》中曾子语。（引按：《〈孝经〉大义》收入该丛书。）

1909年，二月，作《大孝终身慕父母论》三篇，附《〈孝经〉大义》后。（引按：此三篇文章都收入该丛书。）

1913年，冬，编《〈论语〉大义》成。采用朱（熹）注，别下己意为小注，取简单以便初学。又探先圣精意，作大义二十篇。（引按：此二十篇大义都收入该丛书。）

1914年，冬，编《〈孟子〉大义》，《梁惠王》《公孙丑》《滕文公》三篇成。仿《〈论语〉大义》体例，采用朱（熹）注，兼采张南轩先生《〈孟子〉说》，余别为传义，以谷梁释经法行之，颇为古致。（引按：三篇都收入该丛书。）

1915年，冬，编《〈孟子〉大义》，《离娄》《万章》《告子》《尽心》四篇成，并作自序，颇中时弊。（引按：四篇都收入该丛书。）

1916年，冬，编《〈大学〉大义》成。用郑（玄）注本，参以朱（熹）注及刘蕺山、孙夏峰、李二曲诸先生说，共一卷。（引按：此《〈大学〉大义》收入该丛书。）

1917年，冬，编《〈中庸〉大义》成，如《〈大学〉大义》例。……又作《提纲》，推及于天人，本原于诚孝，自谓稍有功于世道也。（引按：此《〈中庸〉大义》收入该丛书，至此，唐文治撰写完成《四书大义》。）

1918年，冬，编《十三经提纲》，《易》《书》《诗》、"三礼"成。（引按：都收入该丛书。）

1919年，冬，编《十三经提纲》，《春秋左氏》《公羊》《谷梁》三传、《论语》《孝经》《尔雅》《孟子》成。合上年所编，共分二卷。（引按：都收入该丛书。）

1921年，正月，与施君省之（名肇曾）议刻《十三经》。近时吾国学生皆畏读经，苦其难也。爰搜罗《十三经》善本及文法评点之书，已十余年矣。自宋谢叠山先生，至国朝曾文正止，凡二十余家，颇为详备。施君闻有此书，商请付梓，余因定先刻《十三经》正本，冠以提纲。附刻先儒说经世鲜传本之书，而以评点文法作为札记，谨作叙文，并请陈太傅弢庵名宝琛撰序，命上海刻字铺朱文记经刊。分校者太仓陆君蓬士、王君慧言、李君慰农、徐君天劬及陆生景周，期以三年竣工。

根据这些记载可知，《十三经读本》中的唐文治撰著《〈孝经〉大义》《〈大学〉大义》《〈中庸〉大义》《〈论语〉大义》《〈孟子〉大义》《大孝终身慕父母义》和《十三经提纲》，是唐文治于1907年至1919年期间撰成的。其时，唐文治已脱离北京政坛，回到江南，担任"邮传部上海高等实业学堂—南洋大学—交通部上海工业专门学校"校长。此时的唐文治尚未双目失明，他主要利用学校冬假（过年前后时间），陆续完成了这些阐述儒家经典思想要义的著作，并总览"十三经"，写成引领后学青年入门中华古奥经学的《十三经提纲》。（其中《〈论语〉大义》等稿本又在印入《十三经读本》时做了增删修改，"加以按语，较为精深"）《〈孝经〉大义》的撰写是在清末唐文治居母丧期间，由对母亲的孺慕之情触发；而《四书大义》的撰写就不同了，其时民国甫造，随即教育部废止读经，继而儒学遭受批判，官吏士人道德颓败，民生极度困苦，唐文治从1913年起坚持数年撰成《四书大义》和《十三经提纲》，明显想以此举对民国社会的废止读经和污毁儒学做一种补救，以挽救世风。唐文治是经学大师，自宋代以后，"四书"被视作经学的代表性内容，因而唐文治此期间所撰《四书大义》亦可看作其经学研究的代表性成果。

经学，在中国古代的汉、唐、宋、元、明、清诸朝，都是朝廷统治者标榜的主流思想意识形态，内含中华民族自古以来认同的价值观念、文化导向、政治规范，因而"十三经"是中国古代社会的政治"大宪章"，其重要价值是不容撼动的。但随着辛亥革命爆发、清王朝逊位、民国肇造，中国进入共和制的近现代社会，社会主流政治力量对"十三经"的看法与态度发生了根本性的变化，"十三经"被视作封建主义的经典、陈腐的死尸，认为其对中国社会的毒害极大，必须扫入历史的垃圾堆。中国成语中有"一叶障目，不见泰山"，在此中国历史转轨之际，不见"十三经"所含中华民族古代政治文明与文化价值者大有人在。因而扫除还是传承儒家经典，成为摆在国人面前的尖锐问题。唐文治编纂的《十三经读本》是中国历史进入近现代社会后出版问世的第一部整体阅读"十三经"的指导性丛书，在中华近现代国学史上具有无可置疑的重要地位。作为一名深入了解中国社会，曾深度参与中国政治的坚定的"读经派"，唐文治对儒家"十三经"中不会随历史发展而消泯的重要价值有清晰的认识，正是这些认识支撑着他的尊经主张和读经实践。他在《十三经读本》开首的序言中精要地表述了这些认识：

《十三经读本》唐文治序

斯道之在天下，如日月之经天，江河之行地，其孰能澌灭之乎！顾横览宙合有不得不鳃鳃过虑者，诚以今日之世，一大战国之世也。战国之时，策士肆其簧鼓，时君逐于干戈。争地以战，杀人盈野；争城以战，杀人盈城。饥馑荐臻，流离载道，百姓展转沟壑，其惨苦之状为生民以来所未有。曾不踰时而秦政出，燔烧《诗》《书》，坑戮儒士，毒痡四海，於稽其祸，亦生民以来所未有。若是者何也？人心之害为之也。然而秦时之书焚于有形，而今时之书则焚于无形；秦时之儒坑于可见，而今世之儒则坑于不可见。横政之所出也，横民之所止也，截截乎学说之诐淫也，幡幡乎士林之盲从也。憯乎怛乎，间阎之痛苦而无所控诉也；茫乎眇乎，世界之劫运若巨舟泛汪洋而靡所止届也。若是者何也？人心之害为之也。

人心之害孰为之？废经为之也。废经而仁义塞，废经而礼法乖，废经而孝弟廉耻亡，人且无异于禽兽。嗟乎！斯道之在天下，其将澌灭矣乎！于是正其本者则曰"反经"，挽其流者则曰"治经"。且夫天生人而与以至善之心，孰不有纯粹之良知，莹然蔼然，超出于物类之外？而乃有大谬不然、大惑不解、悍然废经而不顾者，非尽人之无良也，或曰：经之过高过晦，阶之厉也。不知非经之咎也，自来说经者之咎也；非经之晦也，说经者凿之使晦也；非经之高也，说经者歧之而高也。当是之时，倡废经之议，人乐其浅陋而便己也，是以靡然从风，而祸遂中于人心。当是之时，虽日告以读经之益，人且昧然莫知其径途也，乡（通"向"）壁以行，得其门者盖寡也。

文治于是悚然以惧，渊然以思，思所以拯斯道之厄。则孳孳焉，汲汲焉，搜集十三经善本，择其注之简当者，屏其解之破碎而繁芜者，抉其微言，标其大义，撰为《提纲》，附于诸经。简末复集昔人评点，自钟、孙以逮方、刘、姚、曾诸名家，参以五色之笔，阅十数年而成书。由是各经之文法显，文义明，厘然灿然，读者如登康庄，如游五都，如亲聆古人之诏语，无复乡（通"向"）者艰涩不通之患矣。……道载于文，文所以明道也。十三经权舆，只有本文熟读而精思焉，循序而渐进焉，虚心而涵泳、切己而体察焉，则圣道之奥不烦多言而解矣！……

友人钱塘施君省之，勇于为善，志在淑人，尝矢竭其心力以宏大道。既倡建国学专修馆于锡邑，适睹是书，爱而不舍，慨然独捐巨资，用付剞劂。自庚申（1920年）冬始，期以二年告成，征序于文治。叹曰：伟哉，施君之功！其盛矣乎！夫欲救世先救人，欲救人先救心，欲救心先读经，欲读经先知经之所以为经。往者秦火之余，典籍荡尽，然而抱残守缺，代有师承，若董江都，若河间献王，若刘子政、马季长，至郑君出，经学家法于焉大明。下逮有宋，周、程、张、朱诸子迭兴，而经学义理益复扩之极其大，析之极其精。夫以秦政之威之权之才之力，且不能废经，蚍蜉之撼大树，无损枝叶，何况本根。继自今十年百年而后，千里万里而遥，安知无董、刘、马、郑，与夫周、程、张、朱其人者，名世挺生，以为往圣继绝学，为万世开太平乎？在《易》，一阳系于上，其卦为"剥"，其繇辞曰"硕果不食"；一阳动于下，其卦为"复"，其繇辞曰"不远复"；夫复其见天地之心乎！其必有人焉，反复其道而顺天以行乎！然则斯道之在天下，其孰能澌灭之乎！

用现代汉语概括唐文治此序文中的主要观点，大致是：清末民初的中国社会，多遭战乱，成了一个"大战国之世"，百姓十分痛苦；这种战乱痛苦是由废经损害国人的"人心"（即思想道德）导致的；废经是无形的焚书坑儒，导致仁义阻塞、礼法乖违，孝悌廉耻等基本价值观亡失，于是祸患钻入人心，所以，想要挽救世道，先要挽救人，想要挽救人，先要挽救人的思想道德（人心），想要挽救人的思想道德，先要读儒家经典，因为儒家经典宣扬的仁义之道顺应了天地的"好生"之心；两千多年前的秦政威权暴力不能废经，今时的"大战国之世"同样不能废经，于今百十年后，必定有人出来继承弘扬儒经中的仁义之道，为中华万代开启太平盛世。唐文治还就读经问题表达了一个具体观点：有的人之所以主张废经，是因为他们觉得儒家经典义深文晦难读懂，其实，这不是经典的过错，而是以往说经者搞得过于深晦；为解决这个问题，自己多年来搜集十三经善本，选择简要恰当的注释，标明各经大义，写出导读提纲，印成此书，能够方便今人读经，理解圣道。

如今重读这篇序，国人已能相隔近百年时间距离反思历史。唐文治不是马克思主义者，他对其时中国成为"大战国之世"的分析，没有从社会的经济基础中寻找原因，这是他的局限性；但唐文治是一位熟谙中国历史的大儒，他将当时中国与战国做比较，从国人思想歧波、道德亡失的角度分析乱世之因，他抓住了"人"这一关键，符合儒家的思维传统、学派特点和思想深度。马克思说过"历史上常有惊人的相似之处"（1848年），在中国古代历史中，中国社会曾多次经历"乱—治—乱—治"的循环，儒道作为安邦治国平天下的理论，不崇尚武力，打天下者感觉儒道无用，故而乱世时多蔑视而抛弃儒道；但一旦社会由乱返治，坐天下治天下的政治集团必定礼敬儒道，从儒家学说中汲取有利于治国安天下的思想，并推行相应的政治与教化措施，以求中国社会长治久安。战国、秦乱后汉朝的稳固建立，南北朝、隋乱后唐朝的稳固建立，五代十国乱后宋朝的稳固建立，都曾倚重于儒家思想。唐文治从中国历史这本教科书中找到规律，认定儒道圣学具有"为万世开太平"的功能。他矢志不移地在清末民国的乱世中坚守儒道、尊经读经，自有其不违中国历史规律、不违中国特定国情的道理所在。

以经济力量支持唐文治印行《十三经读本》的施肇曾先生也清楚地认识到儒家思想学说的治国安天下功能，与唐文治的尊经读经思想形成共

唐文治编纂的《十三经读本》(1925年木刻版)

识，所以在捐资创办无锡国学专修馆的同时，又"慨然独捐巨资"用于刻印《十三经读本》。施肇曾在为《十三经读本》撰写的序中说："经者，法也，前圣人之所留贻也，治安之极则也。圣人以治安之法著之于经，初非强迫天下后世人人诵读而遵守也。顾后世之谋治安者，尝考量观测、体察身心，以为治安之原理在是，且舍此更无良法，于是人人诵读而遵守之。苟或反焉，则影响立至。夫守经则治安，废经则危乱，此其故昔人已言之，特求诸事实，尚无确切之征验。迨有近中华民国十年之历史，而后征验确然。天下稍有学识之人，无不疾首蹙额，相谓曰：'谁欤，作俑废经者！'至今日而藩篱尽抉，根本动摇，尚何有治安之望耶！痛苦既深，治疗弥亟……频年来外观社会，内观家庭亲党，尤恐风气人心互相趋下，誓急起直追，以挽救之。适无锡唐蔚芝馆长饷我《十三经》善本，立付剞劂。"由此可见，施肇曾将《十三经》的稳固国本作用直接聚焦到"治安"（治国安天下）上。唐文治在序中记下施肇曾为刻印《十三经读本》"独捐巨资"，但未说多少资金。笔者且作一粗略估算：差不多与刻印《十三经读本》同时，刻印唐文治著《人格》一书（4万字左右）1 000本需400元银元，《十三经读本》丛书初版印数仅二百多套，每套120册，估算每册（印二百多本）的雕版印刷费用至少需100元银元，全套丛书的刻印费用则至少要12 000元银元。无锡国学专修馆开办时定开办费8 000元银元，日常开支每半年5 000元银元，施肇曾慨然捐资刻印《十三经读本》，所费资金几乎相当于再开办一次无锡国专，所以唐文治不惜用"巨资"一词将此事记入历史，并真情称赞："伟哉，施君之功！"

《十三经读本》初版后，至今已九十多年，未曾修订再版。1980年，台湾新文丰出版公司根据无锡国专毕业生谢鸿轩于1949年携至台湾的《十三经读本》120册（是在台孤本）影印出版，将原书四页合印为一页，用深绿色漆布封面装帧为六大册。2015年，上海人民出版社根据该影印版出版了《十三经读本》影印本，广为发行，唐文治先生百年前编纂的这部大型经学丛书得以与新一代读者见面。此时，中国废经已历百年，"经学"已成为辛亥革命后出生的几代人极为陌生的名词。

台湾新文丰出版公司影印《十三经读本》时，为便于读者了解该丛书，在书前对该丛书特色作了四点简介，照录如下：

一、本书开端弁以唐氏所撰《十三经提纲》，提其要而钩其玄，述其微而明其旨，使读者花费极少之时间，而获得最正确之了解。

二、唐氏于诸经多撰有《大义》，现刊附其大义，已达八种（引按：新文丰出版公司补刊入《〈诗经〉大义》《〈尚书〉大义》两种），于先王制作之原，圣人立言之要，论述甚详，使读者对十三经有一概括之认识。

三、注释则略其芜累，撷其菁英，择其注之简当者，摒其解之破碎而繁琐者。例如：《周易》不取王、韩，而取朱熹、黄以周；《孝经》不取唐玄宗，而取黄道周等，斯皆唐氏之特识，抑亦本书价值之所在。盖前修未密，后出转精，乃学术进步之轨迹，非任何人所得而否认也。

四、另附宋苏洵、谢枋得，明钟惺，清方苞、刘大櫆、姚鼐、曾国藩、吴汝纶诸大儒二十余家，及唐氏所撰之诸经《评点札记》，均为稀世罕见之秘本，益增本书之分量。

台湾新文丰出版公司1980年影印出版
的《十三经读本》

　　由于有这些特点，台湾新文丰出版公司对唐文治编纂的《十三经读本》评价极高，称其为"近代儒林之一大贡献，足与阮（元）刻《十三经注疏》相表里"。（阮元为官清代乾隆、嘉庆、道光三朝，官至体仁阁大学士，于1816年刊刻宋本《十三经注疏》，是一部备受时人重视和赞誉的大型经学丛书。）

　　为方便当今读者初步了解唐文治编纂的《十三经读本》，下面对该丛书之首唐文治撰著的《十三经提纲》13卷做简要介绍，读者可通过该《提纲》略窥整部丛书风采。

　　（一）《十三经提纲》卷一，导读《周易》

　　儒家十三经中，《周易》最为艰深。唐文治分《学〈易〉大旨》《〈周易〉名义》《四圣作述源流及〈彖〉〈象〉〈文言〉名义》《先儒说〈易〉家法义例》《学〈易〉绪言》及《〈易〉微言》（一至五），合计十章文字作导读，长达二万五千余字，是《十三经提纲》写作中用力最多的一卷。在《学〈易〉大旨》中，唐文治指出："伏羲、文王、周公之作《易》，主乎数（引按：主旨在变数）者也；孔子之赞《易》，主乎理（引按：主旨在儒道）者也；汉儒郑、荀、虞诸家之说《易》，主乎数者也；宋儒程子、朱子诸家之说《易》，主乎理者也。数者难测，变动不居；理者易明，守之有则。"唐文治借顾炎武的话宣明自己"主乎理"的学《易》旨趣："顾亭林氏谓：'孔子说《易》，见于《论语》者，一为"寡过"，一为"有恒"，可知学《易》不外乎以修身为主。'其言可谓至精至切矣！此学《易》之大旨也。"接着，唐文治介绍了古人对《周易》名称的几种解释，又介绍了《周易》的作述源流：伏羲画八卦又组合演绎为六十四卦，周文王作《彖辞》论述卦象之义，周公作《爻辞》论述卦象的变动与世事吉凶悔吝的联系，孔子作《十翼》（又称《易传》）是对伏羲卦象、文王《彖辞》、周公《爻辞》大义的发挥。然后，唐文治指点了先儒治《周易》的"家法"：孔子以《十翼》解说《易经》，凡合于《十翼》的，必合于伏羲、文王、周公、孔子之意，后世儒生治《周易》欲在众说纷纭中辨明是非，"惟折衷于圣《传》而已"（引按：唯有遵守孔子《十翼》的正确观点）。唐文治在《学〈易〉绪言》中特别指出，前人解说《周易》之例，"奚啻数千"，"今有至约之法，以示学者，盖《易》例备详于《十翼》，《十翼》以《系辞传》为尤要"。从《系辞传》入手，读懂孔子的《十翼》，是正确解读《周易》之例的最简约之法。随后所附的《〈易〉微言》一至五章，具体指导读者依照孔子《系辞传》的思想观点理解《周易》卦象。

（二）《十三经提纲》卷二，导读《尚书》

导读分《道政事》《辨真伪》《审文法》三章指点阅读门经，《道政事》为核心。唐文治指出，《尚书》是我国政治学之起始，后世如果建立政治学，必定先要研读《尚书》。唐文治从《尚书》中提炼出几条极重要的政治理念并作了讲解。一曰"政治之本，敬天尊贤而已"，统治者"惟敬天而后能勤民"，"惟治心而后能敬天"，"所以赞天地之化育者，发为万几，而实基于一心"。一曰统治者治心"以明德为根本"，《尚书》中称赞尧"克明俊德"，称赞禹"美哉禹功，明德远矣"，称赞商汤至帝乙"罔不明德慎罚"，称赞文王"克明德慎罚，不敢侮鳏寡"，均表明君王明德是治心的根本。一曰"为治之要，务法前王"，要从前王的成功中学习政治经验，举了周公《无逸》篇中"别（另）求闻由古先哲王，用康保民"等名言事例为证，称赞"周之则效殷先哲王，岂不大哉美哉"；同时告诫"后之为政者，动辄蔑视前朝，甚且菲薄之，以为概不足法，侈然自大，而治道于是日乖矣"。关于"辨真伪"，唐文治指明汉代伏生所传今文《尚书》28篇为真，东晋梅赜所传古文《尚书》58篇中《大禹谟》等25篇为伪，但伪《尚书》中也有精当可采之处，不少话语"精粹不磨，足为法戒"，后人可作汉晋间"极纯粹文字"阅读。《审文法》章则举例肯定《尚书》中《尧典》《皋陶谟》《无逸》《康诰》等多篇文献对中华后世文章学的重要贡献。

（三）《十三经提纲》卷三，导读《诗经》

唐文治指导读《诗经》最注重孔子家法。该卷篇首云："学《诗》家法，创自孔子，传于曾子、子思、孟子。"然后引用孔子称赞《鸱鸮》《丞民》的话"为此诗者，其知道乎！"又举曾子作《大学》、子思作《中庸》、孟子作"七篇"所引《诗经》句子为例，说明孔子"学《诗》家法"的特点是"不拘本文，断章取义，自言其所心得"。这种"学《诗》家法"不重名物考据，而重"以意逆（迎）志"，读取《诗经》句子为我所用。唐文治引用《论语》中孔子论述《诗经》的两段话，表达孔门"学《诗》家法"的"体用观"："子曰：'《诗》三百，一言以蔽之，曰：思无邪。'又曰：'诵《诗》三百，授之以政，不达；使于四方，不能专对；虽多，亦奚以为？'盖思无邪，治心之学也，体也；达于政事，专对四方，用也。舍是二者，则不必学《诗》矣。"所以，唐文治指点"读《诗》家法"，归根结底用一句话："通经贵乎致用。"随后，唐文治指出："学者学《诗》，先在养其性情；深于情，而兴观群怨乃有不能自已者。"又举例介绍了《诗经》语言的开宗奇横特点、《诗经》文思的奇趣横生特点，还介绍了儒家"审音（引按：诗歌乐音）以知政"的理论和曾国藩依据"古文四象"诵读

《诗经》中作品的分类。最后就阅读《诗经》注本问题做了指点："学《诗》当以《（毛）传》《（郑）笺》为主，而以朱子《集传》辅之，孔冲远《疏》亦称详备。近世作者，以陈硕甫《毛诗传疏》为最精博。"

（四）《十三经提纲》卷四，导读《周礼》

《周礼》导读分为《授受源流》《精义》《正伪》《奇字》《注释及文法》五章。关于《周礼》授受源流，唐文治援引《四库提要》所述先儒观点以做介绍：《周礼》为周公旦所作，准备待他日施行，实际未曾施行；后人窜入文字，其书遂杂；因年代久远，无从稽考，统以为周公之旧作；秦火后，"于诸经中，其出最晚，其真伪亦纷如聚讼，不可缕举"。关于《周礼》精义，唐文治引顾炎武《日知录》文字表述两点：一为"太宰（引按：宰辅）之于王，不惟佐之治国，而亦诲之齐家也"，即帝王安排家事，也要依从国家治理的需要，宰辅有引导之责；一为"皇建其极"，以避免"私党植于下"。唐文治又援引先儒《〈周官〉义疏总辨》中观点，表明东汉郑玄注释《周礼》，其功劳甚巨，而其过失也不小，例如注释"九赋""门关市政""国服为之息"等制度时，为后世统治者重税百姓、括取民财留下了经义上的依据。但唐文治辩证指出："此数条确系郑注之误，在郑君以汉制说经，而未能逆知其流弊之巨。虽然，后世寻章摘句以自文其私者，何所不至，又焉能归咎于郑君哉！"唐文治总结《周官》（即《周礼》，其书分《天官冢宰》《地官司徒》《春官宗伯》《夏官司马》《秋官司寇》《冬官考工记》六部分）精义，指出："学《周官》者，不惟其法惟其意，所谓'有不忍人之心，斯有不忍人之政也'。……故读《周官》宜考汉唐以来历代官制，凡今有而古无、古有而今无、与名同而实异、实同而名异者，详为考证。以后人因时制宜之意，上契周公因时制宜之意，且研究历代所以能合与其所以不合之故，会而通之，则庶几成经世之儒矣。"关于辨识《周礼》中文字"正伪"，唐文治特为推介了方苞《〈周官〉辨伪》一书，并详举了王莽与刘歆窜入《周礼》的造伪文字二例。而后，唐文治介绍了《周礼》一书奇古字多的特点，介绍了自汉代郑玄《〈周礼〉注疏》以下八九家解读《周礼》的优质注本。

（五）《十三经提纲》卷五，导读《仪礼》

唐文治首先介绍《仪礼》的传本。《仪礼》属于残编，因而各本篇次不同。古文经《仪礼》久亡，现存《仪礼》是今文经，共17篇，有汉戴德本、戴圣本，有汉刘向《别录》本。因《别录》本讲究尊卑吉凶次第，所以郑玄作注、贾公彦作疏采用《别录》本。接着揭示《仪礼》的重要价值。唐文治指出："礼者，天命秩序之原，民彝（引按：美德）物则之要，人心世道，惟斯为大。……凡坏国丧家亡人，必先去其礼。"唐文治就"礼"的实质性内容作了区分，指出《仪礼》之书，至汉时始称名《仪礼》，实则"礼"与"仪"有区别。例如古代国君出访，从慰问友军到馈赠物品，都属于"仪"，不属于"礼"；士大夫之间"揖让周旋"，也属于"仪"，不属于"礼"。"礼"是什么呢？唐文治借古人之言回答，"礼，所以守其国、行其政令、无失其民者也"，并指出了"礼"与"仪"的联系："盖礼有主于内心者，有饰于外貌者；仪者，饰于外者也。"在介绍《仪礼》内容时，唐文治重点介绍了"丧礼"，强调："曾子曰：'慎终追远，民德归厚。'丧礼者，生民之大事，良心之本原也。"然后，联系民国初年社会现象，"近时居父母之丧，竟有不持服者，甚至宴然欢乐"，进而借用先儒之言告诫世人："丧礼废，天下遗其亲；祭礼废，天下忘其祖。"针对《仪礼》难读的特点，唐文治介绍了读《仪礼》的门径：第一是了解文章分节，贾公彦之疏，分节至为明晰；第二是看绘图本，"近张皋文（引按：张惠言）所作《〈仪礼〉图》，精详尤至"；第三是读郑玄注释的《仪礼》例，"凡数十条，熟读精思，余可推见"。"得此三法，《仪礼》亦不难读矣。"最后介绍注本："《仪礼》自郑注、贾疏外，杜氏《通典》言礼最详。朱子《〈仪礼〉经传通解》以《礼》为经，以《记》为传，义例精详，灿然大备。"他还特为推荐胡氏培翚竭四十余年之精力，撰《〈仪礼〉正义》一书，"是礼学家不可不读之书也"。

（六）《十三经提纲》卷六，导读《礼记》

在儒家"三礼"经中，《礼记》排在《周礼》《仪礼》之后，唐文治指出："经之有'记'，犹经之有'传'也。'传'所以释经，'记'亦所以释经。《礼记》者，记《礼经》之大意，而制度亦详焉，故当辅经以行。"《大学》《中庸》原在《礼记》中，南宋朱熹将两篇辑出，编入"四书"，故而唐文治也将《大学》《中庸》另作导读专篇，置于本卷《礼记》篇之后。

先谈读《礼记》之要略。唐文治指出："通《礼经》者，不徒通其制度也，当论世而知其通，得《礼经》之意焉耳。自殷、周迄今数千年，宫室不同，衣服异制，饮食起居异宜，如本经《曲礼》《少仪》《玉藻》诸篇，多有不能行于今者矣。因其不能行于今而诋訾之，概谓其不适于用，是诬己也，是诬民也。君子读《记》文贵得其意焉，是故善读《礼记》者，当择其有益于风俗人心者，兢兢致意而时措之。若夫制度考据之细，抑末也。"再指点"礼"与"经"及"践礼"与"读经"的关系。唐文治引朱熹之言表述："古礼非必有经，盖先王之世，上自朝廷，下达闾巷，其仪品有章，动作有节，所谓礼之实者，皆践而履之矣。故曰：'礼仪三百，威仪三千，待其人而后行，则岂必简策（引按：著之于简策）而后传哉！'其后礼废，儒者惜之，乃始论著为书以传于世。今《礼记》四十九篇，则其遗说已。"由此，唐文治指明"践礼"与"读经"的关系："读《礼记》者，卑之在乎践履之实，尊之达乎德性之原，未有外身心而可以学礼者也。"

接着略为介绍《礼记》传本：汉时有《大戴（戴德）礼记》八十五篇，有《小戴（戴圣）礼记》四十九篇，唐时《小戴礼记》列于学官，孔颖达作《五经正义》，独取小戴而遗大戴，于是《小戴礼记》通行于世。关于《礼记》注本，唐文治特别推荐《钦定〈礼记〉义疏》，认为该书"广大悉备，而每篇标题下撮举大义，使学者易得门径，尤可宝贵"。

关于《礼记》内容，唐文治有选择地罗列了《曲礼》《檀弓》《王制》《月令》《文王世子》《内则》《学记》《乐记》《祭义》《坊记》《缁衣》《问丧》《儒行》等十多篇，介绍各篇中重要的思想内容。作为国学教育家，唐文治对《学记》和《乐记》的介绍相对详细。他指出：《学记》一篇，乃古时学校教人之法，今世师范学校所当熟读精思、奉为圭臬者也。"提纲中特别对"善教者使人继其志"、善问、务本等教学观点做了强调。《乐记》尤其得到唐文治看重，他指出，"昔先师（引按：孔子）赞述六艺，《乐经》早亡矣"，此"《乐记》一篇，阐至德之光，发阴阳之和，所谓'壹倡（引按：唱）三叹有遗音者矣'。是为《礼记》中第一篇文章。……吾人每日焚香读是篇一过，节奏铿锵，时露纸外，而光大、清明、和易之心油然自生，'圣人感人心而天下和平'，其在斯乎！其可宝贵何如乎！"对《乐记》中的重要观点，如"好恶无节于内，则是人化物也""教不时则伤世"等，给予强调。其后将《礼运》《表记》《三年问》等篇附为《礼记》选读篇目。

导读曾子《大学》、子思子《中庸》，唐文治另作专篇，置于《礼记》篇之后。唐文治阐明该两篇大义："《大学》《中庸》二书，相为表里。《大学》言明德，《中庸》言天命之性；《大学》言慎独，《中庸》亦言慎独；《大学》言修身，以诚意为本，《中庸》言修身，亦以至诚为本。盖曾子、子思子一脉相传。二书不独为道德之指归，且皆为政治之要领也。惟吾人须知政治、学问具在力行，本经'博学''审问''慎思''明辨'，必以'笃行'为归宿之地。"唐文治举修身实例说明，读该两篇须"事事返诸实践，不可徒托空言"。关于《大学》篇观点，唐文治特别指出："'格物'二字，即经文'物有本末'之物，由诚意而推之，则心与身、与家、与国、与天下皆物也（引按：对于心而言，则身、家、国、天下都是物）"，"若谓尽穷天下事物之理，恐失之泛矣"。关于《中庸》篇观点，唐文治特别指出，子思之作此书，是用来阐述"天人之奥"，并借先儒之言点明："《中庸》一书，始之以天，终之以天。夫学所以学为人，而始终以天焉者，天人一也。"关于该两篇经文的注本，唐文治明确指出"以郑君、朱子二家注为最精至"，但对朱熹就《大学》本文"强分经、传"提出了异议。

（七）《十三经提纲》卷七，导读《春秋左传》

导读先介绍《左传》的作者左丘明。左丘明是鲁国的史官。唐文治引用孔子谈左丘明的话："巧言令色，足恭，左丘明耻之，丘亦耻之。匿怨而友其人，左丘明耻之，丘亦耻之。"他评价左丘明："其为人光明磊落，崇尚气节，故其为传，大率写其胸中之奇，而不规规于经。其书之牢笼万有，睥睨古今，与《史记》相类。"认为《左传》"别有其精神所在，自成为一家之言"，甚至认为"左氏之文，其知觉深藏而晦，有胜于司马迁者"。唐文治举《左传》中《郑伯克段于鄢》中多"文之意在言外"之例，说明左丘明记史，对"不可以直书者，而能曲曲传之，其叙事之精善，非后世史家所及也"；又指明"左氏之善于礼"，《左传》记录了许多古礼，并引先儒之言说明："学者当知，所谓道德、仁义、宪章、坟典、故实、文献、经学、德行、名言，皆出于孔子之前，赖有《左传》《国语》述之，至今得以考见，此左氏之功之大也。"

接着指出《左传》曾遭遇后人窜改。六国时，有田氏、魏氏、赵氏窜入的文字；秦火后，有刘氏窜入的文字；西汉时，窜入符瑞之说；"下逮王莽之世，刘歆奋其私笔，任意增改，谬误可疑之处乃孳乳而浸多"。特地举"鲁襄（公）且以十二岁而冠"为例证。

导读提纲以主要篇幅介绍《左传》内容之特点。一为"因果之事"。唐文治罗列例证指出，《左传》中有言因果之事，但指明："盖左氏言礼义，所以范中人以上也；言因果，所以惧中人以下也，其有功于人心世道一也。"二为"杰出人物"。唐文治指出："左氏纪二百数十年之事，其尤宜注意者有二人焉，曰管仲，曰子产。管子，天下才也。其所设施，颇得《周礼》之遗意。招携以礼，怀远以德，葵邱五命（引按：齐桓公葵丘盟会时对诸侯公布的五项禁令），皆足诛当时诸侯之心。……子产，外交家之祖也。以蕞尔郑，介晋、楚之间，樽俎周旋，不卑不亢，夫岂易与！"三为"政治学"。唐文治指出："左氏亲受绪论于孔子，最深于政治学。"如《左传》中所记"务材训农，通商惠工，敬教劝学，授方任能，逮鳏寡，振废滞，薄赋敛，节器用"，皆立国之本；所记"民生在勤，国有懿德"，又皆立国之本；所记"顺事恕施，宽猛相济"，皆治国之要。四为"军事学"。唐文治指出，《左传》之前的经典，或"不闻论及兵法"，或书焉不祥，"逮左氏书，遂为谈兵之雄"。《左传》谈兵，有"言陈（引按：阵）法""言诱敌""言变化"，"其论战术精矣"。更可贵的是知"师直（引按：道义正直）为壮，曲（引按：不正直）为老"，"兵德"重于"兵法"，唐文治认为"此用兵之本原也"。五为"文法"。唐文治举例说明《左传》文法之妙，如《齐鲁长勺之战》一篇，壁垒森严，文家奇正相生之法，实从此创。《吕相绝秦》一篇，丰神千古独绝"。对历代评点《左传》文法之书，亦有所介绍。在最后所附"《左传》选目"中，唐文治推荐了《晋公子重耳出亡》《晋楚城濮之战》等21篇可重点阅读的选篇。

（八）《十三经提纲》卷八，导读《春秋公羊传》

"公羊"为作传者姓氏。先引《汉书·艺文志》等资料介绍作者及师授情况：公羊子，齐国人，名高，作《公羊传》十一卷；公羊高之学受于孔子弟子子夏，后经公羊氏数代相传，至汉景帝时，公羊寿"乃与齐人胡母子都著于竹帛"，即后人读到的《春秋公羊传》，此属于今文经学。唐文治认为："汉武帝好《公羊》，治其学者董胶西（引按：董仲舒）为最著。胶西下帷诵读，著书十余万言，皆明经术之意（引按：董仲舒著有《春秋繁露》等书，解读《公羊传》），后世言《公羊》学者，多依据之。然其宗旨，亦颇有相背者。授受世代既远，经说遂多歧异，在学者分别其是非耳。"

唐文治编纂《十三经读本》，采用的《春秋公羊传》是东汉何休（129—182，字邵公，是董仲舒四传弟子）解诂注释本。唐文治指出，《公羊传》经文的立义，"最为正大"，合于儒家理念，但是何休解诂中多有误解和谶纬怪妄之说，该注本之所以传世，"徒以当时无善注，故不得不存之耳"。

该卷中，唐文治以主要篇幅为读者指出何休注《春秋公羊传》之误，列举四个方面。一为侈谈"王鲁"之说。所谓"王鲁"，即以鲁国国君为"王"。何休注中有言："《春秋》王鲁，以鲁为天下化。"唐文治认为"王鲁"说"其启人僭窃之心，流弊滋大。后人因'王鲁'之说并称孔子为'素王'。夫孔子作《春秋》以赏罚天下，曷尝欲自王乎！"二为误解"新周""故宋"。唐文治引先儒之言指出："周之东迁，本在王城。乃敬王迁成周，作传者号为新周。"又指出："'故宋'，《（公羊）传》绝无文，惟《谷梁》有之，然意尤不相涉。"唐文治由此证明何注所谓"孔子以《春秋》当新王，上黜杞，下新周而故宋"是未省文义而驰骋异说。三为对《公羊传》纪年纪月的穿凿附会。唐文治举出何注中"以五月首时者，讥庄公取（引按：娶）仇国女，不可以事先祖、奉四时祭祀"等例子，指明何休之注对《公羊传》纪年月之理解多有穿凿之处。四为谶纬怪妄之说。唐文

治举何休注"西狩获麟"一段文字，指出以"西狩获麟"推论"庶圣刘季
当代周""汉姓卯金刀以兵得天下"纯粹是诬妄的谶纬之说。唐文治明确
告诉读者："以上诸条所述皆邵公之误，辟之而后读者不入于歧路。"关于
《春秋公羊传》的注疏本，唐文治指出："自汉以来治《公羊》者数十家，
清代乾嘉而后《公羊》学尤甚，然大半惑于缪辏之辞，互相矜炫。惟孔巽
轩《〈公羊〉通义》、陈卓人《〈公羊〉义疏》为纯实无疵。"

最后，唐文治坦陈自己读《公羊传》文章的前后不同感受："文治幼时
喜读《谷梁》文，谓其气严以厉，其辞峻以直，胜于《公羊》。及今温习
之，始知《公羊》之文盘屈苍老处，实胜《谷梁》，而其横空提笔及硬住
法，尤宜注意。"这对青年读经也是启发。

（九）《十三经提纲》卷九，导读《春秋谷梁传》

对《谷梁传》作者谷梁赤，唐文治称其为"谷梁子"，"谷梁"是复
姓。唐文治引先儒之言介绍：谷梁子与公羊高同样承师于孔子弟子子夏，
但郑玄认为谷梁赤更近孔子。唐文治认为，先儒以"善经""近孔"四字
评《谷梁传》，可称得上"确评"（切实的评价）。

唐文治的观点是："谷梁惟邃于道，是以能善于经。"导读提纲用《谷
梁传》中的材料来证明这一观点。一是举《谷梁传》的论述，如"人之
于天也，以道受命；于人也，以言受命"，又如"言之所以为言者，信
也。……信之所以为信者，道也"，如此等等，均为见道之言。唐文治
并推想："谷梁惟亲受业于子夏，故所言多孔门精义。"一是举《谷梁传》
对《春秋》经文和历史事件的详述，以证明其"邃于道"。转引了《谷梁
传·桓公元年》解释经文"元年，春，王正月，公即位"的文字："桓弟弑
兄，臣弑君，天子不能定，诸侯不能救，百姓不能去，以为无王之道，遂
可以至焉尔。元年有王（引按：桓公元年之下加'王'字。'王正月'，周
历正月），所以治桓也。"认为对此"王"字的解读，显示《谷梁传》作者
精深于儒道，深谙孔子著《春秋》所用的微言大义笔法。基于上述理由，
唐文治认为"谷梁子见道较深，其精卓之处，更非公羊所能逮也"。

对于《谷梁传》所选用的晋代范宁《集解》，唐文治也作了评介："范

宁之解，绝无穿凿，更远胜于邵公。"他尤其赞赏范宁能依儒家义理集解："范《序》（引按：范宁撰写的《〈春秋谷梁传〉集解序》）树义正大，历举《三传》伤教害义之处，弃其所滞，择善而从，可谓当于理矣。"

最后，唐文治联系自己读《谷梁传》的感受，介绍了《谷梁传》的文章特点，认为该传之文法尤其适合说经，"所谓词严谊正，笔挟风霜，斯能简炼文义，精锐无伦，不当如后世训故、传之属，芜庸而寡要也。"唐文治向读者推荐："《谷梁传》中《晋杀其大夫里克》《虞师晋师灭夏阳》《晋赵盾弑其君》《秋蒐于红》诸篇，奇情惊采，皆足与《左氏》相颉颃。"

（十）《十三经提纲》卷十，导读《论语》

《论语》导读分《大义》《微言》《授受》《文法》四章。唐文治用一句话概括孔子《论语》之"大义"："《论语》一书，道德之渊薮，政治之纲领，与夫修身处世观人之道，悉备于此。"着重从"道德""政治"两方面述其大义。道德方面，"为人之要，首在为仁"，读者可以选择"论仁"各章作为一类，一一读之，了解孔子"仁"的思想。如"孝弟（同'悌'）"为仁者之本，故而编为言仁之第一章；"巧言令色，鲜矣仁"，编为言仁之第二章；再往下则编有"泛爱众，而亲仁"诸章。引清代学者陈澧（1810—1882，字兰甫）《东塾读书记》文字表示："以此见《论语》之言仁，至平至实，而深叹其编次之善也。"政治方面，"读《子路》篇前三章，已得大纲"。唐文治举出"正名""重言"两项略做展开，指点读者若想深入了解，可阅读已编入《十三经读本》的《〈论语〉大义》。

关于《论语》"微言"（引按：精微要妙之言），唐文治也用一句话概括："圣人传道之奥，无行不与之谊（引按：行文句句都参与义），具详于本经。"着重从《论语》中散见"六艺"（六经）之要旨作简介。如举《论语》中论《易经》"无大过""南人有言"二章，指出"可见学《易》不外乎修身寡过"。又如举《论语》中《尧曰》一篇，指出《论语》"不言引《尚书》，而二十八篇（引按：指《尚书》）之精蕴实已掇其菁华"。再如《诗经》精义，唐文治指出，《论语》中"'思无邪'一语，'诵《诗》三百'一章，'兴观群怨'数言，学《诗》之道有外于是者乎"！甚至对《乐经》要旨亦有关涉："《八佾》《乡党》二篇，言礼乐详矣，而闻韶之'不知肉味'，《关雎》之'洋洋盈耳'，皆先进（引按：指先辈）之遗风。"介绍了《论语》的"大义"与"微言"后，唐文治强调："学孔子者，固当先读《论语》矣！"

随后，唐文治引《汉书·艺文志》介绍《论语》的编纂与授受情况："《论语》者，孔子应答弟子时人，及弟子相与言而接闻于夫子之语也。当时弟子各有所记，夫子既卒，门人相与辑而论纂，故谓之《论语》。"汉代有齐《论语》、鲁《论语》、古《论语》，篇目略有不同，后世多传鲁《论语》。三国时魏国人何晏作《〈论语〉集解》，盛行于世。"疏之者有皇侃、邢昺，古义颇传，而析理未畅。伊洛诸大儒出，尊崇《论语》。朱子复集诸儒之大成，以为之注。"唐文治在上述介绍后特别指出："朱注最得圣人之意，精深广大，无义不赅。"

对《论语》"文法"，唐文治亦用一句话总评曰："孔门之文，特为超妙。"举《论语》中多篇文章为例，例如："《微子》一篇，文境如云水苍茫，烟波无际"；"'四子侍坐'章为大营包小营法，整齐变化；'季氏伐颛臾'章为逐层诘难法，乃阴柔文中之最美者"，等等。他称赞《论语》"首篇以'不知不愠'为君子始，末篇以'不知命无以为君子'终，有意无意之间，首尾自然呼应。所以勉人者至矣！所以示人文法者亦至矣！微矣！神矣！"

（十一）《十三经提纲》卷十一，导读《孝经》

《孝经》导读分五章，依次为《授受》《大义》《微言》《实践》《诵读》。先引《汉书·艺文志》介绍："孝经者，孔子为曾子陈孝道也。"唐文治认为："《孝经》为孔子、曾子所传，而门弟子记录之，故其文与《小戴礼记·孔子闲居》诸篇极相近。"现世间所传"今文《孝经》"，乃"汉河间颜贞始献其父芝所藏《孝经》"，而汉孔安国作传的"古文《孝经》"系出于孔宅壁，因遭巫蛊事，未行。关于《孝经》注本，唐文治介绍称，"郑（玄）君为之注，晋荀昶传之。……迨唐明皇改作新注，而郑君注遂废"；其后注本，"至明黄石斋（1585—1646，黄道周）先生作《〈孝经〉集传》，以本经为经，以《仪礼》《孟子》诸经为传，博大精深"；近人"阮福作《〈孝经〉义疏》，颇存古谊"。对于《孝经》大义，唐文治引用黄道周的一句话予以揭明："《孝经》者，道德之渊源，治化之纲领也。"对于《孝经》微言，先交代"具详于石斋先生《集传》中"，然后详述唐文治自己的一个观点："孝之为道，和顺而已矣。"唐文治引《孝经·开宗明义章》之句"先王有至德要道，以顺天下，民用和睦"，指出《开宗明义》"首标'和、顺'二字"，然后阐述：孝，和气也；孝必始于和顺，"天下皆和顺之气，则生机畅；天下皆乖戾之气，则杀机萌。孝者，所以消乖戾之气，清天下之乱源，弭天下之杀机也"。据此，唐文治提醒读者："孝之为道，岂非治平之根本乎！"对于治《孝经》的有效途径，唐文治注重"实践"和"诵读"。他在导读中指出："凡读经必须切己体察，而《孝经》尤以实践为主，非可徒托空言也。"又指出，读《孝经》，须"语语反之于身，察之于心，斯能进德修行"，例如《孝经·纪孝行章》"居则致其敬，养则致其乐，病则致其忧，丧则致其哀，祭则致其严"，此五"致"各有实际，有待践行。唐文治尤重"事亲"，指出："盖孝子之事其亲，与其尽心力于既没之后，曷若尽心力于逮存之时，所谓'祭而丰，不如养之薄也'。"《孝经》简牍不长、文浅义明，故而唐文治指出："读经者当先读此经也。"他甚至把诵读《孝经》看作"先务之急"，宣言"不读《孝经》者，非吾之子弟"，郑重建议"故此编（引按：指《孝经》读本）务宜推广，乡僻穷闾，尤宜逐户以时宣讲，小学中当用此为课本，庶几和气充塞，风俗淳朴，国家康宁"。

（十二）《十三经提纲》卷十二，导读《尔雅》

《尔雅》导读分《授受源流》《精义》《致用》《注释及文法》四章。《十三经读本》选用的《尔雅》晋郭璞注本，共19篇，前三篇《释诂》《释言》《释训》解释词语，后《释亲》《释宫》《释器》等16篇解释名词术语。唐文治介绍《尔雅》授受源流，借先儒之言表明："《释诂》一篇，周公所作"，其后《释言》《释训》两篇"或言仲尼所增，或言子夏所益，或言叔孙通所补"，"皆解家所说，先师口传"。唐文治认为："《尔雅》各篇有依《毛诗》而作者，有依《国语》而作者，有依《楚词（同'辞'）》而作者……论者因谓是书始于周公，继以孔子，增以子夏，益以叔孙通、梁文之徒，必欲指何者为何人所著，则未可臆断。"关于《尔雅》"精义"，唐文治引先儒之言表明，"《尔雅》为书，本训诂耳。（引按：《尔雅》成书，其基本点是解释古书中词语的意义。）"他又引先儒之言解释《尔雅》书名："'尔'之为言近也，'雅'之为言正也。"自己则进一步指出，在《汉书·艺文志》中，《尔雅》是附于《孝经》类中的，说明古人把《孝经》看作"道德之总汇"，把《尔雅》看作"训诂之指归"，古人入小学，先读这两部书，"所以端修身之本，知文字之源，使道德、训诂合而为一，蒙以养正，皆圣功之基也"。所以，唐文治认为："学《尔雅》者，宜探索道本，不当作类书（引按：用于寻检词语的工具书）读也。"这一观点，道明了《尔雅》作为儒家十三经之一的本质。关于读《尔雅》"致用"的话题，唐文治引先儒之言指出："盖时有古今，犹地有东西、有南北，相隔远则言语不通矣。地远则有翻译，时远则有训诂。有翻译则能使别国如乡邻，有训诂则能使古今如旦暮，所谓通之也。训诂之功大矣哉！"唐文治认为《尔雅》的"致用"之处在于能帮助士子博闻强识、读通儒家经典，而"士不通经，决不足用"。唐文治还在议论《尔雅》"致用"时充分肯定了"雅言"为古代中国"修教、齐政、统一"所立之功，指出："古人因言语之不能一，而以文字统一之"，"我中国数千年之文化所以久盛而不衰者，文字为之，即雅言为之也"。关于《尔雅》"注释及文法"，唐文治充分肯定了晋人"郭璞注《尔雅》，去古未远，后人虽多为补正，然宏纲大旨，终不出其范围"；也肯定了近人"邵二云（引按：邵晋涵）《〈尔雅〉正义》、郝兰皋（引按：郝懿行）《〈尔雅〉义疏》实能度越前人，然郝氏疏更在邵氏之上"，并且指出，《尔雅》显示文字愈质朴而文义愈深奥，"故于字法尤当注意"。

（十三）《十三经提纲》卷十三，导读《孟子》

《十三经读本》中，《孟子》及相关内容比之于诸经，文字量相对丰富，达45万字，但《提纲》中导读《孟子》的这一篇篇幅最短，不足千字，其导读之简练精当堪称《十三经提纲》之代表。1934年，《十三经提纲》曾作为《无锡国学专修学校丛书》第五种以单行本出版问世，付印前，唐文治对《提纲》文字做过一次修订。现依该单行本照录《孟子》篇导读文字，以便读者原汁原味领略唐文治整篇导读文字之风采。

《十三经提纲》卷十三《孟子》

一、要旨

《孟子》全书大义：一言性善与存心养性之功；一论孝弟（同"悌"）之道；一言义利之辨；一论王霸之分（引按：王道与霸道的区别），发明治道；一尚论古人与授受道统源流，并自言为学要领。昔宋紫阳朱子曾分类编辑《〈孟子〉要略》，余师其意，为《〈孟子〉讲义》。继思学者未窥全书，且不知其顺序，究有遗憾，爰复循七篇次第，纂为《大义》（引按：《〈孟子〉大义》）。然学者读书之法，要在提纲挈领，不可不先知径途之所在也。

二、注释

先儒于解释文字，名曰"训故"；发挥义理，引证事实，名曰"传"。赵邠卿（引按：赵岐，？—201年，著有《〈孟子〉章句》）注长于训故，失之简浅。朱注（引按：朱熹《〈孟子〉集注》）兼训故、义理，贯串群言，洞明奥旨，而探原性理，尤能析之极其精，扩之极其大。张南轩（1133—1180，名栻）《〈孟子〉说》推阐精微，心得颇多，能于朱注外别树一帜，《大全》（引按：汪武曹编纂的《〈孟子〉大全》）所载诸儒之说，未有能过之者。且其书体裁尤与讲义相合，至善本也。明末顾亭林（1613—1682，名炎武）、黄梨洲（1910—1695，名宗羲）、王船山（1619—1692，名夫之）、陆桴亭（1611—1672，名世仪）诸先生，近陈兰甫（1810—1882，名澧）、罗罗山（1808—1856，名泽南）先生之说《孟子》，虽零星碎玉，具系精当不磨。桴亭、罗山先生之言，性理尤为精，实非浅儒所能道。近戴东原（1724—1777，名震）《〈孟子〉字义疏证》、焦礼堂（1763—1820，名循）《〈孟子〉正义》，于宋儒之学初未窥其门径，乃于朱子妄肆讥弹，所谓"蚍蜉撼大树"也。至孙奭（962—1033，字宗

古)《疏》(引按:《〈孟子〉注疏》),系属伪托,《四库提要》言之綦详,
而《音义》(引按:指《〈孟子〉音义》)则当从奭本为正,盖《疏》伪而
《音义》则真出孙手也。

三、讲贯

《孟子》言论最切于今世,而尤切于今世之人心,故余作《大义》(引
按:《〈孟子〉大义》),专取其切时者言之,有如孝弟人伦之本、出处取与
之经、察识扩充之几、辟邪反经之道,不惮剀切敷陈。而其尤注意者,则
在剖析义利,唤醒迷途,于醉生梦死之中,俾其良心之乍露,因其乍露而
操存之,此即《孟子》"正人心"之本旨也。夫道,一而已矣。诚能家置
一编,相与讲明熟习,所谓"归而求之,有余师"者也。

四、文法

昔人谓文体莫(引按:意谓"莫不")备于《国策》(引按:《战国
策》),不知尤备于《孟子》。《孟子》之文最长者,翻空法、设喻法、诘
难法,笔阵纵横,令人不可测度。苏老泉(1009—1066,名洵)评之云:
"《孟子》之文,语约而意尽,不为巉刻斩绝之言,而其锋不可犯。"惟世
传苏批《孟子》实无甚精义,且类似批制举文者,决系赝托。近世桐城方
氏宗诚(1818—1888,字存之),论《孟子》文法虽多凿空附会,然其精
当之处,亦有可采。余自八岁,家大人授以《孟子》,十八岁受业紫翔王
先生之门,熟读《〈孟子〉大全》,详绎庭训、师训,兼考诸儒之说,其义
理、文法盘旋于胸中者四十年矣。学者欲得读《孟子》之方法,参考余所
撰《〈孟子〉大义》可也。

唐文治著《十三经提纲》是中国社会告别古代帝制、开启近现代共和
之门后出版的首部系统导读儒家十三经的著作,但1934年印行单行本之后
便未曾再版,渐成稀缺珍本。80年后的2015年,华东师范大学出版社为
适应新时期"国学热"需要,出版了繁体字横排版的《十三经提纲》点校
本,由彭丹华点校,出版后在各地书店和"当当""京东""苏宁易购"等
多家网店宣传销售,唐文治的这本经学著作重又回到中国民众的视野中。
此为后话。

五、《四书大义》对儒学思想发展的贡献

在中国古代社会漫长的思想文化发展中，儒学思想的延续与发展是一根最重要的主线。儒学思想是在发展中传承的。孔子在整理、继承中华先圣尧、舜、禹、汤、文王、周公传世政治思想文化典籍的基础上，创立了儒学，提出了以"仁"为核心、以"仁义礼智信"为人伦道德准则的思想体系。至战国时代，孟子身处诸侯争霸、战争频仍、生灵涂炭的社会，他为救世救民而提出"性善说"，宣扬"民本"思想，使儒学发展到一个新的阶段。西汉时期，朝廷采纳大儒董仲舒的建议，"罢黜百家，独尊儒术"，《春秋》公羊学派的思想大行其道，儒学成为国家统治阶层的主导思想，充分显示了该思想学说的社会治理功能。东汉时期，儒学经典研究的"古文派"异军突起，群星璀璨，郑玄博通诸经，融会贯通儒家思想和"今、古文道"，遍注诸经，成为集大成者。经魏晋南北朝战乱后，唐代韩愈以复兴儒道自任，担当起扬儒辟佛的新使命，在新的社会氛围中高擎起儒家思想的大旗。宋代诸大儒周敦颐、程颐、程颢、张载、朱熹等开辟"性理学"研究通道，把儒学思想中对人类心性伦理的论述提升到"道、气、性"之哲理的层面。对上述二千多年来儒学思想的传承发展脉络，唐文治有着清晰而深刻的认识，所以他在《〈十三经读本〉序》中列举从董仲舒到朱熹诸位大儒，告知读者：正是因为有了他们的讲学与著述，儒学思想才"益复扩之极其大，析之极其精"，并期盼后世名儒"为往圣继绝学"，继续传承发展儒学思想，以实现儒家"为万世开太平"的远大理想。

唐文治所处的清末民初是中国政治体制弃旧启新的划时代时期，孙中山以"三民主义"思想领导的辛亥革命，迫使清帝"逊位"，延续了数千年的封建帝制退出历史舞台；中国模仿西方政体推选"大总统"，建立中华民国，步入"共和"政体的近代史途。在这"三千年未有之大变局"中，作为中国古代主流思想意识的儒家学说遭遇的冲击，有甚于其在古代历次社会大动乱中所受的冲击。1904年，清廷行新政，废科举、兴学堂，儒学失去了其仅剩的"试科仕进"功能。时人在经学著作中如实记录："乃自新学出，而薄视旧学，遂有烧经之说。"（皮锡瑞《经学历史》，1907年）

民国肇造，教育部立即以行政权力在全国中小学废止读经。而后，一些留日归国的激进人士把"打孔批儒"的浪潮推向全国，成为时髦。曾任无锡国专教师的周予同在1928年为注释皮锡瑞《经学历史》作序言时客观记录："现在时行的口号是'打倒孔子''废弃经学'。"（周予同《〈经学历史〉序言》）在这前所未有的巨大社会变革中，坚守儒学的艰难度甚至有与秦火后儒学复生之艰难相颉颃处。"秦时之书焚于有形，而今时之书则焚于无形；秦时之儒坑于可见，而今世之儒则坑于不可见。"（唐文治《〈十三经读本〉序》，1921年）"打孔、废经"者流是要从四亿中国人心中彻底掘去儒家思想文化之根。唐文治认定儒学的核心思想"如日月之丽天，江河之行地，万古不磨"，因而他是民国一代最坚定、最持恒的尊孔读经派。唐文治也很清楚，"尊孔读经"光凭口号信念无法有益于革新了的社会，今儒对儒家经典的解读应该增加新的社会针对性。他于民国教育部明令中小学"废止读经"之时开始撰写，于"打孔"浪潮汹涌澎湃之时出版问世的《四书大义》，正是这样一套寓有现实针对性、力图挽狂潮于既倒的儒学著作。

《四书大义》是唐文治所撰《〈论语〉大义》《〈大学〉大义》《〈中庸〉大义》《〈孟子〉大义》合集的名称，撰著于1913年至1917年，以后有所增删修改，1919年前已经以《四书》"新读本"形式出版问世，后收入施肇曾刻《十三经读本》；2016年1月上海交通大学出版社为纪念唐文治校长诞辰一百五十周年，从施刻《十三经读本》中取出相关部分，以《四书大义》为书名合集出版影印本。《四书大义》撰著于唐文治中年时期（其时唐文治尚未双目失明），是《十三经读本》中唐著部分最早出版问世的内容，也是《十三经读本》中唐文治著作最核心的内容。

"大义"一词最早见于先秦儒家著作，有"正道""要道""大道理"的意思。汉儒以"大义"与"章句"对举，"大义"是"简略要义"的意思。汉儒说经讲"大义"者，是为了追求儒经的治世作用，所谓"凡学者用则盛，无用则衰；存大体，玩经文，则有用；碎义逃难，便辞巧说，则无用"。（皮锡瑞《经学历史》）以"大义"说经，遂成为汉儒的可贵传统。南北朝时，"大义"一词开始用作儒者说经著作的书名，北朝刘献之

民国初年出版的唐文治著作《〈论语〉大义》

撰《三礼大义》四卷（据《北史·儒林传》），南朝有梁武帝《〈周易〉大义》《〈尚书〉大义》《〈毛诗〉大义》等。唐文治认为："圣人志学，修齐治平之学，非无用之学也。"（唐文治《论语"为政"篇大义》，1913年）因而唐文治说经始终强调"通经致用"。他在1924年夏写的《〈论语大义〉定本跋》中表露心迹："矧迩者风俗人心益不可问，先进礼乐（引按：代指儒家思想文化）渺焉无存，而邪说之横恣、四海之困穷且未知所终极。俛仰世变，非读《论语》曷能救诸，则夫缀而述之或亦先圣先贤之所许乎。"可见，身处"三千年未有之大变局"之中的唐文治发愤撰著《四书大义》，就是为了发挥儒家思想的救世功用。

"四书"由中华先贤撰著于两千多年前，其言论事实对应的是两千多年前的社会背景。今人要从"四书"的思想内核中生发出救世救民的观点与理论，必须既立足于古老的儒家思想，又结合当下中国社会现实，然后作出阐述。这种儒学的当代阐述如果有益于近现代中国的道德建设和社会治理，就是对儒学思想发展的贡献。唐文治是传统大儒，他与20世纪20

年代萌生的、以融合中西方哲学为治学特点的"现代新儒家"不同，唐文治是按照传统的治经方法研究儒经，用注释儒经"四书"的形式发表其儒学思想的当代阐述。从《十三经读本》和《四书大义》恪守儒家传统治经"家法"的层面上讲，唐文治是中华儒学史上告别古代、进入近现代一位传统大儒，堪称中华古代儒学的"收官"大师，他通过自己的注经解经，把中华古代儒学最重要、最具有恒久价值的思想精华移交给后代中国人。

《四书大义》全书约四十万字，唐文治著述的基本形式，是以《论语》《大学》《中庸》《孟子》原文为主干，粹取汉宋大儒训诂注解、明清先儒说经精要及唐文治自己的"案"语，附于各节原文之下，所以唐文治个人的说经见解是紧贴"四书"经文散见于各处的，读者需耐心细读全书并有所摘记整理，才能系统梳理出唐文治的观点。笔者通读《四书大义》全书，并对唐文治所撰"案"语及各篇"大义"作了一些梳理，感觉唐文治的论述精彩纷呈，裹挟着清末民初时代气息，在多个方面对儒学思想发展有所贡献。下面分条述之（凡属《四书大义》引文，不再注明著作年份）：

（一）坚定民族文化自信，重申儒家的礼义德治文化有助于中国社会长治久安

面对近代中国"打孔废经"的思想潮流，唐文治坚持民族文化自信毫不动摇。他在《四书大义》中强调指出："经者何？圣道也。圣道亘古常存，而有赖乎君子之反之者，盖处士横议，荡言庞杂，以伪乱真，以邪干正，则圣道因之晦蒙……《（易）传》曰：'拨乱世反之正。'世界之由剥（引按：剥卦，代指衰败）而为复（引按：复卦，代指新生），拨乱而为正者，实赖圣道以为之主，君子则躬行以提倡之……是故君子之救世，反经而已矣，所谓匹夫与有责焉者也。"（唐文治《〈孟子〉大义·尽心下》）唐文治在清廷废科举、民国政府废止中小学读经后仍坚称儒学为"圣道"，坚信"圣道亘古常存"，其实是依托儒家"天人合道"的古老文化观念，在近代乱世中坚守民族文化自信。由此，唐文治在《四书大义》中明告天下读者："孔孟之学派，纵见阨于一时，百世而下，其将盛行于大九州以讫

天地之际乎!"(唐文治《〈孟子〉大义·告子下》)

唐文治坚称"孔孟之学"为"圣道",有其学理上的依据。他在《四书大义》中指出:"人道有礼则安,无礼则危……天下之所以长治而久安者,礼义而已。"(唐文治《〈中庸〉大义》)这里所说的礼,概指社会的政治道德行为规范;这里所说的义,概指统治者与臣民之间、亲属亲族成员之间、朋友之间、社会成员之间的人伦道德。依据孔孟"圣学"的传统,唐文治尤其强调"德治"的重要。他在解读《论语》经文"为政以德,譬如北辰"时特别强调指出:"盖政治统一,不徒统一乎土地,要在统一乎人心。德者,统一人心之具也。"(唐文治《〈论语〉大义·为政》)落实到治国方略上,唐文治明确指出,"道之以政,齐之以刑",此霸术也,"因在上者专以功效为学,是以在下者亦急功近名,而羞恶之良泯";"道之以德,齐之以礼",此王道也。(《〈论语〉大义·为政》)"王道"是德治之道,更是国家统治者获取人心之道。唐文治依照儒学传统,在《四书大义》中多次举周朝八百年伟业作为"王道"治国的范例:"仁敬孝慈信,文王之道也;絜矩忠信,好仁好义,亦皆文王之道也。……於戏!前王不忘,伟哉八百年之基业,其萌柢于《大学》之教(引按:指孔子之学)乎!"其时民国统治者不行"王道",不讲德治,因而也难"统一乎人心"。短命的北洋军阀政权、蒋介石国民党政权,虽然历史曾给过他们统治国家的机会,但与儒家学说中的周朝"八百年伟业"相比,终究成为中华历史上的匆匆过客。唐文治虽未予以点破,其必然规律却已包含在《四书大义》所反复强调的儒学为"长治久安"之道中。

(二)坚持儒家"三代之英"的政治理想,阐绎儒家理想的"德治道统"概念

孔子创立的儒学是有远大政治理想的学说。与西方哲人柏拉图用哲学理念勾画的"理想国"不同,儒家的理想国家和大同社会是依托中华民族远古圣君尧、舜和夏商周圣明君王大禹、商汤、周文王、周武王、周公的政治实践和理念建立起来的,因而避免了凭空构想"乌托邦"的色彩,给人以"史实可据、理想可期"的感染力。孔子的最高政治理想,是传承

尧、舜、禹合于"天道"的德治道统，建立天下为公、贤能治理、道德高尚、劳动贡献、财货充足适用、人民幸福和谐的大同社会。《论语》中记录了孔子远追尧舜政治理想的名言："大哉，尧之为君也！巍巍乎！唯天为大，唯尧则之。"《中庸》记"仲尼祖述尧舜，宪章文武"。儒家的这一政治理想学说，传续了两千多年，为各主要王朝的统治者和历代士人学子所接受，但在近代中国社会遭遇西学东渐和帝制终结的大变局后被否定、被批判、被肢解割裂。留学日本归国的"打孔"斗士钱玄同甚至认为："尧舜二人一定是'无是公'，'乌有先生'。……尧舜这两个人，是周人想象洪水以前的情形而造出来的，大约起初是民间传说，后来那班学者便利用这两个假人来托古改制。"（钱玄同《答顾颉刚先生书》，见于《古史辨》第一册）从学理上讲，一种学说所创立的远大政治理想如果在世人心目中崩塌，往往意味着这一学说本身也失败了。唐文治深谙此中道理，他义不容辞地担当起了坚守儒家"大同"学说，阐绎"三代之英"政治理想的时儒重任。

唐文治《四书大义》中，集中阐绎尧舜和夏、商、周"三代之英"政治道统的是《〈论语〉大义》中的《尧曰篇大义》。唐文治用阐释《论语·尧曰》经文大义的方式，论述孔子传承先圣"道统"的政治理想，并郑重声明孔子这一政治理想具有远大意义。唐文治先借用唐代柳宗元的话表明："《论语》之大（引按：指思想、理想），莫大乎《尧曰》一篇，是乃孔子常常讽道（引按：讲诵道统）之辞。……此圣人之大志也。弟子或知之，或疑之不能明，相与传之，故于其为书（引按：指编辑《论语》一书）也，卒篇之首（引按：置为《论语》收结之篇），严而立之。"《论语·尧曰》先摘引《尚书》中所记帝尧禅位于舜、帝舜禅位于禹时所传授的"德治"之道，然后记孔子所讲述的"尊五美，屏四恶"等政治理想。唐文治借用柳宗元的话告诉读者，《尧曰》篇表达了孔子"祖述尧舜"的远大政治理想，编为《论语》最后一章，包含着孔门弟子尊重、确立孔子远大志向的良苦用心。然后，唐文治以"案"语形式指出：

　　盖治统者原于道统，尧以是传之舜，舜以是传之禹，禹以是传之汤，汤以是传之文武周公，文武周公传之孔子。《尧曰》一篇，以孔子之道统，继尧舜禹汤文武周公之治统也。……综全篇数百言中，天下万世之学术治术，包括而无不尽。呜呼，神乎！微乎！圣人之志，其隐而可见乎！圣人之统，其绝而复续乎！然则二千数百年之后，有王者起，其必来取法乎！

唐文治通过说经文字，在儒家"致尧舜""三代英"政治理想遭遇危机时，坚定不移地高擎起了儒家政治理想的大旗。

高举儒家理想大旗的同时，唐文治对此理想的具体内容也有所阐绎，从而使儒家的"致尧舜、追三代"理想具体落实到治道上。关于先圣君王执政的大原则，唐文治归结为"大公"一词："《周易》大义所谓'上下交而志同'者，谓政治一出于大公，而得乎民心之大顺也。是故欲决政体之尊卑，当先验一心之公私。"（唐文治《〈孟子〉大义·梁惠王下》）"大公"即公心，统治者心中装有天下民众，顾及天下民众，其政体方可为"尊"。"大公"概念的提出，适应辛亥革命后的中国国情，是对儒家思想发展的贡献。关于先圣君王对民众所承担的治理责任，唐文治通过解释帝尧对舜的政治嘱托"允执其中，四海困穷，天禄永终"来具体表述。唐文治指出："允，犹用也。执其中，谓执其两端，用其中于民，所谓于善之中又执其两端，而量度以取中。……又言四海之人困穷，则君禄亦永绝，戒勉之也。"（唐文治《〈论语〉大义·尧曰》）唐文治阐绎"三代"美政首重"农政"，他指出："民以食为天，故周制首重民食。《洪范》八政，其一曰食，皆重农之至意也。"（唐文治《〈论语〉大义·尧曰》）"周家仁政之美，自文王始，治岐之法（引按：周文王在陕西岐山周原施行的治理方法），即经理天下之法也。耕者九一（引按：九分田，税其一），即井田之制。方里而井（引按：一里见方为一'井'），井九百亩，其中为公田，八家皆私百亩，同养公田，是九分而税其一也。"（唐文治《〈孟子〉大义·梁惠王下》）唐文治在阐绎中突出了"耕者有其田""君王轻赋税"的农政思想，并且以此作为古圣王美政之例。唐文治阐绎的"三代"美政中有精神文明与物质文明"并举"之美，他在《〈孟子〉大义》中指出："惟圣王为能教养天下之人，故其仁政为尤大。械朴作人（引按：培养人才），济济多士，为文王教人之精神；制其田里，教之树畜，为文王养人之精神。教之中有养，养之中有教，教、养遍及乎天下，此之谓经纶化育。于是人人有学问，人人有知识，天下无隔膜敷衍之事。"（唐文治《〈孟子〉大义·公孙丑上》）此处所讲的周文王美政中，"教人"属于"精神文明"，"养人"指发展农耕树畜，属于物质文明，两者并举而致"经纶化育"之效。唐文治阐绎"三代"军政，归结为"行仁义之师"。他在《〈孟子〉大义》中指出："古来成非常之功者，必视乎民心之向背，民向则取之，民背则勿取，仁义之君，行仁义之师，未有不如此者也。文王、武王积德尤厚，故举以为标准。"唐文治还特意举了陈涉起义推翻暴秦的例子，说明行仁政者"可使制梃以挞秦楚之坚甲利兵"："厥后秦始皇刑罚税敛，困民于水深火热之中，其兵之强，六国莫敢撄其锋。陈涉一匹夫，崛起什佰之中，斩木为兵，揭竿为旗，天下云集响应，其竿其木，足以挞秦始皇而有余。……以陈涉之梃，尤可以挞秦之坚甲利兵……而况行仁政者，未必无坚甲利兵乎。"（唐文治《〈孟子〉大义·梁惠王上》）唐文治阐绎的"三代"仁义之师，实际上凝聚着人心向背的力量。对先圣君王的优良政风，唐文治亦有所阐绎，并且归结为"笃实"。他解释《中庸》经文"舜好问而好察迩言"道："好问，好闻善言也；好察迩言，好察善言也。"（唐文治《〈中庸〉大义》）他认为"禹之所以能治水者，以其治事无不笃实也"，禹的"能勤其苦""菲饮食"更值得后世政界人士"力行之"。（唐文治《〈论语〉大义·泰伯》）他还特地引用周公的话"平易近民，民必归之"，作为圣王政风值得后世效法之处。关于先圣君王的用人之道，唐文治阐绎为"专任、久任"。他如此解说《论语》经文"舜有臣五人而天下治"："五人，禹、稷、契、皋陶、伯益。舜之所以能得人者，惟在专任久任，若以皋陶（引按：擅长掌刑狱之事）为农官，以后稷（引按：擅长掌农耕之事）敷五教，则不得其治矣。后世之法舜者，其亦知此道乎！"（唐文治《〈论语〉大义·泰伯》）此中包含任用贤能之人"专长"的思想。关于先圣养老之政，唐文治遵从儒家以孝道治天下的理念，强调"尧舜之道，孝弟为先"，"大舜、文王、武王、周公……四圣皆大孝人也"。（唐文治《〈中庸〉大义》）特别对周文王的孝行详加描述："文王之为世子，朝于王季

（引按：季历，周文王之父）日三。鸡初鸣而衣服，至于寝门外，问安否；日中又至，亦如之；日莫（通'暮'）又至，亦如之。食上，必视寒暖之节；食下，问所膳。"然后，唐文治指出："养老之政，所以教民孝也……文王之民无冻馁之老者，可见文王之民，无有不孝者矣。"（唐文治《〈孟子〉大义·尽心上》）在儒家"致尧舜"的政治理想中，唐文治最神往的是尧舜的"禅让"精神，他借评论《孟子·万章》一篇相关文字表达了自己这一想法："《万章》一篇……言唐虞三代，相与禅让授受之理，示天下重器，王者大统，天视（自我）民视，天听（自我）民听，讴歌讼狱，悉顺民心……廓然大公之气象，令人神游皇古之间。"（唐文治《〈孟子〉大义·序》）

唐文治在阐绎儒家"致尧舜""追三代"政治理想的同时，也极为清醒地认识到执政掌权对于实现政治理想的重要性。他在《〈论语〉大义》中明告世人："仁非迂远而难行，道非空虚而无际也，然而南面之权不得，则博施济众、立人达人之道终不可得而行也。"（唐文治《〈论语〉大义·雍也》）唐文治总结夏商周三代政治经验后特别指出："盖由周公而上，上而为君，故其事行。由周公而下，下而为臣（引按：指孔子及其后的儒家圣贤），故其事不能行。可见中国数千年来社会之力，远不及朝廷也。"（唐文治《〈中庸〉大义》）这也是唐文治在中国古代帝制社会结束时对儒家"三代之英"政治理想所下的一个重要的注脚。他认为，自孔子而后，儒家的政治理想并未得到真正的实行。

在古代社会，人类表达理想有多种方式。西方柏拉图的"理想国"用了哲学理念方式，托马斯·莫尔的"乌托邦"用了幻想描绘方式，而古老东方的孔夫子则用了"依托先圣"的方式来表达儒家的政治理想。孔子依托的先圣是尧、舜、禹、商汤、周文王、周武王、周公。孔子之前的帝王远不止这7位，"五帝"中黄帝之后还有颛顼、帝喾，夏朝中还有太康、仲康、少康、帝予（杼）等十多位帝王，商朝中除汤以外的帝王有从太丁到帝辛（纣）26位，西周文王之前有王季、古公亶父，自武王后还有成王至幽王等12位君王，孔子对多数先王并不特别推崇，而是有选择地推崇尧、舜、禹、汤、文王、武王、周公七圣，是因为孔子所见闻的历史资料中此七圣的思想言行合于孔子的政治理想。孔子选择"述而不作，信而好古"的风格，依托七位先圣构建起儒家政治理想框架，自是一种大智慧。这种"依托先圣"以表达理想的方式，一是适应古代民众"帝王崇拜""真实可据"的心理，一是用七位先圣的"牌位"压住后世国君"在位"的凌人气势，以提高儒家政治理想和思想学说的地位。因此，后人考察儒家的政治理想，重点不应放在尧、舜、禹、汤、文、武、周公的历史事实考证上，而应重点考察孔子、孟子及历代大儒依托七位先圣表述了怎样的政治理想。孔子讲述七圣史实是为表达儒家政治理想服务的，这正是儒家的"家法"，列代大儒均心照不宣，唐文治著《四书大义》也是按照这一"家法"行文的。这就是儒学讲历史与史学讲历史的不同之处。

（三）立足儒家"民本"思想，进一步向民生、民权、民德、民智方面作阐发

儒家的"民本"思想是中国古代传统政治文明中的重要思想。"民本"就是把"民"视作国家立基的根本，承认民众承担生产重任供养国家统治者，"民者，出粟米麻丝，作器皿，通财货，以事其上者也"（韩愈《原道》）；也承认民心的背向对国家兴亡有决定性作用，"君者，舟也；庶人者，水也；水则载舟，水则覆舟"（《荀子·王制》）。今天人们谈论儒家"民本"思想喜欢引用《尚书》古训"民为邦本，本固邦宁"，其实这两句话最早出自晋朝梅赜伪《尚书·夏书·五子之歌》，还不能代表先秦儒家"民本"思想的源头。唐文治认为"民本"思想源于先秦儒家的"民贵之说"："其说实本诸《周礼》：'司民之职，献民数于王，王拜受之。'……其义又本诸孔子，孔子曰'式负版者'（引按：凭轼向负版劳作者致礼）；又曰'天地之性人为贵也'。"（唐文治《孟子大义·尽心下》）孔子之后的两千多年中，儒家"民本"思想是有所发展的。孔子对"民本"思想提出了一些原则性观点；孟子以"民贵君轻""得乎丘民而为天子"为核心观点，对"民本"思想作了相当丰富、较为完整的阐述；西汉贾谊明确提出"民为国本"的观点（见贾谊《新书·大政上》），董仲舒则用"天人关系"来阐述之："天之生民非为王也，而天立王以为民也。故其德足以安乐民者，天予之；其恶足以贼害民者，天夺之。"（董仲舒《春秋繁露》）直到明亡清立，黄宗羲立足"民本思想"提出"天下为主，君为客"的观点（见黄宗羲《明夷待访录·原君》）。

唐文治撰著《四书大义》已是清帝退位、民国肇立之时，其时北洋军阀当政，争战频仍，社会破败，民生凋敝，广大下层民众生活于水深火热之中。因而唐文治阐绎儒家"民本"思想，把"贵民救民"放在首位，首先着眼于解决民众的生存问题。他于1915年撰成《〈孟子〉大义》后作序指出："《孟子》一书，尊民之学也。其言曰：'民为贵，社稷次之，君为轻。'天下可爱者民，可畏者民，可亲可宝者民。养君惟民，保君亦惟民。是故民以君为天，而国以民为本。后世人主，不知此谊，于是乎虐民殄民，戕贼其民，吸民之脂膏，椎民之骨髓，以杀其民，此亡国破家所以相随属也。"（唐文治《〈孟子大义〉序》）他在解说《孟子》经文时强调："国之宝惟民，国之宝惟民之心。桀纣之失天下也，失其民也；失其民者，失其心也。如水益深，如火益热，吾民之哀哀而无所控诉者，惨何如也。虽然，投民于水，实无异于自投其身于水；置民于火，实无异自置其身于火。凡人君之待民不留余地者，即其待己不留余地也。"（唐文治《〈孟子〉大义·梁惠王下》）其后，中国大地上虐民殄民的军阀政权走马灯似的垮台，仿佛成了证实唐文治此论断正确性的活材料。

因天下惟民最苦，所以唐文治最看重"民生""民命"。他在解说《孟子》经文时反复指出："天下之最苦者，惟民而已矣！……战国时之人君，横政苛税，以为常经；作威作福，以为乐事；争地以战，杀人盈野；争城以战，杀人盈城，其视百姓之命，曾犬豕牛羊之不若！……继世之子，生于深宫，长于富贵，间阎之疾苦欲恶、诽谤誉歌，懵乎无所见闻，死亡相枕藉，犹曰'何不食肉糜'。……呜呼，天下之最苦者，惟民而已矣！"（唐文治《〈孟子〉大义·万章下》）他一针见血地指出封建君王的战争胜利果实是牺牲民众的财富生命而得来的："辟土地、充府库，何以谓之民贼？盖其所辟所充者，皆民之脂膏也！……约与国，战必克，何以谓之民贼？盖其所以约、所以战者，皆所以残民之性命也！"（唐文治《〈孟子〉大义·告子下》）与儒家理想中"三代之英"的治世相比较，他得出结论：

20世纪20年代出版的唐文治著作《〈孟子〉大义》

"盖治世之民贵，贵则皆上之子弟也；乱世之民贱，贱则皆上之俎上肉也。"（唐文治《〈孟子〉大义·梁惠王下》）因而，面对近代中国之乱世，他把"贵民""救民""保民命"作为"吾儒"的首要责任。

基于"救民""保民命"的立场，唐文治主张"重民权"，并且把"重民权"看作是"保民命"的主要途径。他在《〈孟子〉大义》中指出："重其权（引按：指民之权），所以保其命也。盖权也，命也，息息相通者也。委其权于君，残民之命，而民乃削夺其命也。属其权于民，民各有其权，民乃得自全其命也。"（唐文治《〈孟子〉大义·万章下》）如此论述中，唐文治已将古代儒家的"民本思想"与近代革命者的"民权主义"交融一体了。

在主张"重民权"的大前提下，唐文治也正视近代中国下层民众文化水平低下、道德良莠不齐的现状，因而把培养民德、开发民智视为时代重任。他明确指出："今欲发明民贵君轻之义，当注重于民德、民智二者，皆当通于孟子之学说。民德何先？孟子所谓不失其良心是也。民智何先？孟子所谓谨庠序之教是也。"（唐文治《〈孟子〉大义·尽心下》）由于近世欧风东渐后舆论普遍认为中国"民智"低下，甚至视为民族劣根性，唐文治就对"民智"问题有更多一层阐述。一方面，他承认近代中国下层民众因缺乏文化教育而"民智"开发不够，不利于"重民权"，故而"民权之说，犹未可以遽兴也，必教育以启发其智，而后民权可得而重也"（唐文治《〈孟子〉大义·万章下》）另一方面，他坚信"民智"是可以启发的，世人可从他对《论语》经文"唯上知与下愚不移"的解说中感受这一立场。唐文治是这样理解孔子这句名言的："愚（引按：唐文治自称）谓人何以进于上知，何以入于下愚，仍在乎自为之耳。程子曰：'人苟以善自治，则无不可移。'虽昏愚之至，皆可渐磨而进也。惟自暴者，拒之以不信；自弃者，绝之以不为；虽圣人与居，不能化而入也。然则上知可自恃为上知、下愚可自安于下愚乎？"（唐文治《〈论语〉大义·阳货》）唐文治认为"民智"是可以启发开化的，"下愚"者不可自安于下愚，这是他主张"重民权"的理论立足点之一，由此也可窥得唐文治的民族自信心。孔、孟有"天之生此民也，使先知觉后知，使先觉觉后觉也"的思想，唐文治继承了这一思想，他把启发民智看作"吾儒"的重要责任，需要务实努力并科学地施行之。他认为："生民之知觉不齐，奚翅（引按：何啻）恒河沙数，如何而普及以觉之，如何而分等差以觉之，要必有大经纶大学问，以统筹分置于其间，非可空言也。"（唐文治《〈孟子〉大义·万章上》）其时唐文治任校长的南洋大学支持学生义务开办"工人夜校""义务学校"，"授与无力求学者普通智识"，"各项费用一概不收"（《南洋公学暑期内义务学校简章》，1919年7月），就是"分等差"以启发民智的实际行动。

（四）依托《易经》，区分"一己私利"与"天下公利"，阐明儒家追求"天下公利"的思想

儒家思想中有"严义利之辨"的传统，孔子有言："君子喻于义，小人喻于利。"（孔子《论语·里仁》）《孟子》七篇，首篇即明辨义利。宋代理学兴起后，强调儒生士子的道德修养，强调"修身，齐家，治国，平天下"，修身为起始点。所谓《大学》不言利"，对"利"的思辨往往被理学界忽视。唐文治出生于贫寒儒生家庭，入仕后任职于清政府多个部衙，

对鸦片战争后中国社会的动荡破败、统治阶层的私欲谋利、底层民众的极度贫困有深切的认识，因而关注到"利"对于天下的重要性，在阐绎儒家"义利观"时他特意区分"私利"与"公利"，并从学理上阐明儒家谋求"天下公利"的思想。

唐文治言"公利"，其理论依据来自《易经》。他指出："《大学》不言利，而《周易》言利，何也？考《易传》曰：'利者，义之和也。'是亦以义为利也。《易传》又曰：'以美利利天下。'盖《易传》言利，言天下之公利也；《大学》不言利，不言一人之私利也。以美利公天下，义莫大焉。"（唐文治《〈大学〉大义》）"义之和"，朱熹解释为"得其分之和"，就是物与物之间、人与人之间，各得其宜，不相妨害。唐文治把"义之和"之利，视为"美利""天下公利"。

唐文治在《〈孟子〉大义》中对"天下公利"思想作了如下论述：

> 《易·乾卦·彖辞》言"元、亨、利、贞"。孔子释之曰："利者，义之和也……利物足以和义。"又曰："乾始能以美利利天下。不言所利，大矣哉。"是利者，圣人所亟亟以谋之者也。而《论语》则曰："君子喻于义，小人喻于利。"《孟子》七篇，首辨义利……是利又圣人所深恶而痛绝者。何哉？盖圣人所谋者，天下之公利；而所痛恶者，一人之私利。且古人之所谓利者，不必专指财货而言，凡开物成务利于人者皆是。以《孟子》本书言之：禹抑洪水，天下之公利也；后稷教民稼穑，树艺五谷，天下之公利也；周公兼夷狄，驱猛兽，天下之公利也；讴歌讼狱，劳来匡直，亦天下之公利；井田学校，送死养生，所欲与聚，所恶勿施，亦天下之公利。此皆所谓美利也。降及后世，好货无厌之徒出，藉口于天下之公利，实乃谋一己之私利。利己之心日甚，则害人之心日深，于是苟且出入，贿赂公行，黩货官邪，靡所不至，小者攘夺，大者篡弑，小者亡身，大者亡国，此所谓放于利而行，利即为害之源。……汉世董子创"正谊不谋利，明道不计功"之说；宋元以下诸儒，遂以利为圣人所痛恶，功利为儒者所不道。于是蔽聪塞明，于小民之生计，听其所自为，而开物成务之旨，益不明于天下。不知圣人之辨义利，不在形迹，而在于心之公私。吾心而

公，虽日言利而无损；吾心而私，虽讳言利而无益。……明乎此谊，而后世廉谨之士，慎毋蔽聪塞明，鄙公利为不足道，转使天下万事，隳坏于无形之中；而其有才而多能者，亦慎毋藉口于天下之公利，谋一己之私利，以致害及其身，遂害及其家国。此则生民之幸福也。（唐文治《〈孟子〉大义·告子下》）

在这些论述中，唐文治阐明了儒家理论中"为政者谋不谋利""谋什么利"的问题："利"为天下民众生计所需，以"平天下"为政治大目标的儒家不能忽视"利"；但"利"分为"一己私利"和"天下公利"，儒家应谋求的是"天下公利"；廉谨多能之士应勤谋"天下之公利"而深恶"一己之私利"。经唐文治论述的儒家"公利观"，与中国共产党人主张的"为人民谋幸福""为广大人民群众谋利益"已十分接近。唐文治对"谋天下公利"与"平天下人心"之间的紧密关系有明确的认识，他一语中的指出："平天下之人心当奈何？曰：始于与民同好恶，终于以义为利，则人心平而天下可得而平也。"（唐文治《〈大学〉大义》）这已是立足天下民众的利益来阐述儒家"平天下"理念了。

（五）基于儒家理念，揭示盛、衰二世中的两种平等观

不同的社会理想蓝图对社会成员间的关系有不同的设计。西方柏拉图"理想国"中的"统治阶层"是上等人，平民阶层是下等人，两者间无平等可言。马克思的共产主义理想社会是"自由人的联合体"，在那里，"每个人的自由发展是一切人的自由发展的条件"，社会成员间的关系是平等的。古代中国儒家虽憧憬"大同社会"，但认为此社会必须有"选贤举能"产生的治理者，社会中仍存在不同的阶层，社会成员间必须讲礼义，"无礼义则上下乱"（《孟子·尽心下》）。唐文治立足儒家理念，对"盛世""衰世"中社会成员上下层之间的关系提出自己的见解。他在解说《孟子》经文"无礼义则上下乱"时做了如下论述：

愚读此节，而知平等之说，必不可行于天下也。夫惟盛世，在上者

之对于下，常存平等之念而与之相侪；在下者之对于上，常存不敢平等之念而与之相抗。夫然后名分定，国家治。……礼者，人道之纲；义者，人事之宜也。有礼有义，则尊卑贵贱，井然厘然，秩序明而万事理。无礼无义，则贼民兴，犯上作乱，秩序紊而万事渚矣。且夫"等"者，阶之级也，纵有并之之心而实无并之之道也者也。洎乎衰世，在上者之对于下，绝无平等之念；而在下者之对于上，则日持平等之论，以为若何能而居我上也。于是乎诋之毁之，攻之击之，思所以驱除之，夫是之谓乱。（唐文治《〈孟子〉大义·尽心下》）

以唐文治的文化立场与政治眼光，他认为人类社会消灭等级、人人平等是"必不可行于天下"，这或许是唐文治的局限性。但他根据中国社会可见之历史提出"盛世"与"衰世"两种平等观："盛世"在上者对下讲平等，"衰世"在下者对上争平等。此说立足于儒家理念审视社会盛、衰不同时期社会成员间对平等的不同追求，对世人或有所启发。唐文治提出此平等观后，时间车轮已驶过一百多年，中国社会经历了战争频仍、民不聊生的"衰世"，现正经历国力趋强、民族复兴的小康"盛世"，唐文治所提的两种"平等"观是否于中国社会有针对性，是否有益于处理好现实社会里上下阶层之间的关系，应该说还是值得世人深思的。提出这两种不同阶层的不同平等观，虽然是立足于儒家之社会成员"或劳心，或劳力，劳心者治人，劳力者治于人"观念，但由于唐文治较深刻地分析了阶级社会中"在上者"与"在下者"不同的平等诉求，对儒家的"劳心""劳力"观念也是一种新的演绎。

（六）依据儒家传统，论述"士"的责任与德性

中国的传统知识人士被称作"士"。士是读书人，有知识。古代读书人主要读经、史、子、集，因而士拥有的知识主要是社会科学知识（大致相当于现代"文理分科"观念中的文科）。古代读书人"学而优则仕"，科举是读书人名正言顺的"仕进之途"，因而士中的一部分人可成为官员，成为国家治理者，即便是未入仕途的"白衣"之士，也有对地方政务的议论

建言资格。"知书"（拥有知识）与"入仕"（当官）两个特点，使士成为中国传统社会中位居"君王"之下、"农工商兵"之上的一个重要的社会阶层。从人类社会的发展过程看，士的产生是社会分工之必然，因而是社会进步的表现。士的产生在中国有悠久的历史，夏商周"三代之时，民之秀者乃收之乡序，升之司徒，而谓之士。固千百之中，不得一焉。"（顾炎武《日知录》卷七《士何事》）可见古代中国社会中，士只占总人口的极少部分。依儒家观点，士与农工商者相比，具有不同的品性，士是"劳心者"（脑力劳动者），应该具有君子品德，"君子喻于义"，而农工商者一般归属"小人"类，"小人喻于利"。所以孟子认为："无恒产而有恒心者，惟士为能。若民，则无恒产，因无恒心。"（《孟子·梁惠王上》）唐文治解说孟子此言曰："恒心，礼义之心也。无恒产而有恒心，惟士为能。古时之重士如此。"（唐文治《〈孟子〉大义·梁惠王上》）故而世人识士，不是根据其人的财产多寡，而是根据其人的知识、思想、品德和政治立场。在漫长的中国古代社会中，按儒家观念，士属于社会治理阶层，"劳心者治人"，绝不是附于农工商者"皮"上的"毛"。

　　唐文治自身属于士，且曾身居高位，见识过士人阶层中形形色色之士，对"士"有深入的认识。他在《四书大义》中多处论述"士"的责任与德性，对儒家的"士能士德观"做了新的阐绎。他认为"士"有三可贵：其一曰"任天下之事"，其二曰"学道"，其三曰"洁身"。他如此论述此三可贵：

　　　　人生当世，惧不能担任天下之事而已。吾尝谓：人者，任也；士者，事也。必能担任天下之事，始不愧为士，不愧为人。……吾身之在天地间，至为贵重。夫吾身曷为而可贵？为能任天下之事也。若萎薾不任事，何足以为贵！且吾身曷为而可贵？为其学道也。若空疏无学，或虽学而无实用，乌足以任事，又何足以为贵！且吾身曷为而可贵？为其至洁也。若猥琐龌龊，乌足以任事，更何足以为贵！（唐文治《〈孟子〉大义·万章上》）

　　此段论述是对中国古代"知识分子"（即士）可贵之处的高度概括。

唐文治在论述"士"的特点时还着重指出："士有名分，有位分，有性分，而性分为特重。"（唐文治《〈孟子〉大义·尽心上》）"名分"指声誉，"位分"指地位官位，"性分"指志向德性，并且此三者自有大小、高低、优劣之差异。唐文治指出："'分'之有尊卑，犹量之有大小。贩夫贩妇，得一金而莫知其所措者，亦其'分'也。俗士鄙人，萦情于境遇，终身莫之舍者，亦其'分'也。君子尊其性，然后能高其'分'。或问尊性当奈何？曰：不以富贵利禄动其心，斯可矣。"（唐文治《〈孟子〉大义·尽心上》）可见唐文治所谓士之"性分"为特重，是指士要有远大志向和廉洁德性。

唐文治论述"士德"有几项要点：

其一，品德是士的立身基础。唐文治以房屋为喻阐述其中道理："学问，犹堂屋也；行诣，犹基址也；基址不坚，堂屋圮坏。人生学问纵极邃美，而行诣不完，货财是徇，一旦名誉埽地，无以取信于天下之人，即不能复办天下之事，深可痛也。"他谆谆告诫天下士子："吾闻洁其身而任天下之事者矣，未闻失其身而能任天下之事者也。是故士而有志于当世之事，先自不屑不洁始。"（唐文治《〈孟子〉大义·万章上》）

其二，士人洁身之要，首严义利。唐文治认为，"义利者，天理人欲之界，亦即人禽之界也"（唐文治《〈孟子〉大义·告子上》），故士德之要在"严于律己，律己之方，首严义利"（唐文治《〈孟子〉大义·万章上》）；辨义利之界，又"首严于取与"。他深入分析了官员变贪的心理特点"不外乎妄取"："有一物焉可以取可以无取，取之而世之人以为无伤也，我（引按：指官员）之心遂亦以为无伤也；久之而不可取者亦将取之，而羞恶之良心，于是悉泯矣。尝见世之优于才而富于学者，未尝不矫然自负，一旦利欲熏心，名誉扫地，甚至为乡里所不齿，此其渐皆起于妄取。吁，可痛也，可惧也！"（唐文治《〈孟子〉大义·告子上》）这一分析直击古今贪官心理颓变过程，可谓一语中的。

其三，士德修养必自"慎独"始。儒家之"慎独"，就是在一己独处时也能谨慎不苟。唐文治具体解释："独者，人所以不知，而己独知之地也。"即个人的隐秘之处，既有心理的，也有行动的。唐文治分析道："盖天下之最可畏者，莫如人所不见之地，汉杨震所谓天知地知是也。人皆曰自由，夫思想自由，最所不禁，然使终日皆贪淫邪妄之念，为法律外之思想，其可乎？即不然，而终日皆憧憧往来之念，为性分外之思想，其可乎？君子首除贪淫邪妄之念，继戒憧憧往来之念，非无念也，其所养者，皆光明正大之志也。"（唐文治《〈中庸〉大义》）也就是说，士德的培养，要自觉地戒除各种贪淫邪妄之念和德性之外的思想，让内心充满光明正大之志，且贵在自觉。鉴于清末民初官员士子大面积地丧失"德性"、品诣败坏，唐文治正言警告："中国士大夫违慎独之旨，畏慎独之言，破慎独之见，而天下危矣！"

其四，士人应遵守"穷不失义，达不离道"之则。古人称失势谓"穷"，得势谓"达"。"士穷不失义，达不离道"是孟子提出的。（见《孟子·尽心上》）"不失义"，谓士要在各种困境中坚守儒家的道德和政治品格。唐文治做了深入一步的阐绎："何谓士？乐道而忘势，谓之士。穷不失义，达不离道，谓之士。虽无文王（引按：指处乱世中）犹兴，谓之豪杰之士。内重外轻自视欲然者，其性分定也。"（唐文治《〈孟子大义〉·尽心》）又结合其时官员普遍"离道"的现状做进一步阐绎："穷与达，与吾性分无关也，吾惟知有道义而已。……夫士人处穷困之境，失其所守者固多，然一入仕途，名利引诱之，谀谄面谀之人蒙蔽之，其能不离道者，千百中无一二矣。此百姓之所以憔悴，而世界之所以多乱也。"唐文治看到了"士德"与社会治乱的直接关系，把"士穷不失义，达不离道"与士人之"性分"（德性）直接挂钩，是抓住了问题的关键，突出了"士德"修养的至关重要。

唐文治关于士能、士责、士德的论述，对于现当代中国研究"知识分子"（知识人士）问题和官员廉政问题或有重要启示。

（七）从道德社会可持续发展角度，阐明儒家"亲亲、仁民、爱物"观念的意义

儒家思想以"仁"为核心，儒家政治以"德治"为重心，儒家建立道德社会的行为准则是"亲亲、仁民、爱物"。孟子曰："君子之于物

也，爱之而弗仁；于民也，仁之而弗亲；亲亲而仁民，仁民而爱物。"（《孟子·尽心上》）儒家将道德行为分为三个等级，对待家庭、家族成员的态度称为"亲"，对待社会民众的态度称为"仁"，对待世间万物的态度称为"爱"，三者间有情感远近上的差异，也有对待方式上的差别，古人称之为"差等"。这一差等观念在古代曾遭受墨家的异议，墨家提出"兼爱"思想，主张"天下兼相爱，爱人若（引按：如同）爱其身"（《墨子·兼爱上》）。与儒家相比，墨家提倡的是"爱无差等"，主张人与人之间的爱是相等的，但墨家的这一主张在古代社会从未能实行。进入近代后，随着欧风东渐、西学东移，欧洲资产阶级大革命"自由、平等、博爱"的口号传入中国，墨家的"兼爱"主张获得"进步人士"的重视，儒家爱有"差等"的观念被斥为落后的封建思想。在这样的世风变化关口，唐文治对儒家"亲亲、仁民、爱物"观念的重要社会意义做了深入阐述。他在《〈孟子〉大义》中指出：

> 平等之说，实始于墨氏之"爱无差等"，论者因欲以家庭之爱情，移之于社会；社会之爱情，移之于国家。不知家庭自有家庭之爱情，社会自有社会之爱情，国家自有国家之爱情，其说固已浅陋矣。至欲以亲亲之事，行之于仁民，仁民之事，行之于爱物，则尤不通之甚者也。夫亲亲、仁民、爱物，皆发于不忍之心，所谓理一也，然亲亲有亲亲之道，仁民有仁民之道，爱物有爱物之道，各有其等差而不可越，各有其秩序而不容紊，所谓"分"殊也。夫人道，天地间之最贵者也，然言人道而至于无别，将以施之于父母兄弟者，施之于途人，无论其理之不可也，其事岂可继乎！近世墨氏之学盛行，平等之说尤炽，吾惜其不读《孟子》也。夫孟子之学说，所以维人道于不敝也。（唐文治《〈孟子〉大义·尽心上》）

唐文治明确质疑"爱无差等""其事岂可继乎"，明确论断儒家主张爱有"差等"观念是"维人道于不敝"，表达的是道德社会可持续发展的思想。其中道理不难理解。人类社会自产生私有制后，家庭就成为社会的"细胞"。一般而言，作为社会成员的个体在成人之前都离不开家庭中十多年的哺育教养，家庭亲情是血浓于水的感情，因而亲亲之爱是血浓于水之爱。作为道德培养的基本规律，社会成员的道德情感培养总是起始于其孩童少年时家庭亲亲之爱的灌沃；作为社会成员新陈代谢的基本规律，老一辈人终究要故去，要依靠亿万家庭向社会输送新一辈人，失去了这种"输送"，人类社会这棵参天大树就断了树根，就会枯萎衰败。儒家认为，君臣之爱、师友之爱、济贫悯弱之爱、路人相助之爱等，都不是社会道德的"根"，社会道德的"根"在家庭中的"亲亲"之爱。"有爱情于家庭，乃有爱情于社会，乃有爱情于国家。"（唐文治《〈孟子〉大义·尽心上》）

宋代理学以哲学眼光审视社会道德的内在层次，把基于善良人性的"亲亲、仁民、爱物"观念称为"一本而分殊"。唐文治如此论述"一本而分殊"之道：

> 天性，"一本"之根原。……儒家言爱、言施、言济，皆有其等差，而不容或紊。孟子言"老吾老以及人之老"，曰"及人之老"，则与"吾老"固有别。"幼吾幼以及人之幼"，曰"及人之幼"，则与"吾幼"固有别也。"亲亲而仁民，仁民而爱物"，不可曰"亲民"也、"亲物"也。夫圣人非不欲亲民也、亲物也，然而亲民、亲物则其势将有所穷，而其事必有所不能继。此由"一本"而推之于天下，所以为不可易之道也。呜呼，兼爱之学，讵非热心救世者之所为乎，何为而至于偏乎！乃近世高明之士，颇有扬其焰者，复巧为之说曰："中国儒者，其于家庭爱情过厚，宜移之于社会、于国家，均其厚薄，俾之相称。"此姑无伦社会国家之爱情未厚，而家庭已先薄焉！就令其爱社会爱国家与家庭无异，要即所谓"爱无差等"，其势必有所穷，而其事必有所不能继者也。……故"一本"者，天之理也，人之性也，越古今贯中外而不能变者也。（唐文治《〈孟子〉大义·滕文公上》）

唐文治反复从道德社会发展其势"不能穷"、其事"必有继"的角度阐绎儒家的"亲亲、仁民、爱物"观念，其中既有立足于现实的可追求理想，又有对中华道德社会代代延续的深谋远虑。此处唐文治所论，是道德社会可持续发展的一般规律，至于民族国家危亡之际的保家卫国"忠孝不能两全"之举，那是属于特殊情况，不在"一本而分殊"之例中，儒家另有气节忠义之说阐述之。世人或质疑儒家经典《大学》首句"大学之道，在明明德，在亲民，在止于至善"，不是有"亲民"之说吗？对此，唐文治解释说："'亲民'，犹孟子'亲亲、仁民'之谓，亲之即仁之也。"（唐文治《〈大学〉大义》）而宋代大儒程子（程颐、程颢）和朱熹皆认为《大学》首句"在亲民"的"亲"字应当作为"新"字解读，"革其旧之谓也"。（朱熹《〈大学〉章句》）因而"一本而分殊"之道与儒家思想学说体系并无矛盾。

（八）结合自己的政治见解，多方面表述基于儒家理念的治国思想

唐文治有15年在清廷任官的从政经历，其从政后期因担任商部和农工商部要职而深度参与清末新政；唐文治又有14年担任"邮传部上海高等实业学堂—南洋大学—交通部上海工业专门学校"校长的经历，与中国社会各界有广泛的接触；这近三十年的仕宦任职经历，夯实了唐文治立足于儒家治国思想的政治观点。儒学本就是具有中华民族特色的"政

上海交通大学出版社为纪念唐文治先生150周年诞辰，于2016年1月影印出版《四书大义》

治、文化、道德"合为一体的思想体系，唐文治在《四书大义》说经文字中理所当然地结合自身政治见解从多方面表述了基于儒家理念的治国思想。择要列述如下：

1."一天下"不是"定天下"，"德天下"方能"享天下"

"一天下"是指一统天下（古时"天下"指全中国），结束国家分裂的局面。秦始皇灭六国建立秦朝，被认为是"一天下"者；汉高祖"楚汉之争"获胜，建立汉朝，被认为是"一天下"者。孟子在回答"天下恶（怎么）乎定"的问题时曾说"定于一"，同时指出"不嗜杀人者能一之"。（《孟子·梁惠王上》）而秦始皇、汉高祖都残忍嗜杀，如何理解此史实与孟子观点的相悖之处呢？唐文治这样解释：

秦始皇焚诗书、坑儒生，专嗜杀人者也，而能一天下，孟子之言不验，何也？（唐文治）曰：始皇仅传二世，坟土未干，天下怨叛，不得谓之定天下。譬诸篝火狐鸣（引按：喻指陈涉）、拔山扛鼎（引按：喻指项羽）之雄，皆逐鹿之徒耳，岂得谓之定天下乎？汉高残忍，亦不得谓之定天下；定天下者，文帝也。唐高亦不得为定天下；定天下者，太宗也。自古人君享天下之久暂，必视其德之厚薄。其德能至七八百年者，则享天下至七八百年，周室是也。次之，其德能至三四百年者，则享天下至三四百年；能至一二百年者，则享天下至一二百年，汉唐宋以下是也。未有不积德而享天下能长久者也。如有不嗜杀人者，则天下之民皆引领而望之矣。望治者，民也；怨叛者，亦民也。强以制之，弗能久也。故孟子更不论"一"而深论"与"（引按：不详论"一天下"，而深入论述"与天下"），见向背之机，在于民也。（唐文治《〈孟子〉大义·梁惠王上》）

唐文治的观点十分明确，"德天下"就是行德于天下之民，"德天下"者方能"享天下"。唐文治当时引中国古代历史上的周、汉、唐、宋诸朝为例证，百年后再看这一问题，近现代历史上中外国家的兴亡史又何尝不能作证呢！

2. 当政为人民，官箴合人道

孟子曰："诸侯之宝三，土地、人民、政事；宝珠玉者，殃必及身。"唐文治如此解说这段经文："有土地而后有人民，有人民而后有政事，故诸侯有三宝。然土地所以养人民者也，政事所以治人民者也，然则诸侯之宝皆为人民也。"（唐文治《〈孟子〉大义·尽心下》）这段解说明确提出了当政者要"为人民"的思想。

针对当政者，尤其是当政官员欺压人民、丧失人道的状况，唐文治严肃提出了官箴（官员道德规矩）应合乎人道的观点。他在《〈孟子〉大义·告子上》中表述了这一观点："人者，天之所命也；官者，亦天之所命也；人与官宜合而为一，官箴不外乎人道。故官者当以人为之，若以官与人歧而为二，且以为人之道为迂，相与笑讥而唾侮之，则所谓官者，将俱无为人之资格，生民之憔悴困苦，永无复苏之时，而世界之劫运，更日出而不穷矣。故士生今世，必当发明官之与人宜合而为一，决不可分而为二，而彼之营营扰扰惟官是求者，决当以非人斥绝之，则庶乎世道有转移之机，而人道不至于灭息矣。"唐文治的哲学基点是"人与官皆天之所命"，故做官与做人的道理应当一致；而唐文治的现实出发点则是肃正官员的道德行为，维持人民的生存权。

3. 为政者应当自身正，作表率

《论语》记"季康子问政于孔子，孔子对曰：'政者，正也。子帅以正，孰敢不正'"；又记孔子名言："其身正，不令而行；其身不正，虽令不行。"为政者应当自身正，是儒家重要的政治观。唐文治极为重视这一点，他进一步解说道："身者，天下之表也。《书·洪范》所谓'皇建其有极'是也。……国之本在家，家之本在身，身苟不正，条教空文，徒为民所蔑视而已。"（唐文治《〈论语〉大义·子路》）唐文治认为"此义（引按：指为政者身正立表）盖晦于后世久矣"（唐文治《〈论语〉大义·颜渊》），于是在《十三经读本》问世时，他专门写了一篇《表论》阐述为政者"身正"的问题："吾尝横览五大洲，纵观二十四史，凡其（引按：指当政之国）存焉、兴焉、盛焉者，皆上之人得其表者也。凡其亡焉、废焉、衰焉者，皆上之人失其表者也。然则后世之观政者，当先观其表之何如，而其执政者，亦必自问其表之何如。必其德可以为天下之表，而后其人乃可以任天下之事。"（唐文治《表论》，1923 年）唐文治此论断，对天下为政者可谓金箴良言。

4. 治天下，务求实事求是、笃实力行

把儒家的"实事求是"思想上升为治国平天下的大方略，是唐文治的创见。他早在 1914 年就指出："夫圣人之治天下，实事求是而已矣。若好虚声而忘实事，国其危矣！"（唐文治《〈孟子〉大义·滕文公》）唐文治极其重视当政者笃实力行，认为这是治天下必须要有的作风。他举大禹治水为例来阐述其中道理："禹之所以能治水者，以其治事无不笃实也。吾尝谓治中国者，必不在空言之士，宜广求力行之人。自古力行家能勤其苦，其必以夏王为法乎，其端于菲饮食致孝乎！"（唐文治《〈论语〉大义·泰伯》）并且他认为，"徒有不忍人之心，无益也；要必行之于实政"（唐文治《〈孟子〉大义·公孙丑上》），"空言多而实事少，国其可危也"（唐文治《〈论语〉大义·为政》）。他强调指出："自亲亲以至仁民，自仁民以至爱物，政治家皆当措之于实事。"（唐文治《〈孟子〉大义·尽心上》）可见，在治国问题上，唐文治"实事求是"的总方略是笃行实政、求治天下。

5. 全民皆兵是"强国、救亡"之策

唐文治生活的年代，是鸦片战争后中国积弱、备受列强欺凌、生灵涂炭的年代，唐文治痛感于国家危亡，力求依托儒家思想寻找强国救亡之策。鉴于中国遭受列强军事侵略宰割的残酷现实，唐文治的"强国、救亡"之策中有全民皆兵、抵抗侵略的思想。对此，他在《〈论语〉大义》中做如下阐述：

盖强者，国之所以存也。弱者，国之所以亡也。小役大，弱役强，天也，实人为之也，浸假而弱之极焉。不独役之已也，且将吞而灭之也。虎豹居于山，而人莫之敢犯；牛羊陈于肆，而人得割之食之者，非牛羊之生命不如虎豹之属也，一强一弱之异也。人为刀俎，我为鱼肉，可危也。是以夫子郑重言之曰："善人教民七年，亦可以即戎矣。"又曰："以不教民战，是谓弃之。"……此理不明，于是乎吾民血肉之躯，遂不免当锋镝之惨；于是乎吾民肝脑涂地、薰眼折臂自经之状，口不可忍而言；于是乎吾民鬻男卖女、辗转沟壑、流离破产、灭种之痛，笔不可忍而述。前史所载乱亡之祸常如此者，非一世也。是何以至此也？曰：惟其弱也。何以弱也？曰：皆不教之民也。然则如之何而可也？曰：民皆为兵，而后能免此祸也。盖惟教通国之民，定强岁壮年（引按：四十岁曰"强"，三十岁曰"壮"）以下，皆编为兵籍之制，俾之娴习军事，而又爱我民，亲我民，不轻视蔑视我民，如是而后可以即戎，如是而后可使之战，如是而乃为政治中之善人也。是故有教而民皆可为兵，无教而民皆被戕于兵，自残自杀，其祸胡所底止。有圣人作，教其民，先教其兵，而后天下可得而治。（唐文治《〈论语〉大义·子路》）

　　唐文治依托《论语》经文"善人教民七年，亦可以即戎"，阐绎出"民皆为兵"、强国救亡的思想，是一大创举。他指出了弱势的中国抵抗列强侵略的一条可行之策。

　　6. 富民、教民乃经国之要道

　　富民、教民是孔子的治国思想。《论语·子路篇》记："（孔）子适卫，冉有仆。子曰：'庶矣哉。'冉有曰：'既庶矣，又何加焉？'（孔子）曰：'富之。'（冉有）曰：'既富矣，又何加焉？'（孔子）曰：'教之。'"唐文治解说这段经文曰："富、教二者，为圣人经国之大猷。不能富，则民将自为富，而垄断侵夺之事兴；不能教，则民将自为教，而异端邪说之徒众。"（唐文治《〈论语〉大义·子路》）唐文治的解说突出了"富民、教民"的必要性。

　　关于国家富民之道，唐文治有"使天下无穷人"的思想。他在《〈孟子〉大义》中如此评述周文王之仁政："文王发政施仁，必先鳏寡孤独，正是仁政下手之方。然吾谓文王之惠鲜（引按：施善于）鳏寡，实为殷之天下已被凋残，若元气方新之时，所注重者，则尤有在。盖周济己穷之民，为仁政之普及；教养未穷之民，使天下无穷人，实为仁政之首务。"（唐文治《〈孟子〉大义·公孙丑上》）唐文治主张的富民之道，有轻赋税、治实业、农工商矿四业并举等具体政策，一言以蔽之，"盖富民正所以富国也"

（唐文治《〈孟子〉大义·尽心上》）。百年后中国共产党在神州大地上"脱贫攻坚"，使数千万贫困人口脱离"贫困线"，可谓贴近中国国情、得中华优秀传统文化"富民之道"。

关于国家教民之道，作为教育家的唐文治论述尤多，总体上认为："民不可一日无教，犹不可一日无菽粟也。圣贤于富、教两端实有兼行并进之道。"（唐文治《〈孟子〉大义·尽心上》）这与毛泽东在中华人民共和国成立前夕实施"土改"的同时提出"严重的问题是教育农民"，理念上实有相通之处。

（九）反复强调"躬行"乃圣门最要之宗旨，始终高举践行儒家圣道的旗帜

躬行圣道是儒家极重要的理念。《中庸》经文："博学之，审问之，慎思之，明辨之，笃行之。"唐文治解说道："学而不博，不足以为学；问而不审，不足以为问；推之于思、辨、行亦然。而行之不笃，尤为不诚之根原、学人之大患。《论语》曰：'先行其言，而后从之。'又曰：'躬行君子。'盖圣门重行为最要之宗旨。"（唐文治《〈中庸〉大义》）唐文治为无锡国学专修馆制定学规，列"躬行"为第一条，就是为了突出儒家重行这一"最要之宗旨"。唐文治是中国古代社会的最后一位传统大儒，正是唐文治，让儒学在近代遭遇极度艰难困苦时仍然保持着实践精神，以"躬行第一"彰显儒学的生命活力。

学者如何躬行圣道？唐文治认为首先要把"读书"与"立品"相结合。他在《〈论语〉大义·学而》中指出："圣人教人最要之宗旨，读书与立品宜合为一。故先儒谓读《论语》每读一篇，人品宜高一格；若书自书，我自我，终其身与书隔阂，犹之不读书矣。今学者玩时习之教，其亦知反诸于身而体诸于心乎？"末句的反问，含蓄表达了唐文治为儒学圣门有"躬行"之宗旨而感到骄傲。还是在《〈论语〉大义》中，他又从反面尖锐指出了学者忽视躬行带来的害处："圣门之学，要在知行合一；后世尚空言而不务躬行，学派纷歧，遂永无入道之日！"（唐文治《〈论语〉大义·述而》）

学者如何躬行圣道？唐文治认为还必须力行"教养"之责，即以圣门观念教人，以仁善之心养人。他在《〈孟子〉大义》中指出："人生当世，莫不负有教养之责任，若吾之力能教养一二人，即应教养一二人；吾之力能教养十百人，即应教养十百人；吾之力能教养千万人，即应教养千万人。惟圣王为能教养天下之人。"（唐文治《〈孟子〉大义·公孙丑上》）由此也就不难理解，为什么唐文治费九牛二虎之力辞去大学校长后，却十分乐意地创办了无锡国学专修馆，并亲自担任这所只有几十个学生的专修馆馆长，亲自以双目失明之身为学生授课——躬行圣门教养之责也！

第五章　唐调吟诵

一、中华吟诵传统和唐文治的吟诵教学

唐调，是唐文治先生在国学教育中传承推广的中华古诗文吟诵调，又称"唐氏读文法"，以唐文治姓氏命名，早在民国时期就已被社会人士称呼并获得卓著声誉。1949年中华人民共和国成立后，由于社会巨变，传统吟诵教育中断了，唐调吟诵也沉寂多年。2009年10月，国家语委和中央精神文明办在北京举行"中华吟诵周"首场传统吟诵专场"唐调儒风"，唐调吟诵重新进入国人视野，并逐步产生全国性影响。

吟诵，就是带着音乐调子朗读诗文，高度重视所读诗文的文明民族才会这样做。考历史文献，从周朝起，中华读书人就有吟诵的传统。据《周礼》记载，周朝太学"以乐语教国子，兴、道、讽、诵、言、语。"（《周礼·春官宗伯》）战国时《墨子·公孟篇》云："（儒者）诵诗三百，弦诗三百，歌诗三百，舞诗三百。"汉代司马迁《史记·孔子世家》记："（诗）三百五篇，孔子皆弦歌之。"南北朝刘勰《文心雕龙·神思》描绘文人写作诗文的神态："吟咏之间，吐纳珠玉之声；眉睫之前，卷舒风云之色。"唐朝李白，"吟诗作赋北窗里"；杜甫，"独向苍茫自吟诗"；卢延让，"吟安一个字，捻断数茎须"。直到清代，《唐诗三百首》选辑者蘅塘退士孙洙有名句："熟读唐诗三百首，不会吟诗也会吟。"在古代中国，读书就是吟诵，吟诵无形中成为区别文化人还是无文化人的一把简易标尺。国学大师钱穆的弟子钱树棠曾风趣地对笔者讲过他自幼习闻的两句乡间民谣"之乎也者已焉哉，调得连牵做秀才"，"调得连牵"就是"吟诵得流畅"。唐文治青少年读书时期，正值清代同治、光绪朝，他在家乡太仓

启蒙读《孝经》，继而读《论语》《孟子》《诗经》等，都是吟诵。太仓民间自古就流传具有江南特色的诗文吟诵调。古代没有录音设备，诗文吟诵教学都是口口相传，无法记录原声以传后人，如我国人能够听到的最早的吟诵原声就是唐文治先生于民国时期灌录的唐调吟诵。唐文治先生1865年出生，在他之前的文人吟诵原声，都已飘入宇宙时间隧道深处，后人再也无法听到了。

古人吟诵可谓千家百调，又以设调水平高下而分雅调与俗调，广大民间普通私塾的吟诵以俗调居多，有名师执教的塾堂、书院、国子监可听到高水平的雅调吟诵声。

唐文治先生著作中对自己早年在家乡太仓的吟诵读诗文情形未见记载，仅在1910年所作《归高阳姊氏墓志铭》中写到一笔姐姐唐文珠少年时读诵诗文的情形：“姊氏名文珠，长文治三岁，幼聪慧，未尝入塾，常手一编，就祖父问之，数年遂通文理。喜读唐诗及吾乡吴祭酒（1609—1671，名伟业，曾任国子监祭酒）诗，虽累数百言，能背诵，无遗焉。”此处“能背诵”，就是能用吟诵的方式背书。祖父唐学韩对孙儿小文治的诵读指导，“勤劬自课”，更为悉心，唐文治在《王考府君事略》一文中对此有所记载，可见唐文治的诗文吟诵自有家学渊源和家乡背景。唐文治著作中记自己首次亲聆桐城派古文大师吟诵雅调是1901年农历十月拜访吴汝纶之际，吴汝纶告诉唐文治：“文章之道，感动性情，义通乎乐，故当从声音入，先讲求读法（引按：即吟诵读书法）。”与唐文治此前所熟悉的家乡吟诵调不同，桐城派古文吟诵是有理论指导的读书法，吴汝纶引领唐文治迈入了古文吟诵的高级境界。自从得到吴汝纶的引领指导后，唐文治的古诗文吟诵上升到了由“阴阳刚柔”读文理论统帅设调的“唐调”境界。唐文治生前多次强调自己的“唐调”吟诵是对桐城派古文诵读法的传承，这正是“唐调”吟诵受人尊重，能在民国时期称著于世的本质特点。

1907年唐文治任邮传部上海高等实业学堂监督后，把唐调吟诵与学校的国文教学紧密融合在一起。从1910年起，他为学校学生编撰国文教科书《国文阴阳刚柔大义》，1912年完成全书，印出作为本校中院、上院学生的国文课本。这本教材的编辑主导思想是以读文法（吟诵法）统辖全

1948年上海大中华唱片厂出品的《唐蔚芝先生读文灌音片》

书，遵从吴汝纶传授的"阴阳刚柔"读文理论，对所选从《易经》《尚书》到北宋欧阳修作品的108篇课文，一一标明其文章"气象"（即文章的神与气）特点，是属于"太阴""少阴"，还是属于"太阳""少阳"。这四个名称就是桐城派读文理论中的"古文四象"。唐文治将108篇课文分属"四象"，各有不同的吟诵法（即读法），有的设调须高亢而急促，有的设调须低沉而徐缓，有的轻松舒展，有的字字履实，唐文治在教学中一一示范朗读（吟诵），指导学生通过朗读（吟诵）来领会课文的情感神气。这种以朗读法（吟诵法）为统辖的国文教学体系，在我国近代国文教育史中堪称独树一帜，而且其执教者必须是认可桐城派古文理论的吟诵大家。1910年至1915年在校就读的学生凌鸿勋在回忆录中对此略有记载："唐监督是一位经学大师，所以学校中对国文也特别注重，除了普通国文功课之外，唐监督也常在星期日自己讲一堂国文课，同学可以自由听讲。他老人家还自己编了一部高等国文讲义（引按：即《国文阴阳刚柔大义》等）给我们阅读，又注重读书的方法（引按：即吟诵法，又称'读文法'），使我们得了

不少的启示。"（凌鸿勋《交通大学十年忆旧》）

1920年，唐文治辞去大学校长职务，到无锡创办了两所学校——无锡中学校（私立无锡中学）和无锡国学专修馆，也把他的唐调吟诵教学法带到了无锡。56岁的唐文治出任无锡中学校和无锡国专校长时，左眼已失明19年，右眼亦近乎失明，但他仍坚持亲自为两校学生授课。授课内容有《论语》《孝经》《孟子》《左传》《礼记》《大学》《中庸》《周易》等中华古代经典，还包括一项重要的课程——"读文法"（吟诵朗读法）。无锡中学校早期学生朱若溪具体回忆："先生每两星期天来校讲学，因双目失明，以肩舆代步，陆景周（修祜）随行。……届时全校学生聚集大礼堂内，恭聆教诲。先生端坐讲台中央，神采奕奕，满面春风。陆先生侧坐。讲授之课文，为《诗经》及古代名著。先由陆先生将课文分段诵读，先生分段讲解，解释字句意义，阐发微言大义，学生专心聆听，秩序井然。最后由先生通篇背诵，声音洪亮，字字清晰，气势磅礴。激昂处铿锵有力，平抑处悠扬婉转，时人称为'唐调'。诸生随口摹仿，领会深刻。上一堂课，不仅得到丰富之文学知识，而且受到优美之语言感染，虽下课铃响，仍觉余韵绕梁，诸生犹依依不忍离去。而先生经过两小时的讲授，仍精力充沛，毫无倦容。我屡次亲聆教益，至今深印脑际不忘。"（朱若溪《唐文治与私锡中》）

唐文治先生教授无锡国专学生诵读古诗文更是悉心尽力。国专首届学生王蘧常曾回忆他在校读书时的一段经历："有一次，我正在念《桃花源记》。唐先生已经到了，经过教室，到校长室去。我停下来不念，等他走了才继续念。等一回，他派校工来叫我去，我心里忐忑得很，唐先生为什么叫我去？一定是我读书的调子不合式，有所指正。那知他第一句话就说得我很开心："你读得很好啊！'他就讲念书的方法，指导我怎样读文章。……唐先生说，我是受吴挚甫先生的教导，念文章要分阳刚阴柔而念法不同。阳刚之文，愈唱愈高。唐先生教我念《书经》的最后一篇《秦誓》，是阳刚之文，应该愈唱愈高。那末阴柔之文呢？他举了欧阳修的《五代史·伶官传序》。我印象中最深的就是他念的这篇文章，一唱三叹，显示了欧阳修的阴柔之文的特点。"（王蘧常《唐老夫子对我的感染》）1930年考入无锡国专的许志伊回忆："在课堂上，唐（文治）师讲授古文时，常常边讲边朗诵，因念中国古来流传许多名篇佳制，倘不经过高声诵读反复涵咏，欲求其深造自得不亦难乎。……自聆蔚芝师在校中为诸弟子诵读《出师表》《吊古战场文》及屈原名作《离骚》篇，声琅琅若出金石，益信姚姬传（姚鼐）氏所谓学文宜从声音证入，洵非虚语。"（许志伊《茹经堂国文授读记》）1932年在无锡国专读书的王旋伯回忆："有一次，先生讲解《楚辞·九歌》，兴致勃勃地朗读《云中君》《湘君》《湘夫人》《山鬼》等篇，声音或高或低，使得整个教室内充满着'楚歌'的气氛。开头即是提振的音调，如'君不行兮夷犹，蹇谁留兮中洲''帝子降兮北渚，目眇眇兮愁予'；读到'望夫君兮未来，吹参差兮谁思''嫋嫋兮秋风，洞庭波兮木叶下'，又转换为舒缓有节拍的声音，引人向往。《楚辞》与《诗经》的区别，也有所领悟。"（王旋伯《师门忆学》）1941年考入交通大学电机系，后因交大被日伪接管而于1942年考入无锡国专沪校的陈以鸿回忆："过去习知古文须按声腔朗读，但并未觉其妙处。今聆茹经先生读文，声情并茂，扣人心弦，实属闻所未闻。……先生读文法的最大特色，是它的音乐性。这是往日所学习的以及后来所听到的其他读法都无与伦比的。……茹经先生读文时，神完气足，感情充沛。虽届耄耋之年，仍旧声若洪钟，苍劲有力。"（陈以鸿《茹经先生读文法管窥》）1946年考入无锡国专沪校的许威汉、金甲回忆："唐（文治）师当时将届九十高龄，双目早已失明，又身患痼疾，步履维艰，却还是由人扶持定期来校给全体学生讲课。每次讲课，楼下那间既是食堂又是会场的大厅，总是人挤得满满的。每次讲课，总要持续二三个小时。讲课的内容广泛，从《诗经》《楚辞》《论语》《孟子》《左传》《史记》、唐宋八家古文，直至明清著名作家作品。每次讲一个课题，举凡文学升降之源流、宗派之递嬗、阴阳刚柔之变迁、神理气味之原质、微言大义之所在，都口讲指划，层层揭示。师向来重视文章朗读，讲到文章精彩处，往往一字不漏地高声背诵，把文章神理气味之质、长短徐疾抑扬顿挫之致，更充分地表现出来，形成了讲课的高潮。同学们无不赞扬师功力之深厚，每为师沉浸浓郁、涵咏玩味的神情所吸引、感染。"（许威汉、金甲《缅怀先师唐文治老校长》）

唐文治先生主持无锡国专沪校期间，所作国学演讲和读文吟诵，常向社会听众公开，使沪上更多人士领略到唐调吟诵的魅力。《申报》1942年1月12日刊登记者真金（笔名）所写一篇《唐蔚芝先生读文听讲记》，较详实地记载了唐文治先生一次国学演讲和唐调吟诵的现场情景：

太仓唐蔚芝先生是当代大儒，手创无锡国学专修学校，提倡国学，不遗余力。笔者久仰唐老先生学问德行的高超，尤其爱慕他对于读国文的方法。前日在该校公开演讲读文法，机会难得，于是趋车欣然而往，一方面藉此得瞻风采，一方面更可亲聆他读文的声调，无怪慕名而往者纷至沓来。离开演讲时间，还有三刻钟，小小的礼堂，早已塞得满坑满谷了。钟鸣十下，始见唐老先生为人扶持而来，白须飘然，步履坦坦，在人丛中走向讲台去。听讲者都起立致敬，并报以热烈的掌声，他老人家含着微笑点头频频。上了讲台，既坐定，空气肃穆得连一声咳嗽的声音都没有，个个人准备谛听他的宏论。

此次他读的文章，共有四篇，依照曾文正公手定分为太阳、少阳、太阴、少阴四类，各举一例：太阳气势的举贾生《过秦论》，少阳趣味的举范希文《岳阳楼记》，太阴识度的举韩退之《送李愿归盘谷序》，少阴情韵的举欧阳永叔《五代史·伶官传序》。……关于这读文的方法，既定于曾文正，传之于桐城吴挚甫，唐老先生就是受业于吴挚甫的，一脉相仍，弥觉珍贵。现在他双目失明，年事又高，我们真有点后继不知何人的感叹。……

唐老先生读贾生《过秦论》，因为是太阳气势，音调是这样雄伟，琤琤琮琮，读至激昂高扬之处令人指发；接着《岳阳楼记》，少阳趣味，就觉得虽不失雄伟，却没有太阳之文的刚强了，听了似乎吃了一支雪茄、尝了几杯醇酒那么兴奋。……最后的《伶官传序》，唐老先生读来是一唱三叹，少阴之文，以委婉舒徐的音调出之，真是绝倒。……

散会，见扶老携幼，名士淑媛，相继离去，笔者也带着满足的心情，踏上归途。总计听众不下五百人，这盛况正是显出大家对国学的重视，不负唐老先生一番提创之意了。

　　唐文治先生的吟诵声音，是中华吟诵史中现存最早的古诗文吟诵原声。1934年上海华东电气公司用现代技术为唐文治吟诵古诗文灌制了唱片，唐文治读文四篇。抗日战争时期和1947年，唐文治先生在上海又先后录制了一批唐调吟诵古诗文，1947年上海大中华唱片厂用这些录音灌制了胶木质的《唐蔚芝先生读文灌音片》二集15张，于1948年出版发行。以后，中国社会经历了半个多世纪的世事沧桑，所幸的是，这套唐调吟诵古诗文胶木唱片被无锡国专校友完整保存了下来，成为中国现存最早的古诗文吟诵原声，弥足珍贵。2013年5月28日，中央文史馆馆员、南开大学中华古典文化研究所所长叶嘉莹教授在《光明日报》撰文宣布："近年来，（中华）吟诵学会……搜集到300多位已故先生们的吟诵录音，时间最早的是1948年录制的传统吟诵代表流派'唐调'，创始人唐文治先生。"

　　1948年版《唐蔚芝先生读文灌音片》记录唐文治吟诵20篇古诗文的原声，篇目是：① 欧阳修《秋声赋》，② 欧阳修《丰乐亭记》，③ 李华《吊古战场文》，④ 欧阳修《伶官传序》，⑤ 范仲淹《岳阳楼记》，⑥ 韩愈《送李愿归盘谷序》，⑦ 诸葛亮《前出师表》，⑧ 司马迁《屈原列传》，⑨ 欧阳修《泷冈阡表》，⑩ 左丘明《吕相绝秦》（以上古文类）；⑪ 诗经《鸨羽》，⑫ 诗经《卷阿》，⑬ 诗经《棠棣》，⑭ 诗经《谷风》，⑮ 诗经《伐木》，⑯ 唐若钦（唐文治父亲）《迎春诗》，⑰ 唐若钦《送春诗》，⑱ 屈原《湘君》，⑲ 苏东坡《水调歌头·明月几时有》，⑳ 岳飞《满江红》（以上诗词类）。这些诗文，都是承载中国传统文化的作品，其中《诗经》和《左传》属于儒家"十三经"范畴。这20篇古诗文吟诵，是唐文治先生从自己数十年吟诵的大量古诗文中精选出来的。

二、唐调吟诵的历史渊源

　　唐调吟诵有深远的历史渊源，吟诵属于中国古代主流文化。

　　考"唐氏读文法"的历史渊源，第一，可追溯到清朝中期的安徽桐城古文流派；第二，可追溯到清代后期江苏太仓、江阴的书塾、书院读经教育。

　　追溯到安徽桐城古文流派这一历史渊源的继承脉络十分清晰：唐文治

直接承传于清代桐城派古文后期最著名的代表人物吴汝纶（1840—1903，字挚甫，曾任京师大学堂总教习），吴汝纶承传于曾国藩（1811—1872，字伯涵，号涤生，曾任两江总督），曾国藩的读文理论和实践又可追溯到清中期桐城派古文创始人姚鼐（1731—1815，曾任清乾隆朝《四库全书》纂修官）。

二百多年前，桐城派创始人姚鼐提出古文的"阴阳刚柔"理论，他说："鼐闻天地之道，阴阳刚柔而已。文者，天地之精英，而阴阳刚柔之发也。惟圣人之言，统二气之会而弗偏。然而《易》《诗》《书》《论语》所载，亦间有可以刚柔分矣。"（姚鼐《复鲁絜非书》）此话指出，古代经典《易经》《诗经》《尚书》《论语》中的篇章，有些可以按内容之不同，作"阴、阳、刚、柔"风格之区别。古代经典文本已写定，姚鼐做这种区别，讲的是读者对古代经典文本的品读感受。古人读经典都用吟诵读法，姚鼐认为"诗、古文各要从声音证入"（姚鼐《与陈硕甫书》），所谓"可以刚柔分"，包括在吟诵声调上能够有阴阳刚柔风格之区分。

该理论和实践（含古文读法）在清代中后期传至曾国藩。曾国藩私淑姚鼐，他虽为湖南湘乡人，但因其追随姚鼐的古文理论与风格，学术界亦有人将他归为桐城一派，《清史稿·文苑传》评他："为文，义法取桐城。"有清一代，学子士人读古文有三大流行选本，一为康熙时期的《古文观止》（吴楚材、吴调侯选编），二为乾隆时期的《古文辞类纂》（姚鼐选编），三为同治时期的《经史百家杂钞》（曾国藩选编）。曾国藩在《经史百家杂钞》序文中道："姚姬传（姚鼐，字姬传）之纂古文辞，分为十三类，余稍更易为十一类。曰论著、曰辞赋、曰序跋、曰诏令、曰奏议、曰书牍、曰哀祭、曰传志、曰杂技九者，余与姚氏同焉者也。"曾国藩还有一部依从姚鼐桐城派古文理论而编就的古文读本，书名叫《古文四象》，选文240篇，在光绪三十年（1904年）已有铅字版本问世，民国时期又出过多个版本。所谓"古文四象"，就是按照姚鼐的古文"阴阳刚柔"理论，将古文的风格分为太阴、太阳、少阴、少阳四类。曾国藩在同治五年十一月（1867年1月）《致沅弟》信中称："古文四象：识度、气势、情韵、趣味。……《古文四象》目录抄付查收。所谓四象者：'识度'即太阴之属（引按：类），'气势'则太阳之属，'情韵'少阴之属，'趣味'少阳之属。"《古文四象》一书中还进一步将"太阳气势"分为"喷薄之势、跌宕之势"，将"太阴识度"分为"闳括之度、含蓄之度"，将"少阴情韵"分为"沉雄之韵、凄恻之韵"，将"少阳趣味"分为"诙诡之趣、闲适之趣"。曾国藩按"古文四象"编文，是与古文读法（即古文吟诵）联系在一起的，"四象"之文各有不同的读法。曾国藩极其重视古文读法（吟诵），他曾在1859年12月（咸丰九年十一月）写的日记中称自己人生有"三乐"："读书声出金石，一乐也；宏奖人才，诱人日进，二乐也；勤劳而后憩息，三乐也。"此处"读书声出金石"的意思，是读书（即吟诵）声调要抑扬顿挫、铿锵有力，有如金石碰撞发出的悦耳声音。他按"古文四象"编古文，也按"古文四象"读古文。吴汝纶作为"曾门四弟子"之一，曾跟随曾国藩多年。吴汝纶回忆："文正（引按：指曾国藩）每日于寅正（引按：凌晨4时。后文直接标注时间）起，披览公牍，卯正（早晨6时）早餐，群僚毕集，公（引按：曾国藩）详告各案，剖析如流。辰巳两时（上午7时至10时）接见宾客将领等，或批答公牍。午初（上午11时）作大字，午正（上午12时）餐毕，即遍历宾僚宿舍，无偶遗者。或围棋一局。未正（下午2时）后见宾治事，酉初（下午5时）晚餐后即读经史古文，至亥正（夜里10时）止，高诵朗吟，声音达十室以外。子初（夜11时）与家人或幕僚谈，旋濯足，子正（夜12时）始寝，至寅正（凌晨4时）又起，盖晏息仅二时（4个小时），岁以为常。"（唐文治《桐城吴挚甫先生文评手迹跋》，1930年）可见曾国藩每天晚饭后都用几个小时读古文，而且是"高诵朗吟"，那如金石撞击般悦耳的读书声（吟诵声）可让周围十数间屋子的人都听到。吴汝纶又回忆："某日，文正（曾国藩）出，吾偕濂亭（引按：'曾门四弟子'之一的张裕钊，也擅长古文吟诵）检案牍，见公（曾国藩）插架有《古文四象》一书，盖公手定稿本也。"可见曾国藩每日读古文是按"古文四象"用韵设调"高诵朗吟"。曾国藩有个观点："文章之道，感动性情，义通乎乐（引按：音乐），故当从声音入，先讲求读法。"当青年士子张裕钊初见曾国藩时，曾国藩就告诉他："子文学《南丰类稿》（引按：宋代曾巩著），经脉太缓，宜读介甫（引按：王安石）文以遒劲之。"说完，随即朗读（高声吟诵）一遍王安石的《泰州海陵县主簿许君墓志铭》，张裕钊听后"大有悟"，感觉曾先生的吟诵读文法是文章入门的诀窍。

其后，由姚鼐创立、曾国藩继承并实践的"古文四象"诵读法传给了吴汝纶。吴汝纶，安徽桐城人，1865年（同治四年）进士，桐城派古文后期最著名的代表人物，曾佐曾国藩幕府、李鸿章幕府多年，戊戌变法后出任京师大学堂（北京大学前身）总教习（相当于总教务长）。《清史稿·文苑传》评价他："自群经子史、周秦故籍，以下逮近世方（苞）、姚（鼐）诸文集，无不博求慎取，穷其源而竟其委。"吴汝纶的古文吟诵艺术在晚清很有名气，《清史稿》高度评价他的读文（吟诵古文）："务欲因声求气，凡所谓抗坠、诎折、断续、敛侈、缓急、长短、伸缩、抑扬、顿挫之节，一循乎机势之自然，以渐于精微奥窔之域。"吴汝纶在1901年论述古文吟诵之道曰："读文之法，不求之于心，而求之于气，不听之以气，而听之以神。大抵盘空处如雷霆之旋太虚，顿挫处如钟磬之扬余韵；精神团结处则高以侈，叙事繁密处则抑以敛；而其要者，纯如绎如，其音翔翔于虚无之表，则言外意无不传。《乐记》师乙所谓'上如抗，下如坠，止如槁

桐城派古文大师吴汝纶（1840—1903）

木，累累乎端如贯珠'，皆其精理也。知此则通乎神矣。"（唐文治《桐城吴挚甫先生文评手迹跋》，1930年）吴汝纶在这段话中把古文诵读与古代《乐记》联系起来谈，可见桐城派古文吟诵之声气韵调与古乐有相通之处。曾国藩选编的《古文四象》一书是其去世后由门人吴汝纶整理、加跋、出版问世的，吴汝纶继承了曾国藩承传自清中期桐城派并加以发展的"古文四象"理论与诵读法。出版面世的《古文四象》共五卷，按诵读要领分为"太阳气势"上下两卷，"太阴识度"一卷，"少阳趣味"一卷，"少阴情韵"一卷。

唐文治先生的古文吟诵直接学自吴汝纶，后经数十年国学教育（包括读文吟诵教学）实践发扬光大，卓立海内，被世人誉为"唐调"。关于直接向吴汝纶学习古文吟诵之事，唐文治著作中多有记载。1901年10月，北京，吴汝纶往访时任户部主事兼外交总署随员的唐文治于唐之暂住地愚园，未遇；第二天唐文治即带着自己的两篇文章回访吴汝纶，意欲当面聆教。唐文治记下了首次见面求教的情景："先生（引按：吴汝纶）见余，欢然如旧相识，顾拊谦甚，亦称余先生。余局蹐请曰：'吾将受业于长者，何称谓颠倒乃尔？'先生坚不许，闻余文颇激赏。余请益，先生但唯唯；迨再三请，先生始慨然曰：'天壤间作者能有几人？子欲求进境，非明文章阴阳刚柔之道不可。'……余因呕求吴先生读法（引按：吟诵法），先生即取余《奉使日本国记》讽诵之，余惭甚，然聆其音节，无不入妙，爰进叩其蕴。"（唐文治《桐城吴挚甫先生文评手迹跋》，1930年）这是唐文治第一次当面向吴汝纶请教古文吟诵。一年后的1902年7月，唐文治随朝廷专使游历欧美后回国，途经日本停留，适逢吴汝纶为办京师大学堂事也在日本考察，两人见面甚喜，唐文治得以连续数日向吴汝纶请教作文读文（吟诵）之道，"纵谈三夜不倦"。自此之后，唐文治在古文诵读上开始运用曾国藩、吴汝纶所传之桐城派古文阴阳刚柔读文法（吟诵方法）。1910年，唐文治编撰《国文阴阳刚柔大义》一书（共8卷），这是他采用桐城派读文理论（吟诵理论）的一次系统性实践。该书按"古文四象"理论把从《易经》《尚书》《诗经》至韩愈、欧阳修的108篇古文读法（吟诵法）分为太阳、太阴、少阳、少阴四类，唐文治在该书绪言中明确称道：国文阴阳刚

POPULAR SET
PHONOGRAPHIC READING RECORDS
IN CHINESE LITERATURE
BY
PROFESSOR TANG WEN-TCHE

唐蔚芝先生
讀文灌音片通用集
說明書

Professor Tang's Recitals Club
444 Peking Road, Shanghai China
Telephone 94368

唐蔚芝先生讀文傳播會發行
1948

《唐蔚芝先生读文灌音片》通用集
（英文译介版）说明书

柔之说创始于姚姬传（姚鼐）先生，继其说而大昌之者为曾国藩先生，是编大致取材于"四象"，吾特恨是编之成，既不得就教于曾先生（引按：曾国藩），并不获质于吴先生（引按：吴汝纶，吴汝纶先生已于1903年去世），盖为之执简彷徨而不能已也。1920年12月，唐文治创办无锡国学专修馆，其后三十年国专教育生涯中，唐文治教国专学生读书都用此传承于曾国藩、吴汝纶的阴阳刚柔"四象"吟诵法，并在传承过程中有所发展、有所创造，例如文句之尾的拖腔变得更绵长有味，对诵读儒家经典与诵读韩、欧古文的拖腔做了明确区分，吟诵过程中翕纯皦绎、起伏变化更有情致等。1924年，唐文治作《〈读文法笺注〉序》，具体结合《过秦论》《原道》《封建论》等篇古文谈如何按阴阳刚柔之道进行吟诵。其时唐文治先生的古文吟诵因"自成雅奏"，已被世人誉为"唐调"。1934年，上海华东电气公司为唐文治灌制古文诵读唱片；抗日战争期间，唐文治在上海又吟诵多篇古诗文录了音。1947年，上海大中华唱片厂用这批录音及新录的唐文治先生"读文法讲辞"等原声制作了《唐蔚芝先生读文灌音片》二集15张，于次年发行，其中《通用集》5张中，对唐文治的吟诵内容配有英文介绍。唐文治先生在该套唱片集第一片中亲口宣讲："近世读文方法，莫善于湘乡曾文正，谓要读得字字着实，而其气翔于虚无之表。得其传者，为桐城吴挚甫先生。鄙人曾与吴先生详细研究，大抵当时文正所选古文四象，分太阳气势、太阴识度、少阳趣味、少阴情韵四种。余因之分读法，有急读、缓读、极急读，极缓读、平读五种。大抵气势文急读、极急读，而其音高；识度文缓读、极缓读，而其音低；趣味情韵文平读，而其音平；然情韵文亦有愈唱愈高者，未可拘泥。而究其奥旨，要在养本心正直之气。"（唐文治原声录音《读文法讲辞》，1947年）由此可见，唐文治本人明确认定其唐调吟诵古文传承于曾国藩、吴汝纶。

"唐氏读文法"的第二个历史渊源，可追溯到清代后期江苏太仓、江阴的书塾书院读经教育（包括古诗文吟诵调）。唐文治有家学渊源，青年时代曾长时期师从太仓名儒王祖畬、东南大儒黄以周、王先谦读经，所学内容中自然包括中华古诗文吟诵，唐文治所著《茹经先生自订年谱》和《茹经堂文集》中对其师从关系有明确记载。

唐文治一生中对古诗文吟诵（读书法）多有论述，主要文章有《〈国文阴阳刚柔大义〉绪言》（1910年）、《国文大义·论文之声》（1920年）、《〈读文法笺注〉序》（1924年）、《桐城吴挚甫先生文评手迹跋》（1930年）、《唐蔚芝先生读文灌音片·读文法讲辞》（1947年）、《无锡国专校友会春季大会训辞》（1947年）。

三、唐调吟诵的音乐呈现

唐调吟诵是用带音乐性的腔调诵读古诗文经典，它是古代学子士人承续、弘扬民族优秀文化的语音方式；它设调古雅，韵厚味浓，堪称中华吟诵文化中的君子"雅调"。

笔者反复细听过《唐蔚芝先生读文灌音片》中数篇古诗文吟诵的转录原声，可以明显感觉唐文治先生吟诵诗词的用调与吟诵古文的用调不同。

《诗经》中《棠棣》《鸨羽》等篇多为四言诗，诗节整齐，唐文治先生的吟诵设调基本相同，且风格简易明快，节奏鲜明。笔者用音乐简谱记唐文治所吟《鸨羽》乐调如下：

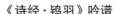

《诗经·鸨羽》吟谱

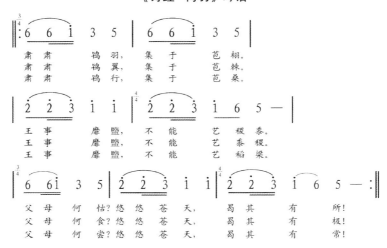

分析该《诗经》吟诵，其特点为：① 分下、上两调；下调音低，以6起音，重复一遍；上调音高，以2起音，也有重复，以"i6 5"收尾。② 音域跨3——3八个音阶。③ 依照诗文节数，以下调、上调轮转，反复吟诵。④ 节奏鲜明、合拍，能用于音乐演奏。

笔者用音乐简谱记唐文治先生所吟苏东坡《水调歌头·明月几时有》吟谱如下：

《水调歌头·明月几时有》吟谱

| 3 6 5 4 | 3 - - - | 3 6 5 4 | 3 - - 3 3 | 6 i 3 5 |
明月几时 有，　　把酒问青天，　　不 知 天上宫阙

$$|6\ \dot1\ 65\ |\ 3---\ |\ 5\ 6\ 1\ 1\ |\ 2\ 3\ \ 5\ 6\ |\ 3\ 3\ 3\ \underline{3\ 5}\ |$$

今夕是何年。　　　我欲乘风　归去，又恐　琼楼玉宇，

$$|6\ \dot1\ 65\ |\ 3--\ |\ 3\ \ 5\ \overgroup{6\ \dot1}\ 3\ \underline{3\ 5}\ |\ 6\ \dot1\ 6\ 5\ |\ 3---\ |$$

高处不胜　寒。　起舞弄　清影，何似在人间。

$$|\overgroup{6\ \dot1}\ 3\ 5\ |\overgroup{6\ \dot1}\ 3\ 5\ |\ 6\ 5\ \overgroup{3-3}\ 3\ |\ 3\ 5\ 3\ 5\ |\ 6\ \dot1\ \overgroup{6\ 5}\ 3\ |$$

转　朱阁,低　绮户,照无眠。不应有恨,何事长向别时圆。

$$|\ 3---\ |\ 3\ \ 5\ |\ 3\ \ 3\ |\ 3\ \ 5\ |\ \dot1\ \ 3\ |\ 3\ \ |\ 3\ \ 5\ |\ 0\ \ \ |$$

　人　有悲　欢离　合,月　有阴　晴　圆　缺,

$$|6\ \dot1\ 65\ |\ 3---\ |\ 3\ 5\ |\ 3\ \overgroup{3\ 3}\ 5\ |\ 6\ \dot1\ 6\ 5\ |\ 3---\ \ |$$

此事古难全。　　但愿人长　久,千里共婵　娟。

分析该词吟谱，其特点为：① 也有下调、上调。下调以3起音，音低，如|3 6 5 4|3 - - -|。上调以6起音，音高，如|6 $\dot1$ 6 5|3 - - -|；上调以"6 5 3"收尾，便于向下调回转。② 音域跨 1——$\dot1$ 八个音阶。③ "四分之一拍"音节与"三分之一拍""二分之一拍"音节混用，表现宋词长短句的特点。④ 音乐性强，能用于音乐演奏。

笔者又用音乐简谱记唐文治先生所吟岳飞《满江红·怒发冲冠》吟谱。该词属"太阳气势"，风格与《水调歌头·明月几时有》有所不同。82岁高龄的唐文治先生吟诵该词时，激情高亢，拼足全力，仿佛也要驰骋疆场，抵御敌寇，收复失地。吟谱如下：

《满江红·怒发冲冠》吟谱

$$|\ 3\ \underline{3\ 6}\ 3\ \overgroup{3}\ |\ 3\ 3\ 6\ 5\ |\ 3\ 3\ 3\ \overgroup{3}\ |\ 3\ 3\ \overgroup{6\ \dot1}\ 6\ |\ 5\ 6\ 3\ \overgroup{6\ \dot1}\ |$$

怒发冲冠，凭栏处、潇潇雨歇。　抬望眼，仰天长啸,

$$|\ 6\ 5\ \overgroup{3\cdot3}\ |\ \overgroup{\dot1\cdot\dot1}\ 6\ \underline{6\ 5}\ |\ 3\ \underline{3\ 1}\ \overgroup{6\cdot\dot1}\ |\ \overgroup{6\ 6}\ 3\ \ 3\ \ |\ 3\ 3\ -\ |$$

壮怀激烈。三十功名尘与土，八千里路　云和月。

$$|\overgroup{3\ 3\ 3}\ \overgroup{3\cdot5}\ |\ 6\ 6\ 5\ -\ |\ 5\ 3\ 3\ -\ |\ 3\ -\ |\ 3\ 6\ 5\ 0\ |\ 5\ 3\ 3\ 0\ |$$

莫等闲，白了少年头，　空悲切!　靖康耻，犹未雪;

|˘3 6 5 0|˘5 3 3 0|5 3 ͜35|6 6͡1 6 5|3 3 - -|

臣子恨，何时灭？驾长车，踏破贺兰山缺。

|˙1 1 6 6͡5|3 3͡1 6͡1 0|6 5 3·3|5 3 3 -|3͡ 3 3 1·˙1|

壮志饥餐胡虏肉，笑谈渴饮匈奴血。待从头，收拾

|3 ˙1 6͡53|5 3 - 3͡|3 - - -|

旧山河，朝天阙！

比较唐文治先生对《诗经》与宋词的吟诵，感觉这两种吟调之间音乐风格差异较大。笔者读唐文治先生的著作，读到他曾数次记向吴汝纶请教古文读法，但从未有请教诗词读法的记载。因而笔者冒昧揣测：上述诗经《鸨羽》吟调和宋词《水调歌头·明月几时有》《满江红·怒发冲冠》吟调，是唐文治在自己的家庭、书塾、书院学习经历中所接触的吟诵雅调的基础上，渗入自己"因声求气"的吟诵风格，而后呈现为世人在《唐蔚芝先生读文灌音片》中听到的吟诵声态。

《唐蔚芝先生读文灌音片》中占篇幅最大的是古文吟诵，其中诵读古文10篇，计时38分35秒，占全部吟诵录音时间的70%。从吟调的特点看，唐调最具代表性的是唐文治的古文诵读。笔者反复研听所读《岳阳楼记》《出师表》《丰乐亭记》等篇，感觉诵读风格基本一致（陈以鸿先生认为其中《左传·吕相绝秦》与其他9篇略有不同，拖腔为"2 1 6"）。可以判断，唐文治先生传承桐城派古文大师吴汝纶的"阴阳刚柔"古文吟诵调就直接表现在这10篇古文的诵读中。正是这10篇古文诵读调让今人能依序上推：唐文治—吴汝纶—曾国藩—姚鼐，甚至上达明代的唐宋派古文理论。

笔者摘录两小段用音乐简谱所记的唐文治古文吟谱如下，以便读者了解唐调古文诵读的基本特点。

诸葛亮《前出师表》吟谱节选

4/4

5 6͡6 0|2 2 2·3|2 2͡3 2 1͡6|6 1 0 2|

臣亮曰：先帝创业未半而中道崩殂，今

$2\ 2\ 3\ \widehat{3\ 2}\ |\ \widehat{2\ 3}\ 2\ \widehat{2\ 1}\ 2\ |\ 3\ 2\cdot 3\ 2\ |\ \widehat{2\ 1}\ 6\ 1\ \dot{5}\ |$

天 下 三 分， 益 州 疲 弊， 此 诚 危 急 存 亡 之 秋 也。

$\dot{5}\ -\ -\ \dot{5}\ |\ 5\ 5\ 6\ 6\ |\ 2\cdot 2\ 1\ 6\ |\ 2\ 2\ 3\ 3\ |$

然 侍 卫 之 臣 不 懈 于 内， 忠 志 之 士

$2\ 2\ 2\ 3\ 3\ |\ 2\ 2\ 3\ \widehat{3\ 2}\ |\ 3\ 3\ 0\ \underline{2\ 2}\ |\ 2\ 3\ 2\ \widehat{1\ 6}\ |$

忘 身 于 外 者， 盖 追 先 帝 之 殊 遇， 欲 报 之 于 陛 下

$\dot{6}\ 1\ 5\ -\ |\ 5\ 5\ 5\ 5\ |\ 6\ 6\ 2\ 2\ |\ 3\ 3\ 2\cdot \dot{2}\ |$

也。 诚 宜 开 张 圣 听， 以 光 先 帝 遗 德，

$2\ 2\ 2\ 3\ |\ 2\ 2\ 0\ \underline{2\ 2}\ |\ 2\ 3\ 2\cdot \dot{2}\ |\ 2\ 3\ 2\cdot \dot{3}\ |$

恢 弘 志 士 之 气， 不 宜 妄 自 菲 薄， 引 喻 失 义，

$2\cdot \dot{3}\ 2\ \widehat{2\ 1}\ |\ \dot{6}\ 1\ 5\ -\ \|$

以 塞 忠 谏 之 路 也。

范仲淹《岳阳楼记》吟谱节选

$\dot{5}\ 5\ 5\ 5\ 5\ 5\ 2\ 2\ 1\ 6\ 2\ 2\ 3\ 2\ 2\ 2\ 1\ 6\ 2\ 2\ 1\ 6$

衔 远 山， 吞 长 江， 浩 浩 荡 荡， 横 无 际 涯， 朝 晖 夕 阴， 气 象 万 千。

$2\ \underline{2\ 2}\ 3\ 2\ 2\ 2\ 2\ 1\ 6\ 2\ 2\ 1\ 6\ 1\ \widehat{5}\ 5\ 5\ \widehat{5}\ 5\ 6\ 6$

此 则 岳 阳 楼 之 大 观 也， 前 人 之 述 备 矣。 然 则 北 通 巫 峡，

$\dot{5}\ 5\ 6\ 6\ 2\cdot \dot{2}\ 3\ 2\ 2\ 2\ 1\ 6\ 2\ 2\ 3\ 2\ \underline{2\ 1}\ 1\ 6\ 1\ -\ 5\ -\ -$

南 极 潇 湘， 迁 客 骚 人， 多 会 于 此， 览 物 之 情 得 无 异 乎？

分析这两篇古文的唐调吟谱，可以看到如下特点：

（1）分下、上两调，下调以5起音，基本调为"5 5 5 5 6 6"；上调以2起音，基本调为"2 2 2 2 3 2 1"，后加一个拖腔"6 1 5"，再转入下调。

（2）下调与上调均为平调，设调者尽量把音律的变化抹平，有意表现下调与上调间的起伏，如波浪般将文句推向前，仅上调收尾的"6 1 5"有较鲜明的音律变化，用来标志读文时较重要的断句。

（3）读文以一字一拍为主，节奏较随意，有一部分古入声字读为半

2016年由教育部语言文字应用司指导、中国唱片（上海）有限公司出版的《一九四八年唐文治先生读文灌音片（修复版）》

拍，如"不、则、岳、北、客、得"等，以略显顿挫。

（4）音域仅跨5—3六个音阶，不适于音乐演奏。

可以这样概括唐调古文诵读的最基本特点：仅下、上两调，而且是平调，一字一拍，音域较窄。设调者有意识地限制音乐的丰富性，让唐调严格地定位于"文读"而不是"唱"。中国古代哲人曰"大音希声"，唐调具有平调特点的下调、上调起伏推进，犹如大海波涌、雷霆翻滚，极朴实而又极美妙，显示"大音"气质。

《唐蔚芝先生读文灌音片》中没有骈文诵读，这不是偶然现象。九十高龄的唐调直接传人陈以鸿曾说："我认为唐调对骈体文不很适应，所以唐校长传下来的录音资料中没有一篇骈体文。"（上海交通大学2011年12月"唐调吟诵研究交流会"陈以鸿发言）结合中国文学史看，东汉以后骈文兴盛当道，古文（散文）曾受压，至中唐才兴起韩（愈）、柳（宗元）古文（散文）运动。中唐以后，宋明以来，骈散之争的"硝烟"时见于文坛，散文与骈文有文学流派对立之势。从流派传承看，一代代古文大师口口相传的诵读调当然应该用于读古文（散文），而骈文的诵读问题自有"四六体"文学流派的大师们来解决。今人看到的直接传自桐城派古文大师吴汝纶的唐调诵读中只有古文（散文）诵读而没有骈文诵读的现象，笔者认为这一现象正好折射出唐调读文是来自古文（散文）一派的正宗传承，有着悠远的源头。

四、唐调吟诵的"非物质文化遗产"特点

所谓"非物质文化遗产"，是指特定社会区域人民世代相传并视为其文化遗产组成部分的各种传统文化表现形式，以及与传统文化表现形式相关的实物和场所。这是新千年初从联合国导入的一个新概念。2003年10月，联合国教育、科学及文化组织制定并通过《保护非物质文化遗产公约》，中国于2004年8月加入该条约，成为缔约国。唐文治家乡的"昆曲"，是中国入选联合国《人类非物质文化遗产代表名录》的第一个项目。2011年2月，胡锦涛签署中华人民共和国主席令（第四十二号），公布《中华人民共和国非物质文化遗产法》，该法律明文规定："国家对非物质文化遗产采取认定、记录、建档等措施，予以保存，对体现中华民族优秀传统文化，具有历史、文学、艺术、科学价值的非物质文化遗产采取传承、传播等措施予以保护。"（第一章第三条）在《中华人民共和国非物质文化遗产法》公布前，我国各地已开展本区域内"非物质文化遗产"项目的调查、立项、保护工作。2009年上半年，江苏省开展第二次"非物质文化遗产"项目普查工作；6月，根据笔者的提议和无锡市第三高级中学（其前身是唐文治创办并担任校长的无锡中学校）的申报，"唐调"吟诵被列入无锡市南长区政府的"非物质文化遗产"名录。后经南长区政府文化部门申报，无锡市人民政府于2010年8月发文公布"唐调"吟诵为第二批市级"非物质文化遗产"名录，归类于"传统音乐"（我国非物质文化遗产法中未设"传统教育"类），并确定无锡市第三高级中学为该项目的保护责任单位。其后，苏州市政府及下属太仓市政府于2013年公布"唐调"吟诵列入市"非物质文化遗产"名录。唐调吟诵在上海交通大学（省部级单位）也被视作学校的"非物质文化遗产"。

唐调吟诵具有下列"非物质文化遗产"特点：

（一）古老而传承有序，是中华儒学的伴生文化

中华吟诵从孔子算起已有二千五百余年历史；唐调吟诵从清代桐城

派古文大师姚鼐算起，也已有二百多年历史，由姚鼐到曾国藩，再到吴汝纶，再到唐文治，传承有序。从清中期至民国，该吟诵流派在我国的徽、湘、苏、沪地区有较大影响。

唐调吟诵是"载道"的，它特别注重诵读儒家经典，在曾国藩的《古文四象》和唐文治的《国文阴阳刚柔大义》中，都是从《易经》《尚书》《诗经》一直诵读到《孟子》。唐调所载之道为"儒道"，它具有中华儒学伴生文化的身份，因而它是儒家文化的有机组成部分，它在儒家文化"修身，齐家，治国，平天下"的功能中占有一席之地。唐调是中国现存规模最大、保存最完整的吟诵调，在古代属于"主流"文化。只要儒家文化的魅力与生命在，唐调吟诵的魅力与生命就能同在。

（二）修身养性，涵养君子人品

唐调吟诵具有修身养性、培养君子人格的作用，它是国学教育家唐文治数十年中卓有成效实施"性情教育"的重要抓手，学生在唐调吟诵的过程中会潜移默化地接受儒家思想精神的熏陶，变得既深明事理，又温良恭俭让。唐文治先生掌校"邮传部上海高等实业学堂—南洋大学—交通部上海工业专门学校"14年、无锡国专30年，反复引用其家乡先贤顾炎武先生、王紫翔先生的话教育两校学生：读文奥旨，"要在养本心正直之气。顾亭林先生谓文章之气，须与天地清明之气相接，故其要尤在修养人格，人格日高，文格亦日进，惟天下第一等人，乃能为天下第一等文，皆于读文时表显出来。故读文音节，实与社会与国家有极大关系。"（《唐蔚芝先生读文灌音片说明书·唐蔚芝先生读文法讲词》）唐文治是有国家战略眼光的教育家和国学大师，他在1947年《无锡国专校友会春季大会训辞》中的一段话可以帮助我们今天正确认识唐调读文的传承意义与教学价值："读文一事，虽属小道，实可以涵养性情，激励气节。……诸同学注意读文，则精神教育即于于是。他日家弦户诵，扩充文化，为文明教育最盛之邦，其责任实在于我诸同学。"唐文治先生在上述两段话中已经讲得很明白：一是用唐调诵读儒家经典可以帮助诵读者涵养性情、激励气节、修养人格；二是这种教育关乎国家和社会的精神教育，中国要想成为世界文明教育最盛之邦，就不能忽略这种教育。唐调吟诵属于君子、属于治世（国泰民安之世），这是它的文化特点之一。

（三）音韵古雅，是认识中华古典文化的一个窗口

唐调吟诵中保存着中华古诗文写作与朗读的音韵情味，对今天的中国人和希望了解、学习汉语的世界各国人士而言，极具认识中华古典文化的价值。今天中国人用说话方式朗读古诗文的方法，是民国初年才从西方传入中国的。听了唐调读文，今天的中国学生能知道中华古诗文在祖先那里不是像今天这样用说话方式朗读的，古人的朗读比今天的说话式读法更多一个音乐表现层面，因而更能表现汉语自身特有的声韵美和古诗文言简意深的文化特点。让今天的中国学生在学习中华古诗文的同时，接触、欣赏、尝试一下唐调吟诵，毫无疑义能帮助他们更全面地认识中华古诗文包含音态在内的真貌。由于唐调吟诵具有活态非物质文化遗产的特点，故而这种接触必定增加语文课堂古诗文学习的生动活泼性，进一步丰富语文课的内涵。现行中小学语文课本中所选的中华古诗文一旦被吟诵，就能牢牢地与吟诵者的生命体验和民族兴亡感联系在一起。吟诵属于体味性深度阅读，它对阅读者情感的触及深度优于说话式朗读，更是当今的"快餐文化"所不能比。

虽然唐文治先生只留下了20篇古诗文的吟诵原声，但他把唐调吟诵的艺术特点和基本规律传给了后人，后人可以用此特点和规律来诵读面广量大的其他古诗文名篇。只要掌握古文阴阳刚柔理论，能够模仿性设调，唐调吟诵就可以用到成百上千篇的古典诗文朗读中。例如，唐调直接传人陈以鸿前几年指导上海杨浦区教师进修学院师生用唐调吟诵了一批收入中小学语文教材的古诗文，并录制成数码光碟出版发行，有力推动了唐调吟诵的复兴与传播。

下面列出两例今人以唐调特点和规律吟读古文的吟谱，以便读者具体感受。

《礼记·礼运·大道之行也》吟谱

大 道 之 行 也， 天 下 为 公，
选 贤 举 能， 讲 信 修 睦。 故
人 不 独 亲 其 亲， 不 独 子 其 子， 使 老 有 所 终，壮 有
所 用， 幼 有 所 长， 鳏 寡 孤 独 废 疾 者 皆
有 所 养。 男 有 分， 女 有 归。 货 恶 其
弃 于 地 也 不 必 藏 于 己; 力 恶 其 不 出 于 身 也 不 必
为 己。 是 故 谋 闭 而 不 兴， 盗 窃 乱 贼 而 不 作，
故 外 户 而 不 闭， 是 谓 大 同。

（徐建顺设调）

丙申清明无锡东林书院祭孔释菜礼《祝文》吟谱

[白]惟孔历二五六七年二月廿五日，

[诵]末 学 某 等，敢 昭 告 至 圣 先 师 孔 子。

惟 师 祖 述 尧 舜,宪 章 文 武。上 律 天 时,下 袭 水 土。

如 天 地 之 无 不 持 载,无 不 复 帱。

$$5\ 5\ 5\ 5\ 6\ 6\ 5\ \overgroup{2}\ 2\ 1\ \overgroup{6}15—$$

如 四 时 之 错 行，如 日 月 之 代 明。

$$5\ 5\ 5\ 5\ 6\ \overgroup{6}\ \overgroup{2}\ 2\ 3\ 3\ 2\ 3\ \overgroup{2}35—2\ \overgroup{2}\ 1—\overgroup{6}\ 1\ 5—$$

兹 当 东 林 书 院，一 岁 讲 习 之 初，恭 修　释 菜　之　礼。

[白]尚飨！

（童名设调）

这两篇吟谱采用唐调读文下调与上调翻滚推进的方法诵读古文，重要断句处采用"6 1 5"拖腔，入声字读半拍，声调朗朗上口，在公众场合诵读取得了良好的感染听众效果。

（四）传承处于濒危状态、亟须保护与传播

唐调吟诵是古代学子士人朗读经典诗文的发声艺术。民国时期，唐调吟诵有一个重要的传承基地"无锡国学专修学校"，这是我国唯一一所经历北洋政府、民国政府、中华人民共和国成立初期而办学三十年没有中断的国学专修类高等学校。唐文治担任该校校长，该校大部分师生都会唐调吟诵，学生毕业后将唐调吟诵的"种子"带往全国各地。中华人民共和国成立后，由于社会的革命性巨变，塾堂取消了，民间的读经教育被废止，吟诵被批判为"怪调"，因而除少数无锡国专毕业生私下还吟诵外，唐调吟诵基本上中断了。直至新千年，随着国家对传统文化的重视，唐调吟诵才重新进入人们的视野。新千年初，唐文治的学生、《人民日报》原总编辑范敬宜在曲阜举行的海峡两岸儒家经典诵读大会上，用唐调吟诵其先祖范仲淹的古文名篇《岳阳楼记》，回肠荡气，听者动容。2011年至2015年，在上海、无锡、太仓先后举办了五次唐调吟诵研讨会，并先后出版《老校长唐文治》《唐调流声》《唐调吟诵古诗文》《最美读书声》等电子出版物与书籍。2012年，无锡电视台拍摄、播出专题片《唐调流韵》，并于2014年11月获《人文中国第三季　传承中国》全国电视纪录片专题片评选一等奖。目前，全国擅长唐调吟诵者人数不多：老一代的年龄已九十

2009 年 11 月上海交通大学举办首届唐调吟诵研讨交流会，本书作者与唐文治长曾孙唐德明（左）合影

岁出头，有原无锡国专学生陈以鸿、季位东、萧善芗等，仅几人；中老年一代的年龄为六七十岁，一般是唐文治的再传学生，如苏州的魏嘉瓒（蒋庭曜的学生）等，不足十人；青年一代的年龄为二三十岁，是近年才接触唐调的吟诵爱好者，如上海的陈悦（陈以鸿女弟子）、太仓的周黎霞（魏嘉瓒女弟子）等，有一二十人，大都是学校语文教师。全国还有几位唐调吟诵研究学者，有南京师范大学的陈少松教授、中央民族学院的徐建顺副教授，他们重视并践行唐调吟诵在全国的传播，有较大影响。北京语言大学于 2014 年培养出一位以唐调吟诵为主要研究方向的古代语言文化学博士朱立侠，其博士论文的题目为《唐调吟诵研究》（中国社会科学出版社 2015 年版）。唐调吟诵虽为中华传统文化瑰宝，但相对于一个有 14 亿多人口的文明古国而言又处于传承人稀少的濒危境地，所以政府把它公布为"非物质文化遗产"，按国家有关法律加以保护，正切合它的"非物质文化遗产"特点。

附录一　唐文治论中国传统文化

编者按：唐文治先生生活于中华民族积贫积弱、备受东西方列强欺凌的时代，但他对中华民族的振兴充满自信，一生勉力于民族文化的传承和复兴。唐文治先生对中国传统文化的核心儒家学说有极为精深而丰富的论说，由于其著作均用文言写成，中华人民共和国成立后印行不多，一般读者不易读到。2005年，为纪念唐文治先生140周年诞辰，上海交通大学出版社出版了六十余万字的《唐文治文选》，选编了先生从1885年至1950年所著的190篇文章，比较全面地展现了他的文化、教育、伦理、政治思想。现从这些文章中选摘出关于中国传统文化的论述120余条，分编为"论继承儒家学说""论中华传统道德""论学校教育与德育""论君子修身""论明辨义利、廉政""论社会教化与儒家教育""论文化的传承与建设""论儒学治国""论儒学救世"等9个小辑，15 000千字，以便于读者了解唐文治先生的思想观点和文化主张。

（徐忠宪摘编）

一、论继承儒家学说

宋张横渠①先生有言："为天地立心，为生民立命，为往圣继绝学，为万世开太平。"盖吾人讲学，固以后世为心，以百姓为命，非拘墟于一时也。

——摘自《送周予同先生赴台湾序》（1945年）

【注释】① 张横渠：张载（1020—1077），北宋哲学家，理学创始人之一。

自古圣贤所以承继而不绝者，惟在精神而已。……汉学家之考据名物，宋学家之穷理尽性，罔非精神之所推衍。朱子①之居敬穷理，即朱子之精神。陆子静②先生葆本心，王阳明③先生致良知，即陆王二家之精神。纵览十三经、二十四史，无论治乱贤奸，所以彰善瘅恶、衷是去非者，皆前人精神之所寓。先圣先贤以精神递传于吾辈，吾辈即以精神递传于后人。夫如是，道统事业绵延而不绝。

——摘自《无锡国专校友会春季大会训辞》（1947年）

【注释】① 朱子：朱熹（1130—1200），南宋哲学家、教育家，理学集大成者。② 陆子静：陆九渊（1139—1193），南宋哲学家、教育家，心学创始人。③ 王阳明：王守仁（1472—1529），明朝哲学家、教育家，心学集大成者。

今宜以至新之心理，发明至古之道德，且俾天下学者知圣贤之道，实在于行而不在于言。则吾中国道德文章，或可不绝于天下。

——摘自《学校培养人才论》（1909年）

夫以秦政之威、之权、之才、之力，且不能废经；蚍蜉之撼大树，无损枝叶，何况本根。继自今十年百年而后，千里万里而遥，安知无董、刘、马、郑①与夫周、程、张、朱②其人者，名世挺生，以为往圣继绝学，为万世开太平乎？

——摘自《〈施刻十三经读本〉序》（1921年）

【注释】① 董、刘、马、郑：董仲舒、刘向、马融、郑玄，均为汉朝经学家。② 周、程、张、朱：周敦颐，程颢、程颐兄弟，张载，朱熹，均为宋朝理学家。

二、论中华传统道德

人生当世，孝弟忠信礼义，以廉耻为归宿。管子①云："礼义廉耻，国之四维，四维不张，国乃灭亡。"

——摘自《学生格》（1912年）

【注释】① 管子：管仲（？—前645），春秋初期齐国政治家。

己欲自立，亦欲立人；己欲发达，亦欲达人。推其中和之德、忠恕之道，安有乖戾之气，愤激之情？此之谓至仁。

　　　　　　——摘自《上海交通大学第三十届毕业典礼训辞》（1930年）

　　须知吾人欲成学问，当为第一等学问；欲成事业，当为第一等事业；欲成人才，当为第一等人才。而欲成第一等学问、事业、人才，必先砥砺第一等品行。《论语·子罕》篇详言学问之道，勉人以岁寒松柏，而继之以智者不惑，仁者不忧，勇者不惧。《中庸》又以智、仁、勇三者为天下之达德。然鄙人以为仁不本于宏毅，不足以为仁；智不归于深，勇不归于沉，不足以为智勇。何以言之？仁者万物一体之怀，无间于人己，所谓民胞物与是也。圣人以天下为一家，中国为一人，方为世界上第一等人。

　　　　　　——摘自《上海交通大学第三十届毕业典礼训辞》（1930年）

　　善者何？养民而已矣，教民而已矣。……然则人生当世，为善而已矣。

　　　　　　——摘自《演说稿　丁亥九月廿七日南洋大学诸旧同学来请演讲》
　　　　　　　　　　　　　　　　　　　　　　　　　　　　　　　（1947年）

　　君子之所以异于人者，以其存心也。此心字即本心。明本心则为人，昧本心则为禽兽。……"仁者爱人，有礼者敬人"二语，即《孝经》"爱亲者不敢恶于人，敬亲者不敢慢于人"之义，孝之道，爱敬而已矣。……爱敬之道，兆端于家庭，弥纶于宇宙。

　　　　　　　　　　　　　　　　　　　　——摘自《学生格》（1912年）

　　学者，所以学为孝也。五常之本，万善之原，皆始于门内之行。

　　　　　　　　　　　　——摘自《无锡国学专修馆学规》（1920年）

　　人生天地间，以孝亲为第一要事。试思身从何来？莫非父母之赐。凡人受一饭之恩，尚且图报，而况自初生至于长大，至于成人，不知费父母几许精神心血，而可不思报乎？……《孝经》一书，以不犯刑僇为始，以立身显亲为终，后生小子其勉之哉。

——摘自《八德诠释》（1932年）

原夫"忠"之一字，解者专指事君而言，实则范围甚广。曾子①曰："为人谋而不忠乎？"孟子曰："教人以善谓之忠。"《左氏传》曰："上思利民，忠也。"其指归不外尽己之心而已。天下万事之败坏，皆出于不诚不敬，而因以不忠。诚敬者，忠之大本也。人能真实无妄，尽其职分之所当为，而不诿责任于他人，斯可言忠。

——摘自《八德诠释》（1932年）

【注释】① 曾子：曾参（前505—前436），孔子的学生，后被尊为"宗圣"。

信字从人从言，可知人无信用，不成为言，即不成为人也。……孔子屡言"主忠信"，又言"人而无信，不知其可"，又言"自古皆有死，民无信不立"。《四书》《五经》中言信者不一而足，吾国古时重信如此。伪与信适相反，人有信，则其心生；作伪则其心死。信与伪之界，生死之关也。

——摘自《八德诠释》（1932年）

信者，为人之质干，人格所由立也。……我孔子论政治曰："人而无信，不知其可。"子贡①问政，不得已至去兵去食，则曰："自古皆有死，民无信不立。"圣人之言，未有若此斩截者。

——摘自《原信》（1938年）

【注释】① 子贡：子贡（前520—？），端木氏，名赐，孔子的学生。

故欲国民守信，必先读《论语》。大同之治，天下为公，其本专在讲信是也。七情十义，胥由此行。圣人以天下为一家，中国为一人，非信曷克致此？

——摘自《原信》（1938年）

孔子曰："人而无信，不知其可也。"是故能准时刻，正言语，而天下之信用立矣。惟愿吾国民，无论常变，无论久暂，无论生死，必须守定信用，无丝毫之或失；如是而后可以立民，可以立国。孔子曰："自古皆有死，民无信不立。"……愿吾国民常诵之！愿吾国民深思而力守之！

——摘自《社会格》（1912年）

出处进退，辞受取与，为人道之大节。居社会中，而欲砥砺品行，讲求操守，先当于此兢兢焉。未有不致谨于出处进退辞受取与而能成人格者也。

——摘自《社会格》（1912年）

民生在勤，勤则不匮。……民勤则思，思则善心生。逸则淫，淫则忘善。故勤者，人道之所由立也。

——摘自《学生格》（1912年）

居今之世，求无愧于人格者，以自食其力为第一要事。

——摘自《社会格》（1912年）

勤字可以修德，俭字可以养心。昔者夏禹有治水之功，明德至远。而孔子赞之曰："菲饮食，恶衣服，卑宫室。"衣食住三者，无一讲究。

——摘自《军箴·守勤俭》（1925年）

《论语》："夫子温良恭俭让。"《左氏传》曰："民生在勤，勤则不匮。"又曰："俭，德之本也。"古圣人何以重勤俭如此？盖惟勤乃能补拙，惟俭乃能养廉。天下虽至愚之人，惟勤则可以变其愚，与巧者无异。天下至廉之人，惟其能俭，所以能清廉，否则不得不贪矣。我中国之贫穷，无可讳言，且贫穷亦非可耻之事，惟国家愈贫穷，国民乃愈奢侈，此则大可耻之事耳。故勤俭二字，实我国民之要药……

——摘自《军箴·守勤俭》（1925年）

古人云："由俭入奢易，由奢入俭难。"一开其端，则涓涓不息，遂至无所底止。是以凡人之心奢则溢，溢则放僻邪侈之行滋。俭则敛，敛则恭敬搏节之行立。

——摘自《学生格》（1912年）

尚俭，养成朴实之风气。语云："朴实为英雄本色。"古今有为之人无一不然。

——摘自《中学校会议答问》（1918年）

崇礼，养成敬爱之性情。语云："爱人者，人恒爱之；敬人者，人恒敬之。"师长对于学生，朝夕相见，礼仪无失，予其疾病、缓急加以调护、扶持，学生自能感化于无形，而为仁厚之君子。凡人为众人之领袖，须能先人之忧，后人之乐，此非养之有素者不能也。

——摘自《中学校会议答问》（1918年）

父生我者也，师教我者也，尊敬师长所以不忘本也。天下之忘本者未有能成人者也。

——摘自《学生格》（1912年）

圣人制礼以教人，悉本乎天理人情，并非强迫束缚之事。……以一家言之，父慈，子孝，兄友，弟恭，夫义，妇顺，亦所以尽天责也。夫如是，乃有秩序之可言。故《尚书》谓之"天秩天叙"。自晚近礼教不明，必欲扫除以为快，于是放僻邪侈，无所不为，而家庭社会国家胥被其祸，深可痛也。……故今日欲挽救人心风俗，必自崇敦礼教始。

——摘自《八德诠释》（1932年）

（孟子）曰："无恻隐之心，非人也；无羞恶之心，非人也；无辞让之心，非人也；无是非之心，非人也。"恻隐之心，人心生生不已之机也。羞恶之良，世界所最重，凡无以对人者，即无以对己者也。辞让，礼也。

人而无礼，何以为人？至于是非之界，尤为生死之关。国家之亡，先亡于无是非；人心之亡，先亡于无是非。

——摘自《无锡国学专修馆学规》（1920年）

宋苏子[①]有言："办天下之大事者，立天下之大节者也。"愿与诸君共勉之。

——摘自《演说稿　丁亥九月廿七南洋大学诸旧同学来请演讲》（1947年）

【注释】① 苏子：苏轼（1037—1101），北宋文学家。

余尝谓贤者先人而后己，不肖者先己而后人，甚至有己无人，于是专以血气心知，互相角斗，而世皆泯棼矣。余所亟赏践四[①]者，在先人后己。综其生平，至公而无私，见义而勇为。考其德行，诸德咸备，不骞不忮，可谓完人矣！无锡中学造就人才，迄今不可胜数。其创立教育学院，农工毕举，成绩灿然，有功社会尤巨。

——摘自《无锡高君践四家传》（1943年）

【注释】① 践四：高阳（1892—1943），字践四，江苏无锡人，近代爱国教育家，1920年毁家兴学创建无锡中学校（今无锡市第三高级中学前身）。

三、论学校教育与德育

立国之要，以教育为命根，必学术日新，而国家乃有振兴之望，此必然之理。

——摘自《咨邮传部转咨学部文》（1911年）

人才者，国家之命根也；学堂者，又人才之命根也。

——摘自《〈蓄艾编〉自叙》（1907年）

夫师严然后道尊，道尊然后民知敬学，可见师者学术之根源，而全国之命脉也。其可不敬乎？

——摘自《学生格》（1912年）

……为师者，当知所以自尊之道。自尊之道奈何？本身作则而已矣。作则之道奈何？道德有于身而已矣！此乃所谓师范，即为师者之格也。

——摘自《师友格》（1912年）

君子之教也，贵在养其自治之能力。指导而不牵引之，故能和；勉强而不抑制之，故能易；开示而不尽达以告语之，故能思。此三者所以养其自治之精神也。能养其自治之精神，则学者皆有心得，较之外袭而取，稍久即忘者，不可同日而语也。

——摘自《师友格》（1912年）

《学记》一篇，可为师范学校之课本。教法者，师范之权舆也。未有不明教法而能为师者。教授管理，皆重在心理，善教法者能深知学生之心理，而又能吸收学生之心理，俾之听受而细入。

——摘自《师友格》（1912年）

读文一事，虽属小道，实可以涵养性情、激励气节。……诸同学注意读文，则精神教育即在于是。他日家弦户诵，扩充文化，为文明教育最盛之邦，其责任实在于我同学。

——摘自《无锡国专校友会春季大会训辞》（1947年）

立志为学者第一关头。

——摘自《无锡国学专修馆学规》（1920年）

初学之基始于立志，譬之建九仞之台，根脚必须完固。人而无志不可为人，立志而误亦不能以成人。故所谓以第一等人自命者，并非狂妄之谓，要在归诸实践。

——摘自《学生格》（1912）年

若吾一身一心，精神不能振作，一家一国，精神亦不能振作；或用之匪正，立见危亡矣。

——摘自《无锡国专校友会春季大会训辞》（1947年）

古学校之教，务在为圣、为贤、为豪杰。德行、言语、政事、文学，各就其性之所近。……今之学生，问其志趣，茫然不知所答，其质直者则曰："吾求衣食而已。"夫集天下人之心思材力，所讲求者不过衣食教育，何怪其志气之愈卑，行诣之愈劣哉！

——摘自《学校论》（1923年）

居今世而言教育，唯有先以注重道德为要点。……道德并非空谈，唯以人格核之而后事事乃归于实。

——摘自《致交通部公函商讨教育宗旨》（1913年）

人生世界之内，以礼义道德为根本。窃尝譬诸人之学问，犹墙屋也；礼义道德，犹基址也。若无礼无义无道无德，而徒以学问为饰观之具，一旦品行隳坏，名誉扫地，是犹基址不固，墙屋坍塌，其危险何如矣。

——摘自《无锡国学专修馆学规》（1920年）

培养之道，宜加意者，在讲明道德，本身以作则。蒙①尝有言：道德，基础也；科学，屋宇垣墉也。彼淹贯科学，当世宁无其人？然或忘身徇利，一旦名誉扫地，譬诸基础未筑，则屋宇垣墉，势必为风雨所飘摇而不能久固。如此者，由道德之不明也。而道德之所以不明者，由无人为之则也。

——摘自《学校培养人才论》（1909年）

【注释】① 蒙：愚，作者自称。

诸生诸生！毋逐利而忘义，毋屈己以求人。修养气节，训导国民，宋张子所谓"为天地立心，为生民立命，为往圣继绝学，为万世开太平"，虽不敢遽以自期，然不可不以此立志。

——摘自《上海交通大学五十一周年校庆节训辞》（1947年）

孔子曰："君子喻于义，小人喻于利。"天下岂有生而为君子者哉！亦岂有生而为小人者哉！惟其所喻而已。所喻者，习闻习见而已。

——摘自《学校论》（1923年）

四、论君子修身

学业自立诚始，人格自立诚始。……诚于中，形于外，故君子正心修身之学，必先诚意。

——摘自《学生格》（1912年）

圣人者，无欲者也。无欲故能主敬，而道心因之常存。众人者，多欲者也。多欲故只能学静，而人心不至于日肆。

——摘自《〈高子外集〉序下》（1898年）

后汉诸葛武侯[①]戒子书曰：君子之行，静以修身，俭以养德，非淡泊无以明志，非宁静无以致远。夫学须静也，才须学也，非学无以广才，非静无以成学。惰慢则不能研精，险躁则不能理性。

——摘自《军箴·守勤俭》（1925年）

【注释】① 诸葛武侯：诸葛亮（181—234），三国时蜀汉政治家、军事家。

昔颜渊[①]问仁，孔子告以"克己复礼为仁"。朱子注曰："克，胜也；己，谓心之私欲也。"……精夫，朱子之言！……于是周稽往籍，详察人情，乃知克己之道浅者见浅，深者见深。自天子至于庶人，自圣贤至于愚不肖，皆当奉为主归，而不可须臾离者也。

——摘自《克己为治平之本论》（1931年）

【注释】① 颜渊：颜回（前521—前490），孔子的学生，后被尊为"复圣"。

古人之得志，泽加于民；不得志，修身见于世。穷则独善其身，达则兼济天下，惟内重而外轻，则无往而不善。……当世聪明之士，大半失足于名利之场，谨之勉之。

——摘自《社会格》（1912年）

伏羲①、文王②、周公③之作《易》，主乎数者也。孔子之赞《易》，主乎理者也。……数者难测，变动不居；理者易明，守之有则。……故自圣贤观之，理有定而数亦有定。理明而数自可知。孔子曰："五十以学《易》，可以无大过。"洗心乃可以寡过也。……顾亭林氏谓："孔子说《易》，见于《论语》者，一为'寡过'，一为'有恒'，可知学《易》不外乎以修身为主。"其言可谓至精至切矣。此学《易》之大旨也。

——摘自《学〈易〉大旨》（1918年）

【注释】① 伏羲：古代传说中的部落首领，即太昊，相传他始画八卦。② 文王：周文王，商末周族领袖，姬姓，名昌。旧传周文王作《易经》卦辞。③ 周公：姬旦，周文王子，辅佐武王灭商纣，建立周朝。相传周朝的礼乐制度是周公所制订。

人生当世，无日无时不在六十四卦三百八十四爻之中，即无日无时不在吉凶悔吝之中。鸡鸣而起，孳孳为善者，吉也。鸡鸣而起，孳孳为利者，凶也，悔也，吝也。

——摘自《学〈易〉大旨》（1918年）

祸福无不自己求之也者，太甲①曰："自作孽，不可活。"自者，己也。此亦治乱之大原也。

——摘自《克己为治平之本论》（1931年）

【注释】① 太甲：商代国君，汤的嫡长孙。

吾儒之存神也，盖所以养其性天；而异学之存神也，乃适以滋其迷信。

——摘自《〈张子大义〉序》（1923年）

今人竞言维持人道，要知修道立教，方为尽人道之根源。……人道维何？保其本心而已。人能不失其本心，尽一己人之道，斯克全世界之人道。

——摘自《无锡国学专修馆学规》（1920年）

天下尽客也，惟我本心有以自立。古人所称立德、立言、立功。及兄^①平日立志所谓"正人心，救民命"，当可反客而为主矣。

——摘自《答冯君振心书》（1947年）

【注释】① 兄：唐文治自称。

盖凡人有事前之良知，有临时之良知，有事后之良知。其用充乎宇宙，而其本要在于涵养。孟子曰"动心忍性，增益其所不能"，即练习良知之法也。

——摘自《上海交通大学第三十届毕业典礼训辞》（1930年）

昔有明王文成公阳明^①先生常以"致良知"立教。诚以良知为万能之萌柢也。今人但务思想，而不能修养其知觉。夫知觉不本于善良，则思想终归于恶化。……吾愿诸生勤究物之质，更培养性之灵，庶几乎体用兼备，有以扞外侮而致太平矣。

——摘自《上海交通大学工程馆记》（1932年）

【注释】① 王文成公阳明：王阳明，即王守仁（1472—1529），明朝哲学家、教育家，卒谥文成。

人生不朽之故，精神而已矣。

——摘自《重印南通张君季直年谱序》（1942年）

五、论明辨义利、廉政

曾子言："平天下不以利为利，以义为利。"……义利之辨，人心生死存亡之界也。末俗浇薄，好利无魇，专图一己之私利，不顾天下之公利，且借口于天下之公利，以肥一己之私利，驯至灾害并至，生灵荼毒，可痛哉！……吾辈欲挽此颓风，惟有矫以清勤耐苦四字，淡而弥旨，俭而愈廉，懔四知^①之几微，一介之取与，举卑鄙龌龊之念，扫荡无余，庶几异日能任治平之任。

——摘自《无锡国学专修馆学规》（1920年）

【注释】① 四知：《后汉书·杨震传》："王密为昌邑县令，夜怀金十斤遗震，曰：'暮夜无知者。'震曰：'天知、神知、我知、子知，何谓无知？'"

（孟子）曰："义，路也；礼，门也。"然礼门义路，惟君子能由之，而凡人皆莫之由者，何也？利诱之也。人能移好利之心以为义，则人心大公而天下治。惟去好义之心以为利，则人心日私而天下乱。义与利之间，治乱之几也。……义者，天地之正气，而圣贤之阶梯也，吾人其可忽哉！

——摘自《八德诠释》（1932年）

见利思义，尤为人情所至难。士君子于此，惟有用一刀斩截之法，则庶乎无内疚之事，而成己成物之功，实胥在于是矣。

——摘自《社会格》（1912年）

盖今天下之大患，犹不在乎不谭洋务，而在乎人人嗜利，故吾辈欲挽回风气，振起人心，必当以理学为体，以洋务为用。人必先勉为君子而后可谈洋务，否则聚无品嗜利之徒，相率而习洋务，国家之受害，更无所底止矣。

——摘自《读〈思辨录〉札记》（1894年）

人之所以自立其气骨者，惟廉而已。……近时操守不讲，贿赂公行，搜括民财，贪黩无厌，一家富而万家哭，民生困苦颠连，皆由于官吏之不廉也。……故欲救今日之中国，必以兴廉为首务。

——摘自《八德诠释》（1932年）

盖人必矢志廉洁，俾良知不昧，而后能有所展布。故居今之世，提倡明代王阳明先生之学，尤为当务之急。诸君有志研究，则处为名儒，出膺政治，恢乎有余裕矣。鄙人所撰《阳明学术发微》以为致良知之学，可以救世；知行合一之宗旨，可以救国。

——摘自《演说稿　丁亥九月廿七南洋大学诸旧同学来请演讲》
（1947年）

余论用人，必以清廉为第一义。……清廉而不能任事者有之矣，未有贪黩而能任事者也。故求才士于廉字之中，则天下治；求才士于鄙夫之中，则天下事不可为矣。

——摘自《续〈思辨录〉》（1896年）

六、论社会教化与儒家教育

夫世界一教育场也，国家一大学校也，善政不如善教之得民也。善政可以定一时，善教可以淑数世。……《论语》之言教化曰："天何言哉，四时行焉，百物生焉。"《礼记》之言教化曰："地载神气，神气风霆，风霆流行，庶物露生，无非教也。"孔子之言教化曰："吾无行而不与二三子者，是丘也。"①夫天之教化如是，地之教化如是，圣人之教化如是，盖皆寓于无形之中者，表是也。

——摘自《表论》（1923年）

【注释】① 孔子这句话的意思是：我没有什么做了而不对你们诸位弟子公开的，这就是我孔丘。

君子之德风，小人之德草，我中国之教育，向视上之人为标准。

——摘自《学校论》（1923年）

《易传》称天、地、人为三才。天之才，雨露涵濡，雷霆精锐；地之才，山川焕绮，五谷繁殖；人之才，含五行之秀，经纬万端。故惟能尽人性，尽物性，而其学无不通者，乃谓之才。

——摘自《国文大义》（1920年）

　　盖闻古之学校，教以礼义，养其德行，培之以盛德，扩之以大业。《礼记·学记》篇曰：一年视离经辨志，三年视敬业乐群，五年视博习亲师，七年视论学取友，谓之小成；九年知类通达，强立而不反，谓之大成。夫知类者，盖谓知万事之类也。通达者，盖谓通古今之变也。强立而不反者，盖谓特立独行，不违反乎师说，不曲徇乎风气，不苟同乎流俗也。夫是之谓明体达用，夫是之谓自治而治人。

——摘自《学校论》（1923 年）

　　圣贤之讲学也，以德为大本，以量为大用。孔子之德，万物并育而不相害，道并行而不相悖，与天地同其量，故曰"有教无类"。

——摘自《答高君二适书》（1937 年）

　　宋程、朱讲学，曰"居敬穷理"，曰"致知力行"，孔子之家法也。宋陆子[①]讲学，曰"先立乎其大"，明王子[②]讲学，曰"致良知"，孟子家法也。

——摘自《答高君二适书》（1937 年）

【注释】① 陆子：陆九渊。② 王子：王守仁。

　　余常勉人为君子，人皆笑以为迂，而余不顾。盖君子教育始于周文[①]，而大昌于孔孟。读《论》《孟》二经，即可知其宗旨所在。今时惟有奉君子为法，提倡君子教育，吾国其有豸[②]乎！

——摘自《嘉兴王君瑗仲文集序》（1945 年）

【注释】① 周文：周文王。② 豸：解决。

　　要知经典所载，不外兴养、兴教两大端。兴养者何？救民命是也。兴教者何？正人心是也。鄙人常兢兢以此六字为教育宗旨。

——摘自《演说稿　丁亥九月廿七南洋大学诸旧同学来请演讲》
（1947 年）

七、论文化的传承与建设

文化之于国大矣哉！

——摘自《上海工业专门学校图书馆立础记》（1918年）

吾国十三经，如日月之丽天，江河之行地，万古不磨，所谓国宝是也。……先儒说经，首重"实事求是"四字，"实事"者，屏绝空虚之论也；"求是"者，破除门户之见也。

——摘自《无锡国学专修馆学规》（1920年）

横览东西洋诸国，靡不自爱其文化，且力谋以己之文化，扩而充之，深入于他国之人心。而吾国人于本国之文化，孔孟之道德礼仪，修己治人之大原，转略而不讲，或且推去而任人以挽之。悲乎哉！文化侵略，瞬若疾风，岂仅武力哉！

——摘自《〈国学专修学校十五周年纪念刊〉序》（1936年）

国家之强弱，人类之兴亡，其惟一根源端在文野之判。旷观世界各国，其竞进于文明者，则其国家、其人类强乎、兴乎；否则其国家、其人类弱乎、灭乎！我国文化胚胎独早，溯自书契之造，以迄孔子缵修删定，微言大义，阐发靡遗。二千年来历代相承，皆得奉为依归者，悉赖此文字递嬗不息。是以圣门四教①首文，而孔子自言"文不在兹"，厥谊可证。自西学东渐，恂慭之士，颖异标新，以为从事科学，我国文字即可置之无足重轻之数……苟长此因循，我国固有之国粹，行将荡焉无存，再历十余年，将求一能文者而不可得。……科学之进步尚不可知，而先淘汰本国之文化，深可痛也！

——摘自《函交通部送高等国文讲义》（1913年）

【注释】① 圣门四教：圣门，指孔门。四教：文，行，忠，信。见《论语·述而》。

研芙^①谓变法有二端，一则整顿祖宗之成法，一则采取欧美之善政。此说极是，而功夫则仍从上项做起，未有自己熟田尚不知耘籽之法，而能垦他人之荒田者也。

——摘自《续〈思辨录〉》（1896年）

【注释】① 研芙：徐仁铸（1863—1900），字砚父，又作研芙，曾任湖南学政，与梁启超、谭嗣同相交善，支持维新变法。

且学问之道，当论是非，不当论新旧。盖今之所谓新旧者，非指古今之异代而言，乃指中外之异俗而言。然则旧者而是，不得强以为非也；其非亦不得故以为是也。新者而非，不得强以为是也；其是亦不得故以为非也。孔子所以为圣之时者，惟其先知先觉，因其时而提倡之，补救之，非投时俗之好，相与俯仰而浮沉也。世之人其有猛省者哉！

——摘自《学校论》（1923年）

吾国之政教号令，风俗掌故，具详于经史之中。宜仿苏东坡读书之法，分类学之，则大纲既举，自得时措之宜矣。或疑奏议旧牍，不适用今世。要知学者贵能采其议论，探其精义，原非泥于程式也。

——摘自《无锡国学专修馆学规》（1920年）

集天下之耳以为耳，则可以广听；集天下之目以为目，则可以并视；集天下之心思以为心思，则可以灵照乎万物。然而化裁通变，君子有用中之道。譬诸集古今中外之制度名物宪章，则必综览乎风俗之纯驳、民气之刚柔、民智之通塞，斟酌损益，而审所宜以处之。

——摘自《〈古人论文大义〉书后》（1909年）

我国二十二行省，幅员辽廓，风俗各殊，欲齐其政而适其宜，谈何容易！近时毕业学子，是今而菲古，骛外而遗内，尊西而忘中。偶有所得，庞然自大，贸然自谓已足。于本国之历史、掌故、风尚、教化，茫然一无所知，诩诩然号于众曰："我外国法也。"庸讵知其不宜于中土。

——摘自《示郁儿书》（1918年）

文治自弱冠以迄艾耆，窃尝尚论先儒言行，以为必平心而考其世，实事而求其是，惟通其道而后能论其道，惟知其心而后能原其心。

——摘自《〈紫阳学术发微〉自序》（1930年）

圣门家法，道德学问，功业文章，务在一以贯之。汉唐后能实践此诣者，盖朱子一人而已尔。斯道至大，来者无穷。

——摘自《〈紫阳学术发微〉自序》（1930年）

窃谓为朱子之学者，惟有尚志、居敬以植其本，致知、格物以会其通，天德、王道以总其全，尽性至命，以要其极，庶几仁者见仁，智者见智，于先贤之道德文章，或能见其涯涘乎！

——摘自《〈朱子大义〉序》（1923年）

爱国不在空言，当先爱乡。爱乡不在空言，当先爱乡先哲。爱乡先哲不在行迹而在精神。先哲往矣，其精神何所寄？惟传述其著作文字而已。

——摘自《〈太昆先哲遗书〉序》（1927年）

夫爱国者，必先爱一国文化，俾之不亡；爱乡者，必先爱一乡文化，维于不敝。窃愿吾乡学者，毋忘大本大原，相与博考乡先贤遗书而保存之，而口诵之，而心维之。一乡之文化不亡，一国之文化不亡，则一乡一国未有亡者也。

——摘自《张天如先生遗像记》（1933年）

八、论儒学治国

《孟子》一书，尊民之学也。其言曰："民为贵，社稷次之，君为轻。"天下可爱者民，可畏者民，可亲可宝者民。养君惟民，保君亦惟民。是故民以君为天，而国以民为本。后世人主，不知此谊，于是乎虐民殄民，戕贼其民，吸民之脂膏，椎民之骨髓，以杀其民，此亡国破家所以相随属也。

——摘自《〈孟子大义〉序》（1915年）

子思子①曰："仁者，天下之表也。"……是故吾处于至安之境，而处人以至危，则失其表也。吾处于至佚至甘之境，而处人以至劳至苦，则失其表也。吾处于至泰至舒之境，而处人于至贫至困，则失其表也。……吾尝横览五大洲，纵观二十四史，凡其存焉、兴焉、盛焉者，皆上之人得其表者也。凡其亡焉、废焉、衰焉者，皆上之人失其表者也。然则后世之观政者，当先观其表之何如，而其执政者，亦必自问其表之何如。必其德可以为天下之表，而后其人乃可以任天下之事。

——摘自《表论》（1923年）

【注释】① 子思子：子思（前483？—前402），孔子的儿子孔鲤之子，名伋。

禹①思天下有溺者犹己溺之，稷②思天下有饥者犹己饥之，是皆以天下自任之意。伊尹③思天下之民，匹夫匹妇有不被尧舜之泽者，若己推而内之沟中，其所以自任天下之重者，非为功名富贵也，为救天下之民也。故问我之所志，必当如伊尹。

——摘自《学生格》（1912年）

【注释】① 禹：古代部落联盟领袖，姒姓，名文命。因治水有功，被舜选为继承人。② 稷：后稷，周族始祖，善于种植粮食作物，为舜的稷官。③ 伊尹：商初大臣，名伊，助汤攻灭夏桀。汤去世后，历辅卜丙、任壬、太甲三君。

先师沈子培①先生曰："今日治天下之道，不外《大学》'絜矩'、《中庸》'致中和'而已。"善哉言乎！其得《尚书》之精谊者乎！……絜矩者，立好恶之准，《洪范》所谓"皇建其有极"也。

——摘自《〈尚书大义〉自序》（1928年）

【注释】① 沈子培：沈曾植（1850—1922），曾任提学使等职，支持变法维新，唐文治曾问业其门。

圣人知治平之本，端在仁恕，是以立毋我之训，严克己之欲。喜则归人，过则归己；利则归人，害则归己；己欲立而立人，己欲达而达人，己所不欲，勿施于人。以责人之心责己，以恕己之心恕人；先人而后己，不先己而后人。平一心以平天下人之心，而天下于焉大治。

——摘自《克己为治平之本论》（1931年）

人人能各安其本分，各勤其职业，斯天下治。人人不安其本分，不勤其职业，法守乖而秩序淆，则天下乱矣。

——摘自《无锡国学专修馆学规》（1920年）

夫天下未有不能治其心而能治事者也；亦未有不能治其心而能治国者也。

——摘自《无锡国学专修馆学规》（1920年）

理学明则人心善，而国运以盛；理学晦，则人心昧，而国运亦衰。征诸史书，毫发不爽，非虚言也。

——摘自《送周予同先生赴台湾序》（1945年）

盖理学、经济相须而成，理学为体，经济为用。故理学兴则人心纯固，而国家于以隆盛。理学衰，则人心机械恣睢，而国家因以衰弱，此不易之理也。

——摘自《上沈子培先生书》（1896年）

世之治民者，将束民于法律乎，抑先教化其性情也？道德齐礼，道政齐刑，本末轻重不可倒置明矣。圣人之志学，修齐治平之学，非无用之学也。……自古有家庭之教化，而后有社会之教化；有社会之教化，而后有国家之教化。

——摘自《论语"为政"篇大义》（1924年）

管子言："礼义廉耻，国之四维。"今人竞言法治，不知法施于已然之后，礼禁于未然之前，舍本务末，愈趋愈远。故今日发明礼学，维系人心之廉耻，实为莫大之急务。

——摘自《无锡国学专修馆学规》（1920年）

知贵灵而忌滞，贵通而忌塞，贵清而忌昏，贵正而忌曲。灵也，通也，清也，正也，皆所谓良也。积亿万人之知觉，或良或否，成为国性，而国之废兴存亡，于是系焉。故殷之元圣①曰："先知觉后知，先觉觉后觉。"……知觉之为物，放之则弥于六合，卷之则退藏于密。

——摘自《〈阳明学术发微〉自序》（1930年）

【注释】① 殷之元圣：指伊尹。

欲求智之功夫，须先练习知觉。伊尹曰"先知先觉"，孟子曰"良知"，明王阳明先生曰"致良知"。惟致其良知而后能先知先觉。人之知觉贵灵警而忌钝滞，贵虚明正大而忌邪暗。苟其本心皆为声色货利机械变诈所汩没，岂能先知先觉？统一国之民皆系不良之知觉，而知觉全落于人后，试问能立国于世界乎？

——摘自《上海交通大学第三十届毕业典礼训辞》（1930年）

夫立法以垂后者，千古之常经，因时以制宜者，天下之通义。……苟得其意而善用之，则前代之典章，举足以为吾之新法；不得其意而妄用之，虽世界极新之法，适足以为吾之害。

——摘自《〈尚书大义〉自序》（1928年）

凡立法之初，必利多而弊少，积久必弊多而利尽，故圣哲之士，惟在善变法而已。若徒法而不知变，势必至自弊于法。如欲废法以为治，则固无是理也。

——摘自《读〈思辨录〉札记》（1894年）

《易传》曰：“穷则变，变则通。”要知可变者法制也，风俗也；不可变者，道德也，人心也。

——摘自《〈刘河纪略〉跋》（1926年）

人生当世，气节而已矣。士大夫所负之责任，激励气节而已矣。气节者，气骨也。骨强则能揩撑负重，而坚立于天地之间；否则骨软体柔，遇事如烟之销，如火之灭，轻浮飘荡，社会随之浮沉，国家亦因以杌陧。

——摘自《嘉兴王君瑷仲文集序》（1945年）

盖士落其魄，则国失其魂矣。

——摘自《无锡国学专修馆学规》（1920年）

《礼记》言：“广谷大川异制，民生其间者异俗。修其教，不易其俗；齐其政，不易其宜。”是为政治学精义。凡士人通经学、理学而能达于政治者，谓之有用，谓之通人。不能达于政治者，谓之无用，谓之迂士。

——摘自《无锡国学专修馆学规》（1920年）

若谓世人皆不克己，而吾亦以是应之，是何异以水济水，以涂附涂，其不溃决而糜烂者几希。

——摘自《克己为治平之本论》（1931年）

《尚书》曰：“慎乃俭德，惟怀永图。”永图者，长久之计也。一身而能俭，一身可长久。一家而能俭，一家可长久。一国而能俭，一国可长久。反是而不能俭，则危亡随之。

——摘自《军箴·守勤俭》（1925年）

知识之界，同归而殊途，一致而百虑，然必归于一，而天下乃定。天下皆是其所是，非其所非，且必挟己之是，而强人以为是，执己之非，而强人以为非，则秩序紊而天下乱。夫以亿万万人而各出一是，各出一非，且各执己见而莫能相下，此分裂之象，大危之机，皆己之为害深、为害烈也。

——摘自《克己为治平之本论》（1931年）

孔子作《易·革卦》之《彖传》曰："汤武①革命，顺乎天而应乎人。"后世固奉以为革命之大宗矣。……是《易》之大义，在破除封建也。

——摘自《中庸篇大义下》（1931年）

【注释】① 汤武：汤，又称成汤，灭夏桀而建立商朝。武，周武王，姬姓，名发，灭商纣而建立周朝。

自古以来，道与治合则天下平，道与治分则天下乱。孔子不得位，目击生民之颠连憔悴，无以拯诸水火之中，故创革命之学说，栖栖皇皇，惟以救国救民为职志。逮至请讨陈恒①，欲发鲁国之兵而不获大张其挞伐，于是获麟绝笔②，郁邑以终。后之人读其书者，靡不悲其志，而猥③曰囿于封建思想，呜呼，何其诬且妄欤！

——摘自《中庸篇大义下》（1931年）

【注释】① 请讨陈恒：齐国陈恒（又名田成子）弑齐简公，孔子劝鲁哀公及三桓讨之，以正君臣之义。② 获麟绝笔：公元前481年，鲁哀公十三年，西狩获麟，孔子以为不祥，修《春秋》绝笔。③ 猥：平庸卑鄙之人。

后人因孔子礼义名教不便于己，遂谓其囿于封建思想，欲举数千年之道德纲纪，一切诋毁而扫除之。无识之士，众口附和，同然一辞。夫是非直道之公，虽不泯于天下万世，然君子一言之不智，而世道于以日衰，人心于以日恶，世界劫运于以日开，祸乱相寻，民生已不胜其痛苦，悲夫！悲夫！

——摘自《中庸篇大义下》（1931年）

我国自政体改革以来，纪纲废弛，缀学之徒，叫嚣隳突，醉心欧化，侮慢圣贤，其至倡废孔之议。先生[1]人格严峻，凛然不可犯。其言曰："孔子圣之时，赞《易》则言革命，《礼运》则表大同。惝不知者，乃于孔教有违言，可谓失之毫厘，谬以千里。"呜呼！斯言也，非能体天地之心而开贞下起元之运者耶？

——摘自《陈石遗先生墓志铭》（1937 年）

【注释】① 先生：陈石遗（1856—1937），近代著名诗人、学者。

九、论儒学救世

今兹世界一大战国也。火器日精，千辟万灌，一遇战事，杀人盈野，人命若草芥。悲乎哉！天地之大德曰生，生理灭，乾坤几乎息矣。

——摘自《〈国学专修学校十五周年纪念刊〉序》（1936 年）

《易传》曰："天地之大德曰生"。昔周纲解结，杀人盈城，孟子疗以瞑眩之药，是曰"不忍"。今之世，大战国之世也；火器日烈，千灌万辟，杀机数十倍于曩时。然而天理循环，无往不复，人道终无澌灭之日，四五十年后，涂尽车回，圣道大昌，后机宏畅。故弟[1]窃不自揆，常以"正人心""救民命"六字为讲学宗旨。……举凡一切毁誉荣辱得失，皆不足介我之意。即彼穿窬害人者，不必嫉之恶之，只当怜之悯之，而示之以正轨，所以充吾之德量，而尽我之天职。

——摘自《答高君二适书》（1937 年）

【注释】① 弟：唐文治自称。

余从前游历欧美各国，考察民风，大都兢兢业业以保存其本国国粹为宗旨。《四书》《孝经》，吾中国之国粹也。蔑弃国粹，人心因而好利，人格因之日堕。于是见利趋之若鹜，廉耻斫丧，实由于此，而民命之流离痛苦，遂不忍言矣。故今日欲救国家，先救人心，而欲救人心，先崇廉耻。余近日佐启青年，教以立心立身立家立国之大本，惟有立气节而后可以擎天柱地，作中流之砥柱，挽既倒之狂澜。

——摘自《上海交通大学五十一周年校庆节训辞》（1947年）

综览历史，理学盛则世道昌，理学衰则世道晦，毫发不爽。吾辈今日惟有以提倡理学、尊崇人范，为救世之标准。

——摘自《无锡国学专修馆学规》（1920年）

高子①之书，实足以正天下之人心。征诸遂古，大禹抑洪水，周公兼夷狄、驱猛兽，孔子作《春秋》，圣贤之学，岂必尽同，务在救时而已。

——摘自《〈高子外集〉序下》（1898年）

【注释】① 高子：高攀龙（1562—1626），无锡人，明朝著名东林党人士。

昔孟子生战国之世，著七篇之书，首以提倡仁义、斥绝贪利为惟一根本。……孟子学以何为要，救民于水火而已矣。

——摘自《上海交通大学文治堂行奠基礼记》（1947年）

神农之说，亦自古有之。《礼·月令》谓神农将持功，毋妨神农之事是也。夫农既称神，不特宜加体恤，当以优礼待之矣。然吾国最痛苦者，厥惟农民。其可告无罪于国人者，亦惟农民。而国人对之有愧者，亦惟农民。何也？彼终岁勤劳，竭其一身一家之力，收获五谷，以养吾国人，然而天灾流行，冻饿离散，奔走乞食者，农民也。内战方兴，杀戮拉夫，身受其痛者，农民也。盗匪横恣，劫掠掳人，哭望天涯者，农民也。幸而无事，官府业主，则必取盈焉，租税频加，苛捐烦扰，中饱舞弊，受害亦惟农民。故近年以来，乡村之中，盖藏尽竭，惟闻叹息悲泣之声矣。可谓平等之治乎？呜呼！《康诰》有言："如保赤子。"……农民者，我之赤子，尽力以养我者也，何忍压迫而勒索之乎！

——摘自《国箴·救农箴》（1932年）

近世生民之困苦，奚啻孺子之入井？何以救之？有力者以经济，无力者以学说。即如赈济，施衣、米等皆是也。宋张子言"民吾同胞"，讵可托之以空言耶？

——摘自《演说稿　丁亥九月廿七南洋大学诸旧同学来请演讲》

（1947年）

附录二 国专学生 群星璀璨

编者按：本附录从无锡国专培养的大量人才中选择50人做简要介绍，读者可以从这些"唐门弟子"的学术成就、教育成就和人生事业中领略无锡国专培养人才的高质量。分三个部分做介绍：一是从事国学研究，成为某一学术领域权威、专家的国专学生，31人；一是在革命领导干部岗位或革命理论研究方面发挥重要作用，以及在科学界有重要影响的国专学生，8人；一是长期从事教育与文化工作，以自己的工作成绩为母校争光的国专学生，11人。

（徐忠宪选编）

一、国学专家

王蘧常（1900—1989），字仲瑗，浙江嘉兴人，第一届毕业生。唐文治见到初入学的王蘧常，即称赞道："察其貌，温温然；聆其言，蔼蔼然；挹其度，渊渊然；知其为君子人也。"1923年毕业后先遵师命到无锡中学校任教，又到母校无锡国专任教至1926年，此后到上海光华大学、大厦大学、复旦大学、交通大学任教授。沦陷时期，不事日伪，有民族气节。1939年任国专沪校教务主任，1942年后受唐文治校长委托主持学校日常工作。是历史学家、诸子学专家、文学家、诗人、书法家。主要著作有《抗兵集》《明两庐史记》《秦史稿》《顾亭林诗集注》《先秦诸子新传》《诸子学派要诠》《朱文公文集校释》《越王勾践志》等20余种。书法擅长"章草"，世人评价极高。

唐兰（1901—1979），号立庵，浙江嘉兴人，第一届毕业生。唐文治评价其文章："识解既高，行文古雅绝伦，亦复秩然有序。此才故未易得也。"毕业后考入清华国学研究院，受到导师王国维赏识，致力于金石文字学研究。1931年起，先后担任东北大学、北京大学、北京师范大学、辅仁大学、清华大学、西南联大教授，主讲古文字学、《诗经》《尚书》、三礼等课程。中华人民共和国成立后，先后任北京大学教授兼中文系代主任、故宫博物院副院长等职务，并任中国科学院历史研究所学术委员。是著名古文字学家、金石学家、历史学家。主要著作有《古文字学导论》《殷墟文字记》《天壤阁甲骨文存》及论文200余篇。1959年起当选为第二、三届北京市政协委员，1978年当选为第五届全国政协委员。

吴其昌（1904—1944），字子馨，浙江海宁人，第一届毕业生。就学其间所写文章《屈原论》，在讴歌屈原的同时流露救民救世志向，唐文治阅后评曰："拔剑斫地歌莫哀，吾能拔尔抑塞磊落之奇才。"毕业后先任中学教师，后于1925年考入清华国学研究院，主研宋代学术史。1928年起先后到南开大学、清华大学任讲师；1932年起任武汉大学历史系教授、系主任，直至逝世。九一八事变后，率妻、弟一同通电绝食，赴南京请求蒋介石出兵抗战，名震朝野。是著名文史学家，主要著作有《朱子著述考》《殷墟书契解诂》《宋元明清学术史》《金文世族谱》《三统历简谱》《北宋以前中国田制史》《梁启超传》《子馨文存》等。

蒋天枢（1903—1988），字秉南，江苏丰县人，第二届毕业生。他在就读无锡国专时曾写《岁寒然后知松柏之后凋也说》一文，云："平日之松柏未异于众，而其操乃见于岁寒；平日之与松柏并茂者，亦且大有物在，而岁寒之后独见松柏。"唐文治阅后称赞："于森然挺秀中颇有磅礴之气。"1927年考入清华国学研究院，受到导师梁启超和陈寅恪的赏识，致力于文史研究。清华毕业后，先后在辽宁第三高中、开封高中、东北大学任教。1943年起，一直任复旦大学中文系教授。主攻清代学术史、先秦两汉文学、《三国志》和《楚辞》研究，是著名《楚辞》研究家。主要著作有《全谢山先生年谱》《楚辞论文集》《楚辞章句校释》等。晚年不负恩师陈寅恪之托，放下自己的研究，全力搜集、整理、编辑陈寅恪的著作，最终完成《陈寅恪文集》的整理出版工作，并著成《陈寅恪先生编年事辑》。

钱仲联（1908—2003），名萼孙，字仲联，江苏常熟人，第三届毕业生。入无锡国专就读时仅 15 岁，成绩优异，唐文治曾称赞其文章"如在高山流水间矣"。毕业后先任家庭教师，后任大夏大学教授。1934 年至 1942 年回无锡国专任教授，讲授诗选、古文选等课程。抗战全面爆发后协助唐文治带领无锡国专内迁至广西。中华人民共和国成立后于 1958 年调入江苏师院中文系任教，1978 年后受聘为苏州大学终身教授、博士生导师、国内访问学者导师，是著名诗人、词人、诗学名家，在中华古诗文的笺注和校勘上淹贯通博，成就卓著。主要著作有《梦苕庵诗词》《梦苕庵诗话》《梦苕庵清代文学论集》《人境庐诗草笺注》《鲍参军集补注》《韩昌黎诗系年集释》《李贺年谱会笺》《剑南诗稿校注》《后村词笺注》《吴梅村诗补笺》《陈石遗诗论合集》（编校）等十多种，深受学术界好评。从 20 世纪 80 年代初起，带领苏州大学研究人员，通力合作，历经 8 年，完成一千多万字的诗学巨著《清诗纪事》，获全国图书一等奖。主编《中国文学家大辞典·清代卷》《中国文学大辞典》等大型工具书多种。

毕寿颐（1896—1944），字贞甫，江苏太仓人，第一届毕业生。经史专家，以考据著称，参与唐文治编著的大型经学丛书《十三经读本》的文字校对工作，并在书末撰写跋文。著有《度帆楼文集》。

侯堮（1901—？　），字芸圻，安徽无为人，第一届毕业生。毕业后到无锡中学校任教。1926 年考入清华国学研究院，致力于古文字学、经史学研究，对《易》《礼》钻研精深。毕业后在燕京大学、辅仁大学、中国大学、北平大学、西北大学、安徽大学任教授，曾任民国政府国史馆编修，中华人民共和国成立后参加北京市文物工作队。著作有《郑氏经注例》《魏石经古疏证》《觉罗诗人永忠年谱》《徇庵类稿》等。

蒋庭曜（1897—1979），字石渠，江苏武进人，第一届毕业生。毕业后先后在无锡中学校、武进县女子师范、上海大夏大学、上海交通大学、无锡国专任教，并任国专桂校总务主任、国专本部教务主任。中华人民共和国成立后历任苏南文教学院、无锡师范专科学校、徐州师范学院等校教授。著作有《春秋左氏语言学叙》《两汉书经说考》《墨子闲诂补正叙》等。书法擅长汉隶与章草。

严济宽（？　—1971），字伯桥，江苏无锡人，第一届毕业生。毕业后从事教育与教育行政工作。1946年任国民政府教育部训育委员会专任委员。1949年8月无锡国专改名为无锡中国文学院时任学院秘书长；1950年4月学院并入苏南文教学院时任五人临时委员会副主任，负责无锡国专一方的并校事务。其后相继担任无锡师专、徐州师院教授，开设《中国文学史》等课程。著有《中华民族女英雄传记》等。

吴宝凌（约1901—约1928），字云阁，江苏宝应人，第一届毕业生。1927年考取清华国学研究院第三届研究生，专攻中国诗史，因用功过度，致疾而逝。

陈千钧（1904—？），名起予，字千钧，广西北流人，第三届毕业生。毕业后在广西家乡、上海等地中学任教。1939年受聘为无锡国专（桂校）教师，讲授古代散文课程。后在华南师范大学任教，著有《韩非新传》《韩非子书考》《诸子集成》等。

王绍曾（1910—2007），字介人，江苏江阴人，第五届毕业生。其毕业论文《目录学分类论》受到钱基博教授激赏。经唐文治校长推荐，毕业后任职于商务印书馆，协助张元济校勘《百衲本二十四史》，深受器重。1932年一·二八事变后，回无锡国专任图书馆主任，兼授写作课。1935年就任江阴尚仁中学校长。全面抗战时期辗转西南，创办西昌《宁远报》，任《新宁远》月刊主编。中华人民共和国成立后，到山东济南工作，长期任职于济南工业学校、山东大学等高校图书馆；1983年起任山东大学文史哲学研究院教授，是著名版本目录学专家。主要著作有《近代出版家张元济》《山东文献书目》《山东藏书家史略》等，发表论文《二十四史版本沿革考》《〈史通〉引书考初稿绪论》等一百余篇。他主编的《清史稿艺文志拾遗》一书于2002年获全国高校人文社科优秀成果一等奖。

朱星元（1911—1982），又名朱星，江苏宜兴人，第五届毕业生。15岁入无锡国专学习，毕业后入复旦大学攻读法文、拉丁文。后受聘于天津工商学院、北洋大学任教，从事国文和古汉语研究与教学。中华人民共和国成立后，历任天津师范学院、北京师范学院、河北师范学院等高校的中文系教授，还担任过院教务长、副院长。著作有《中国近代诗学之过渡时代论略》《中国文学史通论》等30余种，发表论文50多篇。

魏建猷（1909—1988），又名魏守谟，安徽巢湖人，第七届毕业生。毕业后入日本中央大学研究院留学，1936年回国，入母校无锡国专任教授，讲授史学概论、通史等课程。后又入光华大学、暨南大学、中央大学任教授。中华人民共和国成立后，历任上海航务学院、大连海运学院图书馆主任，上海师范学院、上海师范大学教授、历史系主任，是著名历史学家。曾任上海市政协委员、历史学会副会长。主要著作有《中国近代货币史》《第二次鸦片战争史》《中国会党史论著汇要》《秘密结社与社会经济》等。

周振甫（1911—2000），原名麟瑞，字振甫，浙江平湖人，1931年考入无锡国专，为第十班学生，在校就读一年多后为生计所迫离开国专，入开明书局工作，以后一直在出版界工作。1948年担任钱钟书《谈艺录》责任编辑，该书出版后，钱钟书亲笔赠言："校书者如观世音之具千手千眼不可。此作蒙振甫兄雠勘，得免于大舛错，得赐多矣。"中华人民共和国成立后，先后任北京开明书店、中国青年出版社、中华书局、人民文学出版社编辑、编审，是著名古典诗词文论专家、资深编辑。主要著作有《严复思想评述》《诗词例话》《文章例话》《小说例话》《诗品释注》《文论漫笔》等，重要论文有《论史家部次条别之法》《苏轼在密州的爱民爱国精神》《〈谈艺录〉补订本的文艺论》等，主要著作已汇集为十卷本《周振甫文集》。

鲍正鹄（1917—1994），浙江鄞县人，1933年至1936年就读于无锡国专，后进入重庆复旦大学读书。1942年起，任教于复旦大学，先后担任助教、讲师、副教授。20世纪50年代曾被国家派遣出国讲学两年，任开罗大学东方部文学系教授、列宁格勒大学东方部文学系教授、苏联科学院东方研究所列宁格勒分所研究员。回国后任复旦大学教务部副主任、高教部教材司副司长、北京图书馆副馆长、中国社会科学院科研局局长等职。学术成果有主编《中国近代文学史》、标点整理《蛾术轩箧存善本书目录》（170万字，与人合作）等。

吴孟复（1919—1995），原名吴常焘，安徽庐江人，桐城派古文大家吴汝纶之孙。1934年考入无锡国专，为第十三班学生，1937年毕业。曾任上海政法学院、暨南大学副教授。中华人民共和国成立后，历任安徽师范大学淮北分校教授、中文系主任、图书馆长、古籍研究室主任，安徽教育学院教授，安徽省社科联副主席，是著名古籍学家、古典文学研究家。主要著作有《训诂通论》《古书校读法》《唐宋八大家概述》《桐城文派述论》《古籍研究整理通论》等；他担任总纂的大型工具书《续经籍籑诂》达500余万字，收录汉唐以下至清代的文字训诂资料，是"十一五"国家重点图书出版规划项目、2011—2012年国家古籍整理出版规划项目。

姚奠中（1913—2013），原名豫泰，山西运城人，1935年考入无锡国专，是第十四班学生，未及毕业，转入苏州章太炎国学讲习会当研究生。毕业时适逢抗战全面爆发，辗转于西南任贵阳师范学院副教授、教授，云南大学教授，讲授中国文学史、通史、经子典籍、文字学、文艺学等课程。中华人民共和国成立后历任山西大学、山西师范学院教授、系科主任、古典文学研究所所长，是著名国学家、教育家、书法家。改革开放后任全国政协委员、山西省政协副主席、山西省古典文学会会长等职。著作有《中国文学史》《庄子通义》《姚奠中论文选集》《姚奠中诗文辑存》《姚奠中讲习文集》《姚奠中书艺》等23种，其中获国家级奖多项。晚年捐资一百万发起成立"山西姚奠中国学教育基金会"，用以奖掖后进，弘扬国学。

徐兴业（1917—1990），浙江绍兴人，1934年考入无锡国专，是第十六届学生，1937年毕业。曾任上海国学专修馆教师。中华人民共和国成立后历任中学教师、上海教育出版社编辑，退休后执教于上海师范学院历史系，主讲宋金史。1940年起开始撰写长篇历史小说《金瓯缺》（4卷），前后花费四十多年时间，于1980年至1985年陆续出版。该小说在绚丽多彩的历史画面上塑造宋辽金三朝众多历史人物形象，史料的运用与宋人声口的模拟相得益彰。作者自述其写作原动力之一是在无锡国专所学的诗学课程。《金瓯缺》获第三届茅盾文学荣誉奖、上海市庆祝建国40周年优秀小说奖。晚年还创作文学作品《心史》《辽东帅旗》《东京妓女》等。

谢鸿轩（1917—2012），名佑海，安徽繁昌人。系东晋谢安六十世孙，自幼饱读诗书，17岁入无锡国专就读。全面抗战爆发后，投笔从戎，考入中央陆军军官学校，毕业后又进入中央政校就读。曾任战区司令长官部办公室秘书。1944年参加青年远征军，至208师任政治督导员。抗战胜利后即离开军队，返乡照顾母亲，并主纂繁昌谢氏已失修350年的宗谱。30岁时自行参选而当选繁昌县国大代表。1949年，带着刚修完的谢氏宗谱12册、唐文治校长的《十三经读本》120册（是在台孤本，后由台湾新文丰出版公司影印传世）、世藏明万历刊本《谢氏统宗志》8册、家藏墨宝，及家中卖出当季自产稻谷换得的十几块银元，随败退的国民党政府到台湾，续任"国大代表"，并担任台湾嘉义市女子中学校长、嘉义市工业职业学校及补习学校校长。20世纪70年代起入台湾师范大学、台北辅仁大学、淡江大学及中国文化大学等校任教授，主讲《骈文选》《散文选》《诗选》《文心雕龙》《四书》及《春秋左氏传》等课程。精于骈俪文写作，是台湾国学界享有盛名的"骈文二轩（成惕轩、谢鸿轩）"之一。是著名楹联收藏家。著作有《鸿轩文存》（六集）、《千联斋类稿》（上中下三编）、《骈文衡论》（三册）、《中国历史歌》《中外历史纲要》（三册）及罄家资收藏真迹后编撰的《近代名贤墨迹》（十二辑）和《近代名贤墨迹续编》（六集）。1992年起，三次返回大陆故乡安徽繁昌，将自己毕生收藏的部分珍贵书籍1 276册无偿捐献给繁昌县图书馆。

马茂元（1918—1989），字懋元，安徽桐城人，是"桐城派殿军"马其昶的长孙，1935年考入无锡国专第十四班，其文得唐文治校长激赏，获全校国文大赛一等奖，1938年毕业。曾任教于安徽桐城中学、安徽学院、桐城师范学校。中华人民共和国成立后，先后任教于南京市立师范学校、上海师范学校、上海师范学院、上海师范大学，任副教授、教授、教研室主任、古籍研究所顾问，主讲楚辞、唐诗、中国历代文学作品选等课程，是著名的楚辞和唐诗研究专家。主要著作有《古诗十九首探索》、《楚辞选》、《唐诗选》、《晚照楼论文集》、《韩昌黎文集校注》（马其昶校注、马茂元整理）、《马茂元说唐诗》、《唐才子传笺证》等。

汤志钧（1924—　），又名汤毓爽，江苏武进人，1939年考入无锡国专沪校，为生计所迫中途休学，抗战胜利后复学，于1947年毕业。解放初期在江苏省常州中学任历史教师，开始致力于戊戌变法史研究，后调入中国科学院上海历史研究所，历任中国近代史研究室主任、历史研究所副所长，兼任华中师范大学、华东师范大学教授、台湾东海大学客座教授，是中国经学史博士生导师、全国哲学社会科学"中国史学"学科规划组成员。是著名历史学家、经学史专家，通日文，其研究遍及中国近代史诸多领域，著述宏富。主要著作有《戊戌变法史论》《戊戌变法史》《戊戌变法人物传稿》《康有为与戊戌变法》《近代经学与政治》《改良与革命的中国情怀——康有为与章太炎》《乘桴新获》《西汉经学与政治》《经学史论集》《章太炎传》《康有为传》《鳞爪集》《庄存与年谱》《章太炎年谱长编》等，主编《近代上海大事记》，编纂《戴震集》《章太炎全集》《陶成章集》等，日文著作有『中国近代の思想家』（与近藤邦康合著）、『近代中国知识人と日本』等。

江辛眉（1922—1986），原名文忠，浙江嘉兴人，1939年考入无锡国专沪校学习，与同学严古津等组织"变风诗社"。中华人民共和国成立前后执教于上海南洋中学、育才中学、崇实中学和东南医学院。1977年后任中国人民大学语文系教师、上海师范学院历史系副教授。著作有《唐宋诗的管见》《读韩蠡解》《〈诗经〉中的修辞格举隅》《阮堂诗集》等。

陈祥耀（1922—2021），字喆盦，福建泉州人，1941年考入无锡国专沪校，太平洋战争爆发后辍学，抗战胜利后重返国专沪校完成学业，于1947年毕业。中华人民共和国成立前后执教于海疆学校，讲授中国文学史、文学概论等课程；1954年起长期任教于福建师范学院、福建师范大学，任教授、古代文学教研室主任、硕士生导师，是著名清代文学研究专家、书法家。主要著作有《清诗精华》《五大诗人评述》《唐宋八大家文说》《哲学文化晚思录》《中国古典诗歌丛书》《喆盦文存》《喆盦诗合集》等，书法作品有《喆盦书法选集》（共五集）问世。

杨廷福（1924—1984），字士则，上海人，1940年考入无锡国专沪校，太平洋战争爆发后辍学，流亡到重庆，以同等学力考入复旦大学中文系就读并于1945年毕业，1947年无锡国专授予其毕业生资格。曾任上海政法学院、同济大学讲师。中华人民共和国成立后，历任上海市教育学院教师、教授，国务院古籍整理出版规划小组成员，是中国古代法律史、隋唐史专家。著作有《唐律初探》《唐代妇女在法律上的地位》《唐律研究》《玄奘论集》《玄奘年谱》等。

冯其庸（1924—2017），江苏无锡人，1946年考入无锡国专，担任无锡国专学生会会长，1949年毕业。中华人民共和国成立初期任教于无锡市第一女中，1954年调北京中国人民大学工作直至1996年离休，历任讲师、副教授、教授、中国艺术研究院副院长，主讲中国古代文学课程。其编注的《历代文选》读本得到毛泽东主席的好评。改革开放后在红楼梦研究领域取得丰富研究成果，是著名的"红学"家。擅长书画。2011年获文化部"中华艺文奖"终身成就奖；2012年获中国人民大学首届吴玉章终身成就奖。著述宏富，主要有《春草集》（戏曲研究论文集）、《逝川集》（文学史研究文集）、《梦边集》（红楼梦研究论文集）、《落叶集》（学术随笔）、《曹学叙论》（曹雪芹家世研究专著）、《漱石集》（红楼梦研究论文二集）、《论庚辰本》（红学版本专著）、《〈石头记〉脂本研究》《曹雪芹家世新考》《八家评批〈红楼梦〉》《夜雨集》（学术散文随笔）、《蒋鹿谭年谱·水云楼诗词辑校》《瓜饭楼重校评批〈红楼梦〉》等，主编《新校注本〈红楼梦〉》《〈红楼梦〉大辞典》《中华艺术百科大辞典》等，并发表大量书评、序跋、杂文。2012年，汇聚冯其庸一生学术研究成果精华的《瓜饭楼丛稿》出版，全书35卷册，1 700万字，分为《冯其庸文集》《冯其庸批评集》和《冯其庸辑校集》三部分，该《丛稿》受到文化界、国学界高度评价。

吴文治（1925—2009），江苏江阴人，1945年冬考入无锡国专，一年后转入苏州东吴大学国文系，自述后来走上文学之路大大得益于无锡国专的学习。历任中国人民大学新闻系中国古代文学史教师、教研组长、中文系教授，中国文学批评史教研组长及古代文学教研室主任，与北京大学游国恩教授等人合作撰写《中国文学史》；20世纪80年代调任江苏教育学院教授，兼南京师范大学教授、硕士生导师，主讲中国文学批评史及韩愈、柳宗元研究课程，是著名的韩愈、柳宗元研究专家，兼任中国柳宗元研究会会长、中国韩愈研究会副会长。一生出版著作23种，发表学术论文近二百篇，逾三千万字。主要著作有《柳宗元评传》《柳宗元诗文选评》《柳宗元简论》《历代名家与名作丛书·韩愈》《中国文学史大事年表》《五朝诗话概说》等，汇编《柳宗元资料汇编》《韩愈研究资料汇编》《柳宗元大辞典》等，主编大型丛书《中国历代诗话全编》，从1997年起已出版其中的《宋诗话全编》《辽金元诗话全编》和《明诗话全编》三卷共2 000万字，荣获第十一届中国图书奖和首届华东地区古籍优秀图书一等奖。

曹道衡（1928—2005），江苏苏州人，1947年考入无锡国专沪校，1949年毕业。历任中国社会科学院文学研究所助理研究员、副研究员、研究员、学术委员会委员、博士生导师，兼任郑州大学、南京师范大学、曲阜师范大学教授。曾任《文学评论》副主编。是中古文学研究专家。主要著作有《中古文学史论文集》《中古文学史论文集续编》《南朝文学与北朝文学研究》《兰陵萧氏与南朝文学》《古代文论与文学创作的现实基础》等。

许威汉（1926—2016），浙江平阳人，1946年考入无锡国专沪校，1949年毕业。先后在上海市市西中学、市一女中、上海师专、上海师院、上海师范大学任教师、教授、汉语教研室主任、语言研究室主任、研究生导师，开设古代汉语、现代汉语、汉语史、语言学、训诂学、词汇学等课程，是著名汉语言学家、全国优秀教师。主要著作有《古汉语语法精讲》《许威汉语文研究文存》《汉语词汇学导论》《训诂学导论》《汉语学》《语林探胜》《南北朝的诗和散文》等，主编《古汉语资料汇纂》《现代语言学系列》《古汉语词诠》《训诂学读本》等二十余部。

沈燮元（1924—　　），1949年毕业于无锡国专本部。中华人民共和国成立后从事古籍整理、研究与保护工作六十余年。任南京图书馆馆员，是著名版本目录学家，以古籍整理为终生事业。参编《中国古籍善本书目》，任子部分主编，全程参与工作，因此于1995年获文化部和国家古籍整理出版规划小组颁发的"突出贡献"奖。著作与论文有《屠绅年谱》《明代江苏刻书事业概述》《韩纯玉〈近诗兼〉稿本的发现》等。

陆振岳（1926—　　），1949年毕业于无锡国专本部。任江苏师范学院历史系讲师、苏州大学教授，参与苏州地方史研究室工作。著作有《方志学研究》《苏州史志研究》，点校《吴郡志》（范成大著），论文有《试论唐文治》《王鏊与苏州志》《孙武由齐入吴曾否隐居考析》等。

二、领导干部

郭影秋（1909—1985），原名玉昆，曾名萃章，江苏铜山人。1929年考入无锡国专第八班，次年因家庭经济条件困难而改入不收学杂伙食费的江苏省立教育学院（也在无锡），于1932年毕业。先在中学任教，1935年加入中国共产党，后投笔从戎，组织抗日武装，任军分区司令员、冀鲁豫军区政治部主任、解放军第十八军政治部主任等职。中华人民共和国成立后历任川南行署主任、云南省省长兼省委书记。1957年主动向中央请缨，要求到教育部门工作。1957年至1963年任南京大学校长兼党委书记，1963年调任中国人民大学党委书记兼副校长，1978年人大复校后任党委第二书记兼副校长。工作之余爱好南明史研究，1959年完成史学专著《李定国研究》。1982年为南京大学80周年校庆撰写长联一副："苍莽石头，长虹横贯；浪淘尽三国风流、六朝金粉、二陵烟月、半壁旌旗。况虎踞春残，寂寞明封余数垒；龙蟠叶老，萧条洪殿锁斜阳。初解放时，只剩下蒋山青青，秦淮冷冷。 东南学府，赤骥飞驰；名奕留两江情采、四壁弦歌、八十年代、千秋事业。欣栖霞日暖，郁茫天堑变通途；浦口新潮，百万雄师传夜渡。本世纪末，定赢来人才济济，科教芃芃。"主要著作有《往事漫忆——郭影秋回忆录》《抗日战争前徐州旧事杂忆》《郭影秋学术传略》等。

吴天石（1910—1966），原名毓麟，江苏通州人，1929年考入无锡国专，是第八班学生，1932年毕业。曾任中学教师。参加左翼文化运动，是左联组织的"剧联南通分盟"成员，曾被国民党县党部逮捕入狱。全面抗战开始后在南通、如皋等地参加组建抗日根据地的工作。1943年加入中国共产党。曾任江海公学校长、华中公学副校长、华中大学第二教务长。中华人民共和国成立后，历任江苏师范学院院长、江苏省教育厅厅长、中共江苏省委宣传部副部长，《江苏教育》编委会主任等职，负责江苏省教育工作13年（1954—1966），得到广泛好评。对语文教学改革有系统见解。"文化大革命"初期被迫害致死。"文化大革命"结束后，中共江苏省委为吴天石平反昭雪，1997年骨灰迁葬南通烈士陵园，墓碑上镌刻他生前说过的话："好教师一定要认真，诚挚，实事求是，看重自己的责任。"著作有《教育书简》《吴天石文集》，历史剧《甲申记》（与夏征农、沈西蒙合编）、《谈谈我国古代学者的学习精神和学习方法》（与人合作）等。

秦和鸣（1924— ），江苏武进人，1943年考入无锡国专沪校，1946年毕业。1939年加入中国共产党，入学后担任国专沪校中共秘密党支部负责人，开展党的地下工作。毕业后曾在上海大夏大学工作，因形势严酷不能立足，转请唐文治致函介绍到上海圣劳济中学任教，后赴常州负责地下党工作并组建中共武进城市工作委员会，为迎接常州解放做了大量工作。中华人民共和国成立后曾任苏州丝绸工学院党委常委、副院长、院长等职。著作有《峥嵘岁月稠》《第二条战线》《地下斗争实录》等。

范敬宜（1931—2010），江苏吴县（今江苏省苏州市）人，1945年考入无锡国专沪校，1949年毕业。1951年开始从事新闻工作，曾任《东北日报》和《辽宁日报》编辑、农村部主任、编委。1983年起任《辽宁日报》副总编辑、文化部外文局局长、《经济日报》总编辑，1993年起任中共中央机关报《人民日报》总编辑，1998年任全国人大常委会委员、人大教科文卫委员会副主任委员，2002年被清华大学聘为教授、新闻与传播学院院长，兼任中国社会科学院研究生院新闻系博士生导师。是我国当代著名新闻工作者。主要著作有《总编辑手记》《敬宜笔记》《敬宜笔记续编》《马克思主义新闻观十五讲》《范敬宜文集》等。

陈征（1928— ），曾用名陈厂梅，江苏泰县（今江苏省泰州市）人，1946年考入无锡国专，就读三年制国学科，1949年毕业。在无锡国专读书期间开始阅读马克思的《资本论》，毕业后从事《资本论》和政治经济学的教学与研究。历任苏南公学、中共华东局党校、中共福建省委党校、福建师范大学助教、教员、副教授、教授、系主任、博士生导师，1983—1988年任福建师范大学校长。是我国著名的《资本论》研究专家，1980年组建"全国高等师范院校《资本论》研究会"，长期担任会长，并担任"中国《资本论》研究会"副会长。是全国政协第六、七、八届委员，国务院学位办公室学位与研究生教育评估专家。先后被评为全国优秀教育工作者、全国劳动模范，获全国"五一劳动奖章"。代表性著作为144万字的《〈资本论〉解说》，是我国第一部全面系统解说《资本论》的专著。主要著作有《社会主义城市地租研究》《陈征选集》等，合著《评介国外部分学者对〈资本论〉的研究》《对〈资本论〉若干理论问题争论的看法》《〈资本论〉引读》《社会主义初级阶段的理论与实践》等13部，主编《〈资本论〉一、二、三卷研究》《〈资本论〉在社会主义市场经济中的运用和发展》《〈资本论〉创作史研究》《简明〈资本论〉词典》以及全国高等师范院校《政治经济学》教材等14部，发表论文一百余篇。

邹云翔（1897—1988），江苏无锡人，1916年毕业于江苏省立第三师范学校，任小学、中学教师、校长等职。1924年4月拜唐文治为师学习国学，唐文治命其和无锡国专第四班学生一起上课，入校就读两年又四个月。后从医，并主编《光华中医药杂志》。中华人民共和国成立后任江苏省中医院副院长、院长，南京中医学院副院长，一级教授。当选为第二、三、四届全国人大代表、全国中医学会副理事长。是我国中医肾病学宗师，开创中医肾病学科，著作有《中医肾病疗法》《中医验方交流集》《邹云翔医案选》等。

张锡君(1913—2000)，名锺毓，字锡君，出生于中医世家，15岁考入无锡国专，1931年2月毕业，系第六届毕业生。在校就读时聪颖好学，唐文治甚器重之。毕业后开业行医，进一步研习中医理论。21岁考入江苏省国立医政学院（江苏医学院前身）学习，开始运用中西医两诊法治病。后参与创办无锡针灸专业学校（任教务长）、《上海光华医学杂志》（任总编）、南京中医救护医院（任副院长）、重庆中医施诊所（任副所长）。中华人民共和国成立后，先后担任重庆市卫生委员会委员、《中华内科杂志》编辑、重庆市第二中医院首任院长、重庆市第一中医院院长、重庆市中医院院长、主任医师、大型丛书《当代中医》主编，是我国著名中医学家。担任重庆市人大常委会委员，四川省、重庆市政协委员，第六届、第七届全国人大代表。

钱伟长（1912—2010），江苏无锡人，国学大师钱穆的侄儿，1926年8月入无锡国专就读将近一年，直接受教于唐文治，还学会了桐城派古文吟诵。1927年因父亲钱挚任无锡县立初中教务主任而转入无锡县立初中就读。1935年毕业于清华大学物理系，1942年获加拿大多伦多大学博士学位。1946年回国后任清华大学、北京大学、燕京大学教授，被誉为中国近代"力学之父""应用数学之父"，是我国著名科学家、教育家、社会活动家。中华人民共和国成立后历任全国政协第六、七、八、九届副主席，民盟中央第五、六、七届副主席，清华大学副校长，上海大学校长等职。1955年当选中国科学院学部委员（院士）。1985年为无锡茹经堂"唐文治先生纪念馆"题辞："文理并重　教学有方　门生钱伟长敬题"。

三、文教专家

许岱云（1901—1991），江苏无锡人，1928年毕业于无锡国学专修学校，是第四届毕业生。曾任武进县立女子师范学校和天津南开中学国文教员，1930年回无锡创办江南中学，全国抗战爆发无锡沦陷期间宣布停办，抗战胜利后复校，先后任该校校长、副校长。如今，江南中学是无锡市的一所名校。

钱仲夏（1907—1990），无锡国专第五届毕业生，1930年6月毕业后由唐文治介绍进入上海商务印书馆，协助张元济校勘《百衲本二十四史》；1932—1950年任无锡辅仁中学教师。中华人民共和国成立后曾任无锡市文化局副局长，1955—1958年任无锡市政协副主席。

王桐荪（1914—2007），字彤生，江苏江阴人，1931年考入无锡国专，是第十班学生，1934年毕业。毕业后留校在图书馆工作。1937年随唐文治一起将国专西迁，任无锡国专桂校事务主任，为无锡国专在广西办学作出一定贡献。后进入化工企业工作。80岁以后主编《唐文治教育文选》（与他人合作，西安交通大学出版社1995年版）；选注《唐文治文选》（与他人合作，上海交通大学出版社2005年版），该书是目前国内选注最为精当的唐文治著作读本，具有相当的学术价值。还先后撰写《冯振心先生和无锡国学专修学校》《冯振心先生和迁桂无锡国学专修学校》等回忆文章，为无锡国专研究提供了重要史料。

钱永之（1915—2011），无锡国专第十四届学生，1935年6月毕业，后在无锡、苏州等地中学任教国文。中华人民共和国成立后任教于无锡辅仁中学、无锡师专。1975年退休后在《汉语大词典》编写组工作数年。

欧阳革辛（1913—?　），广西平南人，1932年考入无锡国专，是第十一班学生，1935年6月毕业。曾任平南县中学教师导师、广西省政府科员等职。抗战期间曾任无锡国专桂校讲师。入编《民国人物大辞典·广西省人物》。

孙易（1914—?　），字百朋，安徽寿县人，是清朝大学士、京师大学堂第一任管学大臣孙家鼐之孙，1936年无锡国专毕业，是第十五届毕业生。曾在安徽省图书馆工作，精于版本目录学。

奚干城（?　—?　），1936年入无锡国专学习，全面抗战爆发后随无锡国专西迁，1939年于国专桂校毕业。他虽然不是无锡人，但参与了无锡地方教育事业，1949年1月至1949年8月任无锡天一中学校长。中华人民共和国成立之初编写出版了新京剧《兄妹参军》（与人合作）。

陈以鸿（1923—　），字景龙，江苏江阴人，中学毕业后先入上海交通大学读书，1942年交大被敌伪政权强行接管后，乃停学，转而考入无锡国专沪校，1945年1月从国专沪校毕业。抗战胜利又回交大复学，直至1948年在交大电机系毕业。毕业后留上海交大工作。通英、法、德、日、俄五国语言文字，长期从事科技翻译，出版英、俄文译作三十余种，任上海交通大学出版社编审。也致力于中国传统文学研究和创作。就读国专沪校期间，向唐文治学习唐调吟诵。完整珍藏1948年版"唐调"吟诵唱片《唐蔚芝先生读文灌音片》二集15张，此唱片中保存的唐文治吟诵古诗文声音是现今中国人能听到的最早的古诗文吟诵原声。是我国非物质文化遗产唐调吟诵的代表性传承人。著作有《雕虫十二年》等，译著有《电工测量和测量仪器》《数学的奇妙》《坎特伯雷趣题》等，其唐调吟诵录音收入上海教育音像出版社的音像碟片集《唐调吟诵古诗文》。晚年以90岁高龄仍活跃在我国吟诵界，宣传、传授唐调吟诵。

何以聪（1925—2006），浙江鄞县（今浙江宁波市）人，1946年1月毕业于无锡国专沪校。中华人民共和国成立后长期从事中小学语文教学研究与实践，20世纪80年代起任上海师范大学教授，是著名语文教育专家。主要著作有《语文教学评论集》《语文课中的创造性叙述》《小学语文教师手册》等。

　　黄汉文（1923—2003），上海奉贤人，1939年考入无锡国专沪校，太平洋战争爆发后因日军侵入上海租界而辍学返乡，抗战胜利后复学，1946年毕业。先留校工作，后到上海中华职业学校任教。中华人民共和国成立后任轻工业部上海机械学校、南京机电学校语文教师、校图书馆负责人。是江苏省政协委员。文章著作有《记唐文治先生》《无锡国学专科学校》《金陵词人仇埰及著作》《清代金陵词苑》等。

　　沈绍祖（1926—2020），江苏无锡人，1949年1月毕业于无锡国专本部。一生从事文教工作，历任无锡市第一女中语文教师、无锡市总工会宣传部副部长、无锡市教师进修学院院长、中共无锡市委副秘书长兼办公室主任、无锡市教育局局长等职。

参考文献

《马克思恩格斯文集》，人民出版社2009年版

《马克思恩格斯全集》，人民出版社1963年版

《毛泽东选集》（一卷本），人民出版社1964年版

中共广东省委党史研究委员会办公室和毛泽东同志主办农民运动讲习所旧址纪念馆编《广州农民运动讲习所文献资料》，1983年版

唐文治《茹经先生自订年谱》，无锡民生印书馆1935年版

唐文治《茹经堂文集》初编至六编，上海书店1996年《民国丛书》影印本

唐文治《茹经堂奏疏》，无锡市图书馆藏1927年刻本

唐文治《十三经读本》，台湾新文丰出版公司1980年影印本

唐文治《国文经纬贯通大义》，台湾文史哲出版社1987年影印本

唐文治《尚书大义》，台湾广文书局1970年版

唐文治《国学专修学校十五周之过去与未来》，《新无锡》1936年6月20日至22日

唐文治《唐文治教育文选》，西安交通大学出版社1995年版

唐文治《唐文治文选》，上海交通大学出版社2005年版

唐文治《十三经提纲》，华东师范大学出版社2015年版

唐文治《四书大义》，上海交通大学出版社2015年版

唐文治《紫阳学术发微》，华东师范大学出版社2014年版

唐文治《唐蔚芝先生读文灌音片》及说明书，上海大中华唱片厂1948年版

《唐文治先生学术思想讨论会论文集》，苏州大学1985年编印

《交通大学校史资料选编》，西安交通大学出版社1986年版

《无锡市第三中学校史资料汇编》，无锡市第三中学1982年编印

《无锡国专史料选辑》，苏州大学出版社2012年版

《江苏文史资料选辑（第十九辑）》，江苏古籍出版社1987年版

余子侠《工科先驱　国学大师——南洋大学校长唐文治》，山东教育出版社2004年版

刘桂秋《无锡国专编年事辑》，中国大百科全书出版社2011年版

陆　阳《唐文治年谱》，上海三联书店2013年版

皮锡瑞《经学历史》，周予同注释，中华书局2011年版

陈必祥主编《中国现代语文教育发展史》，云南教育出版社1987年版

吴湉南《无锡国专与现代国学教育》，安徽教育出版社2010年版

陈卫星、邹壮云、璩龙林《中学与西学——清末民初国学思潮的历史考察》，世界图书出版公司2013年版

桑　兵《晚清民国的国学研究》，北京师范大学出版社2014年版

郑师渠《晚清国粹派文化思想研究》，北京师范大学出版社2014年版

陈壁生《经学的瓦解》，华东师范大学出版社2014年版

张之洞《劝学篇》，1898年

陈独秀《孔子之道与现代生活》，《新青年》1916年第二卷第四号

胡　适《新思潮的意义》，《新青年》1919年第七卷第一号

王蘧常《唐老夫子对我的感染》，1985年

钱基博《唐文治先生创设国学专门学校之宗旨》，《江苏民报》1946年6月29日

钱仲联《无锡国专的教学特点》，1985年

曾国藩编《古文四象》，中国书店2010年影印版

《文治论坛》第十六期课题研究专辑，无锡市第三高级中学2010年5月刊印

福泽谕吉《文明论概略》，商务印书馆1959年版

《中华人民共和国非物质文化遗产法》，2011年

后 记

　　我首次接触唐文治的著作是在1980年，那年暑假，我从江苏师范学院中文专科毕业，分配到无锡市第三中学任语文教师，该校的前身就是唐文治于1920年创办的无锡中学校（私立无锡中学）。那年12月，学校举办60周年校庆，我首次听说了"唐文治"这个名字。几天后，我在学校图书馆的老书架上发现一本积尘已久、纸页泛黄的民国二十四年（1935）版《茹经先生自订年谱》，封面右下角有"茹经堂"钤印。随手翻阅书前"题辞"，知是唐文治校长著作，颇感兴趣，便借出阅读。当天晚上，我独自一人坐在私立无锡中学时期所建老旧平房办公室里，捧读这本老校长以浅近文言写的生平事记，被其读经科举、为官办学、经纬世事的厚重人生经历吸引，仿佛走进了一个与20世纪70年代中国社会截然不同的中国，那种阅读感觉是既陌生又惊异。从这本年谱中我第一次知道，唐文治在创办我校的同一年还创办了无锡国学专修馆。不知不觉几个小时过去，合上书页已是午夜子时将尽。那年初雪早，我走出办公室，校园已覆盖一层白雪，呼吸着雪夜清冷空气，我思绪翩飞。

　　我出生于1954年，正是唐文治先生逝世那一年。我们这一代中国人有幸生在新中国，长在红旗下，深受革命理想和红色文化熏陶，没有遭遇前辈中国人难以躲避的深重战乱苦难。然而，我们这一代人青少年时期甚少接触中华传统文化，就说我吧，虽然小学就读于前身为"竢实学堂"的连元街小学，初中进入了原无锡学宫所在地的学校，可在校期间从没有读过线装书，也未听闻过"国学"。我们年轻时经历了十年"文革"，儒家学说遭批判。"文革"后拨乱反正，人们才认识到"文化决裂"的做法对民族发展和国家建设会造成伤害。

　　党的十一届三中全会开启了改革开放新时期，我国的社会文化氛围出现深刻转变，于是，身为学校语文教师的我萌生了回望老校长唐文治的心愿，并逐步把"唐文治研究"纳入自己的学术兴趣范围。从1983年我首次发表《唐文治与无锡中学》短文，到2014年动笔撰写本书，在漫长的三十多年中我一点一点地增进对唐文治先生的了解。回眸履痕，往事难忘：1986年，我在江苏教育学院师从吴文治教授学习"韩柳研究"课程，饶有兴趣地听他讲当年求学于无锡国专的往事；1990年，参与筹备70周年校庆，我读到了唐文治校长的《无锡中学校舍落成记》；2003年，我编注校本教材《国学大师唐文治校长文章选读》付梓，尔后给本校数届学生开设了这门课；2009年，整理唐调吟诵资料并申报列入无锡市非物质文化遗产名录；2012年，申报"苏派教育家唐文治的国学教育实践和民族文化精神研究"省规划课题，并把撰写出版本书预定为结题之必要成果。三十多年回望唐文治，深感"唐夫子"是中国近代教育界坚守中华优秀传统文化的杰出代表；三十多年走近唐文治，自感益在其中、乐在其中，补上了自己中小学时期所缺中华传统文化一课，现在看看，也是在为写这本书热身。近几年深入阅读唐文治，更有进一步领悟：东方儒家哲学是自有其体系的，我称之为"唯人哲学"，这是一种与西方文化中"唯心哲学""唯物哲学"全然不同的哲学体系，儒家"唯人哲学"自孔子起自立于人类哲学殿堂二千五百余年，至今散发生命活力，现代中国人应懂得它、珍视它。

　　2014年9月，我从现职教师岗位退休，有了充裕的、能自由支配用于读写的时间，可以静心撰写本书了。当年10月，我正式动笔，推敲写作提纲，汇集参考资料，查阅唐文治著作，做出摘要笔记，一节一节地写作书稿。我大致每周花5个大半天的时间于其上。此书涉及文言语句多，又常常要翻检典籍史料，摊得满桌子都是书，我感觉敲击电脑键盘写作不方便，就干脆采用传统手写方法，备好一盒水笔、一沓稿纸，沏上一杯好茶助兴，一页一页慢慢写下去。前后两年时间，我写出了四百三十多页手稿，完成了全书五章文字，又经电脑输入、复读修改、仔细校对，终于定稿。记得写完第五章那天恰好是9月18日，当日无锡三次拉响防空警报，警示世人勿忘"九一八"日寇侵占中国东三省，勿忘侵华日军曾以天照大神驱逐孔夫子。2016年10月，我将本书近三十万字word文档纸质稿寄给了上海交通大学出版社李阳编辑，请她先期审阅。随后两个月中，我又写出表述本书主旨的万字"前言"，也寄给了李编辑。这在我，算是完成了一项心许已久的文化任务。

衷心感谢我的中文专科同窗好友、江南大学研究无锡国专的资深学者刘桂秋先生，2012年本书立项时，他欣然同意参加我主持的"苏派教育家唐文治研究"课题组，以严谨的治学方法和丰硕的研究成果支援了课题组的工作。衷心感谢上海交通大学出版社张天蔚总编和李阳编辑，2015年11月，他们前来无锡参加唐文治诞辰150周年纪念活动，了解到本书和刘桂秋的《唐文治年谱长编》正在撰写，当即向我们表态预约出版这两部书稿；李阳编辑在收到我的书稿后更是精心审阅全书，从内容布局到注释标点提出了上千处修改意见，倾注很多心血。衷心感谢无锡市第三高级中学王晓刚校长和邹宝生书记，以学校团购用书的行动有力支持了本书的出版发行。衷心感谢唐文治的长曾孙唐德明博士、九旬高龄的唐调吟诵传人陈以鸿先生、上海交通大学党史校史研究室欧七斤博士，他们在本书筹备和撰写过程中或提供唐文治族谱资料，或传授唐调吟诵真谛，或赠送交大校史书籍，给了我许多切实的帮助。还要感谢《无锡日报》报业集团的张月记者，近十年来，她多次撰文报道我校的唐文治研究与唐调传承工作，并及早把本书撰成的消息披露于报端。

2015年12月，我在参加上海交通大学纪念唐文治150周年诞辰研讨会发言时谈过一个观点：当今的唐文治研究有三重困难，一是文言阅读的困难，二是获取资料的困难，三是文化隔膜的困难。这三重困难于本书撰写中同样存在。例如，我因自身所受教育限制，未研读过《易经》，因而对唐文治的《易》学研究成果只能记录，不敢置喙。又如，我从18岁起的五年中，认真研读过几本马列经典著作，但对儒家"四书"的研读却属于中年补课，全无根底；因而，我虽力图从马克思主义结合中国实际的立场来评述儒家理念和唐文治《四书大义》对中国社会的积极思想意义，但只能是由外对内的单维度观察，全然缺乏传统儒学由根部向上滋生的系统性活态。至于本书文字表述中的未妥之处、漏舛之处，更是在所难免，恳望读者不吝指正。

同各类著名历史人物一样，唐文治也有他无法避免的历史局限性，例如他关于妇女社会地位的观点，就滞后于中国妇女解放运动潮流，但因本书主题是回顾唐文治的国学教育实践和提炼唐文治国学思想的益世意义，且中国有古训"不以一眚掩大德"，因而妇女问题未予涉及。

在中华人民共和国学术史上，唐文治研究起步较晚，但新千年以来研究成果屡现，正逐步引起中国社会的广泛关注。习近平总书记提出"坚持把马克思主义基本原理同中国具体实际相结合、同中华优秀传统文化相结合"（《在庆祝中国共产党成立100周年大会上的讲话》），指明了未来包括唐文治研究在内的中华传统文化研究大方向，相信唐文治研究也必将以新的面貌和新的成果呈现于中国特色社会主义新时代。愿本书的出版问世有利于唐文治国学思想的普及宣传，有助于唐文治研究的深入展开，有益于中华民族的文化自信和伟大复兴。

徐忠宪

2021 年 7 月 1 日成稿